本书受浙江省教育厅重大攻关项目青年项目"美国民主的宗教起源"
（项目号：2013QN069）资助

应琛 著

BUILDING CONSENSUS

REVOLUTIONARY DISCOURSE
AND MASS COMMUNICATION
DURING THE FOUNDING OF
THE UNITED STATES

美国立国时期的
革命话语与大众传播

塑造
共识

社会科学文献出版社
SOCIAL SCIENCES ACADEMIC PRESS (CHINA)

献给我的父亲母亲!

序　言

　　多数美国人和全世界了解、研究美国的人认为，美国的基础是1776年独立战争和建国后初期奠定的，特别是那些"建国之父"（founding fathers）围绕制宪会议时确定的思想和制度。

　　这种认识和观念不完全、不准确。美国真正的基础其实不仅主要是在建国初期或建国之后，也包括1776年独立之前已一百多年的"殖民地时期"，即独立前十三个州的历史和实践，独立前的美国实践可以说是"基础的基石"。不但如美国人常说的"先有哈佛，后有美国"，而且就是《独立宣言》《美国宪法》中很多基本的思想、原则、制度也来源于独立前弗吉尼亚等州的宪法；对总统等国家职权的限制延续了殖民地时期十三个州对总督权力的限制，因为新大陆人不愿意在北美"新大陆"再有权力无限的国王。

　　遗憾的是对美国历史发展的这一"奠基时代"，国内外特别是中国研究、了解不够。应琛副教授的著作是填补中国在美国研究领域这一空白的力作之一。该著作论述美国早期政治思想的形成和普及，把独立前的积累与独立后的"建国"两个重要历史时期打通，连在一起，分析、研究美国的"立国之本"。这对于中国人认识、了解和研究美国具有重要的理论和学术价值，也具有实践意义。

　　该书是作者在长期学习政治学、公共管理、国际关系等学科理论的基础之上，在中国和美国做了多年的相关研究完成的。本书对早期美国的历史、美国的政治发展，特别是民主政治理论普及的途径、特点等做了系统的分析和考察。同时对比同一时期其他主要国家的不同情况，说明了美国的特点。

　　该书依据的文献、史实、资料翔实，分析较为深刻，理论性强，是关于美国政治思想和社会形成的较为深入的研究成果。该书在论述美国政治思想发展，特别是在政治思想和理论大众化、普及化方面有所创新，是国内相关研究较为前沿的成果。

随着中国的发展和现代化进程，包括思想、文化、学术的发展和现代化，以及更广泛深入地融入世界、了解世界、认识世界，中国对世界包括对美国的了解、认识和研究正在逐步深入。应琛的新著是中国融入世界、了解世界、认识世界的最新成果之一，可喜可贺！也自然可读可思。

楚树龙
2019年春于北京清华园

目 录

第一章　引言 ·· 001
　一　共识究竟有多重要？ ······································ 001
　二　共识塑造的意义 ·· 016
　三　启蒙运动与共识塑造 ······································ 020
　四　关于本书的一些说明 ······································ 028
　五　视角、进路和结构安排 ···································· 031

第二章　1763 年的北美十三州 ································ 039
　一　自治传统 ·· 039
　二　智识传统 ·· 045
　三　印刷业的物质准备 ·· 053
　四　言论自由的状况 ·· 056
　五　政治局势 ·· 060
　六　小结 ·· 065

第三章　政治性出版物、演说及其他 ···························· 068
　一　出版物 ·· 068
　二　演说 ·· 086
　三　不同观念载体间的交叉引用 ································ 095
　四　比较：英国与法国同期的言论控制与出版 ···················· 097
　五　小结 ·· 107

第四章 共识塑造的地域纳入 …………………………… 110
- 一 分散多元的信息中心 …………………………………… 110
- 二 知识精英的散居模式 …………………………………… 111
- 三 网状传播：信息中心间的联结 ………………………… 115
- 四 边远地区通消息：交通和邮政 ………………………… 121
- 五 比较：英国和法国的情况 ……………………………… 126
- 六 小结 ……………………………………………………… 129

第五章 共识塑造的阶层纳入：教育、经济与阅读意愿 … 133
- 一 教育：公众阅读能力的培养 …………………………… 133
- 二 读书看报的平民：经济收入水平与出版物价格 ……… 155
- 三 阅读意愿 ………………………………………………… 171
- 四 小结 ……………………………………………………… 173

第六章 共识塑造的阶层融合：社会结构、公共空间与阶层互动 … 177
- 一 扁菱形的社会结构、模糊的阶层边界与平民化的公共空间 … 177
- 二 面向大众的宣传 ………………………………………… 191
- 三 觉醒与共识 ……………………………………………… 203
- 四 比较：英国和法国的状况 ……………………………… 204
- 五 小结 ……………………………………………………… 208

第七章 共识塑造与美国的立国之路 ………………………… 210
- 一 共识塑造的成效 ………………………………………… 210
- 二 共识的雏形 ……………………………………………… 215
- 三 共识下的美国立国之路 ………………………………… 246
- 四 共识基础上的政体设置 ………………………………… 254
- 五 小结 ……………………………………………………… 267

第八章 探源：美国共识塑造特质及因由 …… 269
  一 美国政治思想的认知基础：理性有限，经验为尊 …… 269
  二 理性有限认知基础上的相关政治观念 …… 271
  三 美国启蒙政治思想实践特质之由来 …… 275
  四 美国共识的经济和社会基础 …… 281
  五 小结 …… 286

题外话：美国共识的异化及其当代后果 …… 288

附录 A 美国最初十三个殖民地的基本情况 …… 297

附录 B 美国国父简表 …… 298

附录 C 美国 1763～1789 年的主要报纸 …… 309

附录 D 1764～1776 年的分年度小册子数量地理统计 …… 313

附录 E 译名对照表（人名） …… 314

附录 F 译名对照表（出版物） …… 324

附录 G 译名对照表（地名） …… 333

附录 H 本书时段内的一些相关数据 …… 335

参考文献 …… 336

后　记 …… 358

第一章 引言

一 共识究竟有多重要?

作为西方民主代表的、曾经被马克思称为"现代国家的最完善的例子"① 的美国政治体制正在遭受前所未有的质疑。首先是"阿拉伯之春"后西亚北非的动荡局势动摇了人们对多党竞争式民主选举的信念,其次是美国自身的新奇政治图景进一步加强了这种动摇。后者的新奇性在2016年大选前后达到顶峰:黑马胜出只是这一事件的笼统结果,造就其新奇性的元素还包括选举辩论的非政治性,层出不穷的丑闻和反转,选举结果公布后的惊喜与沮丧、不安与骚乱,百年不遇的多达6名选举人"失信"②,等等。两年来,特朗普怪招迭出,国内民众支持率忽降忽升,这一现象既是特朗普本人偏激性格的结果,也反映了民众的短视。而特朗普的支持者有90%以上是共和党人,这一点说明因2016年大选凸显的美国社会的分裂毫无弥合的迹象。

如果说"阿拉伯之春"的续集尚可用选举政体的"水土不服"来解释,那么,美国政体在本土遭遇的挫折又该如何解释呢?要回答这一问题,我们可以从罗伯特·帕特南的著作中得到很多灵感。帕特南的《使民主运转起来:现代意大利的公民传统》有助于我们理解选举政体在西亚北非的失败,《独自打保龄:美国社区的衰落与复兴》则有助于我们理解共识的褪色在美

---

① 马克思:《德意志意识形态》,《马克思恩格斯选集》(第1卷),人民出版社,1966,第66页。
② 美国总统选举为间接选举,先由选民投票决出候选人的一州胜负,再由代表选民的各州选举人投票选出总统。选举人"失信",是指美国总统正式选举中,选举人不按选民意愿投票的行为。

国政治中所起的重大负面效应。无论美国先驱在1787年为美国制定的制度如何精巧，它都必须依赖人的执行。在近年来被誉为"青年怪才"的以色列历史学家尤瓦尔·赫拉利眼中，人类之所以能达成大规模的合作，赖于一系列合作各方共同相信的"故事"，这些故事既包括自由、平等、民主，也包括货币和信用。这些故事本来子虚乌有，但因为人们的共同相信，它们便真真切切地起着作用。①

共同相信即为共识。关于共识在维系一个政治共同体的稳定与秩序中的重要作用，西方新马克思主义者葛兰西用"文化霸权"理论作过极为精辟的回答。葛兰西认为，在一个国家的统治中，暴力统治只能运用于例外的情况，而日常的维系则需要依靠统治阶级建立的但是为该社会的各阶级所普遍接受的一整套意识形态。

不少历史学家和社会史家论述过意识形态（一套自成体系的观念）在推动历史进程中的重要作用。英国剑桥大学钦定近代史讲座教授阿克顿说："观念不是公共事件的结果，而是其原因。""观念的力量要超出物质的力量，它可以成为比物质的力量更具有决定性意义的变化动力。"② 法国社会心理学家勒庞也曾说："真正的历史大动荡，并不是那些以其宏大而暴烈的场面让我们吃惊的事情。造成文明洗心革面的唯一重要的变化，是影响到思想、观念和信仰的变化。令人难忘的历史事件，不过是人类思想不露痕迹的变化所造成的可见后果而已。"③

观念通过影响规范性和管理性制度的设置对发展起作用。对于观念与制度的关系，有学者认为，思想、观念和意识形态是一种符号工具，一种"文化工具"和"世界架构"。人们在努力为世俗世界创建一种秩序的过程中，通过这些工具来发现、阐述和表达自己生命的意义④。以上学者共同揭

---

① 赫拉利：《人类简史：从动物到上帝》，林俊宏译，中信出版社，2014。
② 李宏图：《西方思想史研究方法的演进》，《浙江学刊》2004年第1期。
③ 勒庞：《乌合之众：大众心理研究》，冯克利译，广西师范大学出版社，2007。
④ Block F., *Postindustrial Possibilities*, Berkeley: University of California Press, 1990; Gudeman S., *Economics as Culture: Models and Metaphors of Livelihood*, London: Routledge&Kegan Paul, 1986; Swidler A., "Culture in Actions: Symbols and Strategies," *American Sociological Review*, 51 (4), 1986; 高柏：《经济意识形态与日本的产业政策：1931~1965年的发展主义》，安佳译，上海人民出版社，2008。

蘖的是，观念，乃是制度的深层来源、存在的价值基础。对此，彼得·霍尔①更为通俗化地表述道：

> 这（流行的思想观念）里面包括对社会性质和经济性质的集体共有概念，关于政府的适当的角色、若干共同的政治思想以及已往政策经验的集体记忆。所有这些理念集中在一起就构成了一个国家的政治话语。这种政治话语提供了在政治舞台上描述政策的语言，以及对政策进行评判的条件。②

但是，并非思想越开放先进的社会，就越能建立更为完善的社会制度。近代西方启蒙的中心在欧洲，"现代国家的最完善的例子"却出现在北美，就是一个典型的例子。

美国常常被认为是一个缺乏政治思想的国度。其18世纪的政治思想，往往只被视作欧洲启蒙运动的余波。思想史家罗兰·斯特龙伯格（Roland N. Stromberg）在风靡欧美大学的皇皇巨著《西方现代思想史》中如此简练地介绍启蒙运动中的美国："美国人也感受到它（启蒙运动）的影响，因为它从这个民族诞生之时起就通过那些杰出榜样的思想和教养塑造了这个民族。这些启蒙运动造就的榜样包括本杰明·富兰克林、托马斯·杰斐逊、约翰·亚当斯、托马斯·潘恩以及其他在欧洲（尤其在英国和法国）的知识界如鱼得水的'世界公民'。"③斯特龙伯格没有介绍这些榜样的思想，或许是因为他认为无论是杰斐逊、亚当斯、富兰克林或是潘恩，都不过是欧洲特别是英国的思想家们的学生罢了。即使是那些专门研究美国早期政治思想的文献，也总是将美国政治思想的源头追溯到柯克、洛克、卢梭，或者是马基雅维利、哈林顿、孟德斯鸠，再就是博林布鲁克、辉格反对派和乡村党④。但

---

① Hall P. A., *The Political Power of Economic Ideas: Keynesianism Across Nations*, Princeton: Princeton University Press, 1989.
② Hall P. A., *The Political Power of Economic Ideas: Keynesianism Across Nations*, Princeton: Princeton University Press, 1989, p. 383.
③ 斯特龙伯格：《西方现代思想史》（第6版），刘北成等译，中央编译出版社，2005，第191~192页。
④ 以上三组作家分别为社会契约论者、共和主义者和18世纪的英国激进辉格党人的代表。

是，正是在这个远离世界中心的地方，政治和经济都依附于欧洲的18世纪的北美大西洋沿岸，却通过一场相对温和的革命，建立起一个创新性的并且相对完善和稳定的政体，为它今后的发展奠定了良好的制度基础。当初被杰斐逊认为20年后必须重新制定的宪法，经过27个修正案的修修补补，一直用到了现在。

那么，如果承认观念对于历史进程的决定性影响，又该如何理解看似贫弱的美国政治思想与相对完善的美国政体之间这种表面上的矛盾呢？如果美国确实像人们认为的那样只是将欧洲的各种政治思想糅合起来就幸运地得到了一个刚刚好的制度，为什么作为这些杰出思想发源地的欧洲，却未曾建立这样一个"完善的"政体呢？

在研读美国早期史资料的过程中，我慢慢意识到殖民地时期的美国虽然缺乏原创性的政治哲学思想，却普及了那些来自欧洲特别是英国的代表当时人类对政治的认知水平的思想。如果说，欧洲思想家的心血结出了现代人民主权和民主政治的思想果实，那么北美则依靠这些果实将平等、自由和民主的种子撒播到人民内心，让它们生根繁衍，从而培育出与现代政体相应的政治文化来。在欧洲，标志着近代民主和平等意识觉醒的启蒙运动发生在"文人共和国"（The Letters of the Republic），发生在沙龙和咖啡馆，自由、平等、主权在民的思想是资产阶级对绝对主义权威的质疑和挑战，承载和传播启蒙思想的公共舆论是一种全新的政治力量，但它们都局限于新兴的资产阶级，与平民百姓毫无关系，欧洲的近代政治思想的传播范围也就相应地局限于新兴资产阶级市民社会（Bourgeois Society）[①]，一般大众，尤其是农民，几乎未受它们的影响。在美国，这些思想的要义却植根于人民的经济和政治生活，是他们的实践的一部分。在美国与英国的对抗发生之前，它们是人民思想意识中自发的成分；在对抗发生之后，这些思想以自觉的形式出现，通过报纸、小册子和传单，通过布道坛，在城市的手工业者俱乐部，在农村的田间地头，在小酒馆（tavern）广为传播，扩散到各殖民地的各个角落。在这个传播过程中起主导作用的精英阶层，借用

---

① Bourgeois Society 这个概念指近代社会转型过程中在政治、经济、文化上上升的有教养、有影响力的阶层。

了欧洲启蒙运动的诸多核心概念，同时跨越阶层的关于政治的讨论与传播，赋予了这些概念新的"接地气"的意涵。其结果是，启蒙理念在改变平民的同时，也被平民改变。正是这种"自上而下"与"自下而上"相融合的理念塑造过程，使美国在立国前夕形成了具有共识性质的政治文化，这一政治文化不仅拥有跨越阶层的凝聚力，也具备了创设制度的实践力。

就改变社会形态来说，平民普遍的观念要比哲人的思想具有更直接的推动作用。因为思想提供关于社会变革的想象力，引领未来；平民的观念共识却孕育民族的凝聚力，改变当下。如果说，历史上一些杰出的思想家影响了历史的进程，比如说孔子影响了中国，耶稣影响了欧洲，那是因为他们的思想成了特定社会中成员的共有观念。莱恩（Lane）和瑟斯（Sears）的《公共舆论》开篇就断言："所有重大的历史事件，都是政治共同体中成员观念的结果。"[①] 历史学家菲利浦·巴格比（1958）也说：如果我们在文化的层面上探究历史问题，如果我们将历史的个别事件视作特定文化的体现，我们就能更容易地理解历史[②]。所谓文化，正是平民观念的集合体，是内化在心灵和思维习惯中的观念及由此决定的行为模式。

反之，局限于少数精英的意识演进不足以主导社会进程，亦可由美国革命后法国与荷兰的局势发展佐证之。美国革命胜利后，法国和荷兰都出现了类似美国革命党人的"爱国党人"组织，然而法国革命激进、暴烈而曲折，荷兰则以行政元首叛国，荷兰由一个独立国家下降为英国的一个省而告终，究其原因，上述情况实与民众尚未建立起民主意识，心理上依旧依附君主有关。柏克、托尔维尔、苏珊·邓恩等人关于美法革命比较的研究均指出，美国革命与法国革命的表现形态及后果之所以有着天壤之别，缘于两个民族意识形态的差别。当日美国大众的政治共同意识，乃是适应资产阶级民主政体的意识；而法国革命的失败，恰恰源于法国民众尚未形成此种共同意识。荷兰的情况也是佐证。杰斐逊记述，荷兰爱国党人想要建立一个代议制的共和制政府，他们取得了荷兰议会的大多数支持，然而市民的大多数拥护奥伦治君主。凭借其民意基础，再经在外勾结，奥伦治

---

① Lane R. E., Sears D. O., *Public Opinion*, Englewood Cliffs, N.J.: Prentice-Hall, 1964, p.1.
② Coben S., Ratner L., *The Development of an American Culture*, 2nd edit, New York: St. Martin's Press, 1983, p.7.

君主在危局之后竟又恢复了他的全部权力。在此过程中，主张代议共和的议员却频频受侵扰，复辟更导致大批爱国党人被迫出走流亡。[①] 20世纪德国法西斯的兴起也是例证。一战结束后，德国发生革命，推翻专制，并于1920年制定了师法美国的《魏玛宪法》，明文规定联邦政府及各州政府今后必须采用共和政体，但后来民众竟然全体为希特勒所蛊惑和利用，酿成世界大祸。可见，没有民众对共和的共同向往，没有民众普遍的民主意识的成熟，部分思想开放的精英的努力是不足以对抗传统势力的。当然，政治共识远不能一蹴而就，它本身必须随着社会事务的变化而变化，必须调整以适应解决新的社会问题的要求。本书开篇讨论的美国政治体制当前笼罩的疑雾，其根源正在于共识的断裂。

大众所持的观念在政治中的重要作用，近代以来已经受到不少政治学家的重视。从托克维尔关于平等意识在美国民主政体中重要作用的论述，艾伯特·维恩·戴西[②]关于舆论与英国法律间关系的论述，沃尔特·白哲特[③]关于"民族特性"在政治中的重要作用的论述，到韦伯关于新教伦理在近代资本主义、现代民主国家和社会形态形成过程中起关键作用的论述，葛兰西[④]关于"文化霸权"的论述，表明大众观念在人们政治生活与社会生活中所起的作用，已经得到越来越深刻的认识。

思想史在18世纪末以来的发展，也反映出思想史家越来越重视大众的

---

① 杰斐逊：《杰斐逊集》，刘祚昌等译，生活·读书·新知三联书店，1993，第72~76页。
② 英国法学家（1835~1922），《英宪精义》的作者。其对舆论与英国法律间相互关系的观点，参见 Dicey, *Lectures on the Relation between Law and Public Opinion in England during the Nineteenth Century*, 2nd ed., London: Macmillan, 1914。
③ 英国政治和宪法理论家、新闻记者（1826~1877）。白哲特在其《物理学与政治》中论述，英国人的民族特性是保守，亟须用思想来拯救其落后停滞的状态；法国人的民族特性是灵活多变，缺乏自治所必需的稳定性。参见 Bagehot, *Physics and Politics*, Boston: Beacon, 1956。
④ 意大利社会理论家（1891~1937）。西方新马克思主义的代表人物。与正统马克思主义强调物质的力量不同，葛兰西强调意识形态的力量。他认为资产阶级主要通过"文化霸权"而非"暴力霸权"维护统治。通过操纵宣传工具、教会和工会，资产阶级把他们的价值观和信仰强加给大众，从而获得统治的合法性。因此，在发达的西方，工人们对现存体制的安排是自愿的。这意味着革命首要任务是改变大众的思想意识。葛兰西呼吁马克思主义者结束对经济学的纠缠，更多地从文化领域，即文学、道德和哲学方面撼动资本主义的根基。参见 Gramsci A., *Selections from the Prison Notebooks*, Hoare Q. et al, trans., New York: International Publishers, 1971。

认知。

20世纪60年代以前，以列奥·施特劳斯为代表的"经典文本"方法在思想史研究中占据主流地位。施特劳斯认为，涉及道德、政治、宗教以及其他类型思想的经典文本包含着表现为"普遍观念"的"经得起时间检验的智慧"（dateless wisdom），因而，思想史家的使命就是研究经典文本，将注意力集中于每位作者的"基本概念"以及他对于道德、政治、宗教、社会生活中的"永恒话题"所持的意见，领悟他们在这些永恒问题上给后人的启发。发现"永恒智慧"，是研究这些文本的目的和价值所在。[①] 相应地，在一个确定的历史时空中，杰出思想家代表了思想的主流和发展的高度，并能够对现实作出理论解释，将这些思想家及其思想串在一起，已经足见政治思想流变的主体脉络。因此，思想史家的研究对象就应该是那些最有影响力的大思想家及他们的代表性作品。由于经典文本方法只考察思想本身的延续和变迁，并不考察思想得以发生的社会和经济背景，这种方法又被称为思想的"内部分析法"。

经典文本方法的合理之处在于，虽然人类的生活方式历经沧海桑田的变迁，它所面临的问题却相当恒定：人生的目标是什么？一个好的社会要怎样运行？什么是正义？怎样保持社会的稳定，维系合作？管理一个国家的最佳方式是什么？应当给予个人何种限度的自由及成功概率？等等[②]。而经过历史淘洗的经典文本，显然有更高的概率给今人以启发，或教导今人避免种种陷阱。施特劳斯所坚持的从古典的视野审视现代性，也确实有助于人类放下科技带来的自大，从更长远的历史角度客观地自省当下的成就与不足。

经典文本方法自20世纪60年代始受到挑战。以"剑桥三剑客"约翰·波科克（J. G. A. Pocock）、昆廷·斯金纳（Quentin Skinner）和约翰·达恩（John Dunn）为代表的剑桥学派，对传统的经典文本方法提出以下批评。

首先，在经典文本方法下，著作家发表言论时的背景和意图被忽略，这会造成对文本的意涵的误读，误读的产生可能是因为语词的含义已经变

---

① Skinner, Q. "Meaning and Understanding in the History of Ideas," *History and Theory*, Vol. 8, No. 1, 1969, pp. 3-53, JSTOR, http：//www.jstor.org/stable/2504188.
② 普鸣：《哈佛中国哲学课》，胡洋译，中信出版集团，2017，第18页。

化，也可能因为对历史事件背景缺乏了解而对作者产生误解——比如作者在一句话中运用了反讽的修辞手法，而后人却按字面意思来理解它。其次，由于以寻找"永恒智慧"为出发点，思想史家往往强加给著作家及其经典文本一种他们本不具备的逻辑连贯性。① 再次，因为证明上述逻辑连贯性的需要，思想史家可能不惜虚构一个更高层次的信念体系，或主观拼凑某种知识谱系，牵强附会地将某一特定经典作家前后矛盾或不成体系的思想强行统一起来。又次，由于经典文本方法认为作者的思想具有"内在一致性"，它就倾向于将一个作者归入一个流派，而不顾作者的本意是否如此。最后，在思想的传承体系上，经典文本作家为了寻找思想流派的脉络，有可能主观地揣度思想家之间的影响，或者泛化影响的存在。

综合以上理由，剑桥学派认为，传统的经典文本阐释方法是"非历史性的"。斯金纳尖锐地批评，在传统方法下，篡改历史成了学习历史的唯一途径。而这个问题只能通过尊重历史、重新谨慎地研究历史来解决。斯金纳指出，任何言说都是在特定的历史情境下，针对特定的问题而发，它们都是特定时刻特定意图的反映。脱离了言说者所处的历史情境，在不了解言说者所面对的特定问题的情况下试图去理解言说者的真实意图，是一种自以为是的幼稚。②

基于此，斯金纳建议思想史家回到历史中去，想象自己处于思想家所处的情境，真实地再现思想家意图的本来面目。回到历史中去，就是在考察历史言语或事件的真实意义时，要尤其注重这些言语和事件发生的场景，以及场景对言语方式和事件走向的影响。斯金纳称之为历史语境主义（contextualism）。继而，要辨明思想家的本来意图，就要求思想史家在进入历史语境的前提之下，研究不同语境下的语词含义及其功能，在此基础上，把自己想象成那个情境之中的著作家，想象自己所面对的读者群，从而把握著作家使用这些语词所要传达的信息和所要达到的目的。斯金纳称之为身临其境主义（intertextualism）。

---

① Skinner, Q. "Meaning and Understanding in the History of Ideas," *History and Theory*, Vol. 8, No. 1, 1969, pp. 3-53, JSTOR, http：//www.jstor.org/stable/2504188.
② Skinner, Q. "Meaning and Understanding in the History of Ideas," *History and Theory*, Vol. 8, No. 1, 1969, pp. 3-53, JSTOR, http：//www.jstor.org/stable/2504188.

历史语境主义和身临其境主义均要求研究者回到历史中去，也就是说，研究者只有考察经典文本产生的历史事件背景和知识及语义背景，才能够理解思想家的真正意图。思想史的研究对象因此扩大到重大历史事件和知识精英的文化生活。这一点在斯金纳的代表作《近代政治思想的基础》和《政治的视界》中有清晰的体现。斯金纳在研究一个时期的思想转型的时候，总是尽可能多地搜集已然湮没无闻的该时代的知识精英的言论，力求真实地再现当时思想争鸣的全景。斯金纳的工作还告诉人们，一种理论的成名，与一个人的成名一样，千里马常有而伯乐不常有。伟大的思想，并不一定能对社会进程产生立竿见影的效果。从短期来说，那些掌控了宣传工具的思想具有先天的成长优势，而从长期来看，那些恰好符合当时社会变革需要的思想，容易有幸在思想的广阔宝藏中脱颖而出，得以流传，被接受，被运用，进而万古流芳。这两者往往又是相互重叠的，因为掌握宣传工具的人往往就是成功地主导社会变革的人。可见，经典文本成为经典，并不是由于它较之同时代的其他著作一定更高明，包含更多的"永恒智慧"，而是它有幸被历史选中，成为在海面上显露的冰山一角。斯金纳着力挖掘的，是海面下的冰山。

有趣的是，剑桥学派的另一代表人物波科克对于思想史研究的历史主义方法有着与斯金纳相同的立场，但对于思想史的研究对象却有殊为不同的理解。波科克认为，要理解政治思想在历史上发挥的作用，我们就必须把思想家的言说看作行动。政治思想家就是历史演员、历史活动家，他们的言说（演说或写作）不仅仅是他们个人的思想意识行动，而且是以政治作品为载体的社会活动和历史事件。政治思想家在他所处的历史背景中，通过一些当时可能的交流手段进行演说、写作活动，发表其观点。这些言语行动必然或多或少地影响他人，同时也就改变了这个时代的观念背景环境，包括思想家本人所处的观念背景环境。思想家通过说和写表达的内容被其他的历史演员以听和读的方式接受下来，就完成了一个"对话"过程，作为"对话"过程接收者的历史活动家在今后的言说行动中就不可避免地带着这次"对话"过程的痕迹。一个以政治思想家为职业身份的历史活动家的言语行动就这样影响了一系列别的历史活动家的言语行动。因此，研究政治思想史就是要研究历史活动家之间的对话或者说言语行动系列。既然如此,思想史家的任务就不限于重建作者的原意,因为政论史上实际发生的事件要远远超乎思想家的原初意图。通过不断发生的"对话",一个作品可以在各种历史环境中引起无限多的反应,这些反应都是思想史家需要加以挖掘的内容。① 波科克的观点,对理解当今发达的网络传播环境下日益发展壮大的自媒体所拥有的社会影响力,尤有帮助。

问题在于,如果研究者关注的是作者"在做什么",即作者过去在历史中的影响,那么,他就必须把那些不符合作者原意的甚至是牵强附会的解释和有意的误读一并算作影响,而这些影响又往往进一步产生影响。既要追溯作者的本来意图,又要厘清其他历史活动家对作者的有意无意的误读,以及这些误读所造成的历史后果,历史就变成一张交织纷乱的网,难以厘清头绪。波科克也意识到了这一点,他退而求其次地建议历史学家关注具体作者或作品所产生的历史影响的某一支流,研究一部分有能力加以把握的历史。

传统方法与剑桥学派方法的区别在于,前者认为政治思想产生于伟大的头脑之中,后者则认为政治思想产生于社会实践的进程之中。不过,剑桥学派所关注的社会实践进程,是那些惊心动魄的历史事件;剑桥学派所分析的知识及语义背景,是知识精英阶层的思辨与对话。斯金纳展示的冰山,延伸到海面之下但仍然局限于接近海面的那部分。

力图展示冰山根基部分的,是以达恩顿为代表的观念的社会史(或称心灵史、社会文化史②)研究者。达恩顿认为,思想史研究应当包括四个部分的内容:其一为关于思想的历史(the history of ideas),其研究对象是通常

---

① 张执中:《从哲学方法到历史方法——约翰·波科克谈如何研究政治思想史》,《世界历史》1990年第6期。
② 达恩顿有时将他的研究称为"心灵史""观念的社会史",有时又称为"社会文化史"。笔者感觉,"心灵史"概念注重表达研究的精神层面取向,"社会文化史"注重表达他对于整个社会而非仅仅精英阶层的关注,"观念的社会史"较好地体现了两者的结合,是最符合达恩顿研究内容的表达。为与彼得·伯克等人的社会文化史相区别,并表明研究的思想史取向,本书倾向于采用"观念的社会史"概念,但为了表达的简洁,也采用"心灵史"概念。注:伯克的社会文化史与达恩顿的社会文化史的不同在于前者囊括文化的物质层面和精神层面,而后者只注重精神层面,即使采用物质层面的证据,也是为了研究精神层面的内容。达恩顿的社会文化史是思想史研究的新阶段,伯克的社会文化史是历史研究的新阶段。

以哲学思辨的面貌出现的成体系的思想；其二为思想史本身（intellectual history proper），其研究对象为非正式的思想、思潮（climates of opinion）及人文运动（literary movement）；其三为关于思想的社会历史（social history of ideas），其研究对象包括意识形态和思想的传播过程；其四为文化史（cultural history），这是人类学意义上的文化研究，包括人们的世界观和共同的心灵状态方面的内容。① 达恩顿总结的思想史的四个方面，恰好反映了思想史研究对象的演进过程。经典文本方法关注的是第一个部分，"剑桥学派"关注的是第二个部分。从第三个部分开始，思想史的关注扩展到社会的下层，将占社会大多数但在以往的思想史研究中被忽视的大众心灵状态纳入思想史研究的范畴。②

关于为什么要研究心灵史，达恩顿说：

> 世界观不可能像政治事件那样加以编年，其"真实"的程度却不稍逊。要不是先有心智规划条理，将之贯彻到真实世界的常识观念，政治不可能发生。常识本身就是社会所建构出来的真实，随文化之不同而各显其貌。那不是集体想象出来强制大家接受的无稽之谈，而是在既有的社会秩序中表达经验的共同基础。③

也就是说，达恩顿认为，普通人的常识观念、心灵状态才是社会生活的构成方式（政治）的基础。因此，他更为关注"非知识分子的思想史"（an intellectual history of non-intellectuals），而非"哲学体系从一个哲学家手里传到另一个哲学家那里的方式"。他致力于探究"思想交流中的中低层面"，追问"观念是如何在社会中发挥作用的，态度和价值观是如何发展起来的"。④

---

① Darnton R., "Intellectual and Cultural History," Michael Kammen: *The Past Before Us: Contemporary Historical Writing in the United States*, Ithaca: Cornell University Press, 1980.
② 达恩顿：《屠猫记：法国文化史钩沉》，吕健中译，新星出版社，2006，序1页。
③ 达恩顿：《答玛丽娅·露西娅·帕拉蕾丝》，载玛丽亚·露西娅·帕拉蕾丝-伯克编《新史学：自白与对话》，彭刚译，北京大学出版社，2006，第20页。
④ 达恩顿：《答玛丽娅·露西娅·帕拉蕾丝》，载玛丽亚·露西娅·帕拉蕾丝-伯克编《新史学：自白与对话》，彭刚译，北京大学出版社，2006。

当研究的视野扩展到社会底层的时候,启蒙运动就不再仅仅是一场象牙塔里高雅的思辨和对真知的令人敬仰的执着追求,而是一场纠缠着人欲与等级冲突的社会运动,制序因素、社会关系与物质驱力都在其中起着不可替代的作用。达恩顿的心灵史研究集中在近代法国。在1979年出版的《启蒙运动的生意》里,达恩顿通过描述和分析启蒙运动的重要文献载体——狄德罗主编的《百科全书》——的写作、编辑、出版和分销模式,它所吸引的作者群体、读者群体,所招致的出版审查,出版商回避出版审查的伎俩,不同版本的发行、盗版,参与者间的商战、密谋、争吵、游说、贿赂等,揭示了启蒙运动本身离不开经济和社会因素的内容。资本主义工商业的逐利取向,与高风险相对应的高回报,是启蒙运动得以"生产"的前提。启蒙运动的主题是思想的革新,但它必须拥有相应的物质生产的生产力和制度基础,才能发展成一场运动。在研究方法上,达恩顿选取启蒙运动中最具代表性的一部著作做案例研究,研究点的集中使他有可能通过当时最重要的法文图书出版商纳沙泰尔出版公司留下的文件[①]来完成他的研究。1963~1979年,达恩顿通过仔细考察纳沙泰尔公司留下的全部文件,包括50000封出自形形色色的靠图书交易维生之人的信件,梳理了《百科全书》的生产和流通过程,重现了当时的作家、出版商、印刷商、工场主、印刷工人、读者的真实生活,从而展现了启蒙时代的人、书及公共舆论的面貌。

《启蒙运动的生意》之后,达恩顿将目光转向法国旧制度时期的地下文学和色情文学。其代表作品为《旧制度时期的地下文学》(The Literary Underground of the Old Regime,1982)和《法国革命前被禁的畅销书》(The Forbidden Best-Sellers of Pre-Revolutionary France,1995)。达恩顿关注这些被以往的史学家忽略的非主流文学,并认为它们比正统的名著更准确地表达了当时人们的真实心态及其变迁过程。

---

① 达恩顿说,这些文件"包含了图书史各个方面的信息",包括"如何对待作者,如何生产纸张,如何处理文稿,如何排版,如何印刷,如何装箱运输,如何讨好当局,如何计取警察,如何给销售商供货,以及如何满足1769~1789年遍及欧洲各地的读者"。参见达恩顿《启蒙运动的生意:〈百科全书〉出版史(1775-1800)》,叶桐等译,生活·读书·新知三联书店,2005,第3页。

达恩顿最有影响也最有争议的著作是《屠猫记:法国文化史钩沉》。在这部著作里,他的研究视野进一步从阅读阶层扩大到文盲阶层,贫苦的农民与辛劳的工人、落魄的文人一起成为他关注的社会群体。在研究方法上,达恩顿一如既往地善于从细微处着手,以新颖的视角挖掘社会群体的心灵状态。从大众生活的表象中发现隐藏其中的社会心理,是他最具特色的研究方法。他从民间故事、民谣、民俗中剖析生活在社会底层、占社会绝大多数的农民的智识、心灵和道德状态,因为故事总是反映着讲故事者和听故事者的真实的生活,流露出心灵深处最隐秘而又最坚定的信念。从农民传统的娱乐方式炉边夜话中,他窥见法国农民公平感的缺乏和对诡诈的信仰。从印刷工人的匪夷所思的暴力狂欢仪式——屠猫——中,他剖析工人的低微处境和愤怒、技工与师傅间深刻的阶级冲突。他相信,在外人看来诡异的事件里蕴藏着文化的内核。他从警探档案中看见新兴知识分子阶层(达恩顿称他们为"潦倒文人")的窘迫和不幸,从平民的遗产清单、作家的出身来源中发现知识分布的不均。[①]

20世纪末,以书籍史文化研究奠定了学术地位的达恩顿自觉将研究视野扩展为更广泛意义上的传播史研究。他将报纸乃至歌曲、谣言、墙头涂鸦、肖像等信息载体纳入传播史的研究对象,试图系统地重建旧制度下的传播体系。[②] 这一方向与他前期的研究一脉相承,又有所超越。将关注点从公众阅读延伸至更广泛的公共信息传播领域,是他重视平民智识生活的自然结果。

达恩顿与剑桥学派的区别在于,后者认为政治思想是小部分政治和知识精英的思考和互动的结果,前者却认为平民的生活状态深深影响着知识积累和观念革新的进程。思想史的研究对象至此囊括整个社会各阶层的精神方面(如图1.1所示)。

美国史学家埃里克·方纳等人,业已将心灵史方法运用到美国思想史

[①] 达恩顿:《屠猫记:法国文化史钩沉》,吕健中译,新星出版社,2006。
[②] 作为这一转型的结果,达恩顿在2010年出版了《诗歌与警察:十八世纪巴黎的交流网络》。Poetry and the Police: Communication Networks in Eighteenth-Century Paris, Cambridge, MA: Belknap Press, 2010;参见达恩顿《答玛丽娅·露西娅·帕拉蕾丝》,载玛丽亚·露西娅·帕拉蕾丝-伯克编《新史学:自白与对话》,彭刚译,北京大学出版社,2006,第221~222页。

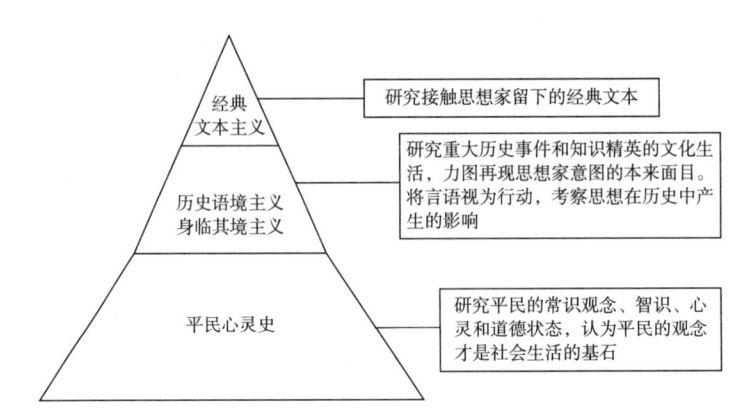

```
        经典
        文本主义 ——— 研究接触思想家留下的经典文本

      历史语境主义        研究重大历史事件和知识精英的文化生
      身临其境主义 ——— 活,力图再现思想家意图的本来面目。
                      将言语视为行动,考察思想在历史中产
                      生的影响

                        研究平民的常识观念、智识、心
    平民心灵史 ———     灵和道德状态,认为平民的观念
                        才是社会生活的基石
```

图 1.1　思想史研究的三种范式及其研究对象

研究之中。方纳的《美国自由的故事》,挖掘了一大批被美国正规历史教科书过滤掉的人物、思想和历史事件,通过不同人群的视角和经历,叙述了不同时期来自不同群体的个人对于自由的不同理解,从而展示了美国"自由"概念的复杂性、内在矛盾性和不确定性,最终给出了意味深长的暗示:允许不同的自由概念和权利诉求自由表达、自由竞争,这才是"自由"社会的本质特征。

　　经典文本方法、剑桥学派的方法和心灵史的方法之间的差异实际上体现的是思想家在本体论上的差异。经典文本方法的本体论是伟大的思想家具有超乎常人的智慧,凡人应当遵循他们的教导来组织社会生活。伟大人物是历史的创造者,他们的创造具有独立性,不因社会情境而转移。经典文本方法的代表人物施特劳斯,执当代"保守主义"之牛耳,经典文本方法恰好反映了他对于人之高下有别的坚信不疑。剑桥学派的本体论是精英主义的。在剑桥学派的视域里,伟大的思想家已经还原为常人,他们和常人一样,有思维和视野的局限,有逻辑的不连贯,有观念的改变。他们思索他们视线所及的事务,其结论中并不存在永恒智慧。令他们成名的原因,固然包含探索的努力,但更重要的是机遇。因为新思想的产生并非缘于个别思想家的灵感突现,而是思想家群体共同思考当前问题的结果。他们在思考的过程中相互影响,思想家之间无论互相赞同或反对,都起着相互启迪的作用。对思想家来说,要考察思想发展的真实历史,其研究对象

就不应局限于伟大的思想家，而应致力于挖掘同时代的其他思想家，展现一个时代的思想面貌。剑桥学派将思想史的研究对象从经典思想家个人扩展到变革时代的思想家群体，相较于经典文本学派已经有了一些平等主义和客观主义倾向，但依然把思想的流变看作精英阶层的内部事务，对平民的思想观念及平民观念对思想史、社会变革的影响缺乏关注。相较之下，心灵史方法的本体论更具马克思主义的特征。心灵史家关注寻常百姓的心灵状态，认为寻常人对世界的理解构建了政治秩序的基础，进而将大众而非精英视作社会历史进程的决定性因素。心灵史家将商业发展等物质因素纳入思想史研究的范围，探讨利润诱因对思想生产和传播的推动作用，在剑桥学派将思想发展与实践背景挂钩的基础上，进一步将思想传播与物质利益挂钩，在史学领域密切了意识与物质之间的关联。

从列奥·施特劳斯重视对经典文本的研究，到剑桥学派关注思想变革时代精英阶层的群体智识状态的研究，再到当代观念的思想史家将研究兴趣转向大众的智识状态和意识形态，思想史研究对象的扩展显示出人们越来越注重思想产生的社会基础和影响范围，越来越认识到是大众的意识、群体的观念而非个别思想家规约着一个社会的发展路径及发展速度。20世纪60年代以来政治文化研究的兴起，可以说是这一认识不断深化的自然结果。从这个意义上讲，美国立国前夕及立国期间近代政治观念的传播过程及其后果就成为一个非常值得研究的课题。当欧洲关于自由、平等、人民主权思想的讨论局限于文人和政治反对派的圈子，其传播局限于城市和资产阶级的时候，英属北美殖民地为何能将这些思想传达到农村，渗入平民阶层，进而形成共识？在考察这个问题的时候，政治共识对于政体建设和政制运行的基础性作用，将一并得到探究。

当然，思想史三个学派的史家并非没有共通之处，人类生活的精神方面及其对行动和社会生活的影响是他们的共同关注点，也各有其所据：个体在智力、洞察力方面的差别是客观存在，公众在推动历史发展中的作用也是客观事实。要想真正理解人类思想变迁的进程，三派史家分别关注的三个层面均不应被忽略，也不应被割裂。从这个意义上说，经典文本方法、剑桥学派的方法和心灵史的方法是互为补充的。基于这一认识，本书既关注美国立国时期那些传播现代政治观念的经典文本，如《常识》《独立宣言》《联邦党人文集》的写作与传播，也将美国革命期间的小册子、报纸文章、制宪会议的辩论记录、宪法批准期间反联邦党人的言论等精英文本纳入传播的考察对象。① 最后，本书还将殖民地的发展历史、社会结构、社会制度、平民经济状况纳入考察范畴，探讨美国18世纪政治思想传播的社会生活渊源。

二 共识塑造的意义

美国近代政治观念的普及化传播与美国得以比其他国家较为顺利地构建起现代政体之间存在难以否认的关系。如约翰·亚当斯所言，"美国革命在独立战争发生之前就完成了。美国革命发生在人民的头脑和心灵中，发生在他们宗教情感的转向中。发生在他们对于责任和义务的理解中……这些发生在人民所秉持的原则、观念、情感和倾向上的激进变革才是真正的美国革命"。② 观念革命使美国得以用较为温和的方式完成了激进且富有成果的社会变革③。美国革命堪称较为温和且富有成果的革命。历史的普

---

① 对这部分文本的考察主要通过借鉴历史学家整理、精选、编纂而成的历史文献、数据库来完成。
② 亚当斯在1818年2月致H.奈尔斯的信中表达了这一观点。
③ 美国革命以较为温和的方式完成了激进的社会变革，是伍德在《美国革命的激进主义》中得出的主要结论。关于美国革命的温和性质，托克维尔曾说，美国革命是"最完满和最和平"的社会革命。参见托克维尔，1835：16。美国史家伍德则以如下语言描述美国革命："美国的革命者们似乎总是出入于客厅或立法大厅，而不是活动在地下室或大街上。他们作演讲，却不做炸弹；撰写博学的文章，而不是撰写各种宣言。他们既不是抽象的理论家，也不是社会平等主义者。"美国革命"没有农民起义，没有火烧城池，更没有监狱暴动"。参见伍德《美国革命的激进主义》，傅国英译，北京大学出版社，1997，第1页。从美国革命党人对付托利党人的手段来看，美国革命也确实要比其他革命温和。美国革命党人，尤其是出身中产阶级或中产阶级以下的革命党人（在美国历史书中被称为"暴徒"的人），在革命期间也迫害托利党人，但迫害的方式止于殴打、毁坏财物、涂了柏油贴上羽毛拉出去游街、焚烧模拟像等，至少在我的阅读范围内，没有见到过革命党人肆意剥夺托利党人生命的事件。杰斐逊在1781年写的"尽管这场战争到现在进行了将近7年，但没有处死过一个叛徒"可作为佐证。杰斐逊还记述了革命党人对托利党人财产采取的保护措施。杰斐逊说，独立战争发生后，许多托利党人逃往英国或加拿大。托利党人的财产在革命期间无疑遭到了损失，但革命党人还是制定了一些措施尽量保全他们的财产。比如在弗吉尼亚，由于北美独立之后忠诚于英王的人理论上成了外国人，不能再拥有北美的土地，议会对这些人的土地、奴隶和其他财产进行了查封，经手查封的人大多数是业主的亲朋或代理人，财政机关负责收缴这些产业的纯收益，也收缴这些人的债务，这些财产始终登记在原业主的名下，除非发现这些人有不正当的行为而导致财产的扣留。托利党人的土地后来被拍卖，但拍卖所得依然归原业主。在通货膨胀开始后，议会还将拍卖所得转买为烟草以减轻托利党人的损失。参见杰斐逊，1781：301。可以认为杰斐逊有为革命党人辩护的成分，但他的记述至少表明了一种态度。

遍悲剧是，革命是自由主义的儿女，却是专制主义的父母：英国革命产生奥列弗·克伦威尔；法国革命产生拿破仑；俄国革命产生斯大林；伊朗革命产生霍梅尼。但是，美国革命却是一个例外，它产生了不要做君主的华盛顿和由人民批准的宪法。美国革命后，联邦党人与反联邦党人之间有过激烈的斗争，但是其对话基础始终建立在对自由、平等、人权等基本价值观的共同认可之上，所争执者只是通过什么途径来实现自由与平等。相较之下，与它并称姊妹的法国革命则是暴烈而动荡的，它杀人如麻、云谲波诡、朝令夕改，它长期难以建立一个稳定的政体，并以专制的复归而落幕。对于风云变幻的法国革命，人们对它的认识有着天壤之别，拥护者认为它创造了一种新人类，使世界焕然一新；反对者则认为它是魔鬼在世间的显现，将把人类社会推向崩溃。① 但对于美国革命的成就，人们没有什么异议。美国革命不仅改变了北美英属殖民地的政治组织形态，也深刻地启迪了整个人类社会之后的历史进程，被视为"人类的希望和榜样"②。美国革命之后，欧洲王冠纷纷落地，人类开始自觉打碎等级制的桎梏，走上平等的历程。如果说，英国工业革命开启了经济的近代史，那么，美国革命则开启了政治的近代史。③ 从这个意义上说，美国革命堪称激进而伟大的革命。而令美国以较低的社会成本实现了激烈的社会变革的深层原因正是大众意识观念上的转变与共识的构建。因此，美国这一时期的历史经验，对于被越来越频繁地推向变革情境的人类来说，弥足珍贵。

美国是一个以共识立国的国家，这一点类似于我们自我定位的"文明型国家"。历史上维系我们这个共同体的文明是儒学为主、兼采百家的文明，而维系美国这个种族、民族、宗教信仰多元化国家的文明则是"美国信念"（American Creed）。"美国信念"一词来自冈纳·米达尔的《美国的抉择》。冈纳将"美国信念"定义为美国人的"共同之处：一种社会气质，

---

① 托克维尔：《旧制度与大革命》，冯棠译，商务印书馆，1992，第43页。
② 1789年5月巴黎的 Mercure de France 报。转引自 Dunn S., *Sister Revolution*: *French Lighting*, *American Light*, New York: Faber and Faber, INC., 1999, p.11。
③ 按弗朗西斯·福山的观点，政治平等比经济发达对于人类的意义更大，因为它满足人的受尊重的需要。对人来说，受尊重的需要是更为根本的需要。人们追求更高的经济地位，也是为了得到尊重。在人们所获取的物质中，只有很少的一部分是生存所需，其他的都是为了活得更体面、更有尊严。

一种政治信念"。"美国信念"公认的内涵包括：人人生而平等，天赋生命、自由与追求幸福的权利；政府为保障民众的以上权利而存在，因而其组织形式应当是民主政体；政府小于、低于社会；权力有自我扩张的本能冲动，政府是"不可避免的恶"，必须强加约束，等等。塞缪尔·亨廷顿认为，"信念"有两大特征：其一，它是稳定的；其二，它是人民广泛同意和支持的。惜乎，亨廷顿在认同冈纳"美国信念"说的同时，却认为"美国信念"主要来自新教，从而构筑了将美国国家特性和国民身份等同于"WASP"（盎格鲁-撒克逊白人新教徒）的窠巢，反而挖了美国文明的墙脚①。应当说，新教教义是"美国信念"关于人的认知和价值观（上述"美国信念"内涵的第一项）的基础，但本身并不足以形成具有深刻政治意涵的"美国信念"。"美国信念"的诞生，另有其历史原因。

比如说，美国人的民主观来自古典，来自欧洲，又大大不同于古典，不同于欧洲。在古希腊，民主是男性自由公民的掌声，并且在波利比乌斯等政治学家眼中被等同于"多数的暴政"。在欧洲，民主是有产者的选票，国家是有产者的国家。但美国立国时代塑造的民主定义则已包含了近现代民主政体的基本内容：向公民平等开放的公职体系（世袭制的废除）；选举制；代议制；法治；言论、结社和集会自由；新闻自由；公民基本权利保障，等等。在"美国信念"中，"民主"一词的含义至少应当从两方面理解。其一是国体意义上的，在这个意义上，"民主制"与"君主制"相对，表示国家属于人民所有，而非属于君主个人所有。其二是政体意义上的，在这个意义上，"民主"与"专制"相对，表示人民或其代表参与政治过程和政治决策，以保持政府行动与人民偏好的一致。民主在国体意义与政体意义上必须是相互统一的。对现代人来说，民主是文艺复兴后近现代政治对于古典的民主共和政体的螺旋式上升，是近现代政治区别于中世纪神权政治及其后的绝对君权政治的首要和基本的特征。它基于政治共同体内部成员间的平等关系，因而表现为一种"无害"的政治支配关系，在这种关系中，被支配者视支配者为其"仆人"，而支配者也如此看待自

---

① 亨廷顿：《我们是谁？美国国家特性面临的挑战》，程克雄译，新华出版社，2005，第57~59页。

己①。民主的基本要义，一是过程的自决，二是结果的自洽。前者包括自下而上的民主治理和民族国家的独立自主，后者指政治输出与公众利益的匹配。从《联邦党人文集》等著作看，这些观念在美国立国时期均已基本成形。

民主要获得实行，有赖于政治共同体成员就民主政治这一对象形成统一的信仰、态度、价值观，并在这些信仰、态度、价值观的基础上，在政治生活中采取独立而整体协调的行动。这些信仰、态度、价值观和行动方式应当包含以下内容。其一，社会成员在精神上不依附于他人，相信自己与他人在人格上的平等；相信自己拥有作出决断的权利和能力，而不必听命于他人；同时，自觉地意识到他人有与自己同等的权利并予以像珍重自己的权利一样的尊重。这是为民主意识奠基的世界观。其二，社会成员有参政要求，并能够以主动而理性的方式参政。包括主动学习掌握关于政治体系的知识，在参与公共事务前能够详细了解相关事务的细节，并基于此作出深思熟虑的判断；独立地对公共事务作出判断，除非经过理性论辩改变自己的观点，不受他人意见左右，尤其是不因观念倡导者的社会地位而影响对其观点的判断，不因专制或等级秩序的原因接受或不接受某种观念②。其三，社会成员能够坦然接受不同意见或态度的存在，承认社会利益多元化的必然性，并能够以协商和妥协的方式寻求解决。其四，社会成员主动行使参与公共事务的权利，承担对共同体的责任；能够熟练运用既有民主制度框架表达诉求、参与公共事务，而非动辄采用制度外的、非常规的手段解决冲突③。简言之，即独立判断，尊重他人，拥有公共论辩的理性和遵守规则的诚意。美国早期史的历史素材反映，此四者在美国立国时期的政治生活中已成公认的原则，成为美国意识形态的组成部分。从这个角度说，正是因为美国早期的政治精英将一系列具有本土特征的政治思想成功地在民众中普及化了，将"政治思想"转变成了"意识形态"——

---

① 韦伯：《支配社会学》，康乐等译，广西师范大学出版社，2010，第11页。
② Inkeles A., "The Modernization of Man," Weiner M., *Modernization*: *The Dynamics of Growth*, New York: Basic Books, 1966, p. 142.
③ 阿尔蒙德、维巴：《公民文化：五个国家的政治态度和民主制》，徐湘林等译，东方出版社，2008，第421~422页。

政治共同体中绝大多数人的共识，前者才得以在社会实践中发挥指导作用，美国的民主之途才走得相对温和。这些共识包含了"美国信念"的方方面面，之后也在美国社会中长期起作用。

本书以信息传播的视角研究美国共识形成的物质、制度和文化条件。"信息学之父"申农说，"信息"就是消除随机不确定性的东西[①]。在人文社科领域，信息指关于事件的消息及对于事件的认知、思考、总结。随机不确定性的消除确立确定性，最后耸立的这个确定性并非一定正确，但它一定在人们的决策和行动中起到作用。

三 启蒙运动与共识塑造

18世纪将资产阶级价值观推上历史舞台的启蒙运动，在很大程度上是一场局限于资产阶级内部的共识塑造。

哈贝马斯《公共领域的结构转型》(*The Structural Transformation of the Public Sphere*, 1962)论述了近现代公共舆论的出现如何导致国家与社会之间、阶层之间的关系重构。它所讲述的资产阶级公共领域兴起的历程，清晰无误地表明在资产阶级登上历史舞台的时期，新鲜的政治思想在欧洲的传播范围局限于精英阶层。哈贝马斯认为，以阅读和平等的交往为主要特征的资产阶级公共领域，首先在文学领域中，继而在政治领域中取代了原来的封建社会中的代表型公共领域[②]，通过报纸杂志等近代公共媒体与沙龙、咖啡馆等公共空间，公共舆论的出现重新建构了市民社会与国家的关系，市民社会成为对国家的监督和牵制力量，借此调节国家与社会之间的矛盾并达成满足双方需求的妥协。最初的公共舆论由公众辩论产生，不过，在当时，"公众"一词的意义并非现代媒体所面对的一个范围不确定的群体，而是特指艺术和人文作品的听众、观众和阅读者。他们是消费

[①] Shannon C. E., "A Mathematical Theory of Communication," *The Bell System Technical Journal*, 1948, (27): 379-423, 623-656, http://cm.bell-labs.com/cm/ms/what/.../shannon1948.pdf.
[②] 封建领主制下，为表现统治者的"高贵"特质而形成了一整套关于权力象征物、生活习性、行为举止和修辞方式的繁文缛节，这些繁文缛节在宫廷的城堡中反复表演，以表明和固化统治者的权威。哈贝马斯将这种表演称为代表性的公共领域。

者,同时是批评者。参与到公共论辩当中的个人,才可以被算作"公众"的一分子。相应地,"市民"(bourgeois)并非指一般意义上生活在城市中的人,而是指相对于原来的君主和贵族而言,依靠个人才能而非血统跻身于"有教养的阶层"的新兴阶级。这个阶级从一开始就是一个阅读群体,在"公众"中占据核心地位。他们主要由政府官员特别是法官组成,此外还有医生、牧师、军官、教授和学者,以及通过所执掌的商业实体与国家发生关联的资本家、批发商、银行家、企业家和制造商。哈贝马斯援引德国社会学家施拉姆的观点说,"市民"并非一定居住在城市之中,乡村中的牧师、矿山上的工程师和封建君主城堡中的官吏等都属于"市民阶层",但城市中的手工业者和小商人则不属于这个群体。"市民阶层"的称呼是与贵族、农民以及城市中的下等阶层相对应的,它的成员是受过教育的资产者,他们与大众有着严格的区别。[①]哈贝马斯认为,资产阶级公共空间的兴起、发展与成熟是以对平民公共空间的挤压为代价的,但是,之后平民公共空间的发展,以文化消费的源流改变了公共领域的批判性质,转变了公共领域的社会结构,瓦解了原来的资产阶级公共领域。在哈贝马斯的论述中,资产阶级公共空间与平民公共空间是两个无法兼容的领域,不是前者以文化优势挤压后者,就是后者以群体优势消解前者。

哈贝马斯所指称的文学领域和政治领域的公共领域,恰好是近代文学与政治观念的传播领域。哈贝马斯关注的一系列加强了"城镇"(与"宫廷"相对)地位的新兴社会机构——沙龙和咖啡馆,恰好是近代人文思想和政治思想传播最核心的社会机构。而接受近代政治思想的群体,首先是具备阅读能力和阅读习惯的群体,借助于书面文本,他们能够与时空上更遥远的群体发生思想上的交流和论辩。不具备阅读能力或阅读习惯的"大众",则处于启蒙运动的外围。概言之,启蒙运动塑造的是作为社会精英的"市民"阶层的共识,而非整个社会的共识。

罗伯特·达恩顿关于18世纪法国书籍史和心灵史的研究也暗示了近代人文和政治思想在欧洲的传播范围,并得出了与哈贝马斯大体一致的结

---

① Habermas J., *The Structural Transformation of the Public Sphere: An Inquiry into a Category of Bourgeois Society*, T. Burger, Trans., Cambridge, MA: MIT Press, 1989, pp. 14-43, 255.

论。达恩顿对狄德罗的《百科全书》发行状况的研究表明,对《百科全书》的需求主要来自两类城市:一类是在中世纪晚期获得过大量的教会和教育机构捐赠的古老城市;另一类是随着波旁王朝的兴起而成为行政和商业中心的城市,这些城市是高等法院、科学院和总督府的所在地。《百科全书》的消费者大多来自传统的精英阶层,他们是法官、军官、政府官员、律师和神甫,这些人来自法国大革命中瓦解得最快的那些社会部门——教会、高等法院、大法官裁判所、波旁王朝的官僚机构和军队。《百科全书》最后通过借阅图书馆可能扩展到较低的中产阶级,但始终没有渗透到社会的底层。达恩顿得出结论说,18世纪的思潮在法国社会的上层和中层拥有广泛的吸引力,而在作为1789年大革命主力的"大众"中的影响力则付之阙如。他又引法国年鉴史学派通过统计书籍生产而得出的结论说,法国大革命之后,大多数法国人还是在阅读祖辈阅读过的经典和宗教图书,近代思潮并没有颠覆深层的传统文化。[①] 在后来的《屠猫记》中,达恩顿将农民、工人、新兴资产阶级和知识分子作为孤立的群体分别加以研究,他已然深信欧洲近代的思想变革只是局限于知识分子和上流社会小圈子中的一场极为表面的现象。

但是,美国可能是一个例外。托克维尔在《论美国的民主》中将民众在智识和经济上的平等及地方自治的传统作为美国建立民主政体最重要的根源[②]。而"民众在智识上的平等",既是"经济上的平等"的结果,也是启蒙运动在美国跨越阶层界限的结果。因为大众与精英之间有着较为广泛的关于民主政治的共识基础,才有了托克维尔眼中民众与精英在政体建设和运转中同时起重要作用的政治图景。

托克维尔的这一见解得到了之后不少美国史家的回应。乔治·班克罗夫特在1834年至1874年陆续出版的十卷本《美国史》有一个核心的观点,就是"天赋人权"和"主权在民"思想,是美国立国精神的两大支柱;群众政治觉悟的提高,是美国人民创造历史的前提。20世纪40年代

---

① 达恩顿:《启蒙运动的生意:〈百科全书〉出版史(1775-1800)》,叶桐等译,生活·读书·新知三联书店,2005,第508~519页。
② 托克维尔:《论美国的民主》(上卷),董果良译,商务印书馆,1991。

的"一致论"史家①认为,全体美利坚人共有的"一致精神",是美国制度能够在经济危机和战争时表现出特殊"坚韧性"的根本原因。霍夫斯塔特将这种"一致精神"总结为两点:其一,相信人性自私好斗却又认同、保护人的自由;其二,尊重财产权而反对绝对权力,无论是民主的绝对权力还是专制的绝对权力。"美国国父"们将建立稳定社会的愿望诉诸良好的制度——出于对人性的怀疑,良好的制度被定位为以恶制恶的制度。②布尔斯廷认为,"一致精神"是相信作为美国公民的美国人具有相同的权利,并且相信"一个人对另一个人拥有权力就是邪恶",这是美国民主社会的基石③。

那么,美国的"一致精神"又是如何得以跨越阶层界限的呢?菲利浦·戴维森的《宣传与美国革命1763~1783》(*Propaganda and the American Revolution 1763-1783*, 1941)细致地描述了美国的革命领袖是如何通过一系列宣传策略和宣传方式获得民众支持的。戴维森通过1763~1776年印刷品的流行,教堂、学校和俱乐部里的活动,流行的歌曲、戏剧和街头的游行,律师和牧师们的演说,及1776~1783年战争期间的形势变化和战争宣传,讲述了激进辉格党人宣传和动员革命的历程。④ 戴维森也是最早关注出版商群体之历史功绩的史家⑤。

不过,戴维森将美国政治文化的形成过程完全视作自上而下发生的,将少数革命领袖与大多数平民间的关系完全视作动员与被动员的关系,既忽视了平民接受动员的背景条件,也忽视了他们与领袖间的互动过程。更为全面的图景或许是,这一阶段美国政治观念的发表与传播,既包含自上

---

① "一致论"史家的代表人物有塞缪尔·莫里森、佩里·米勒、理查德·霍夫斯塔特、拉尔夫·加布里埃尔、丹尼尔·布尔斯廷、路易斯·哈茨等。
② 霍夫斯塔特:《美国政治传统及其缔造者》,崔永禄等译,商务印书馆,1994。
③ 布尔斯廷:《美国人:殖民地历程》,时殷弘等译,上海世纪出版集团,2009。
④ Davidson P., *Propaganda and the American Revolution 1763-1783*, Chapel Hill: University of North Carolina Press, 1941.
⑤ Tanselle G. T., *Some Statistics on American Printing*, 1764-1783, Bailyn, Hench, *The Press & the American Revolution*, MA: Northeastern University Press, 1980, p. 315. 关于美国早期出版物的研究还可参见伊丽莎白·库克的《殖民地报纸的文化影响:1704~1750》(1912)、豪普特·莱曼的《美国的书籍》(1939)、弗兰克·莫特的《美国杂志史,1741~1850》(1930)等。

而下的革命哲学的传播过程，也包含自下而上的社会需求的反映及其对革命哲学的反馈和修正过程。其一，美国的革命领袖能将他们的观念成功地普及开来，得益于美洲平民向往智识生活、关心公共事务的特性，也得益于他们受过良好的基础教育、拥有较为宽松的经济条件并喜爱阅读。革命中的平民并非被动的观念接受者，而是主动的接受者，同时也是反馈者和创造者。其二，鉴于公众并非不加鉴别地接受精英的宣传内容，成功地实现了宣传目的的精英总是那些在某种程度上反映了公众的需求从而成功团结公众的人。如美国后来的大哲约翰·杜威所言，媒介的有效性依赖于其与服务对象的紧密结合，媒介并不仅仅是精英向孤立无援的受众传递信息的通道，它更是公共论辩的承担者，民主政治的护卫者[1]。美国革命期间，以平民的口吻和姿态来表达见解是精英常用的修辞策略——如著名的约翰·迪金森的《宾夕法尼亚农夫的来信》，这样的策略帮助他们更成功地取得平民的认同。[2] 其三，殖民地的社会等级结构较为扁平和松散，更具流动性，许多革命领袖来自平民阶层。扁平的社会结构便利了精英与平民间的互动，也使革命更能体现前者的理想和追求、代表后者的利益和诉求。概言之，或许是美国精英与平民间的流动、沟通、反馈、呼应和共同阅读，在支持着美国革命家的宣传起到良好的效果：既普及了启蒙思想，又没有诱发极端激进的行为。

也有一些研究者关注观念传播的形式与载体，并因之将平民观念纳入研究视野中。沃德斯切（Waldstreicher）认为，政治仪典（rituals）和印刷是美国人共同的政治观念形成的两大动因[3]。美国人对于政治的观念是在无数的民众游行和政治集会、庆典中形成的，印刷术助长了这一过程。针对具体政治事件而发起的政治仪式，塑造了民众共同的喜怒哀乐，在塑造

---

[1] 巴兰、戴维斯：《大众传播理论》，曹书乐译，清华大学出版社，2004，第84页。
[2] 戴维森书中有一个有趣的反例：南卡罗来纳的 William Henry Drayton 在1769年还采取与革命党对立的立场，他很快发现自己不受公众欢迎并陷入困境。因为这个经历，他去英国待了一段时间，1774年危机爆发的时候，他回到殖民地并采取激进的公众立场，甚至提出："万能的上帝创造美洲，就是为了让它独立于大不列颠，让我们虔诚地回到他的指引之下，循着他万能的大手而行动……"（Davidson，1941：21-22）
[3] Waldstreicher D., *In the Midst of Perpetual Fetes*: *The Making of American Nationalism*, *1776-1820*, Chapel Hill and London: the University of North Carolina Press, 1997.

共同政治情感的同时,参与到仪式中的不同阶层民众间的政治共识也得以建立。印刷术则把一地的事件、情感和认知传播到另一地,给民众提供灵感和模仿的来源、深思和探索的对象,赋予事件超乎本身地域范围的意义。一个仪典通过印刷术为众多地域所复制,这些复本事件又进一步提供传播、评论和思索的对象,从而产生更多的革命文本——这一过程循环往复,仪典和印刷相互加强,最终形成了美国人民统一的对政治、对国家、对民族的情感。

沃德斯切实际上强调了仪典与印刷的沟通和传播功能。仪典是一种形式化的公共空间,相较以往公共空间研究者最为关注的沙龙和咖啡馆,仪典的思辨功能显得不足,但它有着更强的阶层融合功能。仪典的沟通与传播功能局限于同一时空,而印刷恰好弥补了这一不足。从这个角度讲,沃德斯切的见解新颖有趣,逻辑结构也非常完美。但是,仅仅仪典和印刷恐怕不足以解释美国政治共识的形成,因为政治请愿、大型室外集会、通信委员会、印刷机的革新运用同样出现在同时期的法国和英国,但是在那里产生的新的政治观念并没有传播到大众中去。

詹森·舍菲尔(Jason Shaffer)研究了戏剧在美国人政治观念形成中的重要作用。[①] 舍菲尔说,舞台与国家之间有着紧密的联系。演出实质上是一种演说,剧院在功能上与媒体、会场多有重叠。从17世纪晚期开始,为自由和公益而战的男主人公与冷酷专制的负面角色之间的冲突就成为美国戏剧的主题。一些著名的带浓重政治寓意的剧本如《加图》《理查德三世》《帖木儿皇帝》不仅在专业剧院演出,也在街头剧院上演。街头民众发明和表演的政治仪式是戏剧文化的一部分,高等学府则把演出戏剧当作培养学生演说能力的方式。剧本还被印刷,发挥着与政治文献一样的影响力。从18世纪中期的七年战争期间起,这些戏剧所表现的爱国美德,所提示的暴政的强大与邪恶一再地激起人们的自由主义和爱国主义情怀。革命之后,剧院又被用作消除英国影响和建立商业文明的工具。

舍菲尔的研究暗示思想传播和文化构建途径的多样性。就如他自己承

---

① Shaffer J., *Performing Patriotism: National Identity in the Colonial and Revolutionary American Theater*, Philadelphia: University of Pennsylvania Press, 2007.

认的那样，戏剧只是政治文化和民族情感构建的途径之一。一个民族的"思想和灵魂的特质"来自并展现于社会生活的方方面面。

沃德斯切与舍菲尔从各自的途径解释了美国共识塑造的方式，也暗示了启蒙在美国是一场跨越阶层的运动。印刷者与阅读者、表演者与观看者之间的互动，造就了美国启蒙的平民特质。美国启蒙的这一特性，在国内李剑鸣教授的研究中得到呼应。李剑鸣认为，殖民地 1764～1775 年的政治大辩论，为独立革命找到了理论根据，是美国政治自由主义形成和常识化的过程，奠定了《独立宣言》的理论思路和逻辑框架①；美国革命和制宪时期，"民主"概念在争论中演变，体现了民主政治"精英化"和精英政治"民主化"的过程，这使美国的民主吸收了君主制和贵族制的因素，催生出一种新型的政体；② 在研究视野上，李剑鸣有达恩顿之风，自言力求"以政治文化概念研究早期政治思想，以突破片面关注精英文本的局限，将普通人的政治观念和见解，纳入政治思想史研究的视野"。③ 从概念变迁的角度，结合历史背景来研究政治观念的变迁，并探讨这种变迁与美国政治生活间的因果关系，这一研究方法所呈现的历史面貌是丰富而鲜活的。

史家关于美国政治观念之形成的探讨，不可谓不丰厚，但依然留有飞地。意识不能独立于物质而存在，观念的传播也是如此。美国早期共识塑造过程中的物质背景，是本书试图探索的领域。

本研究也有些不自量力地试图丰富启蒙研究的宝库。尽管启蒙研究已经不可逆转地从"一个启蒙"（Enlightment）走向"多个启蒙"（Enlightments），以美国启蒙为主题的研究仍然寥若晨星。关于启蒙时期美国与西方其他文化间的政治思想的比较研究，有两部著作值得关注。一部是希梅尔法布的《通往现代性之路》。希梅尔法布认为，在新旧变革的时代，英、法、美三国的启蒙运动分别代表了通往现代性的三种途径，它们在启蒙中分别形成了各自的思想和文化特性，形塑了各自的国民"道德和智识的整体状态"。在法国，理性成为最高准则；在英国，社会美德是最终取向；而在美国，政治自由成为衡量标准。美国奠基者们所创建的社会

---

① 李剑鸣：《美国独立战争爆发前的政治辩论及其意义》，《历史研究》2000 年第 4 期。
② 李剑鸣：《美国革命时期民主概念的演变》，《历史研究》2007 年第 1 期。
③ 李剑鸣：《中国的美国早期史研究：回顾与前瞻》，《美国研究》2007 年第 2 期。

伦理标准——人本主义、悲悯情怀和实用主义——至今仍在美国根深蒂固。希梅尔法布将实用主义列作美国启蒙的特征之一，不过由于她依然是从精英思想运动的层面来考察启蒙运动的，故而未能就这种实用主义特征所从何来作出解释。另一部著作是苏珊·邓恩的《姊妹革命：美国的阳光与法国的闪电》。这是一部比较美法两国革命的著作，但苏珊对于两次革命截然不同的表现形态背后的观念乃至礼仪缘由有着很深入的挖掘，其间所展现的美、法两个民族间的观念差异，足以暗示美国思想的贴近实践与法国思想的狂傲虚浮。

一方面，既然研究美国的启蒙，固然也不能仅仅关注作为共识塑造背景的物质条件，否则就会落入机械唯物论的窠臼。关于美国早期思想史，代表性的著作当数芝加哥教授梅瑞安（Merriam, C. E.）于1903年出版的《美国政治理论史》（*A History of American Political Theories*）。这部著作的上编论及美国自殖民地时期至杰克逊时期的政治理论，年代虽已久远，但其论述全面，梳理清晰，时至今日仍不掩其光辉。另一方面，由于后来美国学科日益碎片化、人文学科科学化的倾向，包括梅氏本人也成为一个行为主义方法论者，这样系统研究美国早期政治思想史的著作也已失去了产生的土壤。梅氏的这本著作有胡道维先生的译本，于1937年由商务印书馆在长沙出版，题名译作《美国政治思想史》①。这部著作在中国的出版，与当时国人对西学、对美国政治政体的强烈兴趣有关。1937年正是中国内忧外患之时，而中国赴美归国学子已多，当时美国已经度过大萧条，并因罗斯福新政建立了现代福利体系，缓和了阶级冲突，国力蒸蒸日上，这样一个国家所持的观念，很难不引起中国人的兴趣。事实上，早在6年之前，商务印书馆就已经出版了中国赴美学子张金鉴的《美国政治思想史》，而其时张氏尚未学成。作为一个初到美国的青年学子②，张氏所做出的努力固然是令人钦佩的，但其著作的学术价值，显然难望梅氏项背。中华人民共和国成立之后，国人对美国的兴趣骤减。至改革开放后，对美国的兴趣又有回归，但多将关注点放在当下，只有少数史家专门将注意力放在美国早

---

① 梅瑞安：《美国政治思想史》，胡道维译，商务印书馆，1937。
② 张金鉴其时年方三十，赴美两年。

期。这个有趣的现象，或者又一次证明了物质与意识、历史背景与观念之间的关系。然而，就像不深入认识我们的传统就不足以理解我们的今天一样，不深入认识美国的童年时期就很难真正地理解美国，从这一角度讲，中美研究的显学地位与美国早期史的冷门之间的鸿沟又是令人遗憾的。

四 关于本书的一些说明

本书不是历史书，只是依托历史来探索些许人类政治生活的规律。如德国史学理论家德罗伊森所言，历史研究的目的，"在于扩展、补充和更正我们对过去的有限的、残缺的和模糊的概念和认识，并设法不断地从不同的视角发展和提高我们的认识"[①]。通过历史研究，我们得以理解历史事件的因果关系并传之后人，从而积累对世界的客观认识，用以指导今后的实践。而我们正是在这个过程中，完成了我们自身在人类社会发展中的承前启后的使命。在中华文明的发源期，"孔子著《春秋》，而大义存焉"。本书做不到《春秋》的高度，但自当勤勉审慎，以求稍得小义。

本书作者并非受过正统历史学训练的历史学家，研究的目的在政不在史，因此本书采用的资料，多为各专门史（如印刷史、教育史等）的研究成果，较少采用第一手资料。一来作者水平有限，二来18世纪的英文拼写和语法与现代英文差距甚大，手写体更不易辨认，作者并非英美国家史学专业出身，深恐误读史料，以讹传讹，反为不美，不如采用史学家的专业研究成果作为本书素材。本书作者相信，众多历史学家呕心沥血的研究成果所达到的水准，自己穷尽一生亦不能望其项背。在此也向所有皓首穷经、孜孜不倦的历史学家致敬！他们的工作，是严肃的人文社会科学的基础，也是人类在前进途中得以规避前人覆辙的基础。他们的工作，使本书涉及的文献得以囊括有关该时期印刷、政治、法律、经济、社会、城市、教育等方面的资料，以及本书涉及的名人之传记、政治论著及当时流行之法律文本、小册子、报纸政论文，美国革命、制宪时期的重要文献集编，

---

① 德罗伊森：《历史方法论》，金寿福译，载刘北成、陈新编《史学理论读本》，北京大学出版社，2006，第101~102页。

重要革命家、思想家的文集、信札、自传，美国早期各殖民地宪章、立法等。美国历史学家关于宗教、民族、社会生活、地理等因素如何影响美国政治思想之流变的影响的专著，给予本书作者无限的素材与灵感支持。

另外，为凸显和发现美国18世纪政治观念的独有特征，本书选取同时期英国与法国的状况作为比较样本。选取这两个欧洲国家的原因，一是美、英、法三个国家彼此间有着千丝万缕的联系，在政治和文化上一直保持着互相的关注和交流；二是英、法两国均为近代政治思想发展的重要舞台，英国又是美洲殖民地的母国，法国作为近代西方价值观兴起的公认核心地带、启蒙运动的中心却未能推动稳健的政治革新，以它们为对比更易显现出美国信念形成的特殊原因。

最后，在研究时段的选择上，参照近代政治思潮兴起的时段和美国立国时期政治文化转型的既有研究成果，本书将1763~1789年作为焦点时段，同时考虑思想的延续性，以17世纪末至19世纪初为背景时段。

近代人民主权思潮兴起和繁荣的时间在17世纪末至19世纪初。第一部系统反对"君权神授"说，称政府应以人民福祉为唯一目的的著作——洛克的《政府论》上、下篇的初版时间分别是1689年和1690年。孟德斯鸠《论法的精神》出版于1748年，卢梭《社会契约论》出版于1762年。以反对传统秩序、倡导科学观念为己任的《百科全书》的出版发行时间在1775~1800年。此外，传承文艺复兴的人文精神，结合英国宪法传统而兴起的共和主义思想，也是在18世纪大放光芒。

美国与欧洲之间一直存在知识联系。富兰克林自18世纪20年代起投身哲学与科学的研究和传播事业。美国独立战争的中坚力量接受高等教育的时间集中在18世纪40~60年代。联邦党人的代表人物约翰·杰伊、詹姆斯·麦迪逊和亚历山大·汉密尔顿接受高等教育的时间在18世纪六七十年代。

但是，美国大众接受近代政治思想的过程大体是从美国革命之前10年才开始的。这与英法战争（美国称之为"法国-印第安人战争"）结束，外部压力消失，殖民地与母国间的矛盾上升为殖民地的主要政治矛盾有关。1763年英国和法国签订了《巴黎和约》，英属美洲殖民地进入相对和平时期。这时候的北美殖民地还充满忠君思想，是一个典型的父权制社会，有着比母国更为深刻的等级观念和从属关系。① 由于"胜利的赢得主要是靠英国的军队和英国的财政"，"胜利后的美利坚洋溢着一股对英王和母国的赞美之情"②。1763年12月19日，富兰克林在写给威廉·斯特拉恩的信中说：整个社会唯王命是从。南卡罗来纳的威廉·亨利·德雷顿在1776年10月回忆说，没有人能比1763年的美洲人更加崇爱国王了③。在这个时点上，殖民地社会还是比母国更为传统的社会，但是，也正是在这个时点上，变革已经注定将要开始。法国和印第安外部威胁的消失使殖民地与母国间的内部冲突凸显出来，而母国恰在此时想要把这次战争的费用转嫁给殖民地各州，母国与殖民地间的分歧和冲突日益加深。政治现实引起的政治讨论在这个时候开始吸引各阶层的关注。在与母国对抗到革命的时期，精英阶层为发动平民参与革命，运用大量宣传手段向后者灌输自由、平等、主权思想，并获得了超乎预期的成效。在立宪期间，联邦党人和反联邦党人为了取得平民支持，各自在本阵营的报纸上发表文章，在激辩中将政治组织和政府运行的原则、政府权力的界限、个人权利保护等现代政治思想镌入人心。

1789年，美国《联邦宪法》生效，《人权法案》获得国会通过。在这个时点上，美国人民经过26年的探索，建立了一种创新性的政体，并且已经能够依托他们共同的政治信念，良好地运行这个政体。在这个时点上，美国日后快速发展的制度和文化基础已经奠定，与现代政体相符的"思想和灵魂"的习惯已经普及，"美国信念"已经塑成。

1763～1789年在"美国信念"形塑过程中的重要作用，也是诸多美国革命思想渊源和意识形态研究显示的结论。赖特·伊斯蒙德认为，美国政

---

① 参见伍德《美国革命的激进主义》，傅国英译，北京大学出版社，1997，第3～90页；李剑鸣：《美国的奠基时代1585-1775》（美国通史·第一卷），人民出版社，2008，第406～412页。
② 卡恩斯、加勒迪等：《美国通史》（第12版），吴金平等译，山东画报出版社，2008，第84页。
③ Liddle, William D., "'A Patriot King, or None': Lord Bolingbroke and the American Renunciation of George Ⅲ," *The Journal of American History*, 1979, 65 (4): 951, http://www.jstor.org/stable/1894555.

体的建立，在很大程度上应归因于1776年革命前后的一系列政治辩论。①美国共和学派史家贝林对美国革命意识形态渊源的研究起于18世纪60年代，终于革命发生之前。他的弟子伍德则将他的共和主义论点扩展到美国独立后的制宪时期，认为1776年~1787年，美国的政治文化发生了巨大的变化。国内美国早期史家李剑鸣关于美国政治思想和政治文化传统形成的研究，也集中在这一时段之内。众多研究者将目光投向这一时段，说明这正是政治思想风云变幻、政治文化脱胎换骨的时代。

需要说明的是，写作过程中，由于作者接触史料有限，有些数据难以精确到年份，不得不以邻近年份的数据代替。在作三国比较时，有些变量也很难找到刚好相对应的数据，不得不以相类数据来作粗略比较。另外，美洲的十三个殖民地各有其政治、经济和文化生活特征，相互之间的差异足以做成大部头的比较政治研究。本书在各个章节虽尽量顾及差异性，许多内容都分新英格兰、中部切萨皮克和南部三块来介绍，但仍然难免挂一漏万，忽略诸多历史细节。研究也难以将边缘的少数民族群体（如德裔、荷兰裔移民等）的情况包括在内。所幸，大体的情况已能表明美国近代政治思想大众普及的过程。最后，本书资料大半来自英文文献，涉及诸多专有名词，阅读过程耗精竭神，史料又多有相互冲突之处，虽经权衡取舍，但未尽符合或尽述史实之处，在所难免，愿求证于方家！

五 视角、进路和结构安排

本书以信息传播的视角考察美国启蒙的大众普及过程。知识、思想、观念的本质是反映人类对客观世界的认知的信息，其扩散的范围有赖于可得的信息载体和传递方式、传递途径。通过考察信息传播过程的完整链条，可以帮助探究启蒙为何得以在美国获得到了比欧洲更为广泛的影响力。

质言之，信息交流的能力和方式，实乃决定人类社会发展进程的最重

---

① Wright E., "The Significance and Problems of the Revolution," *Causes and Consequences of the American Revolution*, Chicago: Quadrangle Books, 1966, pp. 11–16.

要因素。

在谈及人与动物的本质区别的时候，人们首先想到人会劳动，会制造生产工具。然而，动物学家对非洲狒狒的观察发现，狒狒会将树枝折成合适长度，并打磨它的一端，用来从地缝里抓捕一种虫蚁作为食物。可见，劳动和制造生产工具的能力并不是人类独有的。

可是，为什么人类能从摔打石头起步，发展到制造机器人和航天飞行器，而狒狒却始终只会使用打磨过的树枝来捕食呢？原因在于人类掌握了一套精准细密的信息沟通的方式，从而能够实现智慧的分享、累积和知识的加速度增长。

这一套方式从语言起步。语言的本质是一种信息编码，它的表达和对话功能为人类提供了经验交流和思想借鉴的工具。人类以外的其他动物虽然可能通过声音、气味或形体动作来传递信息，却不可能像语言一样内涵丰富，传达精确。如"控制论之父"维纳所言，用语言来传达信息，是人的最有特色的成就[1]。

语言的发展还是人类的理性和抽象思维的前提。如数学的早期发展有赖于阿拉伯数字的使用一样，人类的理性和抽象思维有赖于语言所提供的概念工具。

但是，语言的信息传达功能局限于一时一地。声音是即时消失的信息载体，这意味着知识的传递要依靠面对面的口耳相传。这种情形之下，即使出现杰出的思想和伟大的经验，其受众范围也相当有限，并且知识的代际传递很容易因意外变故的发生而中断。

克服这一局限性的工具是文字。文字将人类的知识固化在可以独立于人身而存在的物质载体（竹简、丝帛、纸张等）之中，信息的传递就得以跨时跨地。跨地信息传递为人们提供了管理遥远事务的可能性，人类社会组织的形式得以从氏族演进到帝国，这意味着人类合作规模和范围的扩大。文字还加强了语言本身，因为文本的作者更追求表达的准确和逻辑的

---

[1] 当然，语言并非人类独有的唯一信息交流方式。其他如绘画、雕塑、音乐，甚至钟表所表现的时间都是人类交流的方式，但语言显然是最重要的方式。参见维纳《人有人的用处——控制论和社会》，陈步译，商务印书馆，1989，第 56~57 页；维纳《维纳著作选》，钟韧译，上海译文出版社，1978。

清晰连贯。

然而，由于手写文字耗费大量人力，在印刷出现之前，文字一直与统治的权力紧密相连，并在平民眼里成为值得敬畏的某种神秘力量的化身。

印刷的大规模运用打破了统治阶级对知识信息的垄断并带来新的社会革命。印刷机问世意味着知识载体价格的大幅下降和信息的大规模跨时空传播，意味着个人理性获得公共运用，意味着参与思想交换、知识交流的人群规模发生质变。19世纪法国杰出社会学家加布里埃尔·塔尔德说："任何优秀思想的结合都要首先在个人头脑中闪光，然后才能照亮整个民族的头脑；它在个人头脑中闪光的机会取决于个人头脑之间思想交换的频率。"① 印刷以不可思议的几何级数提升了这个频率并带来颠覆性的社会后果。

一个有说服力的例子是，机器印刷的初期发展与宗教改革启动之间的因果联系。1456年古滕伯格开始用印刷机印刷《圣经》，1460年福斯特继承古滕伯格的事业完成首批《圣经》的印刷；② 1476年威廉·卡克斯顿首次将印刷机进口到英国；1490年，欧洲各大城市各有了至少一台印刷机③。印刷机的普及使神职人员以外的人群首次接触到《圣经》，首次得以绕过教堂和神父接触上帝，此后不久的1517年，欧洲发生了后来深刻改变西方社会形态和历史进程的宗教改革。

印刷对人类社会的重大影响已经由众多史学家阐明。伊丽莎白·艾森斯坦认为，正是15世纪和16世纪印刷的普及撕裂了西欧旧有的社会形态并将其以新的方式重新组织起来，这一过程形塑了现代社会的模式。印刷品的普及使社会、文化、家庭和工业的革新成为可能，并因此促进了文艺复兴、宗教改革和科技革命。④ 马歇尔·麦克卢汉说，古滕伯格发明的印

---

① 塔尔德：《逻辑模仿律》，载塔尔德、克拉克《传播与社会影响》，何道宽译，中国人民大学出版社，2005。
② 古滕伯格于1461年因无法偿还福斯特的贷款而不得已将他的印刷作坊转给福斯特。
③ Emery M. C., Emery E., *The Press and American: An Interpretive History of the Mass Media*, 8th edit, Boston: Allyn and Bacon, 1996, p.3.
④ Elizabeth L. E., *The Printing Press as An Agent of Change: Communications and Cultural Transformations in Early Modern Europe*, Volumes Ⅰ and Ⅱ, Cambridge [England], New York: Cambridge University Press, 1980.

刷术带来的不仅仅是技术的革新，它还革新了人类的认知模式和智识习性（intellectual habits），它重构的是整个社会和文化实践①。

哈贝马斯也持有相同的见解。他说，印刷是促进西方政治生活现代化的关键因素。发生在17世纪末18世纪初的阅读普及的意义不仅在于更多的阅读，它还暗示着一种新的社会制序（institution）。在阅读体验中，公共空间得以从国家和市民社会中独立出来，从而批判和调整此二者，其结果正是民主革命和现代民族国家的建立②。

今天，人类有了更为先进的信息交流方式，对于技术的加速增长也有了更深切的体会。"控制论之父"维纳说，我们只能通过研究消息和通信设备来理解社会。③ 当我们将这一切联系在一起的时候，我们不得不认同他的观点。

事实上，哈贝马斯关于近代公共领域形成的研究、达恩顿的观念的社会史的研究都蕴含着信息传播的视角。哈贝马斯在《公共领域的结构转型》中以公共舆论的存在范围界定公共空间，意味着他强调公共空间的信息交流本质，公共空间边界的实质就是信息流通的边界。哈贝马斯在研究中对新闻出版物、公共空间的重视实质上是对信息传播途径和范围的重视，他对阅读的重视是对信息接收环节的重视。哈贝马斯在研究中得出的认识恰好是：机会平等，尤其是获取信息的机会平等，是自由社会的不可或缺的基础之一④。

同样，罗伯特·达恩顿的个人学术史是将关注点从书籍史转向传播史，将促进人们观念变迁的主因从书籍推广至所有的信息载体，这一研究

---

① Barker H., Burrows S., *Press, Politics and the Public Sphere in Europe and North America, 1760-1820*, New York: Cambridge University Press, 2002, p. 3.
② 引人注意的是，哈贝马斯对阅读的关注似乎胜过印刷。这一点很容易用信息周期理论来解释：印刷只是信息复制的过程，阅读则是信息接收的过程，只有经过接收这一环节，信息的传递过程才得以完成。哈贝马斯显然在强调，只有在文本、印刷得以与阅读相结合的时候，个人理性的普遍公共运用才获得了可能性。因为在这三者普及之前，只有统治者的少数思想和言论能获得公共运用。在此之后，非统治者也能借此三者发出声音，将个人的智慧贡献于公共生活。而这正是社会权力得以以新的、不同于旧制度的方式重新配置的原因。
③ 维纳：《人有人的用处——控制论和社会》，陈步译，商务印书馆，1989，第8页。
④ 哈贝马斯认为另两个基础是特权的消失、对普遍规则的寻求及对它们的合法化。参见哈贝马斯《公共领域的结构转型》，曹卫东等译，学林出版社，1999。

取向的转变也表明他越来越看重信息传播对于人的智识发展和心灵塑造的意义。

斯金纳所强调的思想的流传对宣传工具的依赖,波科克所强调的言说的"对话"本质及"对话"的时间跨度问题,沃德斯切和舍菲尔的仪典、戏剧和印刷视角,实质上也都在强调传播环节在观念史中的重要性。美国史学家理查德·布朗曾明确采用信息传播的视角研究美国的社会变迁和发展,并出版了《知识就是力量:美国早期的信息传播,1700-1865》。

也不仅是现当代的学者强调信息的交流,早在1792年,英国曼彻斯特的激进人士托马斯·库珀(Thomas Cooper)就曾写道:"无知是庙堂的羽林军,信息则是平民的守护神。"

研究者对信息的关注,是因为人们的行动方式取决于他们的思想观念,而他们持有什么样的思想观念取决于他们所能获得的信息。达恩顿笔下法国18世纪的农民、工人、资产阶级、潦倒文人相互间思维模式与生活方式的格格不入,乃是因为他们分处于不同的信息圈子,这些信息圈子与身份圈子互为因果、大体重叠,这种重叠又强化了彼此之间的隔离。那么,作为达恩顿叙述反面的美国启蒙,其政论信息载体是如何突破精英阶层的边界的呢?美国当时的自然条件、经济状况、政治制度和社会结构对此是否产生影响以及都产生了些什么样的影响呢?当时的政治家、思想家、革命家、知识精英和平民各自又在其中起到了什么样的作用呢?

既以信息流通为视角,本书的结构就依据信息流通的环节而展开。1948年,"信息论之父"申农在《贝尔系统技术杂志》上发表《通信的数学原理》一文,奠定了信息论的基础。在此文中,申农将通信过程中的信源(信息发出者)、信道、信宿(信息接收者)、编码、译码以及信道容量、信息量等作为信息学的主要研究对象。[①] 依据申农奠定的信息论

---

① Shannon C.E., "A Mathematical Theory of Communication," *The Bell System Technical Journal*, 1948, (27): 379-423, 623-656, http://cm.bell-labs.com/cm/ms/what/.../shannon1948.pdf.

研究框架，信息的一个生命周期由图 1.2 所示基本环节构成①。

编码 → [固化及复制] → 传递 → 接收 → 解码 → 利用 → 反馈

图 1.2 信息传播流程

编码是指信源将信息按照一定的规范和格式编排成一组符号系统的过程。我们很容易理解信息被编辑成电报码或计算机代码的过程是编码，但最常见的编码是人们用语言组织自己的思想。

固化是指将编码物质化以便于保存。未经固化的编码是瞬间即逝的，如思想家头脑中的灵感，演说家的演讲等。但是，如果思想家用文字（也可能是绘画）将他的灵感记录下来，如果演说家或者听众用笔和纸或者磁盘记录演讲内容，这个过程就是固化，固化有利于信息的长期保存。复制是指将一套带有固化信息的载体依照原样制作成多份的过程。复制是信息大规模扩散的必需手段。固化和复制并非信息生命周期的必经环节，但它们是信息跨时空传递的必要条件。

传递是指信息或信息载体从信源移动到信宿（信息接收者）的过程。接收是指信宿收受信息的编码载体的过程。信宿可以是一个，也可以是多个。与信息传播相对应的信息流通的特征，就是由一个信源到达多个信宿。传播学者威尔伯·施拉姆建立的大众传播模式表明，在公共传播领域，信宿是众多受众的集合体，并且每一个人都与一个群体相连，信息在群体中被解释并促成受众采取相应行动。

解码是指信息或信息载体的接收者获得信息含义的过程，解码的前提是信息的接收者对信息的编码方式有着与信息编辑者相同的理解。

利用是指信息接收者依据其获得的信息改变观念或行动的过程。

反馈是指信息接收者表达自身对信息的态度的过程。反馈的对象不一

---

① 申农强调信息传递中的噪音问题，因本研究仅关注信息传播的范围，故忽略此项。关于信息传递过程的理论，参见巴伦《大众传播概论》，刘鸿英译，中国人民大学出版社，2005，第 5~8 页；刘红军《信息管理概论》，科学出版社，2008，第 3 页。

定是原来的信息源。

信息流通的过程是循环往复的，一个生命周期之后，反馈的内容被编码，再次进入信息流。

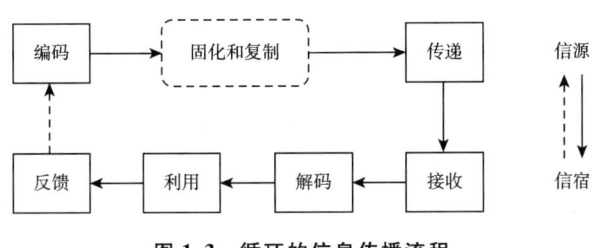

图 1.3　循环的信息传播流程

图 1.3 第一行表示信源所完成的环节，第二行表示信宿所完成的环节。信源与信宿间的实线箭头表示信息从信源到达信宿，虚线箭头表示通过反馈环节，信源和信宿可以相互转换。

在本书涉及的时段，人们的信息交流方式主要有口头语言、书面文字和印刷品。信息传播过程中，固化和复制手段具有技术上的重要意义，但仍非必经阶段，比如在演说形式的信息传播中，这个环节是可以略去的。依据美国启蒙政治类信息传播的情况，图 1.3 可替换为：

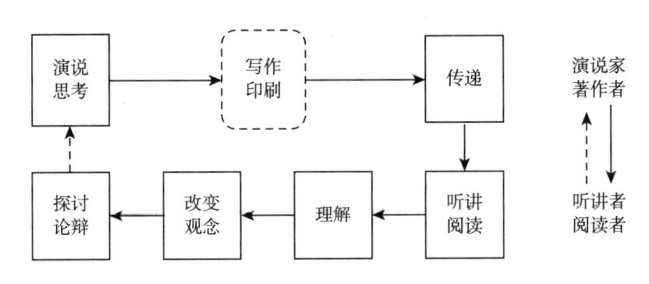

图 1.4　美国启蒙的信息传播流程

图 1.4 表示，在美国的启蒙共识塑造过程中，人们通过政治类演说、写作和出版传达自己的思想，通过听演说、阅读著作接受他人的思想，经过理解他人的演说和著作改变观念，最后通过回应、探讨与论辩互为演说家和听讲者、写作者和阅读者，塑造了共享的政治观念和政治文化。

在本书所涉及的时段和事件中，信息传播的主要载体是演说和出版物。其中演说包括政治家的演讲，也包括牧师的布道、演员的台词、教师的讲课；出版物包括小册子、报纸、其他定期出版物及书籍。本书聚焦于政治事件类信息和政治论辩类信息。

本书章节结构的主体依循信息传播环节而展开。第二章先总体介绍1763年前后的美国；第三章考察当时的政治性出版物、演说及其出版发行情况，即信息的编码和固化、复制环节的情况；第四章考察当时北美的城市格局和居住格局、邮政和交通的情况，探讨北美当时的信息传播渠道的畅通状况，说明不同地区间共识形成的客观条件；第五章考察教育的普及情况、居民的识字率、语言的统一程度、居民接触出版物的机会等，探讨美国启蒙进程的较为广泛的阶层纳入情况；第六章考察社会结构和启蒙中坚的宣传策略，探讨共识跨阶层融合的达成；第七章描述美国立国立宪时期政治共识形成的情况，探讨观念改变的进程、内容和成效；第八章在前文基础上，对美国启蒙思想特质及其形成机制作一个尝试性的探讨；最后是一个题外话，从美国政治观念变迁的视角对美国近些年的政治纷扰作了探讨。

第二章 1763年的北美十三州

一 自治传统

1763年，美国尚未诞生，后来建立为美国的那些地方和人民，还如星辰般散落在北美大西洋沿岸，他们的生活方式里最重要的特征是自治。远渡重洋的定居者，两手空空初入蛮荒，必须组成团体，在内部建立一定的行为准则，以适应环境、维持秩序、抵御外敌，方能安身立命。各团体理论上以英国为宗主国，以英王为效忠对象，后者却绝无可能在维持殖民地的基本安全或秩序中起直接作用。因此，各地政体建制在建立初期虽以英国为摹本，社会秩序的建成以英国普通法为根基，至18世纪中期，却已各自形成不同于英国的自治制度，母国政治中的贵族色彩有所消退，平民色彩则有所加强。

现今谈到美国政制，多以《五月花号公约》为其自治与契约精神之源。然则早在1619年，即"五月花号"到达北美的前一年，弗吉尼亚殖民地[1]就已初步建立了自治制度。这年7月，弗吉尼亚召开了第一届议会，议会成员除总督和总督参事会以外，还包括来自11个定居点的22名代表。议会发表了《弗吉尼亚管理和宗教条例》[2]，以把弗吉尼亚建设成一个文明和有序的社会为目的，《条例》就居民的社会、生产、宗教和闲暇生活作出了一系列规定。这些规定包含禁止懒惰、赌博、酗酒、过分打扮等内容，条例还要求居民在主日必须全天参加宗教活动，要求牧师遵循英国国

---

[1] 弗吉尼亚是英国人在北美建立的第一个永久定居点，建于1607年。
[2] 参见 Urofsky M. I., Finkelman P., *Documents of American Constitutional and Legal History*, 2ed, Oxford, NY: Oxford University Press, 2002, pp. 5-7。

教教规履行职责。这才是北美第一个共同约定、自我管理的条例。是时，弗吉尼亚的性质是一个获得英王特许的拓荒公司。1621年7月24日，依据英王特许状，弗吉尼亚确立了它的基本政体结构：总督、参事会和议（事）会合称"大议会"，为总的政治架构。总督掌行政。参事会和议（事）会为最高议事机构，参事会即总督顾问委员会，其职责是协助总督工作，由财长、在英国的公司委员会及公司任免。议（事）会由居民代表组成，代表由居民选出，每个市镇、区或种植场各派了两名代表，议（事）会每年至少召开一次。议（事）会有依据英国的法律和政策制定本地法律的立法权，有处理、商议和决定关于公共福祉的一切紧急事务的权力，但总督有否决权。

弗吉尼亚建立的这个政体与英国政体的结构是非常相似的。其类比关系可见表2.1。

表2.1 弗吉尼亚早期政体结构与英国政体的比对

英国政体中的机构	权限	代表的阶级	弗吉尼亚政体中的机构
英王	行政、荣典、立法否决	君主	总督
上议院	协助行政分支	贵族	参事会
下议院	立法、税收和财政决定	平民	议（事）会

表2.1显示，弗吉尼亚的政体高度模仿了英国的政体。在殖民地与公司委员会关系的处理上，为兼顾公司利益和当地公共治理的灵活主动，规定殖民地的立法须经英国的公司董事会批准，同时规定公司委员会的任何命令非经弗吉尼亚议会许可不能生效[①]。

弗吉尼亚所建立的这一政体在北美各殖民地的发展中有着重大影响。由于后来的各殖民地与母国的关系类似于弗吉尼亚与其公司总部的关系，弗吉尼亚在这一时期确立的代议制就成了各地在管理中普遍模仿的方式。

不过也有不同。一个最大的不同就是各殖民地在当地产生的代表越来越多，这意味着治理结构中民选的、自治的成分越来越占据控制地位。在实际操作中，与英国代议制选举期限长、选民身份固定、选区长期不作调

[①] 杰斐逊：《杰斐逊集》，刘祚昌等译，生活·读书·新知三联书店，1993，第255页。

整不同,北美各殖民地的议会一般是一年一选,居民依财产而非依出身获得选举资格,选区和代表名额分配的调整也很及时。因此各地议会能较为及时地反映民众诉求,民众参与政治的机会也较多,自治更具实质性。

新英格兰地区政治制度的自治色彩更浓。切萨皮克湾区和南部各殖民地以种植园经济为主,居民居住比较分散,各种植园负责内部事务,郡县政治为大种植园主所把持,殖民地有议会,郡县层次上却没有。而新英格兰地区以小农经济为主,为防御印第安人和法国人,居民以村镇为单位集中居住。集中居住就产生公共事务的统筹协调问题。与清教公理会派的教会传统有关,新英格兰形成了以城镇会议和民选议会为主的自治制度。

城镇会议是新英格兰地区公理会派(Congregational Church)教众自我管理的普遍形式。"Congregational"一词的原意,正是"组合",即各地教众组成最基层之组合会议。整个殖民地时期,公理会派的发展很快。到革命前夕,除温斯罗普所建马萨诸塞海湾公司以外,公理会在新英格兰的很多地区均占了主导地位。①

公理会派的教会会议基于人人参与的原则决定公共事务,这种平等精神从宗教扩展到政治组织,各地渐次以此为模型成立城镇会议,或称市民大会,以直接管理本地教育、交通、治安等公共事务。城镇会议在作出各种决定时,多要由其成员充分讨论直至得出统一的意见,民主色彩很浓。城镇规模扩大后,公众才开始任命市镇委员和议员来承担管理职责。

除宗教民主因素的影响之外,殖民地初创时期的客观情况也促进了殖民地的"人民主权"的实现和代议制的发展。殖民地发源于英国人口迅速增加、人口压力过大的年代。17世纪中叶,人口增长缓慢下来。拿了皇家特许的许多中南部殖民地业主不得不想方设法吸引来自英国及新英格兰的移民。而此时新英格兰的移民已经养成参与公共事务的习惯。如果一个殖民地给予的权利比母国或其他殖民地少,那么这个殖民地就会不受移民欢迎。因此,即便是像马里兰这样的业主殖民地②,业主也不得不放弃特许

---

① 马萨诸塞海湾殖民地的宗教以清教长老派(Presbyterian)为主,公理会派是清教中较长老派更具民主主义作风的派别。长老会主张教会权力不应由英国独掌,而应授诸长老会议,故名"长老派"。公理派则主张教会权力由教众掌握。

② 业主殖民地指由英国贵族持有特许状、视为贵族私产的殖民地。

状赋予的制定所有殖民地法律的权力，放任殖民者实行地方自治①。马里兰宗教宽容原则的出台，则是一个更为有趣的小故事。英国贵族卡尔弗特是个天主教徒，但有功于英王。他向英王申请了一张在北美建立殖民地的特许证，本是为庇护在英国受迫害的天主教徒。然而马里兰建成之后，新教徒的涌入还是将它变成了一个新教徒占多数的社会。卡尔弗特家族为防止天主教徒再次受到迫害，于1649年公布了《马里兰宽容法》，这个法案确立了宗教宽容和政教分离原则，是为美国立国后宗教政策取向之源流。

17世纪下半叶，新泽西、南北卡罗来纳、宾夕法尼亚等殖民地相继通过了《特许与同意》（Concessions and Agreements），确立了由符合财产条件的自由民选举产生议会，由议会执行税收权和立法权的基本权力组织形式。

北美的自由和自治，也是广袤的自然环境的结果。这个环境下，北美居民可能"以出走换自由"。"以出走换自由"同时形塑了北美的经济和宗教制度。在经济上，佃农制在北美难以为继；在宗教上，教派纷争的结果常常是产生一个新的殖民地，如从马萨诸塞的宗教斗争中产生罗德岛和康涅狄格。在此类宗教斗争中，北美形成了教派聚居、宗教多元的格局，这是后来十三个殖民地联合时采取宗教宽容原则的现实基础。

在各殖民地的自治实践中，各地议会凭借立法权、税收权②、官员薪金决定权、大部分任免权，本地人脉渐渐坐大，到1763年，各地议会俨然与总督呈分庭抗礼之势，实权已在总督参事会之上。北美自治的格局，也令各地与母国的联系非常松散。英国议会虽然理论上拥有管理各殖民地的权力，实际却并不具备控制力。这为英美冲突发生后各殖民地否认英国议会的管辖权预备了条件。议会权力的增长，也为《独立宣言》发表后各地成立新政府奠定了组织基础。自治实践锻炼了人民的参政能力，培养了理性思考、论辩和妥协的能力与习惯，为美国革命和立国的进程提供了一重稳妥的保障。

---

① 纳什：《美国人民：创建一个国家和一种社会》，刘德斌等译，北京大学出版社，2008，第73页。
② 南卡罗来纳议会对税收权的掌控最弱，这是因为南卡总督委员会抵制议会税收权。南卡议会的弱势，与南卡以大种植园为主的经济形态、寡头掌控的政治状态有关。

自治亦使美国形成了不少异于母国的法律传统。英格兰法律在各地天然有效，但各地议会通常有权根据本地实际制定下位法，后者孕育了北美不同于欧洲的政治观念。

　　北美关于限制政府权力的观念，来自对英国普通法断章取义的理解。1646年，马萨诸塞海湾殖民地普通法院颁布《1646宣言》（*Declaration of 1646*）。该宣言的前言称，普通法院此举意在设定"来自《大宪章》的英格兰基本原则、普通法及习俗，同时涉及可能对我们有用的内容，以及目前可能适用于我们的小社区的内容"。但法学史家发现，该宣言内容参照了英国《大宪章》及当时英国普通法中关于公共事务的部分，对于后者关于私人权利限制的内容则置若罔闻。宣言大多条款是在限制政府权力，规定教堂及个人的自由。这表明殖民地人士仅将《大宪章》视作对政府权威的限制，而非其来源——这个理解与英国人的理解是不同的。① 亨廷顿曾指出，在北美殖民的时代，英国正在建立国会的主权权威，而北美则坚决抵制任何利维坦式的权威。② 两者的洞见，恰好可以互为注脚。

　　在私法方面，北美的自主性走得更远。17世纪初，英国普通法中公私法的界限远未分明，私法以维护公共秩序为目的而存在；适用于商业社会，用以保护个人权利的部分相当薄弱，关于合同、土地所有权、民事侵权行为的立法非常少见。这些漏洞在一个稳定的旧社会里不会成为大问题，却显然不能满足一个快速成长的新社会之要求。一方面是殖民地的发展迫切要求新法，另一方面母国却不能为此提供任何帮助。17世纪的英国法学家如爱德华·柯克、马修·黑尔等人的著作均很少虑及北美殖民地的情况及需要③。北美殖民地的私法体系因此野蛮生长，发展出一套有别于英国普通法的私法体系，以适应这个新的拓殖社会的需要。殖民地的私法注重保护个人权益，尤其是财产获取和保有的权利，而当时的英国私法重在维护家族利益或传统秩序。乔治·哈斯金斯对马萨诸塞《妇女财产法》

---

① Howe M. D., "The Sources and Nature of Law in Colonial Massachusetts," Billias G. A., *Law and Authority in Colonial America*, Barre, MA: Barre Publishers, 1965, pp. 1-16.
② 亨廷顿：《变化社会中的政治秩序》，王冠华等译，上海世纪出版集团，2008，第78~89页。
③ Washburn W. E., "Law and Authority in Colonial Virginia," Billias G. A., *Law and Authority in Colonial America*, Barre, MA: Barre Publishers, 1965, pp. 116-135.

(Dower Act) 的研究发现，该法案虽然大体参照了母国普通法中的相关内容，但在实际执行中，马萨诸塞法院对其作出了许多适应殖民地需求的解释，法官的裁决也往往与普通法的原则不一致。① 约瑟夫·史密斯研究了马里兰建立至1715年的法律变迁，发现当地经常调整英国法律以适应当地现实。② 弗吉尼亚原本是最英国化的殖民地，在宗教和法律上都遵循母国官方传统，但新世界发展种植业、渔业和商业的需要还是迫使它逐渐改变了许多法律的原有面貌。③

自治对于美国的意义，一方面在于政制的萌芽，另一方面更在于理性协商精神的养成。后者对于美国信念的形成，有着更为直接和重要的意义。如张骏在《美国的自治传统：从殖民时期到进步时代》中所言：

> 殖民时期，治者与被治者固然界限分明，但统治者权威的确立、被治者诉求的传达唯有通过对话获得同意，并诉诸立法加以保障。……治者与被治者对弈的意义不在生死角逐，而是协调共赢，因为从清教的困境中走出的是殖民地治理中虔敬诚信、理性说服、和平进退的社会风尚。④

不过，在蛮荒中自然生长的自治，并未将民主和平等变成人们的自觉信念，将民主变成人民的自觉追求。在意识形态上，1763年的北美人民仍然将自己视作英王的忠实臣民，在事实和心理上服从英王和英国政府的管辖。各殖民地议会制定法律，要经过英王的签署。除了契约殖民地罗德岛和康涅狄格，各殖民地的总督都是由英王任命的。国教区的牧师，是由英国国教的总教会（High Church）派遣和任命的。自决权、共和制这些现代

---

① Haskins G. L., "Reception of the Common Law in Seventeenth-Century Massachusetts: A Case Study," Billias G. A., *Law and Authority in Colonial America*, Barre, MA: Barre Publishers, 1965, pp. 17-31.
② Smith J. H., *The Foundations of Law in Maryland: 1634-1715*, Billias G. A., *Law and Authority in Colonial America*, Barre, MA: Barre Publishers, 1965.
③ Washburn W. E., "Law and Authority in Colonial Virginia," Billias G. A., *Law and Authority in Colonial America*, Barre, MA: Barre Publishers, 1965, pp. 116-135.
④ 张骏：《美国的自治传统：从殖民时期到进步时代》，中央编译出版社，2016，第14页。

政治的基本内容，尚未进入北美居民的头脑。

二 智识传统

（一）与欧洲的文化联系

17世纪从欧洲远渡重洋定居北美的人，平均文化水平远高于同期欧洲。尤其是其中的新教徒，有着良好的阅读习惯。出于物质生活的需要及精神生活的追求，他们积极保持与欧洲的文化联系。最早到达美洲的殖民者，行李中通常有两部书，一部是《圣经》，另一部是《农业管理指南》(Husbandry Management) 之类的实用书籍。对背井离乡的殖民者来说，这两部书，一部是心灵生活的指引，另一部是日常生活的指导。随着殖民地经济繁荣，社会、财产关系趋于复杂化，人们需要进一步阅读农学、医学、建筑、法律、政治类的小册子，以确保生产和社会生活的顺利开展。另外，由于地广人稀的自然条件，及发展中的城镇所带来的经济机会，殖民地的社会流动性要远远高于英国和法国。人们能通过学识和努力来改变命运这个现实激励着出身平凡的年轻人自学成才，也塑造了北美崇学的风尚。

牧师、律师、成功的商人和种植园主酷爱藏书。以血统定义的贵族在北美极为少见，新英格兰的牧师和律师得以借助书籍建立权威。私人图书馆因此流行。波士顿牧师科顿·马瑟的图书馆、费城詹姆斯·洛温的图书馆是其中代表。平民也可以通过藏书和阅读在社会阶梯上爬升。1718年出生的新罕布什尔自耕农塞缪尔·莱恩到晚年时共有藏书307种，其中大部分是宗教和历史著作，只有一种小说。以萨克·瓦茨、约翰·班扬、科顿·马瑟、乔纳森·爱德华兹等人的作品是莱恩收藏的主打。莱恩被他所在的教堂选为执事，温特沃斯总督还提名他做治安法官。① 在农村，不多的图书就可以支撑起主人的声望。约翰·亚当斯的父亲老约翰得益于家里的几本藏书，被看作镇上有学识的人，加上勤劳和忠诚的品质，他当选过

---

① Brown R. D., *Knowledge Is Power*: *The Diffusion of Information in Early America*, *1700-1865*, Oxford: Oxford University Press, 1989, pp. 140-142.

镇上的治安警察、收税员、十户联保长、民兵中尉和教堂执事。当然还有更为杰出的自学成长的典型，如本杰明·富兰克林、罗杰·谢尔曼、塞缪尔·亨廷顿和斯蒂芬·霍普金斯。①

对中部切萨皮克湾区的种植园主来说，图书收藏还基于一种心理需要。对高深知识的消费，给他们以自己并未离开英国上流社会的归属感，并为自己的背井离乡找到价值所在：离开英国并非因为生活所迫，而是为了追求贺瑞斯②式的田园诗生活。这些靠烟草种植发了财的人不辞辛苦从英国搜罗图书。种植园主威廉·伯德二世（William Byrd II）的私人图书馆在切萨皮克湾区最为著名，拥有3500册藏书。这些图书均从英国远道而来，不仅包括希伯来文、希腊文、拉丁文和英文的历史、哲学、宗教类典籍，也囊括了当时英国和欧洲流行的哲学、历史、游记、自然科学和技术、宗教、法律及文学类著作。伯德还收藏了英国的报纸和期刊，因为母国的定期出版物也是大种植园主们保持英国人身份的必需。他们要跟母国的亲朋好友保持联系，就要像他们一样阅读《闲谈者》和《旁观者》，这样才能在往来通信中显示自己紧跟思想的新潮流。③

书籍需求刺激了书籍的进口贸易。从17世纪下半叶起，英国书商和代理商开始回应殖民地日益强烈的图书需求，向美洲殖民地的图书出口稳步增加。整个18世纪，书籍进口在殖民地与英国的贸易中占据着越来越重要的地位。1750年至1775年，殖民地的书籍进口增长率超过了人口增长率。④

通过书籍进口，北美与欧洲间的文化联系维持得相当密切。约翰·洛克、大卫·休谟、阿尔杰农·西德尼、詹姆斯·哈林顿、约翰·弥尔顿、约翰·特兰查德、托马斯·戈登、弗朗西斯·哈奇逊⑤、亨利·尼维尔、

---

① 参见附录B。
② 古罗马抒情诗人。
③ Brown R. D., *Knowledge Is Power: The Diffusion of Information in Early America, 1700-1865*, Oxford: Oxford University Press, 1989, pp. 46-47.
④ Raven, "The Importation of Books in the Eighteenth Century," Amory H., Hall D. D., *The Colonial Book in the Atlantic World*, Cambridge, UK: Cambridge University Press, 2000, pp. 183-198.
⑤ 苏格兰哲学家。

理查德·培根、尼德汉姆、弗朗西斯·培根、约翰·霍尔、罗伯特·莫尔斯沃思①、约翰·萨默斯②、本杰明·霍得利③、凯瑟琳·麦考利④等人的著作在这里很受欢迎，法国思想家，尤其是孟德斯鸠和伏尔泰的作品也拥有大量读者。

美国史学家贝林研究过革命时期北美小册子作家对古典和当代著作的引用情况，从中可以略窥北美读者的阅读偏好。小册子作家引证与抄录的对象包括古希腊的荷马、索福克勒斯、柏拉图、欧里庇得斯、修昔底德、希罗多德、亚里士多德、波利比乌斯、色诺芬、斯特拉波、卢西恩、迪欧，古罗马的普鲁塔克⑤、爱比克泰德、西塞罗、贺拉斯、维吉尔、塔西佗、卢坎、塞涅卡、李维、内波斯、萨卢斯特、奥维德、卢克莱修、卡托、普林尼、尤维纳利斯、库提乌斯、马可·奥里利乌斯、佩特罗尼乌斯、苏埃托尼乌斯、恺撒、乌尔比安、盖尤斯、查士丁尼，同时代的特兰查德、戈登、罗伯特·莫尔斯沃斯、博林布鲁克、莫里哀、理查德·本特利、雷默斯、普芬道夫、斯威夫特和卢梭等人。不过，贝林说，这只能表明作家们知道这些作者的名字，并不意味着他们真正了解这些被引用者的思想，抬出后者的名号只是为了增加小册子的说服力。年轻时的乔纳森·梅修曾经把柏拉图跟德谟斯梯尼和西塞罗混在一起，把他当作"公民自由"的倡导者；奥克森布里奇·撒切尔也把他当作热爱自由的革命家；詹姆斯·奥蒂斯在征引各种权威著述的时候引用过君权至上论者菲尔默；"革

---

① 辉格党人，曾任英格兰和爱尔兰议会议员。在担任丹麦公使期间，写过一篇抨击丹麦专制主义的文章。后来写过一篇论述爱尔兰农业和就业问题的文章。晚年成立"莫尔斯沃思小圈子"。牛顿、莎夫茨伯里、弗朗西斯·哈钦森等人是这个小圈子的常客。
② 辉格党人、法学家和政治家，英国光荣革命的重要策划人，并在其后二十五年内充当辉格党领袖，在英格兰和爱尔兰的统一中发挥了主导作用。质疑查尔斯二世解散议会的《论最近两届议会的公正与合宜》的作者之一，莎夫茨伯里被指控犯有叛国罪被囚时，他发表了《论英国人的安全及大陪审团的职责、权力和义务》，认为国王应当把对无辜者的保护置于对有罪者的惩罚之上。还发表过论述王位继承制度的作品。
③ 自由派圣公会主教及反叛者，否认教会中的祭司权力，宽容不从国教者。主张自由与财产权利密切相关，认为只有确保人民享有劳动成果，贸易才能繁荣，城市才能兴盛，人口才能增长。专制则会导致投资和创业冲动的萎缩从而影响一国工业和商业的发展。
④ 历史学家。
⑤ 用希腊文写作的罗马传记文学家、散文家。著有《希腊罗马名人传》（*Parallel lives*）和《掌故清谈录》（*Moralia*）。以历史人物的道德故事倡导美德。

命之舌"约翰·亚当斯曾将柏拉图作为平等和自治的倡导者加以引用，但在后来仔细研究了这位老前辈之后感到震惊不已，认为柏拉图使用了"共和国"① 一词来命名他的著作简直是一种讽刺。②

从另一个角度来说，对古典著作家的断章取义、随意得有点荒唐的引用表明北美对欧洲文化的吸收是有很强的选择偏向性的，是拿来主义的。殖民地选择符合自身认知的书籍，选择符合自身需要的理论，美国性格中的实用主义已经显而易见。贝林说，实际上殖民地人士真正熟悉的古典作家只有普鲁塔克、李维、西塞罗、萨卢斯特和塔西佗，这些人都生活在古罗马的动荡时代，向往罗马共和繁盛时代的美德、简朴、正义、爱国和自由，抨击眼前罗马的腐败、玩世不恭和压迫。这类言论恰好被殖民地人士用来譬喻腐败的英国对美好的北美的迫害，激励自己的同胞去做勇敢无畏的布鲁图。③

再如，对社会契约理论的选择。北美的社会契约实践，要早于欧洲社会契约理论的产生。北美在 1619 年就有了第一份由居民代表参与制定的生活和工作规范《弗吉尼亚管理和宗教条例》（Virginia Rules on Conduct and Religion, 1619），1620 年有了《五月花号公约》，1639 年有了《康涅狄格基本法》和《纽黑文基本条款》，这些都是实践社会契约的例子，而欧洲关于社会契约理论的第一部著作——霍布斯的《利维坦》，到 1652 年才完成，洛克的《政府论》下篇 1690 年才出版，卢梭的《社会契约论》更是晚至 1762 年才面世。到美国革命时期，殖民地选择了洛克而非霍布斯或卢梭来支持他们的革命，原因在于洛克的理论最符合他们的政治实践和政治观念，而霍布斯的君主极权论恰是他们要反对的，卢梭的人民极权论则是他们要提防的。从这个意义上，与其说洛克启发了北美，不如说北美选择了洛克。

又如，对近代英国政治思想的选择。北美偏爱进口和重印持反政府立场的著作、报纸杂志，但这些书刊在大不列颠本土其实是小众的存在。以

---

① 《理想国》的英文书名为"The Republic"，柏拉图在书中表达的观点更接近专制主义。
② Bailyn B., *The Ideological Origins of the American Revolution*, Cambridge, Massachusetts: The Belknap Press of Harvard University Press, 1967, pp. 24-25.
③ Bailyn B., *The Ideological Origins of the American Revolution*, Cambridge, Massachusetts: The Belknap Press of Harvard University Press, 1967, pp. 25-26.

抨击英国政治腐败与道德沦丧闻名的约翰·特兰查德和托马斯·戈登的《独立辉格》周刊和系列文章《卡托书信集》在北美一再被重印,并且一直高居美国报纸引用的榜首。"殖民地的每份报纸都在引用它们,从波士顿到萨凡纳,莫不如此。"① 反对派博林布鲁克②、弗朗西斯·哈奇逊③、菲利普·多德里奇④,以及被流放的历史学家保罗·德·拉宾-索赖拉思的著作,也是殖民地人士乐于引用的。

不过,来自母国和欧洲的思想滋养的主要是殖民地的精英阶层。殖民地本地印刷的书籍很少,书籍的价格因包含跨海的运费而高昂。对普通劳动者来说,一本书的价格可能相当于一周的收入。平民莱恩所藏之书的作者大多是本地人士,且以传统的神学书籍为主,表明他在崇学的社会风尚中阅读,但并未接触到当时欧洲的思想风潮。欧洲进口书籍的消费者和收藏者是牧师、律师、成功的商人和大种植园主。1763年前,北美公众对英国政府的提防很有限,英国反对派的思想在此并没有深厚的群众基础。乔纳森·梅修在1750年发表布道词《论对更高权威的无限服从与绝不抵抗:兼谈对反抗查理一世事件的一些思考》⑤,背景正是为查理一世鸣冤的言论还很有市场,即便是在以被英国国教迫害的清教徒为主要人口的波士顿。如贝林所言:"如果简单地认为这种反对派的思想传统迅速在美国得到了广

---

① Bailyn B., *The Ideological Origins of the American Revolution*, Cambridge, Massachusetts: The Belknap Press of Harvard University Press, 1967, p. 36.
② 托利党人,民族主义者,詹姆斯二世的支持者。因为同样反对沃波尔内阁,其观点与极端自由主义者有重叠。在北美,他长期被认为是一个自由主义者。他主编的《匠人》(*Craftsman*) 在1726~1736年发行,每周出版一两次,谴责沃波尔内阁和整个时代的腐败,警告独裁的危险,是北美人士喜爱引用的杂志。参见 Bailyn, 1967: 39, 及该页脚注22。
③ 苏格兰哲学家,深受哈灵顿、西塞罗等共和主义思想家影响,民主政体、土地小农所有制、自然法、道德感的倡导者。
④ 不从国教者。
⑤ 关于人民反抗权的经典论文。题名中的"更高权威"指上帝。原为针对1750年波士顿一些国教徒在查理一世忌日纪念查理,斥责不同政见者和清教徒谋杀查理而发的布道词。梅修指出,上帝是世人唯一需要服从的权威,查理在不按法律统治时就已经自去王冕,人民应当起而反抗。这个小册子在各殖民地发行甚广,初次发行几个月后又重印。约翰·亚当斯后来回忆说:"人人都读梅修这个小册子,朋友们称赏它,敌人们滥用它。" 参见 Bailyn B., *The Ideological Origins of the American Revolution*, Cambridge, Massachusetts: The Belknap Press of Harvard University Press, 1967, pp. 204-247。

泛传播并大受欢迎，那就低估了事实。"① 但是，一旦殖民地与母国的冲突激化，人民主权的思想、臣民反抗权的思想、关于英国议会已经腐化堕落的思想就会立即显示出对现实的解释力和指导意义，从而快速获得民心。

（二）智识生活状况

1763 年，美国已经有了一批经济、文化较为发达的城市。北美当时最大的城市费城，已经有了好几个印刷所、两份报纸、美国哲学学会、流通图书馆、文实中学和大学。1754 年，启蒙大哲伏尔泰几乎要被这座城市的勃勃生机所吸引，迁居此地。② 波士顿和纽约也成为人文渊薮。1763 年，这两个城市分别有 4 份报纸。1761 年至 1776 年，费城拥有 77 家书店，波士顿有 31 家，纽约有 27 家。而同期英格兰的纽卡斯尔、利物浦和巴斯总共只有 31 家书店，英格兰前 10 个地方城市的书店总和是 76 个，还没有费城这一个城市多。殖民地的另两个较大城市纽波特和查尔斯顿分别有 10 家和 6 家书店，纽波特有 1 家报社。以上 5 个城市的书店总和是 151 家，而同期英格兰伦敦以外的 16 个重要城市的书店总和只有 104 家。③ 中部弗吉尼亚的威廉斯堡已经有了 1 间藏书丰富的书店、1 家印刷所和 1 家报社，这个发源最早的殖民地的首府城市还有了优雅的舞会、剧院和咖啡屋。④

1763 年的北美已经有了一群有影响力的知识领袖，本杰明·富兰克林、乔纳森·梅修、斯蒂芬·霍普金斯、约翰·亚当斯、托马斯·杰斐逊等人在他们居住的地方都已经有了很高的声望。清教徒、贵格会友、来自

---

① Bailyn B., *The Ideological Origins of the American Revolution*, Cambridge, Massachusetts: The Belknap Press of Harvard University Press, 1967, p. 43.
② 赖尔、威尔逊：《启蒙运动百科全书》，刘北成等译，上海人民出版社，2004，第 480~481 页。
③ 参见 Bridenbaugh C., *Cities in Revolt*, New York: Alfred A. Knopf, 1955, pp. 380-381。报纸数据为本文作者整理，可参见附录 C。
④ Brown R. D., *Knowledge Is Power: The Diffusion of Information in Early America, 1700-1865*, Oxford: Oxford University Press, 1989, pp. 57-63.

爱尔兰的教师①、弗吉尼亚和南卡罗来纳的大种植园主这些群体有较高的文化素养，是后来反英宣传中的中坚力量。

殖民地高等教育也已经有了不错的发展。1763年之前，殖民地已经拥有6所高等学院。② 1763年至革命爆发的1775年，又有另外三所高等院校建立。③ 这样，在革命之前，殖民地有200万人口，9所高等教育学院。④ 这些高等学院成功地培养了一大批本土知识精英，包括教师、牧师、作家、律师和政治领袖。1745~1775年，殖民地获得学士学位的人达到31000人以上，其中28%的学位是由新兴的7所学院授予的。⑤ 这些学院普遍地非常重视古典传统，以拉丁文、希腊文和希伯来文为基本的学术语言。受过高等教育的人熟悉古典作家及其作品，并能紧跟欧洲思想界的最新潮流。托马斯·杰斐逊、约翰·亚当斯、塞缪尔·亚当斯、小詹姆斯·奥蒂斯、约翰·杰伊等人都是本土学院培养的文明绅士。

自18世纪50年代起，北美本土学院呈现世俗化发展的动向。更多非神职人物——杰出者如本杰明·富兰克林，在学院的建立中起了推动作用。学生中准备当牧师的人也减少了。⑥ 学院更加注重培养学生用英语演

---

① 1659年，爱尔兰《镇压天主教法》禁止天主教徒从事教学工作，促使许多爱尔兰教师远渡重洋来到殖民地。这些教师大都毕业于声名赫赫的都柏林三一学院。这批人如此之多，以至于此后在宾夕法尼亚和纽约从事教育行业的几乎都是移民来的爱尔兰教师。参见韦布，2006：93。关于爱尔兰政治思想对殖民地的影响，参见 Willian Ewald, "James Wilson and the Scottish Enlightenment," 12 U. PA. J. CONST. L. 1053 (2010), http://www.law.upenn.edu/cf/faculty/wewald/workingpapers/12UPaJConstL1053 (2010). pdf.

② 它们分别是1636年建立的哈佛学院、1693年建立的威廉-玛丽学院、1701年建立的耶鲁学院、1746年建立的新泽西学院（今普林斯顿学院）、1754年建立的国王学院（今哥伦比亚大学）和1755年成立的费城学院（今宾夕法尼亚大学）。

③ 它们分别是1764年建立的罗得岛学院（后来的布朗大学），1766年建立的皇后学院（后来的罗格斯新泽西州立大学）和1769年建立的达特茅斯学院。

④ Rippa S., Alexander, *Education in a Free Society: An American History*, New York: Longman, 1984, p. 84.

⑤ 李剑鸣：《美国的奠基时代1585-1775》（美国通史·第一卷），人民出版社，2008，第468页。

⑥ 里帕：《自由社会中的教育：美国历程》，於荣译，安徽教育出版社，2010，第72页。据美国教育史家劳伦斯·克雷明的统计，1750年前哈佛毕业的62名学生中，有24名专职牧师，50年代至70年代的80名毕业生中，有21位专职牧师；1750年前耶鲁毕业的9名学生中，有4名专职牧师，50年代至70年代的68名毕业生中，有24位专职牧师。参见 Cremin L. A., *American Education: The Colonial Experience 1607-1783*, New York: Harper & Row, 1970, p. 554。

讲和辩论的能力，辩题涵盖法律、宗教、政府和伦理等领域。在 60~70 年代，学生演说社团渐成风潮，知名者如哈佛的演说俱乐部（Speaking Club）和水星俱乐部（Mercurian Club）。社团成员关注政治热点，展开模拟演讲和辩论，借此培养高超的讲演术和公众动员能力。① 在英美对抗的岁月，他们所习得的这些技巧和经验令他们如虎添翼，完成传播启蒙的使命。

1763 年，北美已经为即将到来的变革做好了准备：它已经孕育了此后革命宣传的中坚力量：演说家和著作家。这些在北美本土出生成长的人熟知欧洲尤其是英国的自由主义、激进辉格②和共和主义。在此后对抗和革命的年代，他们在这些著作中撷取适用于北美政治命运的内容，以演说、小册子和报纸政论文章的形式，用通俗浅显的语言讲述良好政体的原则，将这些著作所包含的政治思想普及到大众中去。欧洲最为先进的政治思想植入本土，成为支撑殖民地人民参与革命的信念基础、政治制度设计的参照系、灵感来源和共识基础。

---

① Stout H. S., *The New England Soul: Preaching and Religious Culture in Colonial New England*, New York & Oxford: Oxford University Press, 1986, pp. 259-260.
② 激进辉格以反对当时由辉格党主导的沃波尔内阁而得名，他们持续撰文攻击沃波尔内阁的堕落腐化，批评他们背弃了共和原则，并自称为"真正的辉格"。由于在野地位，他们也被称为"乡村党人"。激进辉格的主要思想是权力与自由之间存在不可调和的矛盾，这种矛盾来自恶的人性。一旦权力失去监督和制衡，它就一定会形成对自由的威胁。因此，要维护共和，就必须确保社会不同部分的成员掌有相应的权力，达到相互制约的目的。相应地，超越权力界限的行为就是腐化。为了防止共和政体的腐化、确保人民的自由，就必须保有人民反抗的权力，因为它乃是防止君主恣意而为的屏障，是将罪恶扼杀在萌芽状态的有效武器，而绝对的服从则导致绝对的奴役。有意思的是，在英国国内，激进辉格的作品只是供一小群反内阁的政治思想家在书斋和咖啡馆里高谈阔论，并未对政治进程产生实质性的影响。但它们漂洋过海却被殖民地人民奉为圭臬，对殖民地的独立革命和政体创建产生了决定性的影响。个中原因部分要归功于这些著作的内涵被殖民地人民本土化了。在英国本土，激进的辉格党人虽然强调人民拥有反抗和革命的权利，但它必须建立在一系列前提之上，弥尔顿和哈钦森等人都曾经论述这些前提。对英国激进思想家来说，一个有着良好秩序的自由社会的常态仍然是对法律的服从。只有在法律途径不足以救济人民免于暴政的威胁时，反抗才是正义的。而自认为备受母国压制的殖民地人民看重的，正是他们赋予反抗的正义性。参见 Maier P., *From Resistance to Revolution: Colonial Radicals and the Development of American Opposition to Britain, 1765-1776*, New York, 1972, p. 28。

三 印刷业的物质准备

1763年，北美印刷业已有长足发展，为启蒙文本的大规模复制奠定了物质上的基础。北美早期的印刷业源于对公文和商务印件的印刷需求。殖民地远离母国，需要独立的印刷机来印制规章、选票、议会记录、法定表格、商业表格和纸币。最初，印件的需求量有限决定了开办印刷所是一桩风险巨大的生意。但地方政府需要印刷所印制公文，因此愿意以补贴鼓励印刷所的创办。政府对印刷的刚性需求还促使它们常常想方设法从别的地方挖一个印刷商。借助政府的支持，到17世纪末的时候，美洲殖民地的坎布里奇、波士顿、圣玛丽城、费城和纽约都已经有了印刷机。①

随着殖民地人口的增长和商业的发展，美洲的印刷业在18世纪兴旺起来。1762年，佐治亚在十三个殖民地中最后一个拥有了印刷机。至此，各殖民地总共拥有约四十台印刷机，在大西洋沿岸的所有主要城市都可以找到印刷商。② 波士顿和费城已经成为殖民地的两大印刷中心。各地的印刷商各有所长：纽约印刷八开本或十二开本的大书；康涅狄格印刷小册子和小书本；弗吉尼亚和马里兰印刷的书籍以精美见长；卡罗来纳、罗德岛和新罕布什尔印刷法律类的对开本和宗教、历史、政治类的八开或十二开本。③ 不过，总的来说，殖民地印刷业相关产业的发展状况——具体来说，是发达的造纸业和落后的铸字业，决定了它的印刷产品以短期、快捷、小型的出版物为主。

北美早期使用的印刷机大多从英国进口，但也有例外。1750年，费城附近德国城的克里斯托弗·首尔亲自督工制造印刷机，但仅供自己的印刷厂使用。1769年，纽黑文的伊萨克·杜利特尔造出美洲第一台作为商品销售的印刷机。到1775年，美国的许多主要城市都已经能够制造质量精良的

---

① 布尔斯廷:《美国人：殖民地历程》，时殷弘等译，上海世纪出版集团，2009，第345页。
② 布尔斯廷:《美国人：殖民地历程》，时殷弘等译，上海世纪出版集团，2009，第345~358页。
③ Thomas I., *The History of Printing in America*, Vol. 2, New York: Johnson Reprint Corporation, 1971, p. 18.

印刷机了，费城和康涅狄格的哈特佛德尤为闻名。①

除了印刷机，印刷业发展还有赖于造纸业。作为短期消耗品，纸张生产必须独立，因为一旦对抗，母国便不可能持续供应纸张。殖民地的造纸业创始于1689年。这一年，费城印刷商威廉·布拉德福德资助克劳斯·里滕豪斯（后来叫尼古拉斯）在费城德国城建立了殖民地的第一家造纸厂。② 这家造纸厂一直营业到1798年，其间历经多次扩张和技术改进，为殖民地的印刷业供应质量优良的各式纸张。1726~1744年，宾夕法尼亚及其附近地区还相继建立了四家造纸厂。波士顿的第一家造纸厂建立于1730年，是在马萨诸塞立法机构的帮助下建立的。革命之前，新英格兰有了好几家造纸厂，纽约也有两三家。1756年，引擎被运用于造纸业，大大提高了生产效率。③

铸字业是另一个与印刷业紧密相关的产业。19世纪之前，殖民地的铸字业一直不够发达。殖民地的第一家铸字厂到1772年才由费城的印刷商克里斯托弗·首尔建立，首尔的工人贾斯特斯·法克斯为他主持经营。两年以后，法克斯原来的助手雅各布·贝伊建立了第二家铸字厂。但这两家厂子的规模都不大。1775年以后，富兰克林和他的孙子贝奇·富兰克林试图建立一家更大的铸字厂，但最终没有成功。殖民地的第四家铸字厂到1785年后才建立。

铸字产业不发达迫使殖民地的印刷商倾向于印刷报纸、小册子、年历、传单之类印刷周期很短的出版物，因为这些出版物一旦印完就可以把铅字拆下来重新使用，并可以很快收回投资。另外，印刷书籍需要大量纸张，而且需要垫付资金，这对于初创事业的印刷商来说是一个巨大的冒

---

① Thomas I., *The History of Printing in America*, Vol. 2, New York: Johnson Reprint Corporation, 1971, p. 35.
② 此前，美洲的墨西哥和秘鲁原住民也生产纸张，但这些纸张与欧洲生产的纸张差别很大，它们主要用于描绘象形文字而非书写。
③ Thomas I., *The History of Printing in America*, Vol. 2, New York: Johnson Reprint Corporation, 1971, pp. 20-25.

险。而报纸通常可以通过预订费用和广告费用①来提前获得购买纸张所需的资金。报纸和小册子所耗印张少，又不含装订费用，因而价格低廉，是公众负担得起的文化消费，这进一步降低了印刷商的投资风险。② 富兰克林和戴维·霍尔于1748年至1765年开的印刷所的收支状况表明，该所总收入的60%以上来自《费城公报》，说明报纸是印刷商最主要的利润来源。③ 报纸的利润潜力可以解释殖民地的报纸为什么发展得比欧洲快。到18世纪中叶，在六个人口最繁盛的殖民地，已经有了14份周报，每周2份甚至每周3份的报纸也已经出现，略具规模的殖民地都有了至少一份报纸。④ 1754年开始的英法战争培养了公众对政治的兴趣，报纸作为战时信息传播的主导力量，在公共政治生活中取得了举足轻重的地位，进一步繁荣起来。1750年到1760年，殖民地的报纸从11份增加到19份，其增长率两倍于人口增长率⑤。

相较于其他出版物，报纸更迅捷地向人们传达新信息、新思想。通过传达统一的信息，报纸在同一时间将不同空间的人们联系在一起，塑造共同的关注焦点和思想情感。如安德森所言，报纸将"世界性的事件"折射到一个读者群的特定想象之中，伴随着读者群对事件的共同想象，塑造这

---

① 一条广告的费用相当于一份报纸半年的订阅费用。如富兰克林的《宾夕法尼亚报》全年的订阅费用为10先令，在该报上登一条广告的费用为5先令。参见 Green, 2000: 263-264。

② Green J. N., "English Books And Printing in the Age of Franklin," Amory H., Hall D. D., *The Colonial Book in the Atlantic World*, Cambridge, UK: Cambridge University Press, 2000, p. 266.

③ 参见安德森《想象的共同体：民族主义的起源与散布》，吴叡人译，上海世纪出版集团，2003，第70页；布尔斯廷《美国人：殖民地历程》，时殷弘等译，上海世纪出版集团，2009，第346页。

④ Morgan E. S., *Inventing the People: The Rise of Popular Sovereignty in England and America*, New York, London: W. W. Norton & Company, 1988, p.137；布尔斯廷《美国人：殖民地历程》，时殷弘等译，上海世纪出版集团，2009，第341页；Emery M. C., Emery E., *The Press and American: An Interpretive History of the Mass Media*, 8th edit, Boston: Allyn and Bacon, 1996, p. 33。

⑤ Copeland D., "America, 1750-1820," Barker H., Burrows S., *Press, Politics and the Public Sphere in Europe and North America, 1760-1820*, New York: Cambridge University Press, 2002, pp.146, 149.

群人的共同心理体验和情感经历，从而将他们在心理上牢牢联系在一起。①

报纸也具有更强的社会互动功能。报纸一方面使读者了解远方的事件，使单个的、偶然的事件成为公共事件，另一方面使居于不同地理位置的读者能共同讨论这些事件，读者因此能够参与到"公共"事件中去，政治参与变得人人可得。②报纸能够及时地收到读者反馈，作为写作者的思想精英和作为读者的公众相互沟通甚至互换角色，有助于他们形成一个联系紧密的整体，分享同一个论辩空间和该空间中的政治信仰。质言之，报纸令公众的生活和他们的共同体呈现新的意义，进而促使他们对自身在共同体中的作用和地位产生新的期待。这种要求一旦与人民主权的新思想相结合，就迸发出巨大的改造世界的能量。

另外，因为殖民地特殊的社会形态和生活方式，殖民地早期的报纸形成了论辩重于报道的特征。殖民地地方上的头面人物有着互相交叠的社交圈子，他们并不依赖报纸获得他们所需的最新信息，相反圈子里得来的信息更迅捷，也更准确。这些最早的报纸订户看重的，并非报纸的报道功能，而是它们的辩论功能。报纸为他们提供了展现修辞和辩论智慧的平台。③

从印刷品的社会群体指向性来说，报纸、小册子、年鉴是更为平民化的读物。相对于书籍来说，这些读物尤其是报纸价格低廉，阅读不需要很长时间，也没有艰深的表达，更为寻常平民所乐见。殖民地的印刷业以报纸和小册子等蜉蝣出版物为主和这些出版物注重辩论功能这两个特征，为启蒙的普及提供了有利条件。

四　言论自由的状况

在1763年之前，北美英属殖民地言论自由的障碍主要来自两方面：在

---

① 安德森：《想象的共同体：民族主义的起源与散布》，吴叡人译，上海世纪出版集团，2003，第72页。
② Barker H., Burrows S., *Press, Politics and the Public Sphere in Europe and North America, 1760-1820*, New York：Cambridge University Press, 2002, pp.3-4.
③ Brown R. D., *Knowledge Is Power：The Diffusion of Information in Early America, 1700-1865*, Oxford：Oxford University Press, 1989, p.62.

制度方面，母国的煽动诽谤法和出版许可制度约束着殖民地的出版；在实践方面，出版商在资金上对地方政府的依赖导致其丧失独立性。这两方面的障碍在 1763 年之前基本被破除了。

（一）言论和出版管制制度的失效

大众传媒在传播信息的同时充当道义裁判，制造舆论，被称为"无冕之王"。其一经诞生，便成为"国家-社会"两者竞相争夺的阵地。争夺初期，代表国家力量的政府必然威逼利诱，图谋控制媒体。这正是 17~18 世纪欧洲各国大众传媒所面临的状况。

对北美来说比较幸运的是，出于管控难度、出版商的抗争及其他方面的原因，到 18 世纪 30 年代，言论自由的原则已经确立。

1695 年，英国本土废除了出版许可法，出版前免受审查的原则得以确立。但该法令在殖民地仍然有效。大约从 18 世纪 20 年代开始，北美印刷商为了争夺读者，追随英国本土的版面设计，模仿英国本土激进辉格党人特兰查德和戈登的随笔，不再理会出版许可制度。这一制度难以为继，最终在 18 世纪 30 年代被废止。[1]

对印刷商群体来说，出版审查并非最可怕的危险，煽动诽谤法才是。在当时，只要是针对国王、政府和官员的批评性言论，可能引起公众对官方的不满或不安的，都被认为构成煽动（seditious）。一旦这种言论以书面或其他永久形式（libel）出现，就构成煽动性诽谤（seditious libel）。现代诽谤罪的构成要件——文章所述不合事实——在当时的诽谤定罪中并非必需。18 世纪 30 年代以前，审判"诽谤者"和压制反对派的出版物是家常便饭。

有趣的是，在当时的北美，因印刷所数量有限，出版商得与政府分庭抗礼：出版商固然依靠政府获得资金和业务支持，当局要印刷公文、强化宗教、发展经济，也须臾离不开出版商这个左膀右臂。高度的互相依赖在双方制造出一种"敌强我弱、敌弱我强"的零和博弈格局，为出版商反抗

---

[1] Copeland D., "America, 1750-1820," Barker H., Burrows S., *Press, Politics and the Public Sphere in Europe and North America, 1760-1820*, New York: Cambridge University Press, 2002, p.145.

苛责的煽动诽谤法提供了一定的空间。

1692年,费城的出版商威廉·布拉德福德因轻微的违规入狱。想起政府之前三番五次地为出版内容找他麻烦,这次他壮士断腕,下了决心要一走了之。但是,在他通知官方他将把印社搬往"更为友好的地方"时,当局感到了恐慌。费城议会后来撤销了对布拉德福德的指控,并许诺给他每年40镑的律师费,保证他以后可以自由处理印社事务。① 布拉德福德以退为进,大获全胜。

另一个更为著名的案例是曾格案。1733年,约翰·彼得·曾格创办了纽约的第一份报纸——《纽约周刊》。由于报纸多次得罪新任总督科斯比,曾格于1734年11月17日被捕②。在1735年8月4日的庭审中,曾格的律师安德鲁·汉密尔顿称,言论自由是已经获得公认的真理,如果人民连谈论当权者品行的安全保障都没有,下一步他们就会变成奴隶。汉密尔顿以"所有大不列颠热爱自由的美洲臣民的福祉"的名义向陪审团呼吁,后者最终宣判曾格无罪。③ 曾格案将对长官的批评权确立为言论自由的主要支柱,从根本上动摇了诽谤罪名的法理依据,并创造了陪审团直接判定此类案件被告人是否有罪的先例④。

曾格案影响深远。曾格案后至革命期间,煽动诽谤罪指控寥寥无几。曾有几位激进的出版商被纽约和波士顿的立法机关或市政委员会认为蔑视政府,但对他们的指控最后都不了了之——因为纠结于这种指控,不仅不

---

① Emery M. C., Emery E., *The Press and American: An Interpretive History of the Mass Media*, 8th edit, Boston: Allyn and Bacon, 1996, p. 35.
② 曾格的报纸从一开始就显示了反政府的立场。这份报纸的首发刊报道了议员路易斯·莫里斯(Lewis Morris)的当选,而莫里斯正是因得罪了新任总督科斯比而被撤换的首席大法官,他的当选是他的反对总督的朋友们操作的结果,这被当局视为选举中的骚乱。曾格后来的报纸攻击官方允许法国军舰窥探海防,并以莫里斯被撤换的事件指责政府无能。公众对这类事件很感兴趣,曾格的报纸供不应求,曾格因此被科斯比视为眼中钉并导致被捕。
③ Thomas I., *The History of Printing in America*, Vol. 2, New York: Johnson Reprint Corporation, 1971, p. 296; Emery M. C., Emery E., *The Press and American: An Interpretive History of the Mass Media*, 8th edit, Boston: Allyn and Bacon, 1996, pp. 36-38.
④ 在之前的诽谤案审理中,一般只是由陪审团判定被起诉诽谤的文章的作者身份,这是案件的事实部分,而判定文章作者是不是应该受到惩罚的权力则归于法官,这是案件的法律部分。曾格案中,陪审团直接给出了"无罪"判定,这意味着陪审团既有权力判定诽谤案的事实部分,又有权力判定其法律部分。

能使皇家总督们保全名誉，而且使他们冒丧失民心的风险。① 至此，政府已经难以用强制的方式控制媒体。

革命期间，出版自由原则得到进一步确立。1774 年第一届大陆会议，约翰·迪金森（John Dickinson）在《权利宣言》中称出版自由是一项基本原则。1776 年的弗吉尼亚《权利法案》宣称："出版自由是自由最伟大的卫护者之一，只有专制暴虐的政府才会试图对它施以束缚。"到 1787 年，13 个殖民地中的 9 个已经对言论自由给予宪法保障。制宪会议上，因为代表们觉得各州已经对言论自由给予充分的保护，这一原则没有被写入宪法草案。但宪法批准的过程表明，缺少明确条款保障言论自由的新宪法将难以赢得公众的拥护。这也说明出版自由已成共识。② 1791 年《权利法案》通过，美国成为首个将出版自由列为应予保障的公民基本权利的国家。③

（二）出版商独立性的增加

如上文所述，殖民地早期，各地政府普遍采取资助、补贴、业务契约的形式吸引印刷商。上文提及的布拉德福德是费城的官方承印人。曾格案中，纽约政府颜面尽失，却也在两年后任命曾格做了纽约的"公文承印人"。④ 急需印刷所的殖民地甚至从别的地方挖墙脚来建立本地的印刷所。

---

① Emery M. C., Emery E., *The Press and American: An Interpretive History of the Mass Media*, 8th edit, Boston: Allyn and Bacon, 1996, p. 40.

② 独立革命之后，因为维护新生政权的稳定的需要，对出版的行政和立法管制有一个时期非常严格。后来更因为联邦党人和反联邦党人的争斗，约翰·亚当斯任上通过的《外国人与煽动叛乱法》（Alien and Sedition Acts, 1978）制造了一个言论自由受到严重威胁的时期。但时隔不久，出版业的马修·莱恩案（Matthew LyonCase）使联邦党人失去了民众支持。1800 年选举中，联邦党人落选，《外国人与煽动叛乱法》也就于 1801 年 3 月 3 日失效了。参见 Copeland D., "America, 1750 - 1820," Barker H., Burrows S., *Press, Politics and the Public Sphere in Europe and North America, 1760 - 1820*, New York: Cambridge University Press, 2002, p. 151; Emery M. C., Emery E., *The Press and American: An Interpretive History of the Mass Media*, 8th edit, Boston: Allyn and Bacon, 1996, pp. 70 - 72.

③ Emery M. C., Emery E., *The Press and American: An Interpretive History of the Mass Media*, 8th edit, Boston: Allyn and Bacon, 1996, p. 62; Barker H., Burrows S., *Press, Politics and the Public Sphere in Europe and North America, 1760 - 1820*, New York: Cambridge University Press, 2002, p. 8.

④ 布尔斯廷：《美国人：殖民地历程》，时殷弘等译，上海世纪出版集团，2009，第 352~355 页。

1714年，康涅狄格总督委员会和议会以50镑年薪邀请波士顿印刷家族格林家的蒂莫西·格林做官方承印人。①

因为印刷商与政府之间这种紧密的相互依赖关系，尽管言论自由的制度性障碍已经在18世纪30年代告终，殖民地政府依然有效地控制着出版物的内容。原先采取反政府立场的曾格被任命为"公文承印人"这一事件，未尝不是政府对反对派力量的收买。在18世纪60年代以前，许多印刷商实际上是官方喉舌。这种依赖和控制关系要到报纸需求大幅增加、出版商有了独立的利润来源之后才有所改观。

18世纪50年代开始的人口增长和商业发展大大促进了报纸需求。1750年至1760年，殖民地人口增长了37%，从117万增长到160万。革命前夕，殖民地的出口额增长至18世纪初的9倍。费城、波士顿、纽约、纽波特都已成为综合性的贸易中心，具备了仓储、集散和金融服务功能。②商业对产品和价格信息的需求大大提高了报纸经营的利润：一方面，商业从业者是报纸的忠实订户，报纸对于商家抓住获利机会及培育新产品都有着至关重要的作用；另一方面，广告为报纸提供了丰厚的利润。嗣后，50年代末期发生的七年战争和随后与母国的对抗培育了公众对政治的兴趣，报纸在公共生活中扮演了不可或缺的角色。在以上因素共同作用下，从18世纪中期开始，北美报纸销量和利润的增长都很迅速。报纸产生的利润使出版商不再依赖与政府的合约，从而获得了事实上的独立性。③

五　政治局势

理论源于对现实矛盾的思考。政治观念的变迁总是有着特定政治环境

---

① Thomas I., *The History of Printing in America*, Vol. 2, New York: Johnson Reprint Corporation, 1971, p. 185.
② 恩格尔曼、高尔曼：《剑桥美国经济史》，巫云仙等译，中国人民大学出版社，2008，第153、176页。
③ 费夫贺、马尔坦：《印刷书的诞生》，李鸿志译，广西师范大学出版社，2006，第221页；Copeland D., "America, 1750-1820," Barker H., Burrows S., *Press, Politics and the Public Sphere in Europe and North America, 1760-1820*, New York: Cambridge University Press, 2002, pp. 146-149.

和历史事件的背景。西达·斯考切波将外部压力视作诱发革命的因素①，对美国来说，情况有些类似。与斯考切波所考察的革命不同，美国革命的对象并非境内脆弱的政权组织，而是远在大西洋对岸的母国，但外部压力同样是催化思想变迁、诱发革命的直接原因。1763年英法战争结束之后，殖民地与母国间的冲突激化，是美国大众卷入政治论辩从而达成跨阶层共识的实践背景。

英法战争结束之后，有传言说，英国将允许魁北克地区保留罗马天主教式崇拜，英属美洲殖民地的定居者因此怀疑新上台的大不列颠官方意图破坏新英格兰的政治和宗教自由。② 1763年，为了安抚印第安人的情绪，也为了保持美利坚的从属地位，英国政府发布公告禁止定居者穿越阿巴拉契亚山脊或者购买印第安人的土地。1764年，西部大多数印第安人接受了这一条款，白人殖民者则开始憎恨英国政府。③

1764年4月，英国议会重新通过了《糖税法》（Suger or Revenue Act），该法案规定对进入美利坚的大宗商品，包括蔗糖、咖啡、白酒及其他物资征税，并将加大对走私的缉查和惩罚力度，英国方面设立了由英国海军官员主导的中级海事法庭，用以审判有违反《糖税法》嫌疑的北美人。不久，海关的关税年收入达到战前的15倍之多。④

《糖税法》的施行给殖民地带来了不安。在北美一方看来，这一貌似税收政策的法案，实则关乎北美自由的重大前景。一旦政府拥有不经人民同意而征税的权力，他们的自由就会岌岌可危。为了配合《糖税法》的实施，波士顿海事法庭还颁布了《协助令》，要求居民对执法者搜查走私货物的行动予以协助。而《协助令》并不要求搜查者明确说明标的货物，这意味着授权执法队伍可肆意进入民宅。《协助令》在波士

---

① 斯考切波：《国家与社会革命：对法国、俄国和中国的比较分析》，何俊志等译，上海世纪出版集团，2007，第185页。
② Stout H. S., *The New England Soul: Preaching and Religious Culture in Colonial New England*, New York & Oxford: Oxford University Press, 1986, p. 261.
③ 卡恩斯、加勒迪等：《美国通史》（第12版），吴金平等译，山东画报出版社，2008，第86页。
④ 卡恩斯、加勒迪等：《美国通史》（第12版），吴金平等译，山东画报出版社，2008，第86页。

顿引起了很大的动荡。

1765年3月，英国政府通过《印花税法》，授权对北美的所有印刷品征收高昂的特许税。印花税的征收在英国由来已久，它是对出版审查制度的取代，也为英国政府增加岁入。眼见殖民地的报纸出版欣欣向荣，当时的首相乔治·格伦威尔打好了算盘每年要在美洲收取6万英镑的印花税①。《印花税法》在殖民地激起的波浪要远远超过《糖税法》。因为后者尚且是以政府管理贸易的名义征收关税，前者征收的却是直接税。10月，跨殖民地的"印花税会议"在纽约举行，会议通过了一系列抗议决议案，重申了未经人民同意不得征税的原则。在民间自发的激烈抵制中，发生了一些暴力事件。在波士顿，人们处决印花代销商安德鲁·奥利弗的模拟像，洗劫他和他的姻亲兄弟、副总督托马斯·哈钦森的住宅，并逼迫他提出辞呈。类似行动很快在各地蔓延。北起新罕布什尔，南至佐治亚，各殖民地的印花代理商都受到了滋扰攻击。他们不得不提出辞呈，或作出不销售印花的承诺。在一些地方，人们抢走印花税票并当众烧毁。《印花税法》还导致律师群体和出版商群体的联合，因为法案大大增加了他们的成本。② 而这两个群体，恰恰是掌握话语权，最能影响人们思维、塑造人们观念的群体。律师写作反对英国统治的小册子，出版商乐意印刷和传播这些小册子，这两个群体对印花税的抵制，客观上促进了反英思想的发展和传播。

为了抵制《印花税法》，美利坚的一千多位商人签署了抵制进口的协议。这个协议终于使受损害的英国商人对英国议会施压，促使议会于1766年3月废止了《印花税法》。但是，议会在同日通过了一个《强制法令》，宣称殖民地"从属于英国"，必须服从英王和英国议会；议会始终有权通过任何法令，来"约束殖民地和美利坚人民"。③ 在英国议会看来，《强制法令》是做出政策妥协时必要的面子挽回，但殖民地人士却再次感到压迫和屈辱，《强制法令》实际上为日后的冲突升级埋下了伏笔。

---

① 当时英国本土每年的印花税收入是10万英镑。
② Emery M. C., Emery E., *The Press and American: An Interpretive History of the Mass Media*, 8th edit, Boston: Allyn and Bacon, 1996, p.43.
③ 卡恩斯、加勒迪等：《美国通史》（第12版），吴金平等译，山东画报出版社，2008，第90页；李剑鸣：《美国的奠基时代1585-1775》（美国通史·第一卷），人民出版社，2008，第548页。

废除《印花税法》之后，英国议会再次试图向殖民地征收关税。因为从那些抵制印花税的小册子看来，北美对于抵制直接税理由充足、立场坚定，对于关税却似乎能够释怀——对于英国政府管理贸易的权力，北美是承认的。1767年6月，英国议会通过了《汤森德税法》，对北美各港口的进口货物征收关税，列入征税目录的货品包括茶叶、糖、酒、玻璃、铅、画、纸等，并再次加强了对走私的盘查。英国政府设立了新的海关事务委员会和4个海事法庭来审理有关案件。由于此前当地陪审团总是宣判走私的人无罪，这些法庭干脆取消了陪审团。

《汤森德税法》再度引发抗议风潮。北美商人联合起来抵制英货，并开始着力发展自己的制造业。

另一个让北美不安的问题是驻军规模。1765年的《驻军条例》规定，殖民地有义务为驻扎在此的英军提供兵营，供应指定物资。这是双方认可的。分歧在于驻北美英军司令阿默斯特将军认为有5000名英军留守就够了，英国政府却保留了10000名正规军。这令北美疑心母国试图以这种方式将军费开支转嫁到他们头上，由此更为警惕母国"摧毁自由的阴谋"[①]。在《汤森德税法》再次引发抗议风潮的时候，应马萨诸塞总督伯纳德的请求，英国政府将两个团的英军从边疆调往波士顿。英军与波士顿市民之间摩擦不断，最终导致了1770年3月5日的"波士顿大屠杀"事件。这次事件虽然缘于一些游手好闲的混混的挑衅，却因五个波士顿市民的死亡激起了当地的愤怒情绪。在约翰·亚当斯等人的斡旋下，英军士兵大多数被宣判无罪，只有两个人受到轻微的处罚。英军撤出波士顿。事件处理完毕之后，英国政府为了表示宽大，同时也为恢复对北美的出口，取消了《汤森德税法》所列的大部分税收，仅象征性地保留茶叶税，以表示英国有权向殖民地征税。但波士顿大屠杀的阴影已经挥之不去，在人民眼里，事件证实了母国利用常备军以剥夺他们的自由这一猜想。波士顿人此后每年都在大屠杀纪念日举行集会，发表讲演，提醒人们警惕暴政，捍卫自由。

《汤森德税法》余波未平，三年之后，其所保留的茶税引发了一次更

[①] 李剑鸣：《美国的奠基时代1585-1775》（美国通史·第一卷），人民出版社，2008，第530页。

剧烈的冲突，进而导致了革命的发生。1773年5月，英国议会制定《茶叶法》，授予陷入财务危机的东印度公司以茶叶专卖权。此事再一次验证了阴谋论——如果英国议会可以把茶叶的专卖权给予某一个公司，那么以后它就可以把任何物资的专卖权给予任何它想给的人，然后从中征收间接税。纽约、费城相继通过决议抵制茶税。12月16日晚，波士顿人以更激进的方式制造了著名的"波士顿倾茶事件"，将价值90000英镑的茶叶倾倒入海。事件之后，新泽西、纽约、马里兰等地群起效仿。一系列针对东印度公司的倾茶事件导致英国相继通过《波士顿港口条例》《马萨诸塞政府条例》《司法管理条例》和《驻军条例》。依照这些条例，波士顿港口将被关闭，马萨诸塞议会的权力将遭到严重削弱，反之驻北美英国官员的独立性将增强，更多的军队将常驻波士顿。与此同时，英国议会又通过了《魁北克条例》，将殖民地以西的俄亥俄河流域和伊利诺伊地区划入魁北克，承认天主教徒的信仰自由和政治权利，保留法国民法。由于天主教、法国法律与基督新教、英式自由扞格不入，这一事件在北美眼中是英国阴谋的又一佐证。

　　北美与英国的持续冲突是美国政治共识塑造的触发点。现在回头去看当时发生的这些事件，或许很多事件是孤立的，但在当时的情境之下，在局中人眼中，这些事件却是串联在一起的，有着共同的方向和目标。所以从前往后，各个事件引发的抗议风潮越来越汹涌。但在当时的权力结构和主流观念中，殖民地反抗母国，本质上是"犯上作乱"，是"名不正且言不顺"。北美要为其反抗行动"正名"，就必须树立新的政治观。反抗越突破常规，越需要有说服力的理论支持；冲突越激烈，观念的传播越容易突破生活圈子、阶层和地域的界限。信息传播的范围是由信息源传播行动和接收者接收意愿共同决定的。商业信息传播的范围局限于商业上的合作小圈子，私人信息的传播局限于家庭和亲属，牧师的信息传播局限于当地虔诚的教众，但是关于重大冲突的信息，关于战争发展态势的信息能够突破阶层和地域的罗网，到达每一个人。[1] 所以，每一个事件发生的时刻，都

---

[1] Brown R. D., *Knowledge Is Power: The Diffusion of Information in Early America, 1700-1865*, Oxford: Oxford University Press, 1989, pp. 245-246.

是政论文章大量涌现、小册子风行的时刻，也是精英与平民达成共识、联手捍卫自由的时刻。①

六　小结

本章描述了1763年前后北美的政治和智识生活状态，及1763年后各殖民地与英国之间的冲突状况，以上内部和外部环境是美国政治共识塑造的背景。

其一，北美广袤的自然条件和粗劣的生存环境，养成其自治传统。因土地的广袤，北美居民能够以出走换自由，所以各地必须给居民以充分的自由和自治权；因简陋的生存条件、不安全的生存环境，居民们必须组成集体，以合作应对不可确知的风险和威胁。然而，自治虽在人民的心灵中播下自由和自我决断的种子，却并未成长为他们的自觉意识。在心理习惯上，他们仍然将自己认作英王的臣民，在政治、宗教和经济上，他们仍然接受来自英国的管辖。

其二，北美一直保持与欧洲的文化联系，并有选择地接受其新兴政治思想。早期美洲定居者的新教教徒身份、拓荒生活对知识的现实和心理需求、自然条件带来的社会流动性等因素培养了美洲居民良好的阅读习惯，书籍进口业的兴盛、殖民地印刷业的发展支持美洲精英阶层在思想上紧跟欧洲动向。在1763年，北美已经有了一批颇具文化氛围的城市，高等教育的发展培养了大量的著作家和演说家，以上情况为日后的共识塑造奠定了知识和人才的基础。

其三，印刷业在政府支持下起步，并由于商业的繁荣和人口的增长获得了独立性。印刷机制造业和造纸业发展良好，铸字业发展不顺，加上资金流转方面的考虑，使殖民地的印刷商倾向于印刷铸字和资金回收周期短的报纸、小册子、年历、传单等印刷品，这些印刷品更具平民化特征。报纸和小册子的论辩功能使它们日后成为共识塑造过程中的主要载体。

其四，出版自由制度性障碍的消失，为1763年后围绕北美与母国冲突

---

① 参见李剑鸣《美国独立战争爆发前的政治辩论及其意义》，《历史研究》2000年第4期。

展开的思想探索及传播提供了制度环境。印刷商的抗争、政府控制的相对弱势、整体劳动力稀缺情况下印刷业技术人才的短缺，是言论自由原则得以确立的客观原因。北美商业发展、法国-印第安人战争带来的报纸需求的增加，增加了报纸的利润，也使出版商获得了决定出版内容的自主权。这个过程也表明，政府天然地不喜欢言论自由。言论自由的实现，理念的形成只是最初的萌蘖，其实现还经历了一个复杂曲折的博弈过程，并有赖于一系列适合其生长的社会环境与物质条件。其他价值理念的实现，大略也是如此。

其五，殖民地与母国间的矛盾激化为共识塑造提供了历史契机。始于1763 的白热化政治论争是外部压力的结果。外部压力带来恐慌，受《糖税法》影响最深的商人、受《印花税法》影响最深的律师和印刷商、因《强制法案》感到自由遭到威胁的人士，得以借言论自由和印刷发达的便利，与北美的智识传统相结合，从政治哲学的角度探讨英国统治北美的非正当性，一步步推进北美的共识塑造。从这一过程可以观察到的是，政治哲学作为"哲学"，截然相反的观点常常能自圆其说，最后胜出的观念，恐怕并不一定正确，而是较好地回应了现实的问题和民众的期望。观念变换常常有其经济基础的背景。经济基础的格局改变，会要求观念作出相应的调整。而经济领域的冲突，也必然会导致观念领域的动荡。

本章内容可以归结为图 2.1。

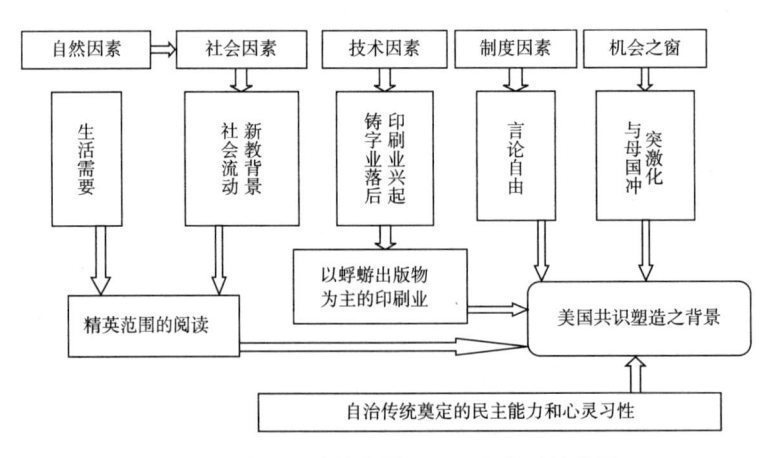

图 2.1 共识塑造的背景：1763 年前后的美国

历史总是承前启后的。北美殖民地在 1763 年以前的智识生活、印刷业的发展及其特征、言论自由的初步实现是美国能在今后的几十年内普及启蒙思想、塑造大众的现代政治文化品格的基础。1763 年以后外部压力的加大，创造了殖民地人民对政治理论尤其是能够提供反抗合理性的理论的需求；对殖民地将何去何从的探讨，吸引了各阶层的关注，从而开启了现代观念共识塑造的契机。

第三章　政治性出版物、演说及其他

一　出版物

(一) 小册子的探索

小册子出版的第一个高峰出现在 1765~1766 年，这是《印花税法》《强制法令》事件的时间；第二个小高峰出现在 1769~1770 年，而且集中在马萨诸塞，这与英军留驻问题、"波士顿大屠杀"事件有关；第三个高峰出现于 1773 年，并在此后出现一个爆发式的增长，这个长波的背景是《茶税法》最终激化了北美与母国的矛盾，"波士顿倾茶事件"将反抗公开化，嗣后 1774 年大陆会议召开，关于北美何去何从的争论吸引了各阶层的目光（参见附录 D）。

小册子的撰写者是原来那些进口出版物的阅读者，他们的职业身份包括律师、牧师、商人和种植园主。他们昔日是启蒙思想的接受者，今日是传播者，同时是英国政策的利益受损者。不能说，每一个作者背后都有个人经济的原因，但说这几个群体一致的反英态度背后有着差不多的经济原因，大体就是事实。他们后来或许认识到，税收事件既是伤害，也是机会。每次事件发生，他们就奋发写文，然后印制成当时市面上可见的各种书面材料。而北美各印刷所最喜欢印的报纸、小册子、海报之类，刚好也是群众最喜闻乐见的读物。

对北美公众来说，小册子并非新鲜事物。牧师的重要布道、议会的重要告示以小册子的形式出版是一个历时已久的惯例。前者如乔纳森·梅修的《论对更高权威的无限服从与绝不抵抗》，后者如宾夕法尼亚议会的

《给宾夕法尼亚人民的信》①。在新英格兰地区，选举日、感恩节、斋戒日的布道文都会被印制成小册子发行，并且通常由市镇或教会承担付梓的费用。

小册子通常专注于一个事件或一个论题，以详尽深入地解读一个事件或阐明一个原理为要。不似法国启蒙时期动辄印个《百科全书》，或搞个科学院征文大赛，非名家出手不可，小册子人人可写，篇幅自然丰俭由人（从几页到上百页不等），内容也只管信马由缰。风格也是宜庄宜谐，感染力或曰煽动性很强；小册子出版也很灵活，不像连续出版物要受周期和版面的限制，适于承载重大历史事件发生时的舆论爆发，也是表达新思想、新观念适宜的形式。

对英国议会权力的质疑首先在小册子中得到系统化的阐述。1764~1765年，一系列关于税收权、陪审团审判及议会主权边界的小册子问世，它们的作者是约翰·亚当斯、奥克森布里奇·撒切尔、斯蒂芬·霍普金斯、小詹姆斯·奥蒂斯等人。小詹姆斯·奥蒂斯的名言"无代表而征税就是暴政"（Taxation without representation is tyranny）后来成为爱国党人的基本立场。这些小册子尚未论及革命，但它们已经将英国议会的作为定性为对殖民地权利的侵犯，并警告读者说，若不加以抵抗，暴政将是最终的结果。②

如波科克所言，"言语即行动"。小册子对政治事件的反映和评价推动

---

① 该小册子全题为《给宾夕法尼亚人民的信：基于议会通过的法官无过错则长期任职的重要法令》，是对1760年宾夕法尼亚议会通过的关于法官无过错终身任职法案做出的解释。该文指出，一个公正、独立的司法系统对于保护公民的人身、财产和自由是不可或缺的。由于法官的任期问题长期以来在英、美两地论辩不休，多个殖民地在此问题上受英王干涉（《独立宣言》对英王的指控之一就是指责他将"法官的任期、薪酬及其支付"置于其个人意志之下），该文本具有普遍性的意义。这个小册子论及人民权利的神圣性，后来对于革命的发生有重要的推动作用。参见 Bailyn B., *Pamphlets of the American Revolution 1750-1776*, Vol.1, Cambridge, Massachusetts: The Belknap Press of Harvard University Press, 1965, pp.248-272。

② 有趣的是，这四个人中倒有三个是律师，律师们争辩英国向殖民地征税没有合法性，是一件公私难分的事情，因为印花税意味着英国政府将向他们所有的工作文件、表格、契约征税，所以《印花税法》显然令他们很不满。参见 Stout H.S., *The New England Soul: Preaching and Religious Culture in Colonial New England*, New York & Oxford: Oxford University Press, 1986, pp.261-262。

着政治事件的进展。《印花税法》颁布之后,小詹姆斯·奥蒂斯的《英属殖民地权利申论》、斯蒂芬·霍普金斯的《殖民地权利考辨》、丹尼尔·杜拉尼的《论在英属殖民地征税的适当性问题》、理查德·布兰德的《英属殖民地权利探析》等小册子批驳英国官方的"实质性代表权"①说,否认英国议会具有不经殖民地同意向殖民地征税的权力,直至提出殖民地与英国议会平等地臣服于英王,英国议会根本无权管理殖民地。正是这些小册子引发了7月印花税登陆后的抗议风潮。

小册子是公共论辩的载体。一个主题敏感或观点新异的小册子,会引来一群回应,回应再次招来辩护和再反驳,如此往复,达成对一个主题的深度讨论。革命期间发行量最大的小册子,托马斯·潘恩的《常识》,不仅曾两次遭到托利党人详尽无遗的驳斥,爱国者阵营内也至少出现了四部反驳其观点的小册子。这些爱国党人与他一样渴望独立,但对他的宪政观、宗教观和人性观表示不敢苟同。②马萨诸塞的"梅修-阿普索普"论辩、弗吉尼亚的关于《两便士法》的"康曼-卡特、布兰德"论辩③都是由一系列相互应答的小册子完成的。讨论出真知,正是在这样的唇枪舌剑中,北美公众培养出严肃的阅读和思考习惯,获得关于人性、政治、殖民地未来且合宜的政体设置等方面的理性而折中的认识。

小册子的以上特征使其成为新思潮的重要载体。美国革命时期所形成的诸多政治思想的基本元素都首先出自小册子,宪政思辨的每一步进展也

---

① 当时英国上下认为,议会议员代表的并非选举他的选民的利益,而是整个大不列颠平民的利益。按这种理论,北美殖民地人民的利益也已经由他们得到代表。
② Bailyn B., *The Ideological Origins of the American Revolution*, Cambridge, Massachusetts: The Belknap Press of Harvard University Press, 1967, p. 5.
③ 1763年,因为烟草价格的上涨,弗吉尼亚议会制定了一个法案,规定以后国教牧师的薪水不再用烟草发放,而用每磅烟草两便士的价格(涨价前的价格)折抵,称为《两便士法》。这个法案没有获得英国国王的批准,但议会仍然决定予以实施。约克汉普顿的教区首席神父约翰·康曼带头抵制这个法案,卡特和布兰德等人站在殖民地立场赞成法案实施,双方围绕这个法案展开了激烈争论。参见 Bailyn B., *Pamphlets of the American Revolution 1750–1776*, Vol. 1, Cambridge, Massachusetts: The Belknap Press of Harvard University Press, 1965, pp. 292–299。

第三章 政治性出版物、演说及其他

都来自小册子①。贝林通过对革命期间小册子的收集和整理，认定是小册子继承和传播了来自欧洲的政治思想，塑造了美国革命的意识形态。②

作为对英抗争的重要宣传工具，1764～1776年，有记录的在北美殖民地发行的涉及英美斗争的小册子达385种；③至独立战争结束的1783年，此类小册子的总数超过1500种。④重要的小册子一再重印，发行很广。数据表明，再版小册子的数量基本与初版的持平（190∶195），到革命宣传的后期，再版数超过了初版数（参见附录D）。1776年，初版的小册子有25种，而再版的达到49种。美国书目学家托马斯·亚当斯在他的《美国的独立：一种思想的成长》中列出了与革命思想有关的237种重印的"严肃"小册子。⑤发行最广的小册子，是托马斯·潘恩的《常识》，于1776年1月9日在费城出版，在发表后的头三个月就销售了12万册，当年就在13个城镇印刷了25次⑥。参加大陆会议的代表们把《常识》寄回家乡以争取更多的同盟者。⑦参照当时殖民地约为250万的总人口，以上印刷和销售数据表明，《常识》人手一册的估计可能略显夸张，但几乎每户一册，大约是个接近真相的估计。《常识》将温和的爱国者推向革命的战场。潘恩并非独立的首倡者，但他确实是独立的当之无愧的首席旗手。《常识》发表六个月后，《独立宣言》将潘恩的呼吁正式上升为民族的呼

---

① Davidson P., *Propaganda and the American Revolution 1763-1783*, Chapel Hill：University of North Carolina Press, 1941, p. 210.
② Bailyn B., *The Ideological Origins of the American Revolution*, Cambridge, Massachusetts：The Belknap Press of Harvard University Press, 1967, pp. 1-21.
③ Tanselle G. T., *Some Statistics on American Printing, 1764-1783*, Bailyn, Hench, *The Press & the American Revolution*, MA：Northeastern University Press, 1980, p. 351.
④ Bailyn B., *The Ideological Origins of the American Revolution*, Cambridge, Massachusetts：The Belknap Press of Harvard University Press, 1967, Foreword, p. 1, 8.
⑤ Adams T. R., *American Independence, The Growth of an Idea：A Bibliographical Study of the American Political Pamphlets Printed Between 1764 and 1776 Dealing with the Dispute Between Great Britain and Her Colonies*, Providence：Reese & Jenkins, 1965.
⑥ Emery M. C., Emery E., *The Press and American：An Interpretive History of the Mass Media*, 8th edit, Boston：Allyn and Bacon, 1996, pp. 54-55.
⑦ Davidson P., *Propaganda and the American Revolution 1763-1783*, Chapel Hill：University of North Carolina Press, 1941, p. 215.

声。其他重印次数较多的小册子如乔纳森·谢普利①的《论权利法案》在 8 个城镇印刷了 12 次，《对海外福音书宣教团的布道》在 5 个城镇印刷了 5 次；里柯克的《美国编年史》（第一卷）共在 8 个城市重印了 11 次，迪金森的《宾夕法尼亚农夫的来信》、艾伦的《论自由的美好》等均重印了 7 次。②

举些例子：

表 3.1　美国革命宣传中的重要小册子

作者	题　名	初版时间	原版地
乔纳森·梅修	论海外福音书宣教团的章程与后果	1763 年	波士顿
约翰·阿普林	为梅修博士的论著所作之诗②	1763 年	普罗维登斯
理查德·布兰德（笔名：常识）	另立门户的殖民地③	1764 年	威廉斯堡

---

① 英国阿萨夫教区主教，辉格党人，对美洲革命持支持态度。
② 参见 Adams T. R., *American Independence, The Growth of an Idea: A Bibliographical Study of the American Political Pamphlets Printed Between 1764 and 1776 Dealing with the Dispute Between Great Britain and Her Colonies*, Providence: Reese & Jenkins, 1965, pp. xi-xii。
③ 这个小册子的体例比较特别，它的主体部分是一些诗歌，然后针对诗歌加了大量的脚注，脚注的篇幅要占总篇幅的 95% 以上。参见 Bailyn B., *Pamphlets of the American Revolution 1750-1776*, Vol. 1, Cambridge, Massachusetts: The Belknap Press of Harvard University Press, 1965, pp. 273-291。
④ 该小册子为"康曼-卡特·布兰德"论辩的重要文本之一，它依据 17 世纪的法律思想阐明宪政的基本原则：人人生而自由，只有义务服从经过自己同意的法律，只要没有违反法律，其依这些法律所享有的权益就不受剥夺。北美居民并非被征服者，不因其移民行为被褫夺权利，他们享有与英国臣民同等的权利。该小册子进一步提出，依据同意原则，只要认为同意行为是可明示的、直接的，就必须认定弗吉尼亚政府才是合法的弗吉尼亚管理者，英国议会无权将其法律强加于殖民地。这样，殖民地与英国的唯一联系就是英王，而英王的权限仅在于对议会的立法行使否决权。布兰德的这一观点引领了以后十年的风气之先。参见 Bailyn B., *Pamphlets of the American Revolution 1750-1776*, Vol. 1, Cambridge, Massachusetts: The Belknap Press of Harvard University Press, 1965, pp. 292-350。

续表

作者	题名	初版时间	原版地
佚名	对议会法案的一些思考①	1764年	波士顿
托马斯·费奇	北美英国殖民地不应被征收内部税的理由	1764年	纽黑文
詹姆斯·奥蒂斯	英属殖民地权利申论	1764年	波士顿
奥克森布里奇·撒切尔	一个英属北美居民的情感	1764年	波士顿
斯蒂芬·霍普金斯	殖民地权利考辨	1765年	普罗维登斯
小马丁·霍华德	一位哈利法克斯绅士的来信	1765年	纽波特
詹姆斯·奥蒂斯	英属殖民地的权利	1765年	波士顿
本杰明·切奇	为自由和财产权辩	1765年	哈特福德
丹尼尔·杜拉尼	论在英属殖民地征税的适当性问题	1765年	安娜波利斯
约翰·迪金森	最近对英属各殖民地所做的规定	1765年	费城
安德鲁·艾略特	对总督、总督委员会和议院的布道	1765年	波士顿
莫里斯·摩尔	向美利坚殖民地征税的正当性和策略	1765年	北卡威灵顿
理查德·布兰德	英属殖民地权利探析	1766年	威廉斯堡
威廉·希克斯	论殖民者的权利与大不列颠臣民的权益	1766年	纽约
乔纳森·梅修	破碎的罗网：论印花税法的撤销	1766年	波士顿
约翰·迪金森	宾夕法尼亚农夫的来信	1768年	费城

① 反对英国议会在北美征收糖税的小册子，在多地商人和议会已经发表经济报告和声明反对糖税的情况下由波士顿著名出版商伊迪斯和吉尔出版发行。其主要内容是论证糖税的征收将对北美各殖民地、产糖列岛产生危害，并最终危害大不列颠的利益。这个小册子虽然是基于经济视角的，但其下隐藏着意识形态逻辑：如果英国议会有权对北美贸易征税，结果将是非常危险的，其与宪政的原则也是相违背的。参见 Bailyn B., *Pamphlets of the American Revolution 1750-1776*, Vol.1, Cambridge, Massachusetts: The Belknap Press of Harvard University Press, 1965, pp.356-377.

续表

作者	题　名	初版时间	原版地
威廉·希克斯	英国议会权力的本质和范围	1768 年	费城
约翰·乔基姆·祖布里	论北美各殖民地对大不列颠议会的独立性	1769 年	查尔斯顿
亚历山大·马丁，拉斯蒂克斯	美国之歌；自由之歌	约 1769 年	费城
匿名	教义问答：地方长官、俸禄领取者应知应会：献给托＊＊·哈＊＊	1771 年	波士顿
约翰·乔基姆·祖布里	论王权的消极意义	1772 年	萨凡纳
约翰·艾伦①	美利坚警钟，或曰波士顿抗辩	1773 年	波士顿
托马斯·哈钦森	混乱与杀戮的渊源②	1773 年	波士顿
约翰·艾伦	论自由之美好	1773 年	波士顿
约翰·亚当斯	马萨诸塞议会代表对州长演讲的回答	1773 年	波士顿
乔纳森·谢普利	对海外福音书宣教团的布道	1773 年	伦敦
约翰·迪金森	论大不列颠对北美殖民地的宪政权力	1774 年	费城
托马斯·杰斐逊	美利坚权利概观	1774 年	威廉斯堡
彼得·惠特尼	一片多难土地的罪过	1774 年	波士顿
约翰·拉斯罗普	在炮兵连的布道	1774 年	波士顿

---

① 艾伦是一名激进的浸信会牧师，被后人称为"新英格兰的托马斯·潘恩"。
② 这个小册子是时任马萨诸塞总督哈钦森在 1768 年的书信集，全名为"细心的读者在这里可以发现混乱与杀戮的最终原因"。参见 Bailyn B., *The Ideological Origins of the American Revolution*, Cambridge, Massachusetts: The Belknap Press of Harvard University Press, 1967, p. 100，注 4。

续表

作者	题 名	初版时间	原版地
约翰·迪金森	论宪政基础上大不列颠对北美各殖民地的权力	1774 年	费城
詹姆斯·威尔逊	论大不列颠议会立法权的内涵和外延	1774 年	费城
乔纳森·谢普利	论权利法案:为马萨诸塞宪章修订而辩	1774 年	塞伦
托马斯·布拉德伯里·钱德勒	美利坚质询者[3]	1774 年	纽约
约翰·里柯克,卡拉·马尔福德	美国编年史(第一卷)	1774~1775 年	费城等[4]
塞缪尔·威廉斯	论对我们祖国的爱	1775 年[1]	塞勒姆
摩西·马瑟	美国人民向正义世界的呼求	1775 年	哈特福德
托马斯·潘恩	常识	1776 年	费城
约翰·亚当斯	论政府	1776 年	费城
匿名	布鲁克林战争	1776 年	纽约
詹姆斯·查默斯	平实的真理[2]	1776 年	费城

注:本表据 Bailyn B., *Pamphlets of the American Revolution 1750–1776*, Vol.1, Cambridge, Massachusetts: The Belknap Press of Harvard University Press, 1965; Bailyn B., *The Ideological Origins of the American Revolution*, Cambridge, Massachusetts: The Belknap Press of Harvard University Press, 1967 及维基百科、谷歌图书相关内容整理。本表所列的小册子原题名均很长,并可以大体反映文中内容,故此本书将原完整题名收录于附录 F 中的小册子与政论文部分,为简洁起见,本表中仅使用简短译名,并尽量采用通用译名。

---

① 该小册子是保守党观点的代表作,其主要内容是针对 1774 年大陆会议的主张所提的 100 个反问。
② 该小册子并非历史著作,而是模仿《圣经》中六部分的小说体著作,分六章在费城、波士顿、新伯尔尼、北卡罗来纳、诺威奇和康涅狄格出版。
③ 原为作者 1774 年 12 月 15 日在感恩节发表的演说。1862 年前,美国的感恩节不是固定的一年一度的节日。一年里可能有好几个感恩节,独立战争期间,一年有四个感恩节。
④ 该小册子针对潘恩《常识》而作。作者查默斯是马里兰著名保皇党人。

（二）报纸与宣传

报纸比小册子更为平民化，因而也就更为普及化。小册子通常有七八十页，篇幅较长的有上百页，简短的也有三四十页，比起大部头的书籍来算是"轻阅读"，但对忙于生计的百姓来说，仍然需要不少时间精力。报纸政论文则要短小精悍、简明扼要得多。报纸是殖民地出版商最重要的利润来源，出于吸引顾客和同行竞争的需要，出版商对于报纸政论的选择更为谨慎，要求更高。在18世纪六七十年代，报纸的出版周期较长[1]，当地新闻在登上报纸之前就已经为公众所知晓，因此它最主要的功用并非报道新闻，而是思想论辩及提供正式的政治法律文本，提供当面交流所不能提供的难以记忆的复杂的细节。这个时期报纸的大部分内容是关于政治、军事和时事的，充满了政论文、演说摘要、布道文、政府文件和法律文本。富兰克林晚年写自传，总结自己的成功经验，说自己开始办报时，报纸印得字迹清晰，印刷精美，还针对马萨诸塞总督与议会间的争辩写了观点激烈的文章，因而受人欢迎，击败了竞争者。可见当时的报纸编者和读者均看重报纸的政论文章。早在给他的哥哥詹姆斯当学徒时，富兰克林就以赛伦斯·杜古德的笔名大段抄录英国反对派作家特兰查德和戈登的《卡托书信集》，发表在詹姆斯创办的《新英格兰报》上。[2] 到费城后，为了办好他的《费城公报》，富兰克林经常在报上转录《旁观者》的精华片段，或其他道德著作家的论文。与现在的大众传媒理论认为民众喜欢娱乐性而非严肃性文学的观点相悖，富兰克林这份严肃的、说教的《费城公报》办得非常成功[3]。出于吸引读者的需求，并且基于报纸已经获得的独立性，对英国反对派的引用和抄录对18世纪六七十年代的所有北美报纸来说都是家常便饭。报纸也大量转载小册子的经典段落。小册子作家、律师也写报纸政论文。各地报纸也登载读者来信和匿名文章，这些文章与官方消息、精英

---

[1] 当时的报纸大多为周报，每周两份至三份的报纸刚出现不久，直到1783年才有日报。

[2] Bailyn B., *The Ideological Origins of the American Revolution*, Cambridge, Massachusetts: The Belknap Press of Harvard University Press, 1967, p.44.

[3] 富兰克林：《富兰克林自传·正传》，唐长孺译，国际文化出版公司，2010，第50页；富兰克林：《富兰克林自传·正传续篇》，唐长孺译，国际文化出版公司，2010，第78页。

言论相互呼应，在内容、文字、逻辑、思想上都大致相近。① 因此，在这个时期，政治类的内容要占到报纸 2/3 以上的版面，对跨阶层共识的塑造起着关键性的作用②。

革命时期的报纸大多是自由辉格倾向的，即反英的。这是因为印刷商群体深受《印花税法》之害，经济利益受损带来的心理情绪使他们的报纸很自然地站在反英、反大不列颠议会的立场上。另外，在《印花税法》《汤森德税法》、波士顿大屠杀等事件引起的愤怒和暴动中，那些并不同情辉格党立场的印刷商也倾向于中立，而不会转向托利立场，因为中立更为安全。

深受印花税伤害的另一个群体是律师。相同的立场使他们很自然地跟印刷商成为盟友。一个能说会写，一个晓得公众喜欢看什么，这两个群体在一起，互为左膀右臂，相得益彰，报纸上铺天盖地尽是自由辉格的声音。印刷商过滤新闻，并且选择能代表自己利益的文章来发表，激进的辉格党人主动建立与印刷商之间的联盟。马萨诸塞的塞缪尔·亚当斯每到周日就去本杰明·伊迪斯的《波士顿公报》帮忙，协助他出版周一的报纸。约翰·亚当斯也是这一场合的常客。《公报》正是波士顿最为激进的辉格报纸，即使 1771~1773 年的相对平和时期，也从未放松对大不列颠、马萨诸塞皇家总督的批评。对于该报的影响力，总督哈钦森曾哀伤地表示：波士顿有八分之七的居民别的什么都不读，只读这份"无耻的、满是谎言"的报纸。③ 哈钦森此言有一半是事实。为了煽动群众，塞缪尔·亚当斯从不忌讳使用谎言。他说，有效的宣传必须达到以下五个目标：为自己倡导的事业正名；宣传胜利将带来的利益；通过灌输对敌人的仇恨发动大众；将对手的论辩中立化；把所有事件都描述得黑白分明，使大众能清晰地掌握作者的意图。目标导向之下，《波士顿公报》并不以报道事实为宗旨，反而时常渲染事件乃至颠倒黑白。1768 年，波士顿总督弗朗西斯·巴纳德

---

① 李剑鸣：《美国独立战争爆发前的政治辩论及其意义》，《历史研究》2000 年第 4 期。
② Brown R. D., *Knowledge Is Power: The Diffusion of Information in Early America, 1700-1865*, Oxford: Oxford University Press, 1989, p. 128; Emery M. C., Emery E., *The Press and American: An Interpretive History of the Mass Media*, 8th edit, Boston: Allyn and Bacon, 1996, p. 57.
③ Davidson P., *Propaganda and the American Revolution 1763-1783*, Chapel Hill: University of North Carolina Press, 1941, pp. 227-228.

从伦敦搬来两个团的救兵，镇压公众对《汤森德税法》的抗议，塞缪尔·亚当斯组织波士顿"自由之子"在《纽约之刊》开辟《当前纪事》(*Jounral of Occurrences*) 连载，历数英军卫戍部队在波士顿的种种劣迹，这个连载一直坚持到1769年巴纳德下台。在这件事情里，巴纳德可谓比窦娥还冤，因为连载中记述的许多事项后来被证明是伪造的。再比如说，波士顿大屠杀本是波士顿激进分子挑起的事端，但《波士顿公报》用了保罗·利维尔的版画，画的是红衫军面向无辜群众开火，再配上对屠杀的煽情描述，这个事件就完全变成了大不列颠军队的侵犯。① 其实从案件最后的判决情况，也可以看出来英军在这个事件中过错很小。但波士顿的老百姓终归是不相信大不列颠议会了。塞缪尔炮制的这些文章恶化了公众对英军和伦敦的印象，而塞缪尔本人也因此名声不佳，他被总督哈钦森斥为"名誉杀手"，还被人称作"傀儡师"②。塞缪尔对革命宣传的贡献不输于约翰·亚当斯、杰斐逊等人，其历史地位却颇为不如，这恐怕是个原因。不过对他本人来说，这些文章的煽动效果算是不负他的"初心"，求仁得仁，又何怨呢？回头来看哈钦森，哈钦森的哀叹里不是事实的那一半，乃是波士顿人并非什么别的都不读——当时的波士顿至少还有《马萨诸塞谍报》《波士顿晚报》等报纸，不过对他来说没什么区别，这些无一例外地是辉格的报纸，跟《波士顿公报》属一丘之貉。

纽约与波士顿联系颇密切，报纸发行的状况也颇类马萨诸塞，辉格党的报纸是主流，在团结辉格党人方面起着重要的联结作用。纽约约翰·霍特的《纽约之刊》不仅是辉格阵地，还是其他辉格报纸的培养基地。霍特的助手詹姆斯·帕克和威廉·戈达德③后来都办了自家的报纸。本地文章不够用时，霍特就找张波士顿的报纸来大抄特抄，使《纽约之刊》像极了波士顿的报纸——好在当时还没有知识产权这一说。

---

① Emery M. C., Emery E., *The Press and American: An Interpretive History of the Mass Media*, 8th edit, Boston: Allyn and Bacon, 1996, p. 48; Copeland D., "America, 1750 - 1820," Barker H., Burrows S., *Press, Politics and the Public Sphere in Europe and North America, 1760-1820*, New York: Cambridge University Press, 2002, p. 146.

② Emery M. C., Emery E., *The Press and American: An Interpretive History of the Mass Media*, 8th edit, Boston: Allyn and Bacon, 1996, pp. 49-51.

③ 戈达德转战多地，在普罗维登斯、纽约、费城和马里兰办过报。

塞缪尔·亚当斯、《波士顿公报》《纽约之刊》属于极端的激进，温和的激进已遍布北美了。数度担任罗德岛总督的斯蒂芬·霍普金斯是《普罗维登斯公报》的支持者；托马斯·杰斐逊不满《弗吉尼亚公报》的四平八稳，从马里兰挖来威廉·里德帮迪克森把报纸办成辉格倾向的；本杰明·富兰克林出资资助他的学徒去马里兰、南卡罗来纳等地办报。宾夕法尼亚的《宾夕法尼亚公报》《宾夕法尼亚之刊》《宾夕法尼亚编年》，康涅狄格的《康涅狄格报》《康涅狄格公报》《康涅狄格之刊》，马里兰的《马里兰公报》，弗吉尼亚约翰·迪克森和亨特的《弗吉尼亚公报》①，北卡罗来纳的《北卡罗来纳公报》、南卡罗来纳的《南卡罗来纳每周公报》等是各地有影响力的辉格报纸。

  为了销量和影响，印刷商在让他们的报纸符合公众口味这一点上不遗余力，内容、文体形式、行文风格都是要考虑的因素。因为尚未有版权一说，当时办报，有条件的可以像伊迪斯那样从同道者那里得到一手稿件，稿件不足的则像霍特那样从别地的报纸上摘录拼贴，激进的辉格党印刷商互相引用。南卡罗来纳的彼得·蒂莫西与费城、波士顿保持着密切的联系，他给"自由之子"写信，与塞缪尔·亚当斯保持联系，他的《南卡每周公报》总是刊登波士顿的文章。塞缪尔·亚当斯发表在纽约的《当前纪事》又被波士顿辉格报纸回引。《纽波特商报》的文章几乎很少出自本地作者之手，它到处摘录的风格倒替纽波特人建立了完整的美利坚视野；《新罕布什尔公报》也是拼贴报，不过办报人丹尼尔·福尔（Daniel Fowle）较为中庸温和，反对激进的立场。事实上，转载和拼贴是所有报纸都在做的事，区别只不过在于转得多或转得少。好文章被普遍地转载，即使是稿源充足的报纸也不例外。发表在1787年9月29日《独立观察家》上的《一位美国公民（三）》在十几天内被十七家报纸转载，还被收录于全国发行的杂志《美洲博览》；发表在1787年10月27日费城《独立观察家》上的《一位老辉格（四）》一文，劝诫公众切莫在制定《权利法案》之前轻率地批准宪法，这篇文章随后被《自由人之刊》（费城，10月30

---

① 弗吉尼亚至少有五份报纸叫《弗吉尼亚公报》，其中有一份是托利报纸。迪克林和亨特的《弗吉尼亚公报》是这五份报纸中最坚定的辉格报。

日)、《纽约晨报》(11月3日)、《马里兰公报》(巴尔的摩,11月6日)、《马萨诸塞公报》(11月27日)、《纽约之刊》(12月8日)转载。①

  书信是欧洲启蒙哲人爱好的文体形式。书信体文章的内容可以是小说、游记,也可以是哲学、政论。书信体文章以第一人称出现,发自肺腑,娓娓道来,读来令人倍感真实亲切,在打动人心方面让其他体裁望尘莫及。书信体文章也可能源自真实的书信往来。革命期间各地领袖互通消息、筹谋策划、互为鼓励,多赖书信往来。制宪会议前后关于建立一个合宜政府的协商讨论,也多见于政治人物之间的往来信件。蕴含真知灼见的书信,与慷慨激昂的演说一道,成为报纸政论文章的重要来源。《卡托书信集》是北美报纸转载引用最多的英国政论文。本土产生的最为著名的书信政论系列则是约翰·迪金森的《宾夕法尼亚农夫的来信》,这批信件共十二封,写作背景是《汤森德税法》的通过,及纽约议会因无法与总督就税额达成一致而被中止。信件最早于1767~1768年发表在《宾夕法尼亚编年》上。迪金森说,要想获得财产的安全,就必须把控制税收的权力掌握在自己的议会手里。对财产权的重视是合宜政府的标志。迪金森的文章表达了有产者阶层的心声,这批信件被广为转载,殖民地只有三家报纸没有登全整个系列。②迪金森着重分析的"自己的议会"概念,否定了英国的"实质代表"说,在北美建立独立主权的思想呼之欲出,为革命准备了舆论基础。迪金森本人也因此获得了"革命之笔"(The Penman of the Revolution)的美誉。③ 1788年,为推动犹豫不决的州批准宪法,迪金森复以"费比乌斯"(Fabius)的笔名,发表了九篇书信体文章。制宪会议之后,理查德·亨利·李于10月16日给弗吉尼亚州长埃德蒙·伦道夫写了一封信,论述在宪法中加入《权利法案》的重要性,指出"为避免无政府状态而建立一个坏政府,就像因为害怕死亡而自杀一样荒唐"。这封信件

---

① Kaminski J. P., Leffler R., *Federalists and Antifederalists: The Debate Over the Ratification of the Constitution*, 2nd ed., Madison, Misconsin: Madsion House Publishers, Inc., 1998, pp. 18, 46.
② Emery M. C., Emery E., *The Press and American: An Interpretive History of the Mass Media*, 8th edit, Boston: Allyn and Bacon, 1996, pp. 47-48.
③ 迪金森在1775年和1776年的大陆会议中持坚决的反对独立态度,但在表决时则以缺席的方式默认大陆会议的决定。

在当年12月6日刊载在彼得斯堡的《弗吉尼亚公报》上，至次年2月16日，它被至少13份报纸转载①。

革命期间，大陆会议所通过的各项决议也依赖报纸传达到各个殖民地，统一各地居民的思想和行动。1765年《印花税法》通过时，弗吉尼亚议会率先作出了反对的决议，并发表在当年7月4日的《马里兰报》上。随后，各地纷纷以此为蓝本发表了各自的决议。② 1776年7月4日，大陆会议通过《独立宣言》，并交给费城出版商约翰·邓勒普付梓。7月5日，印刷版的《独立宣言》就已经通过代表寄往各地。7月6日，《宾夕法尼亚晚间邮报》头版刊登了宣言全文。到这个月底，已经有29份报纸报道了这个激动人心的消息。③

不过，就像小册子中也有不少为英国议会辩护的文本一样，托利立场的报纸言论一直都存在。人是服从于信念的动物，总有一些保守忠诚的托利党人始终忠于英王、服从议会权威，言论的自由同样为他们的表达提供了制度条件。1774年独立呼声渐高的时候，意识形态的斗争也渐趋白热化，更多持托利立场的报纸出现了。还有一些早先持温和辉格立场的印刷商，也转而反对暴动和革命，转向托利阵营。如纽约的休·盖恩，在英国议会取消《印花税法》之后，他认为辉格的抵制应当告一段落，殖民地也不应该无限制地反对母国，他将他的《纽约商报》改名为《纽约公报及商业周报》，以表示对公共事务的关心。这份报纸后来持托利立场。转向持托利立场的报纸还有康涅狄格的《诺威奇邮报》，当时较有影响力的托利报纸还有纽约的《利文顿忠诚观察》（后改名《忠诚公报》）、宾夕法尼亚的《宾夕法尼亚纪事》和《宾夕法尼亚商报》等。托利报纸在报纸刊行整体情况中所占的比例与托利党人在整个居民人口中的比例是相当的。

报纸的影响迅速而广泛。1765年8月26日《康涅狄格报》发表署名

---

① Kaminski J. P., Leffler R., *Federalists and Antifederalists*: *The Debate Over the Ratification of the Constitution*, 2nd ed., Madison, Misconsin: Madsion House Publishers, Inc., 1998, p.152.
② 李剑鸣：《美国的奠基时代1585-1775》（美国通史·第一卷），人民出版社，2008，第534页。
③ Emery M. C., Emery E., *The Press and American*: *An Interpretive History of the Mass Media*, 8th edit, Boston: Allyn and Bacon, 1996, p.55.

"卡托①"的文章，斥责支持《印花税法》的人为国贼。这篇文章引发了各地成立"自由之子"组织的风潮。② 1766年10月，约翰·亚当斯以布伦特里管理委员会委员身份起草的《布伦特里指示》③在《波士顿日报》刊出，布伦特里周围的40多个城镇很快采纳了这份文件的内容。④

在宪法批准过程中，报纸起的作用更重大。革命时期，北美需要将革命合理化、合法化，这个过程中小册子论辩起引领作用，报纸主要充当小册子的传声筒。而在宪法批准时期，由于宪法批准的主体是人民，联邦党人和反联邦党人均选择了报纸作为沟通人民的首选工具，双方的一手政论文就更直接地出现在报纸上。联邦党人在报纸上发表的文章后来结集为《联邦党人文集》，流芳百世，毋庸多述。反联邦党人在宪法批准期间也在报刊上发表了大量文章，提醒公民防范一个强大的中央政府，强调美德在政治生活中的重要地位。表3.2为宪法批准时期反联邦党人在报纸上发表的部分重要文章。

表3.2 反联邦党人的重要报纸政论文

作者	题名	首刊报纸	时间
艾尔布里奇·格里	拒绝签署宪法	《马萨诸塞探微》	1787.11.3
罗伯特·耶茨，约翰·兰辛	不同意的理由	《纽约之刊》	1788.1.14
匿名	卡托书信集	《纽约之刊》	1787.9~1788.1
塞缪尔·布赖恩，埃里亚泽·奥斯瓦德	圣提尼尔（Centinel）书信集（共24篇）	《独立观察家，自由人之刊》（费城）	1787.10.5~1788.11.24

---

① 古罗马哲学家、政治家，当时的英国和北美，论辩公民政治权利的作者经常用它作笔名。
② Copeland D., "America, 1750-1820," Barker H., Burrows S., *Press, Politics and the Public Sphere in Europe and North America, 1760-1820*, New York: Cambridge University Press, 2002, p.201.
③ 这份文件原为小镇自由民给他们在马萨诸塞议会的代表的指示。
④ 隋肖左编著《约翰·亚当斯传》，吉林出版集团有限责任公司，2011，第47~48页。

续表

作者	题名	首刊报纸	时间
罗伯特·耶茨	布鲁图斯①文丛	《纽约之刊》	1787.10~1788.4
乔治·布赖恩等②	一位老辉格的观点（共8篇）	《独立观察家》	1787.10.12~1788.2.6
卢瑟·马丁	真相③（共12部分）	《马里兰公报》	1787.12.28~1788.2.8
亚瑟·李④	辛辛那图斯⑤（共6篇）	《纽约之刊》	1787.11.1~1787.12.6
理查德·亨利·李	给州长埃蒙德·伦道夫的信⑥	《弗吉尼亚公报》（彼德斯堡）	1787.12.6
塞缪尔·布赖恩	制宪会议少数派的意见	《宾夕法尼亚邮报》	1787.12.18
约翰·斯迈利	在宾夕法尼亚宪法批准会议上的讲话⑦	《宾夕法尼亚先知报》	1787.12.12
罗伯特·怀特黑尔	在宾夕法尼亚宪法批准会议上的讲话⑧	《宾夕法尼亚先知报》	1787.12.12

资料来源：据 Kaminski et al., 1998；Pole, 1987；斯托林, 1981；及相关网络内容整理。

反联邦党人与联邦党人之间，并不存在辉格党与托利党那样大的分歧。人民主权、政府权力有限、政府是增进人民利益的工具、人民有权参与政治事务这些信念，为两个阵营所共享。两者的分歧在于，联邦党人认为宪法的设计已经足够完善，反联邦党人却认为，如果不以法律确保人民基本权利的边界不为政府所侵，这个新的庞大的国家机器仍然有可能走向暴虐、专制、不正义。他们尤其担心宪法成为豪商巨贾、大土地所有者、

---

① 布鲁图斯是一位古罗马政治家，发动政变推翻恺撒的核心人物。
② 这系列文章的作者可能包括乔治·布赖恩、约翰·斯迈利、詹姆斯·哈钦森等人。
③ Genuine Information，该系列文章本是作为马里兰派出的制宪会议代表卢瑟向马里兰议会报告的制宪会议情况及评论。卢瑟同意成立一个新的中央政府，但认为不应以各地主权的丧失为代价，他认为制宪会议已经走得过远，在会议过程中他已经成了一名反对派人士。
④ 弗吉尼亚人，其时为联邦财政三人委员会的委员。
⑤ 辛辛那图斯，古罗马政治家，在罗马面临外敌时临危受命担任执政官，打败敌军后功成身退，被认为是政治美德的典范人物。
⑥ 该信的写作时间是1787年10月16日。
⑦ 该演讲发表时间为1787年11月28日，主要内容为要求制定《权利法案》。
⑧ 该演讲发表时间为1787年11月28日，主要内容为要求制定《权利法案》。

银行家们投机倒把不劳而获的工具，而勤勉生产的人则将不得不面临被边缘化的命运；他们担心政治精英利用宪法逐步侵蚀各州权力，建立一个专制的利维坦。反联邦党人的言说，最终促成了《权利法案》的通过，构建了约束联邦权力的"笼子"。

报纸越是在政治共识塑造的过程中起作用，它的发展就越有活力。1763~1789 年报纸和出版社的增加非常迅速。1763 年，殖民地发行大约 23 种报纸。1775 年独立战争爆发时，殖民地拥有的报纸增加到 38 种。[①] 其中 20 种一直延续到战争结束。销量较好的报纸，如《利文顿纽约观察家》，1774 年的发行量达 3600 份，《波士顿公报》约为 2000 份。[②] 据史家估计，革命时期报纸进入约 4 万个家庭。战后报纸迅速重新繁荣，印销两旺。1781 年，《康涅狄格报》的发行量达到 8000 份，比伦敦的大部分报纸还高。战后六年间，殖民地新成立了 35 家报社。[③] 1783 年出现了殖民地的第一份日报。关于宪法及权利法案的争论进一步促进了报纸的繁荣。1790 年，殖民地按固定周期出版的报纸已经达到 91 种，其中有 8 种是日报，报纸的总发行量达 5 万份。[④] 相对于当时约 250 万的人口规模，以上数据很能说明言论的自由与丰富的程度。从微观上看，报纸从大城市走向乡村，以不可思议的速度改变小镇居民的生活。1778 年，康科德镇才有了第一个报纸订户，订阅者是牧师蒂莫西·沃克（Timothy Walker），到 1790 年，沃克所在的教区都有了自己发行的报纸。[⑤] 印刷所、造纸厂的增加为报纸的增加提供了保障。革命期间造纸厂的增加最为迅速，战争中华盛顿还曾经签署一个动员令，请求妇女们节省所有可以制成印刷用纸的物资。1775

---

① Thomas I., *The History of Printing in America*, Vol. 2, New York: Johnson Reprint Corporation, 1971.
② Davidson P., *Propaganda and the American Revolution 1763-1783*, Chapel Hill: University of North Carolina Press, 1941, p. 226.
③ Emery M. C., Emery E., *The Press and American: An Interpretive History of the Mass Media*, 8th edit, Boston: Allyn and Bacon, 1996, pp. 5, 56.
④ Copeland D., "America, 1750-1820," Barker H., Burrows S., *Press, Politics and the Public Sphere in Europe and North America, 1760-1820*, New York: Cambridge University Press, 2002, pp. 148-149.
⑤ Brown R. D., *Knowledge Is Power: The Diffusion of Information in Early America, 1700-1865*, Oxford: Oxford University Press, 1989, p. 79.

年，殖民地共有50家印刷所。1754年至1775年，报纸的出版从城镇延伸到乡村，版面扩大，信息量大大丰富。1754年，新英格兰还只有四份报纸，其中三份在波士顿。到1775年，光是乡村伍斯特发行的报纸就超过了1754年全英格兰发行的数量。1775年战争爆发后，更多的印刷所在小镇上建立起来，到1783年独立战争结束的时候，印刷所不仅已经遍布沿海港口城镇，也已经深入内陆所有重要城镇和乡村，而报纸的增加与它同步。①

（三）单页、年历与平民启蒙

单页在英文中叫broadsides，类似于我们现在在街头经常接到的传单。革命之前，单页一般用来登载启事、公告或特定事件的新闻报道。在选举季，单页也用来登载选举启事、候选人名录，偶尔还有竞选宣传。与小册子和报纸相比，单页印刷成本低廉，发放便捷，更能触及下层民众；单页便于隐藏作者尤其是印刷者的身份，更适于发表激进和煽动性的言论。革命期间，登载了简明演讲、诗歌、歌曲、时事短评，或分析英国政策的危害，或"记载"英军暴行的单页，经常在黎明时分出现在市政议会或小酒馆的大门上、树枝上、电线杆上，乃至家家户户的门阶上。清晨到来时，它就被大声地诵读给周围的公众。单页还充当召集会议的海报，并公布会议的决议。革命者用单页来号召人们抵制英货、保家卫国，建立联盟。②

历书原是向居民提供节气信息的出版物，它们为农民提供生产参考，是《圣经》以外平民最常接触的印刷品。对印刷商来说，历书是一笔稳定的生意，更是建设印刷所品牌的方式。为了招徕顾客，印刷商常常在历书上印上一些常用的公共信息，如法庭开庭的日期，邮差、驿车及定期客船的时间表，或者生活须知。富兰克林印刷《穷理查历书》的时候，别出心裁地收录了培根、蒲柏等人的箴言警句和来自欧洲的谚语，还收录了各种家庭生活小窍门，从安排桌布到腌渍水果的方法，无所不包。务实、诙谐

---

① Thomas I., *The History of Printing in America*, Vol. 2, New York: Johnson Reprint Corporation, 1971, pp. 8, 17-18, 25.
② Davidson P., *Propaganda and the American Revolution 1763-1783*, Chapel Hill: University of North Carolina Press, 1941, pp. 209-223; Bailyn B., *The Ideological Origins of the American Revolution*, Cambridge, Massachusetts: The Belknap Press of Harvard University Press, 1967, pp. 1-2.

的编辑风格使这部历书大受欢迎。这套历书连续出版了25年，每年可行销将近一万册。它是富兰克林的代表性产品，也是美国精神的代言：对节俭、勤奋、惜时等现代商业社会美德的强调使它成为美国人培养功利主义、实用主义文化的重要教科书。到英美对抗时期，印刷商就开始把政治学常识和民族情感搬上历书。1769年的艾塞克斯历书，每一页的最上方都印了一首爱国题材的小诗，向居民们介绍什么是自由、什么是压迫、什么是大宪章。政治隐喻的版画也是历书中常见的内容。因为时效性的限制，历书算不上很好的传播工具，但由于它是农民的必备用书，其向农村普及政治常识的功能要超过其他任何书面媒介。①

二 演说

（一）布道坛：反抗暴政是神圣的义务

18世纪后半叶北美最重要的演说家群体是牧师。在新英格兰地区，宗教原本是世俗政治的引导，牧师始终主导着公众的生活和日常信息的获得。美国早期宗教史家斯托特称，"在17世纪和18世纪的新英格兰，布道是唯一的常规（至少每周一次）大众交流中介"。作为唯一能定期地将整个社区的民众召集在一起的公共集会，布道实质上是维护社会秩序和社会控制的核心仪式。布道综合宗教、教育、新闻功能，为人们提供理解世界所需的所有关键词语，塑造人们的所有观念。②

新英格兰在建立和发展初期是高度政教合一的，教会高于政府，牧师享有崇高的社会地位——他们不仅是教会的领袖，也是公众世俗生活的导师。在非主日的临时布道中评论社会和政治论题，是新英格兰牧师长久以

---

① 布尔斯廷：《美国人：殖民地历程》，时殷弘等译，上海世纪出版集团，2009，第346页；Bailyn B., *The Ideological Origins of the American Revolution*, Cambridge, Massachusetts: The Belknap Press of Harvard University Press, 1967, pp.1-2; Davidson P., *Propaganda and the American Revolution 1763-1783*, Chapel Hill: University of North Carolina Press, 1941, p.223; 富兰克林：《富兰克林自传·正传续篇》，唐长孺译，国际文化出版公司，2010，第78页。

② Stout H. S., *The New England Soul: Preaching and Religious Culture in Colonial New England*, New York & Oxford: Oxford University Press, 1986, p.3.

来的传统。在选举日、议会开幕、法庭开审日、官方举办的感恩节或斋戒日，牧师以告诫的口吻对政治当局和选民发表布道词，指导、规约公共和私人生活的方向和细节。①

在与母国对抗和战争的几十年间，新英格兰地区活跃的公理会牧师超过600人。这些牧师毕业于哈佛、耶鲁或普林斯顿，与英格兰的渊源和感情已经不深，又熟读西德尼、洛克、哈灵顿、特兰查德和戈登等人关于自由和反抗暴政的作品，非常擅长演讲和动员。② 因为神法高于世俗法的地位，牧师可以轻易地从对上帝的坚定信仰和服从中找到反对世俗权威的论据。1750年，波士顿的一些国教信众在查理一世忌日纪念查理，指斥处死查理的行为是"谋杀"。梅修对此作《论对更高权威的无限服从与绝不抵抗》布道予以驳斥。梅修说，上帝才是世人唯一应当服从的权威，查理在不按法律统治时就已经自去王冕，人民应当起而反抗。此次布道的本意虽非反对乔治三世，但它所点明的逻辑——人们应当首先服从上帝，其次服从君主，服从上帝就有义务保卫自由——为殖民地后来反对乔治三世奠定了神学理论基础，后来被牧师们争相引用。后世历史学家认为，正是这篇布道词打响了美国革命的第一枪。③

不过，梅修所表达的逻辑，只不过是把北美新教徒内心潜藏的信念说了出来。就像历经苦难的犹太人相信自己是"上帝的选民"一样，在北美筚路蓝缕、披荆斩棘的新教徒也相信他们是上帝的选民，承担着实现历史"第五幕"的历史使命④。他们相信取得胜利的希望来自圣典，他们虔诚地将上帝作为唯一服从对象。在这一信仰之下，英王的权威乃是一座流沙之

---

① Stout H. S., *The New England Soul: Preaching and Religious Culture in Colonial New England*, New York & Oxford: Oxford University Press, 1986, p. 6.
② Stout H. S., *The New England Soul: Preaching and Religious Culture in Colonial New England*, New York & Oxford: Oxford University Press, 1986, pp. 259-260.
③ Bailyn B., *Pamphlets of the American Revolution 1750-1776*, Vol. 1, Cambridge, Massachusetts: The Belknap Press of Harvard University Press, 1965, pp. 204-247.
④ 殖民时期，清教徒认为他们所建立的社会即是圣经《启示录》中的第五王朝，是人类历史发展的最高阶段，"千禧年"来到世间的前兆。参见 Pocock J. G. A., *The Machiavelli Moment: Florentine Political Thought and the Atlantic Republican Tradition*, Princeton: Princeton University Press, 1975, p. 512; 陈思贤:《西洋政治思想史（近代英国篇）》，吉林出版集团有限责任公司，2008，第85~103页。

城。忠诚的层次逻辑一旦被明言，后来就成为常用的修辞。1765年《印花税法》通过，马萨诸塞牧师安德鲁·艾略特在选举日布道中说，当外部暴政存在时，"服从……就是一种犯罪"。这番话是说给参与集会的地方官员听的。[1] 史蒂芬·詹森则在斋戒日布道中用《圣经》记载的"立约"故事来论证反抗暴政的必要性。他说，新英格兰的世俗和宗教自由来自神的意愿，而非自然权利。失去这些自由权远非仅意味着政治权利的丧失，它还意味着新英格兰与上帝所立之约的终结。他引用以色列人《出埃及记》的记录论证，对上帝选民的奴役必将招致上帝的严厉惩罚。在此逻辑之上，他将殖民地与大不列颠之间的矛盾阐释为上帝对后者的严重警告。此时殖民地与英国尚未决裂，詹森的指控也仅针对殖民地海关机构、海事法庭、皇家官员中的"宵小"，但他警告说，如若英国皇室和议会不能清除这些卑鄙的在位小人，取消不公正的法律，"如若殖民地的人民在受奴役与独立之外别无选择，那他们将会毫不犹豫地作出抉择"。詹森的"选民""天惩"说被发扬光大，在约瑟夫·爱默生、查尔斯·昌西等牧师的叙事中，当年发生的骚乱事件摇身变成彰显新英格兰人"上帝选民"身份的明示。1766年，爱德华·巴纳德在马萨诸塞法庭开庭季布道中提醒普通法庭和皇家总督：最佳的政体应当是"混合的"，统治者有义务保持混合各方的平衡。代表公众幸福和福利的统治者值得臣民的衷心尊敬和服从，但如果他们超越了界限，臣民便不再有服从的义务，反之，他们应当服从权威更高的神的指示，捍卫神所宣示的自由。之后十年内，反抗暴政乃是对神的遵从这一命题一直统治着布道台。[2]

随着形势发展，牧师的舌剑所指很快超越"宵小"层次，指向政府和政体。1770年波士顿惨案后的星期日，评论枪击事件是波士顿牧师的共同主题。约翰·拉斯罗普援引《圣经·创世纪》中该隐杀害约伯的记录隐喻屠杀事件。约翰宣称，将统治建立在刀剑而非律法之上的政府，崩塌得越快越好；在这种邪恶的政府面前，反抗理所当然是正义的；人们应当建立

---

[1] Bailyn B., *The Ideological Origins of the American Revolution*, Cambridge, Massachusetts: The Belknap Press of Harvard University Press, 1967, p. 6.
[2] Stout H. S., *The New England Soul: Preaching and Religious Culture in Colonial New England*, New York & Oxford: Oxford University Press, 1986, pp. 265-268.

一个能更有效地代表公共利益的新政府。①

1772年12月，约翰·艾伦（John Allen）在波士顿第二浸信会教堂发表的布道终于将抨击对象指向英王。在此之前，英王一直是殖民地宣称效忠的对象。艾伦的布道题为《论自由的美好》，其中说，国王"是为臣民而设的"，人们"不应当让国王们自视过高，因为在上帝的旨意中，他们不过是人民的奴仆"。不知这是不是"公仆"（civil servant）一词的由来，但这一观点在美国政治文化中的影响可谓源远流长。从"守夜人"到"伟大社会"主导人，美国立国至今政府职能几经变换，美国人民也接受、适应了这些变换，但对于政府是民众福祉"看家狗"的观念至今未变。

否认英王绝对权威后，牧师们以神意的名义将监督政府的权力交予人民。1773年，波士顿牧师查尔斯·特纳在选举日布道中说，监督政府以宪法既定的标准行事，乃是人民义不容辞的责任。特纳说，殖民地人民已经具备监督政府的能力，因为"他们的学识如果不是比世界上其他地方人民的学识总和更多的话，至少也是一样多的"。② 特纳的布道，煽动目的不言自明，这是殖民地精英谋求与人民结盟的标志，前者已经认识到人民的力量，并将它视作最宝贵的财富。人民大众，才是美洲自由传统的不屈的保卫者和拯救者。

为了充分地发动民众，北美牧师将殖民地发展历程比之于《圣经》故事，告诉教众他们就是上帝的选民，注定要在《圣经》所预言的自由世界的实现中承担使命。他们告诉信徒，只要他们勇于反抗暴政，捍卫自由，上帝就永远护佑他们。耶路撒冷建城的记录和英国光荣革命的历史经常被引用来激励教众。查尔斯·昌西在题为《信任上帝》的布道中说，新英格兰长久以来所享有的公民自由和自我治理，不是来自英国的大宪章，也不是来自启蒙思想，而是来自上帝的至高无上的护卫。以色列和新英格兰的历史表明，只要上帝的子民信任他，他们就永远不会被奴役。昌西以史诗般不断重复的叙事方式，唤起人们关于上帝屡次拯救新英格兰的记忆，他

---

① Stout H. S., *The New England Soul: Preaching and Religious Culture in Colonial New England*, New York & Oxford: Oxford University Press, 1986, pp. 272-273.
② Stout H. S., *The New England Soul: Preaching and Religious Culture in Colonial New England*, New York & Oxford: Oxford University Press, 1986, p. 279.

说，不论在战争、地震还是暴政的灾难中，只要新英格兰的人们向上帝呼求，他们就会得到拯救。"波士顿"就是《圣经》中的耶路撒冷。他宣称，上帝的法则是比英格兰的法律更高的律令，新英格兰人民必须以前者为生活的准则。约翰·艾伦在《论自由的美好》中引用以色列人反抗罗波安王（King Rehoboam）暴政的事迹，论证反对不正义国王的抗争是正义的，激励他的听众奋起保卫自由——他说，纵然自由是不稳固的，需要不懈地警惕卫护，但它也不会轻易失落，除非人民自己将它拱手相让。康涅狄格的牧师犹大·劝平以菲利普王战争（King Phillp's War）①、光荣革命、1745年的凯普-布里多尼远征②、《印花税法》的撤销等史实要人们相信：上帝永远支持他的选民保卫他们的自由，世俗的武力和谋杀的威胁皆不足为惧。③

随着局势发展，1774年起，北美牧师论证的主题从反抗的合理性转向战争的合理性。这一年，约翰·拉斯罗普在布道坛上称："对于那些跨越了宪法给定界限的统治者，我们不仅可以，而且应该予以抵抗，甚至是发动战争予以反对。"这种战争的理由"与我们的国家曾经历过的光荣革命的理由一样正当，毫无二致"④。这次布道的对象是炮兵，显而易见这是在鼓舞武装力量向英国开战。

这是因为牧师们认识到，真正的战争准备，不在于外在的作战技巧和武器，而在于内在的道德和精神力量的调动。1775年4月18日的列克星顿枪声后一周，牧师约翰·克利夫兰发表了自己的独立宣言。5月31日，哈佛大学校长兰登在州议会开幕日布道上告诫爱国党人，以色列的沉沦缘于以色列人自弃"共和"。反观新英格兰，人民历经一百多年自治实践，已经创造出一种合乎自然法和神法的政府模式，美洲有必要坚守自己的共

---

① 1675~1676年发生在新英格兰南部的土著居民与殖民者及其土著联盟者之间的战争。战争导致800名殖民者和3000名土著居民丧失生命。殖民地在此次战争中遭受的苦难导致了大美利坚民族认同的萌芽。
② 1745年，奥地利王位继承战争中，新英格兰殖民者在大不列颠舰队的帮助下攻占法国殖民地路易斯堡（今凯普-布里多尼地区）的战争。
③ Stout H. S., *The New England Soul: Preaching and Religious Culture in Colonial New England*, New York & Oxford: Oxford University Press, 1986, pp. 274-278.
④ Stout H. S., *The New England Soul: Preaching and Religious Culture in Colonial New England*, New York & Oxford: Oxford University Press, 1986, p. 287.

和，摒除一切"腐化的"英式惯例和思想①。在兰登的布道中，北美的独立灵魂已经呼之欲出。

革命前夕的岁月里，以上种种愈来愈激进的声音在北美的一个又一个村庄教堂回响。一面联结着教徒的信仰，一面联结着现实的事务，这些声音注定要成为北美人民新的信条：神意才是人们必须服从的最高旨意，自由乃出自上帝所赐，非英国议会及君主可以剥夺。在上帝的期待中，北美有着比英国更为重要的使命，因而反抗英国的阴谋乃是遵从上帝的旨意，非如此不可。激进辉格立场的牧师被称为"黑色军团"。1750~1790 年，北美大约活跃着 60 位"黑色军团"成员，约占 1770 年新英格兰牧师总数的 1/10，他们在革命意识形态的塑造中引领观念之先，通过讲坛和印刷，他们既塑造教区居民的观念，也塑造其他牧师的观念，并通过后者产生更广泛的影响。② 在 18 世纪后期，新英格兰地区的公理教牧师每周总共布道两千次以上。由于牧师的心灵导师地位，他们的言论更容易成为信徒们发自内心的信念，自由乃是不可剥夺的人的基本权利这一现代政治生活的基本价值观，终于通过宗教的力量进入人民内心。心灵导师同时也是行动的导师。牧师的布道实在有着很强的革命煽动力。1765 年《印花税法》公布后，梅修发表布道称奴隶的本质在于向他人臣服，而不论这个"他人"是一些人、少数人或一个人。第二天，一群波士顿人攻击了首席大法官托马斯·哈钦森的住宅，这是梅修的言论引发的直接后果。

美洲牧师的论政传统，给美国革命带来一个特殊的性质——革命与宗教的结合。在欧洲，反宗教是近代革命的一个主题。在美国，革命与宗教却是结合在一起的。人们通过对神旨的认定而认定人人享有上帝所赐予的自由，并且确信人与人之间是平等的。美洲牧师对自由、平等、反抗暴政的权利等近现代政治思想的宣传，使他们成为推动现代政体建立的进步力量。美国至今仍是一个宗教国家，这恐怕正是与其宗教自始至终能够响应

---

① Stout H. S., *The New England Soul*: *Preaching and Religious Culture in Colonial New England*, New York & Oxford: Oxford University Press, 1986, pp. 292-294.

② Brown R. D., *Knowledge Is Power*: *The Diffusion of Information in Early America*, *1700-1865*, Oxford: Oxford University Press, 1989, p. 74; Baldwin A. M., *The New England Clergy and the American Revolution*, New York, 1965.

世俗生活的需求相关的。① 在欧洲，情况恰恰相反。18世纪下半叶的法国，随着绝对主义君主政体的巩固，王权对教会的依赖式微。教会一方面对王权卑躬屈膝，以换取国王的保护；② 另一方面借助拥有的话语权，为自身的原有特权辩护。③ 由于教士们谋求的只是教会这个小团体的利益，他们抗税的理由虽然同样是维护上帝的尊严，但其所获得的支持，与美国牧师不可同日而语。这一对比说明，来自上层的观念是否能取得公众的衷心支持与拥护，只要看它的出发点、立场是出于公共利益还是特权利益就能判断了。

美国宗教与革命的结合，为共识的塑造提供了一条非常重要的路径。因为人人都是教会活动的参与者，教堂讲自由，便人人知自由；教堂讲权利，便人人知权利；教堂议暴政，便人人反暴政。

（二）世俗政治演说

非神职人员演讲者群体同样在共识塑造中起到了重大作用。这个群体的成员大多受过良好教育，相比神职人员，他们演讲中宗教或道德劝诫意味较弱，而更聚焦政治哲学。他们活跃于各种形式的世俗纪念活动中，发表政治观点、寻找同道、动员公众。北美进入18世纪60年代以后，世俗纪念活动逐渐增多，《印花税法》废除纪念日、波士顿大屠杀纪念日、1620年登陆纪念日，不一而足。④ 1771年至1780年的波士顿大屠杀纪念日，都有演说提醒殖民地人民时刻警惕常备军的危害和母国的阴谋。殖民

---

① 虽然确立了宗教宽容和政教分离原则，但宗教始终在美国政治、社会生活中起着至关重要的作用。可参见彼得·伯格等《宗教美国，世俗欧洲？》，曹义昆译，商务印书馆，2015。
② 如维埃纳大主教宣称，在职的主教"不再自命为使徒的继任者，不再自诩为耶稣基督指定的宗教领袖"，而"只享有国王赋予的权力"。在王权冷落教会之后，这位大主教仍然希望保持两种权力的联盟以维护教会的利益。参见罗什《启蒙运动中的法国》，杨亚平等译，华东师范大学出版社，2011，第335~345页。
③ 当国王试图向教会征税时，不愿舍弃旧特权的教士们声称教会财产是用于表达我们对众圣的爱的供品，信仰和尊严要求他们保卫这供品不受国家税收政策的侵犯。这种言论在1750年到1788年是常见的教会修辞。参见罗什《启蒙运动中的法国》，杨亚平等译，华东师范大学出版社，2011，第335~345页。
④ Bailyn B., *The Ideological Origins of the American Revolution*, Cambridge, Massachusetts: The Belknap Press of Harvard University Press, 1967, pp. 5-6.

地与母国发生冲突以来，几乎每一个有计划的游行，都会有激进辉格党人的演讲。演说也是城镇市民大会和各个级别的代议机构的主要工作内容。法院是发表政治演说的另一个重要场所。1775年的《印花税法》提高了律师的成本，他们的不满便在法庭上表现出来。与英国相关的案例中，法官、律师和陪审团都默契地不把论辩的范围控制在法律范围之内，反而常常找由头指控英国的"腐化"和"残暴"、分析英国税收政策的非法性和非正义性。市政会议作出的决议、通讯委员会收到的信息经常被公开诵读。

面对面的信息交流有着书面交流不可比拟的互动性和感染力，这是演说相对于小册子、报纸政论文的一个优势。英美对抗时期的许多游行和暴动，常常是由前一天的某场演讲直接引发。革命领袖在市镇会议上的演讲经常能扭转会议的风向，促使会议做出不同的决策。在特殊日子发表的演讲更能挑动人们的某种情绪——大屠杀纪念日演讲挑起对强权的仇视，登陆纪念日演讲唤起共同体的自豪感，议员选举日演讲强化公众的公共责任感。

世俗演说具有更强的实践性。它们在传播政治理论的同时提供具体的行动方案。1766年2月14日的"自由之子"集会上，有人发表演讲倡议殖民地发展自己的工业。他说，印花税的本质是要将殖民地人民变成屈服的奴隶，因为印花将无处不在，无时无刻不在暗示人们：唯有你屈服于我（大英帝国），你才能被视为良善的基督徒和忠诚的爱国者。但是，我们面临的更邪恶的敌人是商人。那些寻求开放西印度群岛贸易的商人重利轻义，为了利润愿意牺牲殖民地的利益。与这些老奸巨猾的政客和商人相比，善良纯洁的殖民地人民根本不是对手。因此，殖民地唯一的出路是逃离这个陷阱。唯有发展殖民地自己的工业，才能保护人们免予被奴役。这个倡议殖民地自立的演讲，已经从实践上开始谋求独立。

世俗演讲与宗教布道一样，其受众包括广泛的各阶层人民。演讲者与倾听者的言说互相强化，围绕事件的互动强化了公众和精英间的联系，促使他们结成统一战线。

（三）政治仪典

在出版物与演说之外，各种形式的仪典（rituals）是表达政治意愿、传达政治观念的更为大众化的方式。在电影电台电视将娱乐私人化之前，民间仪典是民众娱乐生活的承载，也是社区凝聚力的来源。像中国的乡村仍然在端午赛龙舟、在中秋踩高跷一样，美国的社区和城市仍然在重要的节日举办隆重的游行庆典。庆典是普通民众登台亮相的机会，浓厚的妆容、夸张的衣饰、迤逦的仪仗、浓浓的表演感中透着浓浓的参与感，培养起共同的审美、情绪和记忆，将社区牢牢凝聚。1763年以后，在与母国的对抗中，当人民无法通过正式渠道达成所愿时，超乎寻常的仪典就成为公众的泄愤方式。英国官员，尤其是印花税发行人、海关官员，还有保皇党人经常被制作成模拟像，并涂以柏油、粘上羽毛游行示众，最后这些模拟像被焚烧或绞杀。虽然以泄愤为目的，但仪典的功能远远超过了单纯的泄愤。仪典面向大众，表达直观、鲜明、强烈，令人印象深刻。仪典形式丰富多样，戏剧演出、音乐会、马戏团的表演、独立日的庆祝、要人的来访、资深人物的葬礼等，共同把仪典变成日常生活的组成部分、塑造共同情感的平台。① 一地发明的仪典通过报纸传播在各地被复制，塑造了各地共同的政治倾向和政治情感，美利坚民族的灵魂从这里成型。

仪典从来都不仅是反抗的工具。立宪期间，人们用仪典来表达对新社会的热切期望。在纽约为庆祝宪法得到批准而举行的游行中，有一些屠夫参与其间。他们带来两头牛，并在牛角上挂了横幅，一条写着"无政府主义"，另一条写着"混乱"，在游行之后，他们宰杀了这两头牛，把他们分给穷人。这可能是最早的行为艺术。屠夫们要表达的意思是"无政府主义和混乱的灭亡将给穷人们带来食物"。②

从屠夫的行为艺术中，我们可以看到仪典的主角本身就是普罗大众。小册子、政论文和演说是以言说来行动，仪典则是以行动来言说。仪典让所有人——识字的人和不识字的人、男人和女人、白人和黑人都可以成为政治意愿的主动表达者。一方面，社会底层的意愿能够得到清晰的表达；另一方面，革命领袖的社会动员需求促使他们将这些意愿整合进他们的政

---

① Brown R. D., *Knowledge Is Power: The Diffusion of Information in Early America, 1700-1865*, Oxford: Oxford University Press, 1989, p. 129.
② Waldstreicher D., *In the Midst of Perpetual Fetes: The Making of American Nationalism, 1776-1820*, Chapel Hill and London: the University of North Carolina Press, 1997, p. 1.

治语言，塑造中的美国共识因此可获得更为广泛的民意基础。

三　不同观念载体间的交叉引用

前文提到过，沃德斯切认为仪典与印刷之间存在相互放大的效应。这一效应在报纸与布道之间、小册子与世俗演说之间同样存在。

思想是互相激荡的。一个媒介领域中出现的新思想，很快会在其他媒介领域被复制。《常识》发表后，潘恩的君主专制批判逻辑和煽动性的语言风格马上成为演讲者争相效仿的榜样。[①] 1773年，波士顿的报纸刚刚开始公开讨论独立的可能性，1774年初，牧师布道的重心就从论述反抗的合法性转到论证战争的合法性。《常识》和潘恩1777年为鼓舞士气而写的《危机》一书，是华盛顿喜爱的励志作品，经常被朗读给行军中的士兵听。演说对于印刷媒介的模仿将后者承载的思想顺利地扩散到缺少阅读习惯的阶层中去，对于大众共识的塑造有着重要的意义。

精彩的布道和演说也经常被印制成独立的小册子或载入报纸，从而突破面对面的信息交流的时空限制，大大提高影响力。教会和政府对于布道文的刊行有所资助。《对总督、总督委员会和议院的布道》《破碎的罗网：论印花税法的撤销》《论自由之美好》《美利坚警钟》《在炮兵连的布道》等小册子原来都是布道文。布道文经过刊行成为其他地区牧师布道的范本，为"黑色军团"思想的跨地域传播提供了便利。1776年，公开发表的布道辞空前繁荣，其数量比整个殖民地的世俗小册子多四倍有余。[②] 报纸也经常报道布道、演说和仪典，转载布道和演说的重要内容。在宪法批准期间，各州报纸对宪法批准会议演讲的转载，对政治过程公开化、公民参与和共识塑造所起的作用意义非凡。

小册子和报纸之间的互引同样具有跨阶层和跨地域的意义。小册子主要面向精英读者，但它们的主旨和精华段落经常被更为大众化的报纸摘

[①] 戴维森曾经以一个费城演说的例子，详细分析演说者在演说结构、内容、语言上与《常识》的相似性。
[②] Stout H. S., *The New England Soul*: *Preaching and Religious Culture in Colonial New England*, New York & Oxford: Oxford University Press, 1986, pp. 6-7.

编。《常识》在1776年1月出版,2月就差不多同时被《康涅狄格报》和《诺威奇邮报》转载,后者的印刷和发行地域包括康涅狄格、马萨诸塞、新罕布什尔和罗得岛。《诺威奇邮报》采用分段连载的方式,从2月19日一直连载到4月22日,共登载了9期。《诺威奇邮报》还同时配发了小册子《常识》的广告,注明每份仅售一先令。①

　　报纸或传单上的优秀文章也经常被重新编辑成小册子出版发行。罗德岛州长斯蒂芬·霍普金斯反对糖税法的文章《论大不列颠北美北部各殖民地的贸易》原为报纸而撰,在三份报纸登载之后又以小册子形式单独出版。约翰·迪金森的《宾夕法尼亚农夫的来信》、詹姆斯·艾伦为波士顿大屠杀所写的诗歌后来都成了流行的小册子。② 美国宪法批准期间的政论文多发表在报纸上,短小精悍、多篇连续成集或同一论题的政论文结集出版就是小册子。独立性较强的政论文如《一位美国公民(三)》《一位老辉格(四)》在报纸转载之后,也被印作传单。

　　报纸与小册子间的转载,在革命时期多为报纸转载小册子段落,立宪时期则多为小册子重刊报纸政论文,其间的原因可能有三。其一,革命时期美国需要一种反对英国的理论体系,需要深入地阐述,小册子是较为合宜的文体形式;而在立宪期间,人民主权的理论体系建设已经完成,联邦党人和反联邦党人的争论建立在对共和的共同认可之上,争论的焦点是一些细节性、技术性的问题,报纸政论的篇幅已经足以承载一个问题的争论,所以报纸成为发表政治观点的首选。其二,1776年至1787年,报纸获得了长足的发展,订户数已达5万。在报纸上发表文章,能更迅速地影响公众的观念。小册子是单独发行的,报纸却是一种捆绑销售。一个小册子所能产生的影响不确定性比较大;在报纸上发表的文章,却能较为确定地影响所有报纸订户及其周边阅读者。其三,革命时期的政论文,其目的在于唤起同道,宣传的目标对象是层层递进的;而在宪法批准时期,由于要获得的是人民的同意,宣传的对象从一开始就定位在全体人民。同时各州宪法批准会议召开在即,支持和反对的双方都面临紧迫的时间压力,而

---

① http://infoweb.newsbank.com/iw-search/we/HistArchive? p_action=search.
② Davidson P., *Propaganda and the American Revolution 1763-1783.*, Chapel Hill: University of North Carolina Press, 1941, p.216.

报纸的出版周期要比小册子短。所以,无论是联邦党人还是反联邦党人,都会首选在报纸上发表文章。这个转变也说明共识塑造从内容到对象两方面的进展。

引用和转载以指数形式扩张了观念的传播效果。一个波士顿的演说通过报纸转载可以传播到费城和查尔斯顿,再由这些地方的读者讲给他们身边的人听,这个过程中,思想的传播加速进行,又不断得到修正。引用和转载也促进了阶层间的交融:面向精英的小册子的影响力通过报纸和演说及于底层大众,大众的意愿和诉求则通过仪典、游行等社会行动传达给精英。

上述种种交叉引用和转载并非理所当然。精英文化与平民文化的分野,或者地方主义的心态,都可能成为交叉引用的障碍。同一时期法国沙龙专用期刊中的文章不可能出现在巴黎地下出版市场的低俗文学之中;17~18世纪苏格兰人文发展的璀璨光芒,显然遭受过伦敦有意无意的忽视。引用在美国寻常可见,一个原因是它们之间并不存在难以跨越的文化鸿沟。无论是略为精英化的小册子还是偏向大众化的报纸政论、政治传单,比起欧洲的政治著作来,都是直白平易的。再加上后文将论及的教育和语言上的特征,北美教堂布道、街头演讲和小册子、报纸,终于可以面向不同的公众,发出同一种声音。

四 比较:英国与法国同期的言论控制与出版

同时期的英国和法国存在着不同方式、不同程度的言论和出版控制。英国出版控制的主要方式是资助和诉讼;法国则以图书分类、图书查禁、新闻控制、文字狱等形式执行言论控制,社会表达和交流受到严重压制。

(一) 英国的出版控制:资助和诉讼

出版在18世纪八九十年代的地位类似于今天政府眼中的"网络自媒体"。在英国官员眼中,出版是社会不安定的来源、导致政治决策失误的罪魁祸首。1784年,菲利浦·约克说:"公开出版的争论和反对派的言论葬送了我们的美洲。出版的东西越少,事态就会发展得越好。我们需要的仅仅是一双英明的大手。"①

不过，在作为自由主义发源地的英国，那时候官员主要运用"胡萝卜"来控制出版。英国的出版资助制度形成于18世纪20年代，接受政府资助的出版物或作者就成为官方乃至某一位政治人物的吹鼓手。1722年，《伦敦杂志》接受了政府津贴，从此不再登载特兰查德和戈登的批评系列"卡托书信"，转而登载霍德利的"大不列颠人"随笔。1731年，首相沃波尔花在内阁出版物（ministerial press）上的津贴高达20000英镑。②

出版资助制度会自动"锁定路径"，因为任何政府都不会讨厌花公款为自己做宣传的主意。沃波尔发明的制度被顺利地承袭下来，而首相们则习惯于用花钱的方式来引导出版合乎政府意图。1762~1763年担任首相的比特伯爵干脆雇用了一帮记者来为政府唱赞歌；他的继任者格伦威尔首相（1763~1765）"孜孜不倦地为出产他们的小册子和报纸而奔波"；1776年，政府收买了反对派报纸《晨报》；1784新上台的皮特内阁大幅增加了出版资助的财政支出，到皮特任期结束的1790年，持内阁立场的报纸的比例明显上升；80年代以后，内阁还用上了给单个报纸或小册子发补贴的手段，以求度过政治危机。③

在出版物中，报纸、小册子是主要的资助对象。拿了印刷补贴的小册子被派发给议会议员、官员和外国公使，报纸则放在邮局和咖啡屋供人免费取阅。接受资助的文人按其卖力程度和影响力，每年从秘密账户中领取200~400镑不等的津贴。这个津贴额比军队里的上尉要高，比上校略低。内阁给文人发津贴让他们写支持政府的文章，同时也给写反内阁文章的文人津贴好让他们封口。内阁有时候也用退休金和官帽子来拉拢持反对立场

---

① Black J., *The English Press in the Eighteenth Century*, Philadelphia: University of Pennsylvania Press, 1987, pp. 139-140, 185.
② Black J., *The English Press in the Eighteenth Century*, Philadelphia: University of Pennsylvania Press, 1987, p. 148.
③ Black J., *The English Press in the Eighteenth Century*, Philadelphia: University of Pennsylvania Press, 1987, pp. 143-151; Barker H., Burrows S., *Press, Politics and the Public Sphere in Europe and North America, 1760-1820*, New York: Cambridge University Press, 2002, p. 101.

的媒体作家。①

耐人寻味的是，英国其实是最早出现出版自由思想的国度。早在1644年，约翰·弥尔顿就在国会向议员发表了他的《论出版自由》，论证即便是禁止坏书，也不能成为出版管制的理由。但出版资助制度在英国一直延续下来，其中一个物质性的背景正是，到18世纪80年代，英国大部分报纸的发行量还停留在世纪初的水平，财务状况不够稳定，所以政府资助仍然能够显著地影响报纸的盈利能力。② 另外，与政府保持合作能不时地得到一点内幕消息，或者接到几个政府部门的广告，或者在发行上得到邮政部门的帮助，还有可能成为某个政府部门的特许印刷商，这对于报社来说也是不小的诱惑。③

出版诉讼（Prosecution）是英国出版管制的另一个手段。在18世纪，英国官方对媒体持怀疑和警惕的态度。当时媒体被认为是缺乏自我管束能力的，民众则是脆弱、有偏见和易受煽动的。政府要实现保卫道德和宗教的责任，就不能把自由混同于放纵，政府必须拥有对媒体实行出版诉讼的权力，以防止后者颠覆政治秩序和伦理标准。18世纪的英国在前半叶受詹姆士二世党人言论的威胁，90年代又受激进派言论的威胁，此二者都带有国外势力的背景，煽动国内矛盾，恶化国际关系，这个背景为出版诉讼提供了合法性。出版诉讼主要针对两种情况，其一是针对特定的政治宣传和指控——虽然它们常常来自统治集团内部的分歧。其二是针对有可能危及政治体系稳定的颠覆性言论，主要就是詹姆士二世党人和激进派的言论。④

为了实施出版诉讼制度，英国建立起严密的信息拦截和破译系统。为防止国外势力借助出版发挥影响，1782年前，负责外交事务的内阁大臣身兼监控国内媒体的职责。这个系统的存在使许多报纸在采取国外来源的信

---

① Black J., *The English Press in the Eighteenth Century*, Philadelphia: University of Pennsylvania Press, 1987, pp. 143-149.
② 英国报纸发行量增长缓慢的原因，后文教育和经济部分将述及。
③ Black J., *The English Press in the Eighteenth Century*, Philadelphia: University of Pennsylvania Press, 1987, pp. 149-151.
④ Black J., *The English Press in the Eighteenth Century*, Philadelphia: University of Pennsylvania Press, 1987, pp. 153-154.

息时更加小心谨慎。在国内，地方治安官负有发掘和监视激进的政论作者和出版商的义务，这些人在政治危机期间尤其活跃。① 一桩出版讼案会使很多人卷入麻烦。一旦诽谤罪成立，不仅相关的作者、编辑、出版商要被逮捕入狱，戴枷锁示众，连沿街叫卖的卖报人也不能幸免。② 此外，政府还利用所谓内部（ex officio）信息来压制激进的报纸。通过"内部信息"，政府在提出诽谤指控时多少有些任意而为。虽然少有出版商或印刷商因"内部信息"获罪，但这种操作的威吓作用是不言而喻的。③

在这样严格的出版控制下，反政府立场的出版物朝不保夕。1763年创立的周刊《领袖》才出了第一期，就有作者被控诽谤最高大法官，于是《领袖》就"见光死"了。④ 1792年，伦敦日报《论争》的编辑，为了逃避煽动诽谤罪指控而逃往他国。1793年，《莱斯特纪事》和《曼彻斯特先知报》因"内部信息"指控威胁而解体。法国革命爆发之后，报纸持反对立场"当然是"因为接受了法国资助，受外部势力干预才持"叛国"立场。因为在这种普遍的怀疑面前没法自证清白，《阿耳戈斯》⑤的出版商桑普森·佩里不得不避祸前往法兰西。在政府眼里，这当然是"畏罪出逃"。既然他成了非法出逃的叛国分子，政府就没收了他的出版社，发配给接受政府资助的出版物《真实不列颠》使用。出逃的还有《谢菲尔德纪》的出版商。这两位是识时务的俊杰。他们的同道，《谢菲尔德鸢尾花》的主编詹姆士·蒙哥马利坚守着他的阵地，最终在1795~1796年身陷囹圄。《晨间预报》《晨间编年》《星报》《通讯》等也因疑似"不忠"遭到了种种攻击⑥。

---

① Barker H., Burrows S., *Press, Politics and the Public Sphere in Europe and North America, 1760-1820*, New York: Cambridge University Press, 2002, p. 98.
② Barker H., Burrows S., *Press, Politics and the Public Sphere in Europe and North America, 1760-1820*, New York: Cambridge University Press, 2002, p. 7.
③ Barker H., Burrows S., *Press, Politics and the Public Sphere in Europe and North America, 1760-1820*, New York: Cambridge University Press, 2002, p. 99.
④ Black J., *The English Press in the Eighteenth Century*, Philadelphia: University of Pennsylvania Press, 1987, p. 158.
⑤ Argus 原为希腊神话中百眼巨人的名字。
⑥ Barker H., Burrows S., *Press, Politics and the Public Sphere in Europe and North America, 1760-1820*, New York: Cambridge University Press, 2002, p. 99; Black J., *The English Press in the Eighteenth Century*, Philadelphia: University of Pennsylvania Press, 1987, pp. 185-188.

诉讼和监狱对与内阁持不同意见的出版商来说，向来是严重的威胁——威胁个人安危，更威胁他们的出版事业。虽然诉讼也有可能将桀骜不驯的出版商塑造成民众心目中的英雄，从而提高他们的知名度、公信力和增大报纸销量，① 但总的来说，这终会给他们带来巨额的律师开销和其他经济损失。即便侥幸逃脱诉讼，报纸遭到查封、拘拿候审等麻烦也够他们喝一壶的：这些变故势必影响到报纸的正常出版和发行，进而波及报纸的信用和资金流的稳定——而这些都是报社正常运作的基础。被政府盯上的出版商在面对控诉和入狱的威胁的同时，还要面临客户流失、伙伴疏离、债主逼债等多重困扰，往往身心俱疲，意志消沉。依据法庭判决，出版商还可能要向指控者支付巨额经济赔偿。1773年，《伦敦晚报》的约翰·米勒指责海军上将桑德维奇卖官鬻爵，结果被判赔偿后者2000英镑的名誉损失费。② 不知米勒捧着这张悲摧的判决书，有没有羡慕他远在美洲的前辈、1735年的曾格。③

在出版资助和诉讼制度下，报纸的功能被扭曲了。19世纪之前，英国报纸的形象就是政客的"腐化的"代言人。由于报纸并不能提供真实的信息，民众订阅报纸又是一个自愿的选择，再加上印花税制度提高了报纸价格，英国报纸的发展不像北美殖民地那么迅速。18世纪70~80年代，英国报纸的年利润在1500~2000镑。伦敦每份报纸的发行量为2000~5000份，外省的报纸发行量很少能突破2000份。绝大部分伦敦报纸的估值在10000

---

① Barker H., *Newspapers, Politics and English Society 1659-1855*, Harlow, England: Longman, 2000, p. 94.
② Black J., *The English Press in the Eighteenth Century*, Philadelphia: University of Pennsylvania Press, 1987, pp. 158-159, 184.
③ 当代西方法治体系以保护人权的名义保护个人的名誉权，但对公众人物名誉权的保护要让位于言论自由原则。美国最高法院1964年的"萨利文诉《纽约时报》案"判决对这一排序作出了经典解释：新闻媒体不可能保证每一条报道都真实无误，如果动辄被判诽谤和天价赔偿，将会导致媒体的"寒蝉效应"，即新闻机构和从业者执行自我审查以避免对官员和官方行为提出批评，这与宪法保护的言论自由原则相悖，也将有损公众的知情权。因此，除非公职人员能够证明新闻机构发表文章时出于"真正的恶意"，否则不能以诽谤罪起诉媒体及要求金钱赔偿。参见任东来等《美国宪政历程：影响美国的25个司法大案》，中国法制出版社，2013。国内学者万珂认为，公众人物名誉权的法律适用应有别于普通人名誉权，公众人物名誉权诉讼不应适用一般民事侵权诉讼。公众人物享有更多社会关注，理当承受更多的社会监督。参见万珂《新闻自由的法律保护——公众人物名誉权问题研究》，复旦大学博士学位论文，2006。

镑以内。① 出版社多为多方持股的实体，鲜有在政治和经济上都独立的。② 要到19世纪之后，英国报纸才迎来一个销量和利润的急速增长期。

不过，英国的出版控制跟欧洲的一比，那就是小巫见大巫了。英国毕竟已经取消出版许可制度，它的18世纪又是著名的"腐化"世纪，官方与反对派之间的对立和论争一直存在。反映在出版界，就是官方控制与民间抵制之间的张力也一直存在：政府固然有着强烈的控制出版的动机，影子内阁一方则坚决地捍卫出版自由。埃德蒙·伯克为出版自由辩护说：出版自由不仅不会危及宪政，反而是宪政的最重要的护卫者。它防止政府的腐化，将统治者的行为控制在公众的看家狗角色之内。伯克的同道中人还有威廉·布莱克斯通、理查德·布林斯利·谢里丹等③。

官方控制与民间抵制之间的张力，由70年代的"朱尼厄斯案"可见一斑。1769~1772年，一位评论家以朱尼厄斯为笔名在伦敦一家报纸上发表了抨击英王和内阁的系列信件，被广泛转载。在内阁的操纵下，《观察者》《独立编年史》《伦敦晚报》《伦敦博物志》《大众传媒》《圣·詹姆斯编年史》等伦敦出版商遭到了起诉。在英国出版史上，以同一内容而牵涉如此众多的出版商是史无前例的。有趣的是，陪审团也作出了史无前例的判决。除了《伦敦博物志》的约翰·奥蒙木被要求在两年内提供担保之外，其他出版商都得到了无罪判决。之后，在其他出版诉讼中，陪审员们也倾向于作出无罪判决，或者判决出版商们因"印刷和出版"行为而获罪④，尽量避免作出煽动诽谤定罪。⑤

在欧洲人看来，这简直是英国官方的奇耻大辱。1778年，巴伐利亚驻英国公使坎特·哈斯兰说，大不列颠已经无法阻止媒体侵犯君主了！从法

---

① Barker H., *Newspapers, Politics and English Society 1659-1855*, Harlow, England: Longman, 2000, pp. 94-95.
② Lutnick S., *The American Revolution and the British Press 1775-1783*, Columbia & Missouri: University of Missouri Press, 1967, p. 219.
③ Barker H., Burrows S., *Press, Politics and the Public Sphere in Europe and North America, 1760-1820*, New York: Cambridge University Press, 2002, pp. 101-102.
④ 如未获出版许可，或逃避印花税等。
⑤ Black J., *The English Press in the Eighteenth Century*, Philadelphia: University of Pennsylvania Press, 1987, p. 177.

国的出版控制管窥一下欧洲的情形，我们就不难理解哈斯兰为什么要这样惊叫了。

（二）法国的出版控制：图书分类、图书查禁、报纸控制和文字狱

旧制度下的法国一直对言论和出版采取严格的管制措施。从16世纪到大革命，法国官方的言论出版审查一直是专制集权式的。为皇室服务的"思想警察"在各个公共场所游荡，挖掘并密报"大逆不道"的言论。皇室制定了一套制度监控出版商和书商，以控制那些"不安分"的思想的传播。图书在出版之前要接受内容审查。获得政府许可的出版商享有出版的垄断权，并以与体制的合作来回报统治者。出版过程的控制（包括禁止私藏和秘密交易印刷材料）则由警察来执行。

18世纪上半叶，盗版书是新思想传播的主要载体。许多法国作家完成的作品在境外出版，再走私到法国地下市场销售。1750年，一方面想要延续思想管制，另一方面不愿意将图书市场的利润和税收拱手让人，法国改进了图书审查和交易制度，并建立了图书分类制度，就此将原来的部分禁书列入"可容忍"范围，给予不同内容等级的图书以即时授权或延期授权、明示许可或默认许可，安排它们进入不同的图书分销渠道。图书分类制度促进了法国图书出版印刷业的发展，同时也压缩了对盗版市场的需求。政府对出版的管制实际上更有效了。谈论上帝、国王和道德体系的著作仍然被划入禁区。[①] 1757年4月16日，路易十五发布了一份公告，称要将任何书写和印制反对教会与国家的文字，或者意图"扰乱思想"的人处以极刑。[②] 1776年1月，法国取消行会制度，但印刷业被排除在外，理由是这个行业是危险的。[③]

图书分类制度建立以后，法国图书审查员的数量一直在增加，到大革

---

① Roche D., "Censorship and the Publishing Industry," Darnton Robert, Roche Daniel, *Revolution in Print*: *the Press in France 1775-1800*, Berkeley and Los Angeles, California: University of California Press, 1989, pp. 7-9.
② 达恩顿：《启蒙运动的生意：〈百科全书〉出版史（1775-1800）》，叶桐等译，生活·读书·新知三联书店，2005，第11页。
③ 王养冲、王令愉：《法国大革命史（1789~1794）》，东方出版中心，2007，第71页。

命前夕，法国共有 160 多位图书审查员①。已经出版的图书也说不定哪天就遭到查禁。巴士底狱的地下储藏室专门用于存放被查禁的图书。1755～1789 年，巴黎高等法院公开查禁的著作达 65 部，理由是这些著作蛊惑臣民，危及王国②。法国启蒙运动的代表作《百科全书》、卢梭的《爱弥儿》等都曾在全面查禁之列。图书查禁具有很大的随意性，因此，贿赂和应对政治争斗是巴黎出版商的日常工作内容。

法国对于报纸的控制更为严格。除非交特许费从《法兰西公报》引用，否则政治新闻是报纸内容的禁区。③ 而这份几乎不育的妈妈报《法兰西公报》又极其枯燥无味：它接受严格审查，以宫廷为中心，宣传"君权神授"，以维护君主形象为使命。在 18 世纪 60 年代以前，法国的读者很难及时获知政治新闻，尤其是关于法国本身的新闻。60 年代后，报纸的进口许可有所放松，情况有所好转。但在 1789 年之前，法国人所能获得的最新鲜、最独立的新闻都来自波旁王朝境外。④

对言论和报纸的严厉控制使法国报纸的发展极为缓慢。直到 18 世纪中期，法国市场上还只有《法兰西公报》和寥寥几份境外出版的报纸。其实，因为法文当时是世界通用语言，这个时期法国境外出版的法文报纸很多⑤，但当局只允许很少的几份报纸进入法国，且售价高得离谱。1759 年建立邮政专卖的许可进口制度后，有十多份外国报纸得到进口许可，这类报纸的价格下降了 70%，此时恰逢英法七年战争，国内报纸需求很大，订户数量迅速增加，法国成为国际报纸的最重要市场，但与此同时法国政府对它们的影响力也增大了。确定无疑的是，这些境外出版报纸的目标客户

---

① Roche D., "Censorship and the Publishing Industry," Darnton Robert, Roche Daniel, *Revolution in Print: the Press in France 1775-1800*, Berkeley and Los Angeles, California: University of California Press, 1989, p. 9.
② 王养冲、王令愉：《法国大革命史（1789～1794）》，东方出版中心，2007，第 69 页。
③ Barker H., Burrows S., *Press, Politics and the Public Sphere in Europe and North America, 1760-1820*, New York: Cambridge University Press, 2002, p. 7.
④ Barker H., Burrows S., *Press, Politics and the Public Sphere in Europe and North America, 1760-1820*, New York: Cambridge University Press, 2002, p. 24.
⑤ 1760～1789 年，在法国境外共出现过约 60 份政治性的法语报纸，面向各国的读者。

都指向精英群体①，政治家和外交官是它们的首要读者群②。在境内，直到1772年，经出版业寡头查尔斯·约瑟夫·庞库克的提议，法国才有了第二份报纸——《日内瓦报》。这份报纸的出处标注采用国外地址，这使它看起来像是国外来的报纸，但又比其他真正的进口报纸更便于控制。1776年，时任外交大臣威吉尼斯伯爵为了推销其支持美洲革命、反对大英帝国的政治主张，创办了《英美事务》，并一直给予资金支持。法国政府对媒体的控制导致境内根本不存在具有独立性、能对政府提出反对意见的媒体。

作为一个成功的绝对君主制国家，法国在意识形态领域比议会政体的英国要专制得多。意识形态警察和"文字狱"无处不在，压制任何可能有损国王威仪的言论。密探们每天在咖啡馆、剧院和公园游荡，把他们见到的和听到的记下来向警察总长汇报。诽谤文章作者、小册子作者，批评王室权威的"投石党人"是他们最主要的工作对象，因为这些人具备引导舆论的潜能。达恩顿在研究这一时期法国城市智识生活状态时诙谐地说，拜这个试图了解舆情的警察国家之赐，你几乎可以聆听当时咖啡馆中的对话③。统治者还接受来自作家亲友的检举，鼓动人们大义灭亲。"文字狱"的告发人中，不乏衔怨的妻子、孩子或情人。这个世道没有信义：华伦坦毛遂自荐当贾克·勒布朗的经纪人，读完他的《成见死而宗教生》④书稿摘要却决定检举他以换取奖赏，勒布朗遂被投入巴士底狱。⑤ 在这种种明里暗里的危险中，巴士底狱或万塞讷监狱简直成了作家的"归宿"之一，载着他们奔向这个归宿的可能是他们的著作，也可能是"漫谈（煽动性言

---

① 杰里米·波普金（Jeremy Popkin）曾对当时欧洲最有影响力、最重要的报纸《莱顿公报》（*Gazette de Leyde*）作内容分析，证实了它就是一份"精英出版物"。
② Burrows S., "The Cosmopolitan Press, 1759–1815," Barker H., Burrows S., *Press, Politics and the Public Sphere in Europe and North America, 1760 – 1820*, New York：Cambridge University Press, 2002, pp. 23-47, 25-28.
③ 达恩顿：《答玛丽娅·露西娅·帕拉蕾丝》，载玛丽亚·露西娅·帕拉蕾丝-伯克编《新史学：自白与对话》，彭刚译，北京大学出版社，2006，第202页。
④ 一个反宗教的小册子，主要论述的内容为《圣经》是童话故事选集、基督的神迹是寓言、上帝存在的证据荒唐无稽等。
⑤ 达恩顿：《屠猫记：法国文化史钩沉》，吕健中译，新星出版社，2006，第171、195页。

论)……"或"诋毁(国王和)蓬巴杜夫人"。① 统治者还可以任意逮捕新闻从业者入狱,在旧制度下,有超过 800 名出版商和作者遭此厄运。②

与此相应的是法国作家在经济和人格上的不独立。法兰西的作家们拿不到版税,因为版权都是一次买断。他们在阁楼里辛勤地爬格子,期望有一天获得权势人物的青睐。每个人都在寻求、接受或施予保护伞,文人们可能的成功模式是吸引保护者关爱的眼神,坐上王室行政机构的位置或凭借婚姻跨入豪门。如果没有这些途径,他们很难出人头地,甚至难以养家糊口③。需要从上层获得认可的体制驱使他们与审查制度妥协。与英国作家强烈抗议书报审查制度不同,他们养成了拜访审查员的习惯。④ 要到 1789 年,对审查的弥尔顿式质疑才出现在《巴黎》(*Paris*)上。质疑者尖锐地指出,不能想象"一群鹰却要屈服在一群火鸡的管理之下"⑤。但原先鹰屈服在火鸡之下是一个客观事实。

1789 年法国大革命爆发后,由于皇室控制的崩溃,法国的出版出现了与大革命相似的爆发式的兴盛。1788 年,法国只有四种报纸,到 1789 年末,这个数量激增至 184 种。⑥ 1789~1790 年也是法国图书出版增长最快的时段。⑦ 1789~1799 年,法国共出版了 2000 个版本以上的报纸,13000 种政治性小册子和海报,法国国内的外国定期出版物销量降到无足

---

① 达恩顿:《屠猫记:法国文化史钩沉》,吕健中译,新星出版社,2006,第 167~189 页。
② Barker H., Burrows S., *Press, Politics and the Public Sphere in Europe and North America, 1760-1820*, New York: Cambridge University Press, 2002, pp. 7-8.
③ 达恩顿:《屠猫记:法国文化史钩沉》,吕健中译,新星出版社,2006,第 176~181 页。
④ Roche D., "Censorship and the Publishing Industry," Darnton Robert, Roche Daniel, *Revolution in Print: the Press in France 1775-1800*, Berkeley and Los Angeles, California: University of California Press, 1989, pp. 9-11.
⑤ Roche D., "Censorship and the Publishing Industry," Darnton Robert, Roche Daniel, *Revolution in Print: the Press in France 1775-1800*, Berkeley and Los Angeles, California: University of California Press, 1989, pp. 11-13.
⑥ Popkin J., "The Prerevolutionary Origins of Political Journalism," Baker Keith Michael, *The Political Culture of the Old Regime*, Oxford: Pergamon Press, 1989.
⑦ Roche D., "Censorship and the Publishing Industry," Darnton Robert, Roche Daniel, *Revolution in Print: the Press in France 1775-1800*, Berkeley and Los Angeles, California: University of California Press, 1989, p. 7.

轻重的水平。① 法国出版在1789年后的爆发式增长是长期压抑骤然消失的结果，但一夜之间的开放缺乏成熟理性的力量，这种条件下的言论自由不过是孕育野心家和暴政的土壤。当罗伯斯庇尔以夸耀"法国人民比其他民族领先两千年"获取拥戴的时候，当马拉指斥死刑是一种太温和的判决的时候，当他倡议用烙铁、斩指、割舌和火刑对待"反革命的敌人"的时候，当丹东说人们希望恐怖就是今天的秩序的时候，当雅各宾党人海登斯宣称他宁愿让2500万法国人死十万次也不让一个人毁灭统一而不可分割的共和国一次的时候②，这种与摧枯拉朽的激情相纠缠的你死我活的野蛮，正是这片速成的土壤所开出的恶之花。

五　小结

18世纪60年代，在英美关系恶化的外部压力下，美洲开始探讨北美与母国关系的未来方向，大西洋西岸的十三个英属殖民地随之迎来一个政治观念转型的时期，这个地方出现的政治文本要比当时启蒙运动中的欧洲更为丰茂繁荣。报纸、小册子、单页和历书与布道、非神职演说、政治仪典都在蓬勃生长，互相推进，为美国共识的塑造提供了智识基础。小册子尤其是报纸和传单的论辩性和平民性使它们成为公众接触近代政治思想的重要来源。牧师将"天定命运"的原有信仰融入时事评论，在布道坛上向平民传播了人民主权思想。

北美信息源丰富的背景条件首先是言论自由。北美的报纸和小册子都是自下而上地生长起来的。如果说，美国革命和立宪期间的政治论辩不乏宣传的成分，这宣传的力量也是源自民间的自由表达，并非来自政府的压力。在1763~1789年的政治论辩中留下姓名的言说者是牧师、律师、法

---

① Gough H., "The French Revolutionary Press," Barker H., Burrows S., *Press, Politics and the Public Sphere in Europe and North America, 1760 - 1820*, New York: Cambridge University Press, 2002, p.182; Burrows S., "The Cosmopolitan Press, 1759 - 1815," Barker H., Burrows S., *Press, Politics and the Public Sphere in Europe and North America, 1760 - 1820*, New York: Cambridge University Press, 2002, p.26.
② 邓恩：《姊妹革命：美国革命与法国革命启示录》，杨小刚译，上海文艺出版社，2003，第103、130~132页。

官、民选议员和平民,却鲜少在位的皇家总督、总督委员会成员。斯蒂芬·霍普金斯是唯一一位有着总督身份的言说者,但他也是民选而非皇家任命的。在宪法批准期间,民选代表是重要的言说群体,但他们阐述的是个人而非官方的见解。争论完成之前,官方没有见解,最后代表官方态度的法律是由个人争论出来的。

不过,更值得探索学习的是殖民地维护言论自由的方式。康德曾经论述,启蒙的唯一充分必要条件是人们能够自由地公开运用他们的理性,也即在遵守律法的同时,能够通过著作公开表达自己的观点,包括对律法的反思和质疑,从而达成公开辩论①。言论自由并非一剂安全无毒无副作用的济世良方,它总是面临被野心家利用的风险,有可能变成煽动公众情绪和制造混乱的工具,也可能助长谣言的传播。言论自由本身无法杜绝对它的滥用。北美早期的情况也是如此。塞缪尔·亚当斯、约翰·霍特等人编造假新闻的事件表明,即便是正义的一方,也可能假不正义的手段达到目的。假使不正义的手段难以避免,不难想象,不正义的手段更可能达成不正义的目的。那么,要如何才能防止言论自由带来的灾难呢?从制度的层面上讲,言论自由固然能够带来全面的信息,真相终将揭露谣言,但这只是一种理想化的信念。现实中真相对谣言的战争远非一径坦途。近年来互联网的发展让我们看到,在流量打倒道德的情形下,谣言产生和滋长的速度要远远快于辟谣的速度。在"劣币驱逐良币"的法则下,受伤的最终是言论自由本身。从这个角度看,美国的言论自由权能够在两百多年的风雨中屹立不倒,实在是一个奇迹。这时回首去看那些曾握着历史麦克风的人(作家、演说家、印刷商),会慢慢发现他们中的绝大多数以良心说话,令人不由心生崇敬。也就是说,塞缪尔·亚当斯等人并非他们的代表。相反,他们的言说,通常并不以党派倾向为标准,对真相的坚守和追求是他们内心的道德准则。迪金森曾是辉格党的代表人物,私有产权的坚决拥护者,革命形势进一步发展时,他又成了反对独立的核心人物;休·盖恩赞成殖民地有抵抗的权利,同时又认为这种权利不应失去限制;伦道夫明知拒绝在宪法上签名,将使他失去青史留名的

---

① 康德:《答复这个问题:"什么是启蒙运动?"》,康德:《历史理性批判文集》,何兆武译,商务印书馆,2009。

大好机会，但仍坚持良心所从，毫不动摇①。迪克森和亨特的《弗吉尼亚公报》是该地最为坚定的辉格报纸，在报道列克星顿战役时却用了英军将领盖奇而非爱国党人的版本；《诺威奇邮报》是一份托利报纸，却连载照登潘恩的《常识》并为之作广告；《独立观察家》既刊载联邦党人的《一位美国公民》②，也刊载反联邦党人的《一位老辉格》。即使是塞缪尔·亚当斯，他所获得的名誉也绝不是来自《当前纪事》的事实捏造，而是来自他对独立事业的其他贡献：他撰写的政论文、他对独立事业的坚定信念、他组织的革命团体、他在大陆会议的长期工作。③ 发言各方依循事实以良心说话的自觉，是维系长期的言论自由权的必需。反之，报纸若沦为偏袒和党争的工具，社会意识形态的分裂和混乱将会迫使执政一方采取措施干预言论。英国在取消出版审查之后又采用了出版资助和出版诉讼来控制舆论，美国后来在约翰·亚当斯任职期间通过《外国人与煽动叛乱法》限制言论自由，均是历史例证。从这个意义上说，对言论自由的破坏，既可能源自公权，也可能源自个人。如果公众不懂得自我约束，不具备理性论辩精神，即便有了言论自由制度，该制度的目标——各方利益的平等表达——仍然难以实现，从该制度中获利最多的将是野心家而非民众。在这种情形下，言论自由不是马上夭折于当朝执政者的反击中，就是在不久后夭折于走上政坛的野心家手中。对北美来说，正是言说的人对于言论自由权的理性运用，保障了言论自由和信息源的繁荣、观念的多元，观念的多元又形成有效的张力，防止任何极端的观念俘虏民众的多数。因此，殖民地居民即使在煽动和鼓吹面前，也没有陷入愤怒的混乱状态，一直表现得比较理性、温和、克制，美国革命一锤定音的性质，与此相关。

　　小册子是平民化的出版物，报纸更为平民化，这是明显的事实，但它们是否能到达平民手中，能否为平民所阅读，则是由许多另外的条件决定的。这是后两章将要讨论的内容。

---

① 麦迪逊：《辩论：美国制宪会议记录》，尹宣译，辽宁教育出版社，2003，第779页。
② 该系列文章共四篇，是一位费城商人、联邦主义者的作品，1787年9月26日至10月21日在《独立观察家》发表。
③ Kaminski J. P., Leffler R., *Federalists and Antifederalists: The Debate Over the Ratification of the Constitution*, 2nd ed., Madison, Misconsin: Madsion House Publishers, Inc., 1998.

第四章　共识塑造的地域纳入

1763年，现在的美国还是散落在大西洋沿岸的一串大小不等、贫富不均的殖民地，宗教、文化、政治、经济模式也颇不相同。短短26年之后，它们依据一个文本"合众为一"，制宪会议的"大妥协"固然功不可没，但十三州在之前已经达成对于政治制度的关键共识，是更为深层的背景基础。而北美当时中心城市的分散化生长及其交通和邮政的形态，是跨地域共识达成的物质条件基础。

一　分散多元的信息中心

得益于各殖民地间的独立性，北美早期的城市发展是自下而上的、分散的。独立战争爆发以前，殖民地至少有了五个重要的沿海城市：纽波特、波士顿、纽约、费城、查尔斯顿。这些城市虽然规模并不相同，但关系上是平等的，是并驾齐驱的。这五个城市中，费城地理居中，人口也最多，宗教、文化多元，商业发达，显示出不同一般的活力，但亦远非在历史、政治、文化、商业诸方面起无与伦比之领导作用的大都会。另外四个城市散落在由北而南的海岸线上，同时接收来自英国和欧洲的知识和信息，创造源于本地的知识，然后散入各自附近的城镇和乡村。

沿海的主要城市之外，各港口城镇也起着信息中心的作用。早期的十三个殖民地均沿海岸分布，区内河网交错，信息顺着水路能够直接到达各个港口。商人们订阅报纸，也是广告版的最重要主顾，但他们还是每天在互相交叠的小圈子里游走，光临码头、酒馆和咖啡屋，会见其他商人和行政官员，以便最快捷地获得信息，掌握市场价格动向。他们也在酒馆和咖啡屋提供的小本子上写下新闻和他们的评论，①类似十年前高校的学生在BBS上写下他们的所见所思。

再下一层级的信息中心是各城镇和乡村的邮局和印刷所。邮局派发的往来邮件和报纸传递着来自他乡的信息，泽及当地居民及旅人。城镇和乡村的印刷所则将他乡传来的信息向本地转达扩散。独立战争结束的时候，印刷所已经遍布北美内陆所有重要的城镇和乡村。这些印刷所与城镇间的信息网络相结合，为各地公众便捷地获得信息提供了可能。

从1760~1790年美国出版社和报社的地理分布图来看，出版社和报社在这三十年中增加很快，并且它们的分布也是分散化、多中心化的。

北美印刷行业分布的这一特性，要放在整个西方世界的背景中才显得特殊。18世纪的英国和法国都只有一个信息中心。伦敦出版了英国所有重要的连续出版物，1789年前的法国总共只出版四份报纸，出版地都是巴黎。英国和法国的单信息中心模式下，离首都越远的城镇和乡村，所能获得的信息就越少，且包含越多的虚假信息乃至谣言。在确切信息不可得的情况下，社会心理作用的结果常常令传言演变成恐慌和骚乱②。中国历史上的"叫魂"、西方的"猎巫"，莫不如此。在法国大革命中，则表现为1789年7月20日至8月6日的"大恐慌"。杰斐逊曾说，"宁要没有政府的报纸，不要没有报纸的政府"，但显然一个国家只有一个地方有报纸是不够的。

二 知识精英的散居模式

知识精英是位于信息传播网络末梢的信息传播节点。在任何一种正常的社会形态中，知识精英都是知识的传承者和创造者，也是身孚众望的道德榜样，代表一个民族的文明高度。与欧洲知识精英通常聚居于城市不同，在美洲殖民早期，来自欧洲的定居者们分散地居住在偏僻的荒野，形

---

① Brown R. D., *Knowledge Is Power: The Diffusion of Information in Early America, 1700-1865*, Oxford: Oxford University Press, 1989, pp. 112-114.
② 在面临不确定状况，又不能得到权威来源的信息的情况下，人们会轻易地相信一些在事后看来非常荒谬的信息，做出不可思议的行为。

成了美洲知识精英分散居住的初始形态。

18世纪，牧师是最庞大的乡居知识精英群体。得益于本土高等教育的发展，大批年轻的牧师在接受哈佛和耶鲁的教育后来到偏远的乡村，他们大都只有二十五岁左右，博学多才，具有世界主义情怀。担任教职令他们成为将新英格兰文化从大都市传播到乡村的桥梁。1770年的新英格兰，有47%的牧师是哈佛毕业生，34%是耶鲁毕业生，还有7%毕业于其他高等院校，只有8%的牧师没有学位。他们以罗德岛和康涅狄格东部为中心分布在整个新英格兰。① 不管如何偏僻边远，只要拥有教会会所，这个地方就差不多会拥有受过教育的牧师。②

牧师是所在教区的精神领袖。他们是美国革命中最重要的演说家，是宣称上帝旨意，赋予革命合法性的关键人物。他们的乡居，令地处偏远的人也能从他们的布道中获得最新的消息，接触到最新的思想。

刚获得学位的牧师们来到乡村，总是很快与附近的牧师、地主、成功的商人、官员结为好友。③ 他们既是所在教区的精神导师，也是居民们日常生活的顾问和文书代笔人，有些人还是当地的业余律师、业余医生、业余拉丁文和希腊文家庭教师，还有人参与田间劳作，是业余的农夫。④ 他们与乡村居民的日常交往让他们成为入世的精英，在传播知识的同时了解民心民情。他们的地位和作用，非常类似于中国传统乡村治理中的贤明乡绅。

不过，与中国乡绅"不远游"不同，为了防止自己因乡居而变得孤陋寡闻，北美的牧师们定期出游以保持与外界的联系。平时则款待外来访客，拜访刚刚远游回来的同道、民兵长官、商人和治安法官，有时候还与邻近教区的同事互换布道坛。朋友们之间互换书籍、杂志甚至报纸。出身

---

① Black J., *The English Press in the Eighteenth Century*, Philadelphia: University of Pennsylvania Press, 1987, pp. 65, 68-71.
② Stout H. S., *The New England Soul: Preaching and Religious Culture in Colonial New England*, New York & Oxford: Oxford University Press, 1986, p. 260.
③ Brown R. D., *Knowledge Is Power: The Diffusion of Information in Early America, 1700-1865*, Oxford: Oxford University Press, 1989, p. 65.
④ Brown R. D., *Knowledge Is Power: The Diffusion of Information in Early America, 1700-1865*, Oxford: Oxford University Press, 1989, pp. 74, 78.

波士顿或其他大城市的牧师常常回老家去搜罗新书和新闻带回他们的驻地。①

他们与同侪、学院和大都市保持联系,这使得新的消息和思考可以通过他们从一线都市直接传播到乡村。牧师协会和校友会使他们之间能够保持频繁稳定的联络。18世纪中叶,绝大多数的新英格兰牧师是县级或县级以下牧师联合会的成员。哈佛和耶鲁本来有各自的校友会,但到了革命前夕,除了浸礼会主导的地区之外,他们已经完全交织在一起,牧师联合会与校友会就是"两块牌子,一帮人马"。他们举行每月一次或双月一次的聚会,谈论神学、学术、教堂管理,评估空缺神职的候选人。校友们集体参加年度选举日和母校的毕业典礼,一同发表演说、促膝长谈。通过毕业典礼,师兄弟间在晚宴中建立联系。回乡之前,牧师们总会去逛一下书店。活动结束之后,师兄弟结伴还乡,沿途的校友会留宿更远途的同侪,这种情谊加强了不同城镇与乡村间的信息联结。② 亲属关系是跨地域信息沟通的另一个渠道。有5%的牧师在自家和姻亲中有三个或三个以上的同行,这些家庭中总会有人在中心城镇任职,亲戚们之间紧密的往来联络,加强了城镇与乡村之间的信息沟通。

散居乡间的第二类知识精英是有一定经济和社会条件的种植园主、商人和律师。

在切萨皮克地区,弗吉尼亚的乡间,一个种植园就是一个城市文明的孤岛,威廉·伯德、罗伯特·卡托、约翰·罗宾逊、乔治·华盛顿、托马斯·杰斐逊等人都曾是其间深孚众望的岛主。③ 通过交错的水路,从大西洋对岸来的书籍和杂志直接深入乡村种植园。在从弗吉尼亚走出来的革命领袖中,种植园主占据了极高比例(参见附录B)。种植园的经济规模要比新英格兰的自耕农经济大一些,但也并非大农业经济。大部分种植园的

---

① Brown R. D., *Knowledge Is Power*: *The Diffusion of Information in Early America*, *1700-1865*, Oxford: Oxford University Press, 1989, p. 72.

② Brown R. D., *Knowledge Is Power*: *The Diffusion of Information in Early America*, *1700-1865*, Oxford: Oxford University Press, 1989, pp. 67-70.

③ Brown R. D., *Knowledge Is Power*: *The Diffusion of Information in Early America*, *1700-1865*, Oxford: Oxford University Press, 1989, p. 110.

规模很小，只有4~5名工人。美国经济史学家恩格尔曼说："一个人只需要一些最简单的工具、几头牛、大约50英亩土地就可以成为一个独立的种植园主。"① 一个种植园就是一个小型的社会，种植园主安排春耕秋收，权力的另一面是责任。女主人们要照管家务，照看生病的工人和黑奴。所以，做种植园主需要广博的农学和医学知识，处理关于土地的事务还需要法律知识，这迫使他们去读一些实用的书籍。在庄园劳动中，日常生活的接触创造了信息流通的机会。主人们与工人们、奴隶们之间物质生活的差距很大，但对新思想的分享则是相对平等的。在白人主人们谈论反抗暴政和保卫自由的时候，他们的黑人奴隶侍奉在侧，自然而然不免推人及己。他们后来用来反对奴隶制的理由，正是现在他们的白人主人用来反对英国的理由。

商人比种植园主有着更为迫切的信息需求。市场的风云变幻使商人们对于政治和军事信息非常敏感。他们每天在码头、酒馆见面，异地的商人相互写信，互通信息。他们对报纸的需求也更高。商人所拥有的远方来信和报纸吸引周边的人们向他们打听消息，经济成就赋予他们智慧光环和评论事件的话语权。美国史学家埃默里说，约翰·迪金森《宾夕法尼亚农夫的来信》之所以能获得广泛的影响力，部分原因是迪金森的有产者立场很容易引起商人们的共鸣，而后者是他们的邻人追随和模仿的对象。② 另一位史学家布朗评价说，从革命时期到建政时期，那些接近政治事件中心的商人所起的作用远远超出了他们所从事的领域。作为信息体系中的关键性角色，他们比牧师、律师和治安法官更能引导人们关注某一事件，并快捷地影响人们看待事件的立场和态度。③

当然，这并非说牧师、律师和治安法官不重要。商人在信息流通中的独特作用源于他们的消息最为快捷，牧师的影响力则来自他们的精神领袖地位，律师的影响力来自学识、深入的洞察和严谨的逻辑，治安法官的影

---

① 恩格尔曼、高尔曼：《剑桥美国经济史》，巫云仙等译，中国人民大学出版社，2008，第202页。
② Emery M. C., Emery E., *The Press and American: An Interpretive History of the Mass Media*, 8th edit, Boston: Allyn and Bacon, 1996, pp. 47-48.
③ Brown R. D., *Knowledge Is Power: The Diffusion of Information in Early America, 1700-1865*, Oxford: Oxford University Press, 1989, p. 115.

响力来自维护地方秩序、公正处理纠纷所带来的公信力。与商人以财富定社会地位不同，律师们必须凭借学识获得尊敬，他们更具知识的广度和深度。律师们花大量时间阅读法律文献、判例，也阅读高深的哲学、政治学及其他的人文著作。相较于报纸，他们更欢迎书籍、杂志等篇幅更长也更深入的印刷品。相较于其他群体对事件的关注，他们更关注事件背后的逻辑和由事件引发的反思，因而思考更为深入。[1] 许多政论文作者、小册子作家和世俗演说家是律师出身。如果说商人直接地影响着身周的民众，那么律师和牧师的著作则为商人影响民众提供了丰厚的素材。

三 网状传播：信息中心间的联结

（一）通信

在电报尚未出现的时代，异地通信是城市间信息沟通的主要方式。通信发生在有特殊关系的个人之间，所包含的信息要比报纸更准确。商人对信息有着最为敏感的需求，政局一有风吹草动，便最迅捷地在他们的通信中反映出来。当时关于稳私权的观念还很弱，私人间的事务性通信通常处于一种半公开的状态。在信件完成信息的异地传递之后，面对面的交流和当地报纸接下接力棒，完成信息在接收地的迅速传播。异地信件所传递的重要消息通过咖啡馆、小酒店、报纸，一传十，十传百，很快就会变得家喻户晓。那些特别关注事件的人跑到收信者家里来阅读信件，以便获知所有细节。[2]

通信的另一大宗发生在亲友之间。殖民地本来就是一个移民社会，迁徙又是北美社会的重要特征，背井离乡而生的思乡情结令人们有特别强烈的愿望要与原先的亲友保持联络。因为散居各地的亲戚之间总是尽可能地保持通信，家族的分枝散叶客观上加强了殖民地各城市之间的联系。印刷

---

[1] Brown R. D., *Knowledge Is Power: The Diffusion of Information in Early America, 1700-1865*, Oxford: Oxford University Press, 1989, p. 118.

[2] Brown R. D., *Knowledge Is Power: The Diffusion of Information in Early America, 1700-1865*, Oxford: Oxford University Press, 1989, p. 115.

家族内部的通信对此起到了尤其重要的作用。殖民早期，由于各地方政府常常邀请印刷家族的成员或学徒来本地开办印刷所，印刷家族比别的家庭更容易从一个城市分散到多个城市，由于职业的特性它们又拥有更为广阔快捷的信息来源。源于波士顿剑桥地区的格林家族①，后来分散在波士顿地区开了数家印刷所。1714年，蒂莫西·格林带着几位族人应康涅狄格总督委员会和议会的邀请，以50镑年薪成为康涅狄格的官方承印人。② 1740年，这几位族人中的一位又迁到了马里兰的安纳波利斯，在那里创办了《马里兰公报》。1764年，蒂莫西·格林的孙子托马斯·格林创办了《康涅狄格报》；1767年，托马斯·格林又和本家的塞缪尔·格林创办了纽黑文的第一份报纸。独立战争期间，这一家的家族成员又散布到佛蒙特和弗吉尼亚等地。③ 最为成功的印刷商本杰明·富兰克林，是从波士顿迁往费城的。富兰克林家族在这两个城市有多家印刷所。富兰克林还有一个姐姐在纽波特。在费城创办印刷所成功以后，富兰克林给他即将出师的熟练学徒提供印刷机和铅字，订立利润分成合同让他们去别的地方开办印刷所，这样既给学徒安排了出路，又可以减轻费城印刷业的竞争压力。富兰克林的第一个熟练学徒在1733年去了查尔斯顿，因为那儿的政府刚好要招人来开一家印刷所。后来他还有四五个学徒去了其他地方。富兰克林与这些学徒因为财务关系保持着每月不少于一次的联络。印刷家族间的通信内容最容易通过印刷机大规模扩散。1763年以后，印刷家族间的通信发展成激进印刷商之间互通信息的自觉行为。波士顿的宣传家成立"自由之子""通讯委员会"之类的组织自觉执行信息传播功能，这一点后面我们还将涉及。印刷商个人的行动可能对信息传递和时局产生非常重大的影响。纽约的约翰·霍特，从波士顿报纸上获得新闻和言论，然后传递给查尔斯顿的皮特·蒂莫西（《南卡罗来纳公报》的创办人）、巴尔的摩的威廉·戈达德

---

① 该家族于1649年在新英格兰开办了第一家印刷所。
② Thomas I., *The History of Printing in America*, Vol. 2, New York: Johnson Reprint Corporation, 1971, pp. 49, 185.
③ Thomas I., *The History of Printing in America*, Vol. 2, New York: Johnson Reprint Corporation, 1971, p. 62; Emery M. C., Emery E., *The Press and American: An Interpretive History of the Mass Media*, 8th edit, Boston: Allyn and Bacon, 1996, p. 32.

(《马里兰和巴尔的摩广告报》的创始人)等人。① 这种沟通使信息在不同城市间得到迅速分享,对于不同殖民地间的共识塑造和统一阵线的形成起到了非常重要的作用。

(二) 信息联络组织

信息联络组织最初在同城同行间发起。出版业从业者间经常保持着密切的联络,除了信息分享,他们还相互为对方的报纸撰稿。塞缪尔·亚当斯与《波士顿公报》的业主本杰明·伊迪斯和约翰·吉尔是儿时之交。亚当斯做过父亲与人合办的《独立传播者》的编辑,《波士顿公报》创刊以后,亚当斯就做了它的联系撰稿人。到1764年,这份报纸已成为波士顿激进党的精神中枢。②

一份定期出版物同时也是一个信息交流的重要平台。约翰·诺曼创办于1783年的《波士顿杂志》最初的成员都出自哈佛,包括六位牧师、两位医生、一位书商、一位法官和一位律师,这位律师同时是马萨诸塞普通法庭的职员。这份杂志是波士顿最有声望的人士交往的平台。③

像牧师们有牧师联合会一样,律师们也有自己的俱乐部。每周一次的俱乐部聚会通常有一个严肃的主题,或解读一个事件,或阅读一篇文章。严肃阅读和讨论是律师们社交生活的基本方式。④

与母国间的冲突爆发以后,自觉的信息联络组织雨后春笋般涌现出来。18世纪70年代和80年代,一大波未经法律批准的集会和委员会在北美出现。"自由之子"(Sons of Liberty)、"权利法案社团"(Society for the Bill of Rights)和"通讯委员会"(Committees of Correspondence)是其中影响较大的团体。

---

① Emery M. C., Emery E., *The Press and American: An Interpretive History of the Mass Media*, 8th edit, Boston: Allyn and Bacon, 1996, p. 51.
② Emery M. C., Emery E., *The Press and American: An Interpretive History of the Mass Media*, 8th edit, Boston: Allyn and Bacon, 1996, pp. 49-50.
③ Emery M. C., Emery E., *The Press and American: An Interpretive History of the Mass Media*, 8th edit, Boston: Allyn and Bacon, 1996, pp. 62-65.
④ Brown R. D., *Knowledge Is Power: The Diffusion of Information in Early America, 1700-1865*, Oxford: Oxford University Press, 1989, p. 118.

1765年夏，由于经济不景气和《印花税法》引发的抗议风潮，波士顿的九名公民成立了"忠诚九人党"（Loyal Nine），成员包括两名酿酒商、两名铜匠、两名小商人、一名珠宝商、一名油漆匠和一名印刷商。纽约的两三名小商人、一名小酒馆馆主、一名橱柜制造商和一名教师也成立了类似的组织。随后，纽伦敦、庞弗里特、安那波利斯、巴尔的摩、纽波特、奥尔巴尼、诺福克、普罗维登斯、新泽西、马里兰和南北卡罗来纳等地纷纷跟进。这些组织从当年11月起被称为"自由之子"，并形成了跨殖民地会议"印花税议会"（Stamp Act Congress）。① "自由之子"最初由不同行业的手工业者构成，但很快为革命宣传家所掌握和利用。后来"自由之子"的活跃人物包括《波士顿公报》的塞缪尔·亚当斯、本杰明·伊迪斯、保罗·利维尔②，《马萨诸塞观察》的以塞亚·托马斯，《纽约纪事》的约翰·霍特，查尔斯顿《南卡罗来纳公报》的皮特·蒂莫西，费城《宾夕法尼亚编年》和巴尔的摩《马里兰纪事》的威廉·戈达德，《纽波特商报》的所罗门·绍斯威克，纽约的托马斯·扬等人。"自由之子"的主要工作就是信息沟通和统一行动，组织中诸多印刷商成员使各地报纸间的信息沟通正式化了。

"自由之子"是纯粹自下而上的草根组织，"权利法案社团"则是有计划、有组织并依托于公共机构工作的组织。

1769年，因为反对设置英国国教的主教教区制，纽约的一批反对派成立了委员会，并力图与英国的反对党集团取得联络，希望通过后者的帮助建立信息灵通的、统一的大英帝国反对派。纽约委员会给各地有影响力的人物写信，鼓励各地建立自己的常务通讯委员会。③ 纽约通讯委员会并没有维持很久，但它启发了波士顿的塞缪尔·亚当斯和纽约的托马斯·扬。这两人与纽约的反对派有着良好的联系，目睹了纽约通讯委员会的兴衰。他们从中吸取教训，决定把地理的关注点缩小，同时依托原有的公立机构

---

① Davidson P., *Propaganda and the American Revolution 1763-1783*, Chapel Hill: University of North Carolina Press, 1941, pp. 65-82.
② 1775年4月18日发现英军将前往康科德捣毁马萨诸塞议会设立的该地的军火库，策马星夜报信的银匠。"列克星顿枪声"由此打响。
③ Brown R. D., *Revolutionary Politics in Massachusetts*, *The Boston Committee of Correspondence and the Towns, 1772-1774*, Cambridge, Harvard University Press, 1970, p. 45.

来建立通讯组织。①

塞缪尔·亚当斯把地理的关注点缩小到马萨诸塞,依托原来的市镇会议建立"权利法案社团"。与纽约委员会依靠各地深孚众望的人相似,市镇会议里也包括各地的精英人物。"权利法案社团"将自己最主要的使命定位为保持出版业者之间的信息畅通,用出版来保持人们对腐化的警觉。

这一定位的背景是,波士顿驻军事件之后,哈钦森接替巴纳德成为马萨诸塞总督。哈钦森比他的前任能言善辩,比较受公众欢迎,他在任期间波士顿的局势较为平稳,公众对于政治的兴趣有些淡化。辉格党人开始担心马萨诸塞人民将在懒散和麻木中不知不觉地丧失美德和自由。后来,哈钦森试图组织一个管理委员会,由于他坚信权力只能授给"不一味迎合公众情绪"的人,他提名了一群忠于政府的人。波士顿的辉格党人把这件事看作公开的腐化堕落,并认为这种腐化正大举侵蚀马萨诸塞。辉格党人还担心波士顿母国驻军奢侈放荡的生活会带坏马萨诸塞的风气,影响马萨诸塞"灵魂和政治"的健康——当下殖民地的权利所遭受的威胁虽不像《印花税法》那么明目张胆,但这种隐晦的威胁危险性更大。他们决心要让公众认识到这种危险,唤回公众对权力的警惕和对权利的保护意识。出版是他们的寄望所在,他们相信出版能使公民更敏锐、更有学养、掌握更多的信息,是保持公众之间联络、维持公众对公共事务的知情和热情、滋养自由精神的唯一途径。概言之,"权利法案社团"以影响出版的内容为其宗旨并身体力行。②

"通讯委员会"是另一次英美矛盾激化的结果。1772年,英国议会宣布今后马萨诸塞总督的薪酬由王室发放,这意味着总督将取得独立于议会的地位,殖民地将进一步失去节制总督的手段。激进分子认为这是英国议会的又一个阴谋和挑衅。塞缪尔·亚当斯等人旋即以波士顿市民会议的名义成立"通讯委员会",以联络各殖民地,组织集体的反抗。以市民会议的名义赋予通讯委员会公共身份,是为了使它能代表整个社区而不仅仅是

---

① Brown R. D., *Revolutionary Politics in Massachusetts*, *The Boston Committee of Correspondence and the Towns, 1772—1774*, Cambridge, Harvard University Press, 1970, p. 46.
② Brown R. D., *Revolutionary Politics in Massachusetts*, *The Boston Committee of Correspondence and the Towns, 1772—1774*, Cambridge, Harvard University Press, 1970, pp. 38-40.

一小群有身份的人发言。借此，委员会的发言就被视作正式的宣言，在本地内外甚至英格兰都能够得到慎重的对待。"通讯委员会"呼吁人人参与自由保卫战，呼吁那些"最受尊敬的居民们"不要再满足于修身养性、独善其身，倡议他们起而行动，借助市镇会议领导本地居民共同维护殖民地的自由。像"自由之子"的迅速蔓延一样，"通讯委员会"也迅速被其他殖民地效仿。同年，弗吉尼亚"为便于和其他殖民地在涉及英国政策和殖民地自由的问题上互通声气"，通过议会成立了通讯委员会。到次年2月，其他殖民地也相继组建了通讯委员会。①

通讯委员会的线人遍布各个重要的集会，犹如现代的新闻采编网络。这样，委员会就能以极快的速度搜集信息，然后依据信息进行有针对性的有效传播。② 1773年，波士顿的报纸开始公开讨论独立。这些文字很快被别处殖民地的报纸摘编转载。③

通讯委员会的信息传递和公众动员功能，在列克星顿与康科德战役发生之后可见一斑。战役在1775年4月18日夜间发生，4月19日早上十点左右，波士顿安全委员会成员约瑟夫·帕默在列克星顿附近的沃特镇撰写了关于战役的报告，请求援助。信使们立即出发向各地传送报告。第一个出发前往三十六英里开外的沃切斯特的信使，只用了两个小时就到达目的地，把他的马给活活累死了。其他信使没有像他这么急切，但也很迅速，他们在各地稍作停留，以确保报告由各地通讯委员会的负责人签收，然后由他们向各邻近城镇的同僚传达，以保障消息的真实性。各地接到报告便准备接力的马匹、人员，同时印制报告复本以便下一步的分发。消息在20日就到达缅因和康涅狄格。23日早晨，报告到达新泽西的伊丽莎白镇，此时信使已经到达过十一个委员会。从纽约到费城的信使星夜奔驰，仅在纽布朗斯威克、普林斯顿和特伦顿稍作休整，因此费城在24日就得到了消息。29日，弗吉尼亚的威廉斯堡也得知消息了。离波士顿有一千英里之遥

---

① 李剑鸣:《美国的奠基时代 1585—1775》（美国通史·第一卷），人民出版社，2008，第559页。
② Emery M. C., Emery E., *The Press and American: An Interpretive History of the Mass Media*, 8th edit, Boston: Allyn and Bacon, 1996, p. 50.
③ Stout H. S., *The New England Soul: Preaching and Religious Culture in Colonial New England*, New York & Oxford: Oxford University Press, 1986, pp. 278-279.

的查尔斯顿获知消息的时间大约是5月4日。但是,在保皇党的老本营,佐治亚的萨凡纳,由于没有通讯委员会的联络,这个城市得知消息的时间要足足比查尔斯顿晚了三个星期,虽然它离查尔斯顿只有一百英里的路程,并且它的消息来源并非查尔斯顿,而是纽约的一份海邮报告。

四 边远地区通消息:交通和邮政

(一)毛细血管式的交通

法国社会史家丹尼尔·罗什认为,有两个原因导致了近代人观念的改变:其一是受市场法则支配的印刷品市场,其二就是公路政策和道路状况,及它们带来的流通的普遍化①。

在人类尚未发现电波的时代,信息的传播依附于道路交通。18世纪旅居法国乡村的作者路易·西蒙在他的《我在法国生活期间遇到的新鲜事》里,把人们视野境界的变化与公路联系起来,认为正是公路的开通改变了乡村居民的生活,因为公路能把邮政函件、报纸带到乡村。②

美国独立战争之前,殖民地的交通和邮政虽不发达,但已为跨地域的共识塑造准备了基本的条件。国内美国早期史家李剑鸣指出,在殖民地晚期,水陆交通的通畅对于居民的社会交往和共同体意识的形成都具有重要的意义。③

殖民地的地理条件近海多河,水路是天然的交通通道,所以最初的定居点大多建于河岸。各殖民地地方政府主导修建了很多通往海岸或河口的乡间小道,这样村社就能更方便地利用水路。在陆路交通上,早先的殖民者拓宽了原来印第安人用以打仗、迁徙和狩猎的小道,使之成为重要的交通路线。但陆路交通经常遇水域阻隔,所以渡口和桥梁就成为交通的瓶颈设施。

---

① 罗什:《启蒙运动中的法国》,杨亚平等译,华东师范大学出版社,2011,第125页。
② 罗什:《启蒙运动中的法国》,杨亚平等译,华东师范大学出版社,2011,第127页。
③ 李剑鸣:《美国的奠基时代1585—1775》(美国通史·第一卷),人民出版社,2008,第455页。

作为一项公共物品的提供，各级政府承担开设、维持渡口和维护道路、疏浚河道的职责。通常，各殖民地议会制定关于道路交通的法案，内容包括资金筹集方式，地方道路专员的设置，拟建道路、渡口的数量、方位，居民义务劳动的天数、组织方式及对不从者的处罚等，具体工作则由各级地方政府（教区、村镇或县）来承担。一般来说，县或更高层级的政府负责新建，各个管区则负责修补道路。简单的桥梁由管区修建，需要正规技术的桥梁由县以上政府修建。弗吉尼亚已经通过允许收取过桥税的方式由议会授权个人修建重要的桥梁。居民们则为交通设施的建设义务出工。[①]

独立前夕，殖民地已经形成基本的陆路交通体系。各殖民地之间有主干道路相通。"英王大道"联结纽约、宾夕法尼亚和新泽西；以"费城"为中心的"大车道"全长达1280公里，向南和向西延伸，南端进入佐治亚。波士顿和纽黑文之间有4条道路相通；纽约和费城之间也有数条道路；弗吉尼亚和南卡罗来纳也有道路相通。在各殖民地之间、东部沿海的商业中心城镇到内陆定居点之间、各殖民地内部也建立了道路网。康涅狄格的道路网已经能将内地村镇和波士顿、哈特福德和普罗维登斯等城镇连接起来。马里兰的乔治王子县，到1762年时已经有了583英里的公共道路。1763年以后，各地出现筑路热潮，道路质量有所改善。[②] 到美国革命爆发前夕，北美大西洋沿岸人口相对密集的地区有了"众多宽阔得足以供马车通行的道路"，这些道路以各殖民地的主要沿海城市为中心，向四周辐射，并相互连接形成连续的道路。道路状况不尽如人意，但能够满足通行的需求。在阿巴拉契亚山脉以西，情况要糟糕一些，这里只有一些拓宽印第安人的羊肠小道而成的"驮道"（packroad），宽度很少超过两英尺，主要供运载货物的马队通行。在很长时期里，"这种驮道乃是进入内陆地区的唯

[①] 李剑鸣：《美国的奠基时代1585-1775》（美国通史·第一卷），人民出版社，2008，第456~457页；杰斐逊：《杰斐逊集》，刘祚昌等译，生活·读书·新知三联书店，1993，第297~298页。

[②] 李剑鸣：《美国的奠基时代1585-1775》（美国通史·第一卷），人民出版社，2008，第456~457、459页。

一连续的通讯路线"①。这些地区的居民基本上是非英裔移民,交通状况导致他们与世隔绝,在很长时间内都是贫困和落后的代名词,居民们也几乎没有受启蒙的影响。

独立战争之后,作为一个新的国家,政治联络和商业交往的增加对交通基础设施,尤其是东西向交通基础设施的建设提出了紧迫的要求。各地掀起一场修筑公路和运河的热潮,各州政府和地方政府在这轮热潮中起了主导作用。各州立法机关通过相关立法,并拨款给州政府或地方政府修建和改善道路。弗吉尼亚州议会立法采用收取道路通行费的方式帮助维护和保养道路。后来,由于公共资金短缺,各地议会开始采用"公私联营"方式建设公共交通。②"公私联营"有效地推动了道路和运河的建设,为新生的美国政治、经济、文化凝聚力的加强起到了重要的作用。③

18世纪初叶起,殖民地出现了公共交通。在革命前的10年,费城、波士顿、纽约等大城市之间已经有了公共交通线路,朴茨茅斯、威尔明顿、巴尔的摩、安纳波利斯等地也已有公共交通到达。沿途供行人栖宿的小旅馆和酒店也增多了。④ 这些小旅馆和酒店既是旅途栖身之所,也是消息集散的大本营,是共识塑造的重要公共空间。独立战争结束后,主要的

---

① 叶凡美:《"内部改进"与美国早期国家构建(1801-1833)》,南开大学博士学位论文,2010,第21~23页。
② 成立于1785年的弗吉尼亚州和马里兰州、由华盛顿出任第一届董事长的波托马克运河公司、马萨诸塞州的查尔斯河桥梁公司是第一批以公共交通建设为目的的联营公司。这些公司经其所在州政府授予特许状而成立,拥有向社会发行股票、募集民间闲散资金以从事公路和运河建设的权力。州政府往往在特许状中给予公司许多"公共特权",包括征用沿途私人土地的权力,在一定期限内垄断公司所建道路的权力,向使用者征收额定通行费用的权力,等等。同时,特许状中规定了公司的存续期限、投资额度、收费年限与费率、股东的表决权等,同时对承建工程的建设标准、日常管理和维护等有具体而微的规定,并往往保留政府在恰当时候收回道路的权力。州和地方政府与这种公司保持合作关系,在必要的情况下会大量认购公司的股票,或给予贷款和赠予土地。比如弗吉尼亚和马里兰州政府购买了波托马克运河公司总值15万美元的股票,占该公司总股本的49%。参见叶凡美《"内部改进"与美国早期国家构建(1801-1833)》,南开大学博士学位论文,2010,第30~31页。
③ 叶凡美:《"内部改进"与美国早期国家构建(1801-1833)》,南开大学博士学位论文,2010,第28~36页。
④ 李剑鸣:《美国的奠基时代1585-1775》(美国通史·第一卷),人民出版社,2008,第459页。

交通干道上都开辟了驿车业务。至 18 世纪末,驿车深入许多内陆地区。从东部沿海地区到内地村镇的货运马车和驿车迅速增多。①

不过,总的来说,18 世纪后半叶美国的交通还是落后的。很多道路是土路,路面坑坑洼洼,晴天尘土飞扬,雨雪泥泞难行。旅行者的日记中充满了对道路状况的抱怨。这也是美国建国后交通基础设施建设马上被提上日程的原因。殖民地此时的交通条件仅能满足通行的需求,远谈不上发达。但其特征在于,由于各级地方政府承担了修建和养护的职责,各村社都能有道路与外界联结。虽然联结各大城镇的主干道养护得并不尽如人意,但联结社区与城镇的毛细血管却较完备。

(二) 邮政及其与报业的结合

作为一个移民社会,殖民地对邮政有着比母国的普通城镇更为迫切的需求。早期的定居点零星地散落在广袤的丛林之中,定居者们需要邮政来维持他们与原来的家庭和亲人之间的联系,英国政府需要在此建立邮政系统以便于管理,两地的商人要依赖邮政处理贸易往来事务,传教士需要依靠信件往来维系情谊或圈子。殖民地最早的邮路于 1673 年在纽约和波士顿之间设立。② 1692 年,英国王室将殖民地邮政的特许权给了托马斯·尼尔。尼尔从未到过美洲,他任命新泽西的总督安德鲁·汉密尔顿为他的代理人。汉密尔顿在每一个殖民地都任命了邮政局局长,邮政开始成体系地发展起来,逐渐将沿海地区联结成片。1693 年 5 月,殖民地内部邮政联合会 (Internal Colonial Postal Union) 开通了普利茅斯、新罕布什尔、威廉斯堡和弗吉尼亚之间的每周邮路。联合会在各殖民地建立了邮局,并与各地议会协商确定邮资。这个时期的邮政并不盈利。由于人口分散,邮件投递的平均距离很长,各殖民地的邮局常常亏损。邮政管理也不正规,有些邮递员私自捎带信件挣外快。1711 年英国议会开始推进北美邮政的正规化。此时殖民地的邮政业务主要还是跨海业务,

---

① 叶凡美:《"内部改进"与美国早期国家构建 (1801-1833)》,南开大学博士学位论文,2010,第 23 页。
② 李剑鸣:《美国的奠基时代 1585-1775》(美国通史·第一卷),人民出版社,2008,第 460 页。

各殖民地之间的邮政需求相较而言不是很大。到18世纪40年代以后,各殖民地间的联络紧密起来。

北美报业的发展从一开始就与邮政紧密相关,并在其后的发展中与邮政建立起辅车相依的关系。民族主义研究者本尼迪克特·安德森曾言,北美洲的报纸印刷商所面临的主要问题是如何获得信息和接触读者,而邮政官员的职位天然消息灵通,又能带来发行的便利,增加发行量和广告投放都轻而易举,因而北美洲的印刷商们同邮局局长们发展出一种密切的结盟关系,密切到印刷商经常变成邮局局长,邮局局长也经常变成印刷商,乃至有很多印刷所就是邮局,它们是发布、传播新闻和舆论的双重中心,是北美洲通讯与社区知识生活的关键点。①

例子很多。北美殖民地的第一份报纸《波士顿通讯》,也是1704年至1719年波士顿唯一的报纸,它的创办者约翰·坎贝尔,原来是当地的一位邮政局局长。波士顿第二份报纸的创办者是一位新的邮政局局长,他雇用了詹姆斯·富兰克林为他工作②。这位詹姆斯·富兰克林后来开了自己的小印刷所,招收了自己的弟弟做学徒。这位弟弟就是美国历史上大名鼎鼎的本杰明·富兰克林。1723年,17岁的本杰明离开哥哥的印刷所,只身来到费城。本杰明在1730年开办了自己的印刷所,成为成功的商人。1737年,本杰明得到担任费城邮政局副局长的机会,他欣然接受这份工作,因为他知道这份工作虽薪水不高,却消息灵通,亦有益于改良他所办报纸的寄递,增加订户和广告。富兰克林后来在1753~1774年担任整个美洲殖民地的邮政总局副局长,在扩展和改善邮路方面做了大量工作。在他刚刚走马上任的时候,从波士顿到费城的邮路每两周才有一趟,单程要走六个星期。富兰克林把这趟邮路增加到每周一趟,采用四轮马车,以灯笼照明,邮递员轮替日夜兼程赶路,把行程缩短到三周。③ 富兰克林还简化了报纸

---

① 安德森:《想象的共同体:民族主义的起源与散布》,吴叡人译,上海世纪出版集团,2003,第70页。
② Green J. N., "English Books And Printing in the Age of Franklin," Amory H., Hall D. D., *The Colonial Book in the Atlantic World*, Cambridge, UK: Cambridge University Press, 2000, p. 248.
③ Emery M. C., Emery E., *The Press and American: An Interpretive History of the Mass Media*, 8th edit, Boston: Allyn and Bacon, 1996, pp. 33-34.

邮递服务的程序,并降低了费用。这促进了报纸的传播和覆盖。骑马的邮差带着日常报纸和信件袋在各地出没,农村地区获得报纸更容易了。

不过,这个官方的邮政体系带着英国政府控制的痕迹。在冲突爆发之后,政府控制的邮政体系在一定程度上成了审查机制。1773 年,威廉·戈达德在巴尔的摩创办了《马里兰报和巴尔的摩广告报(1773～1793)》,为了使这份报纸不受原有邮政系统的控制和盘剥,戈达德自立了邮政系统。1775 年 7 月 26 日,基于大陆会议、大陆军以及辉格报纸的需要,美国建立了自己的公共邮政系统,新系统以戈达德式的私人企业为基础,旨在使邮局摆脱政府控制。[①] 担任邮政部部长的是富兰克林,这便于原有邮政体系资源在新体系中发挥作用。

交通与邮政的发展,与美洲分散生长的中心城市、精英的乡居相结合,为北美共识塑造的广度打下了基础。如布尔斯廷所言:"政府之分散于十三个不同的中心,对于某些种类的实用信息的迫切需要,以及印刷所和邮政局的结合,使印刷文字的潮流和公众的思潮融合在一起。"[②]

五 比较:英国和法国的情况

与美国城市的分散化不同,18 世纪的英国和法国都有一个超级城市——伦敦和巴黎,它们分别是两国的超级信息中心和出版业集中之地。

在法国,巴黎与外省之间有天壤之别。17 世纪投石党运动以后,为了防止贵族再次依靠地方势力与王室对抗,路易十四建凡尔赛宫,将贵族召集到王宫附近居住。巴黎从外省抽走了显贵、商人和才智之士,托克维尔说,在 1789 年,"巴黎已成为法国本身"。它吸取全帝国的精华,并决定着整个法国的命运。在外省的城市和乡村之间,这种"汲取"也在上演。中央集权的体制下,农村略有资财者纷纷迁往城镇,"农村里几乎从未见

[①] 布尔斯廷:《美国人:殖民地历程》,时殷弘等译,上海世纪出版集团,2009,第 361～362 页。
[②] 本部分未标明来源的素材来自美国国家邮政博物馆的展览说明。展览时间为 2011 年 8 月。参见布尔斯廷《美国人:殖民地历程》,时殷弘等译,上海世纪出版集团,2009,第 363 页。

过超过一代的富裕农民"。① 在智识生活上，巴黎每天都在产生奇思异想，外省却死气沉沉。早在图书分类制度实行以前，政府就通过授予巴黎出版商公会特许权垄断消灭了大量的外省印刷厂，把出版业集中到巴黎。1777年颁布的"八月法令"将特许权从无限期改为10年，但仍然只允许外省出版商出版特许权已到期的图书。② 在16世纪和17世纪初，外省曾有一些巨大的印刷厂，到18世纪却消失或萎缩了，一切思想的动力都只来自巴黎。旅行家阿瑟·扬记述大革命前夕的所见所闻时说，在巴黎，最多的时候一周发行92个小册子，而在巴黎以外，人们很少印小册子，根本没有报纸。③ 若再看巴黎的情况，可以发现法国的超级信息中心甚至都不是一个城市，而是几个出版大佬。特许制度诱使有野心的出版商与国家权力结盟，削尖脑袋寻租投机。18世纪六七十年代，巴黎的出版商庞库克通过定期贿赂王家印刷局总监、巴黎警察总监、书报总监、外交大臣、市政府官员等掌管图书市场的相关要员，成了巴黎最有势力的出版商。他把9种报纸并入《法兰西信使报》（Mercure），并于1786年买下了法国历史最悠久的《法兰西报》。庞库克还通过广泛的关系网和保护伞打压法国境内其他"侵犯"他的"特许权"的刊物，俨然是出版界的波旁王朝。④ 可是外省不说什么，并不代表他们不腹诽，各省民情激动，人们只是在观望巴黎的举动。旅行家阿瑟·扬发现外省各地的居民异口同声地表示，他们"必须看看巴黎是怎么干的"。⑤ 巴黎在文化上是与外省隔膜的，并且以这种隔膜为荣。启蒙戏剧家博马舍在深受巴黎上流社会欢迎的作品《费加罗的婚礼》中对外省乡绅的嘲弄和戏谑，恰好表现了巴黎贵族高高在上，将外省视作封闭、落后、愚昧的异乡的心态。

在英国，知识精英的集中程度虽然不像法国——它还有地方缙绅和乡绅体系，但乡绅与邻人的关系，不像北美那样平等和紧密。从出版印刷业

---

① 托克维尔：《旧制度与大革命》，冯棠译，商务印书馆，1992，第160页。
② 达恩顿：《启蒙运动的生意：〈百科全书〉出版史（1775-1800）》，叶桐等译，生活·读书·新知三联书店，2005，第64页。
③ 托克维尔：《旧制度与大革命》，冯棠译，商务印书馆，1992，第113页。
④ 达恩顿：《启蒙运动的生意：〈百科全书〉出版史（1775-1800）》，叶桐等译，生活·读书·新知三联书店，2005，第63~72页。
⑤ 托克维尔：《旧制度与大革命》，冯棠译，商务印书馆，1992，第112~113页。

看，伦敦出版了大不列颠三分之一强的定期连续出版物，几乎囊括了英国所有重要的报纸和杂志。① 18 世纪末，伦敦报业已经高度专业化。所有人、编辑、撰稿人、管理者、报道人之间的分工已经非常明确。一个报社已经拥有十位以上的排版工和印刷工，首席印刷工还可能有自己的助手和跟班。但在各省，到 19 世纪初叶，也很少有印社雇用四名以上的排版工和印刷工，他们的首席印刷工要亲自在车间劳动。直到 19 世纪中叶，还有约半数的报社所有人在充当自己报纸的编辑。②

与此相应的是，18 世纪，欧洲城市与乡村的分化开始剧烈，更多的贵族迁往首都，更多的乡绅迁往城市，抽离了乡绅的乡村变得更加沉默、寂静，像一盘散沙。城市与乡村间的文化隔阂越来越深。

交通建设方面，英国与法国的城乡差异要较美国大得多。交通的发展史表明，商业是早期道路设施发展的推动力量。在英国，由于商业发展以对外贸易为主，国内道路的建设和养护得不到政府重视。17 世纪的道路维修还主要由教区负责，由于贫瘠的乡村财力有限，即便是连接富庶地区的主干道也可能惨不忍睹。斯图亚特王朝复辟时期建立了道路收费制度以筹资养护道路，但遭到很多反对，甚至引发骚乱。直到 1773 年，出于詹姆斯党人叛乱事件引起的政治战略的考虑，一套完整的干道维修体系才在全国建立起来。不过，非全国性干道的地区间道路依然很差。大多数的乡村地处僻远，缺乏与外界联系所必需的交通条件。③

法国的情况也很类似。在法国大革命之前，中央政府只关注修筑以巴黎为中心通往各省的道路。工程师们致力于主要干线的建设，没人关心次级路段。公路网的概念远未形成，路段相互分离，整体贯通性不足。除了在巴黎周围，其他地区几乎到处是没有修建过的天然公路。法国著名道路工程师特雷萨盖设计的公路系统要在 1787 年之后才得到普遍的推行。公路

---

① Lutnick S., *The American Revolution and the British Press 1775–1783*, Columbia & Missouri: University of Missouri Press, 1967, p. 219.
② Barker H., *Newspapers, Politics and English Society 1659–1855*, Harlow, England: Longman, 2000, pp. 99–102.
③ 勒纳尔、乌勒西:《近代欧洲的生活与劳作》，杨军译，上海三联书店，2008，第 57 页。

通达情况的不平等扩大了地区之间的差异,加大了城乡隔阂。①

英国和法国也从未像北美那样形成报社和邮政系统的联结。在英国,报纸主要的派发方式是读者自行去报社购买。各省报纸为了充分挖掘潜在的顾客,通常选择在集市的日子出版。其他的派发方式会带来较高的边际成本,这影响了出版商扩大发行量的愿望。1739 年,《约克报》(*York Courant*)开展送报业务,送报的费用为每季度 2 先令,这个工作由"小平帽"(flat-cap couriers)完成。很多城镇很小,信使(Messenger)就可以完成报纸的递送。也有由咖啡馆、书店或其他公共场所代售或由沿街叫卖的人、报人(newsman)代售的。要扩大发行的报纸可能会在城市的另一头设一个派发点。有报社尝试让报人(newsman)给固定的订户送报,后来却发现他们常常在街上就把一些报纸卖掉了,并没有送到订户手中。直到 18 世纪 90 年代,报社还不得不按订户距离的远近、是否需要邮寄向读者收取不同的费用,这使得报纸更难深入农村地区。因为向乡间投递报纸的成本太高,而农村的报纸市场又太小,很多报社没有意愿开辟乡村销售渠道。② 在法国,农村基本上没有书店和报纸,农民们的精神生活仅限于晚上围绕在炉火边,一边修理工具,一边听年长的女性讲三百年来流传的民间故事。③

六 小结

18 世纪欧洲国家的信息传递模式大多为单中心发散结构,即信息由一个超级信息中心向外扩散——巴黎之于法国、伦敦之于英国都是如此。单中心发散结构中可能存在多个不同层级的作为信息中转节点而存在的次级信息中心,但单中心结构决定了接收者离信息中心越远,其所能接收到的信息就越稀少越滞后。在单中心发散结构中,信息的覆盖是阶梯式淡化

---

① 罗什:《启蒙运动中的法国》,杨亚平等译,华东师范大学出版社,2011,第 36、40~41 页。
② Black J., *The English Press in the Eighteenth Century*, Philadelphia: University of Pennsylvania Press, 1987, p.100.
③ 达恩顿:《屠猫记:法国文化史钩沉》,吕健中译,新星出版社,2006,第 1~67 页。

的。每个次级信息中心都会产生信息的流失、扭曲，增加信息噪声。而在美洲殖民地，信息中心是分散、多元的。分散的信息中心有利于信息覆盖的均等化，也有利于信息的反馈和修正。

　　北美的信息中心呈现多元化特征的原因是，北美城市的自然生长形态令其呈现出多个城市并驾齐驱的面貌，印刷所和报纸出版商在大西洋沿岸分布，虽然存在一定的南北和城乡差别，但相对来说分布还是比较均匀的。北美由一个个在荒野中发展起来的乡村和城镇组成，城乡差别相对较小，乡村中从来不乏知识精英。知识精英的乡居模式，即阶层混居的模式，增进了知识阶层与平民阶层的交流。牧师们从大学毕业，通过师门关系和亲族关系保持着与外界的联络，成为将新思想传播给村民的中间人。律师、商人、种植园主等阶层起着类似的作用。乡居的知识精英是维系一个社会共同体的重要经纬。如果说，政府层级体系（或单一制下的科层官僚体系）是维系共同体秩序的骨骼，乡居的知识精英则是维系共同体协调的神经。通过他们的联结，城乡之间才能保持对话、维系相互的理解和尊重，不致形成鲜明的文化界限，不致成为互相隔绝和对立的两极。城市的分散化和知识精英的乡居模式塑造了北美信息传播的网状模式。从另一个角度说，北美的报纸能够进入乡村，北美能发展出邮政局局长兼任印刷商的报纸发行模式，与城市的分散化与精英的乡居模式也是相关的。因为城市分散，城镇较小，印刷商人才会想要向邻近的乡村挖掘更多的潜在读者；因为乡间有人要读报，他们才有可能向乡间卖报。

　　在英国和法国，居于乡间并能与村民保持平等沟通的知识精英是稀缺的。这一方面是因为这两个国家的城乡差别已经显著，绅士阶层大批迁往城市。法国政府动用了行政力量将贵族迁往凡尔赛，人为拉大了巴黎与外省、城市与乡村的差距，抽空了地方、乡村的血液和神经。英国的工业革命和商业化将略有学识的人都吸引到城市，农村变得"空心化"。另一方面，即使乡间仍然居住着一些保守的士绅，这些人住在乡间的城堡里，与他们的邻人是领主与佃户、统治与被统治的关系，相互间难以形成像北美的乡绅与他们身边的自耕农那样的知识交流。至于乡间教堂中的神父和牧师，无论是法国的天主教神父还是英国的国教会牧师，在18世纪晚期都是依附于世俗政权的存在，他们不会像北美的"黑色军团"那样，号召人们为了对上帝的忠诚而反抗世俗权威。

北美信息传播的渠道是通畅的。在北美,虽然当时的交通尚不发达,但由于地方政府主导交通建设,北美的交通体系呈现毛细血管化的格局,除阿巴拉契亚山以西的少数偏远山区,各村都有道路通往城镇,从而得以保持与外界的联系。多元化的信息中心与北美交通状况相结合,报纸和小册子有了通往各个村落的途径。邮政体系的建设及其与报业的结合,使代表信息和思想前沿的报纸能够顺利地进入乡村。革命期间,跨地域的信息联络组织的兴起有助于地域间的信息交流,一地新的消息、言论、思想通过邮政和通信组织的联结能够迅速传播到各地,再通过各地的信息网络飞入寻常百姓家。对比之下,18世纪英、法两国的交通建设由中央政府主导,其发展重点的设定出于商业发展或政治控制的考虑,乡间的道路得不到重视。因此这两个国家的交通格局是有主动脉而没有毛细血管。交通条件的城乡差异大,再加上它们的信息中心是单极的,边远的村庄根本就得不到外界的信息,更接触不到外界的新思想。

传播学家拉扎斯菲尔德的二级传播理论指出,公共传播分两个步骤进行。第一步是舆论领袖根据个人兴趣接受媒介内容;第二步是舆论领袖以自己的价值和信念为基准理解和阐释媒介信息,并将它们传递给与媒介接触较少的舆论追随者。[①] 拉扎斯菲尔德的这个理论建立在两个假设基础之上,其一是有足够的"舆论领袖"关注公共事务,其二是"舆论追随者"与"舆论领袖"间联系紧密。在18世纪末美国信念塑造的过程中,乡间的牧师、商人、种植园主、律师、治安法官充当了舆论领袖,他们与周围的人群有密切的交往,满足拉扎斯菲尔德理论的假设前提,故而观念的公共传播能够顺利进行。但在法国和英国,这两个假设条件并未得到满足,新思想的传播因而受到阻碍。

本章内容是上一章内容基础上的逻辑演进,上一章梳理信源状况,本章介绍信道的状况和信息传播的模式。以书面的出版物为例,总结本章及前一章对1789年前美、英、法三国报纸出版及发行状况的考察,作表4.1对比。

---

① 巴伦:《大众传播概论》,刘鸿英译,中国人民大学出版社,2005,第481~482页。

表 4.1　1789 年前美、英、法三国报纸出版及发行状况的比较

国家	官方出版控制	出版商独立性	出版地	发行渠道	发行成本	繁荣程度 1789 年前报纸种数/人口	阅读人群
美国	无	独立	大西洋沿岸多地	邮政	低	约 90/380 万	各阶层
英国	资助、诉讼、印花税	收入不稳定，资助制度有效	伦敦为主	读者自行购买、信使送报、代售	高		各阶层、城市/城镇人群为主
法国	严厉的出版许可、审查	依附于政府	巴黎	订阅/送报	高	4/2600 万	政治家、外交官、新兴资产阶级

当然，以上各个因素之间是相互交织的。出版商的独立性在很大程度上来自发行量，而发行量又与发行成本、发行渠道有关。发行量、发行成本和印花税等因素决定了报纸的相对价格，报纸的相对价格又影响阅读人群，而阅读人群反过来影响发行量。那么，到底哪些因素可以解释为什么美国形成了与英法两国不同的报纸发展逻辑？官方出版控制或许是一个因素。但在远离伦敦和巴黎的地方，官方控制是难以奏效的。英国的地方官并没有首相那样的权力可以动用财政来为自己辩护，法国的思想警察集中在巴黎，而且即便是思想警察集中的巴黎，也是地下出版物盛行的地方，那为什么英国和法国的地方上没有发展出面向平民的报纸？答案也许要从受众方面来寻找。这是本书下一章的主题。

第五章　共识塑造的阶层纳入：教育、经济与阅读意愿

共识塑造最终要经由公众的参与来达成。报纸、小册子与交通邮政，提供了公众参与的客观条件，而主观的条件系于公众自身。要参与共识塑造，公众须有读得懂出版物或听得懂演讲的能力，及购买或借阅出版物的经济条件。这两个条件，前者可用识字率及语言的统一化程度来衡量，后者取决于人民的经济收入水平、恩格尔系数水平及出版物价格。最后，共识的达成还取决于公众的阅读意愿及对政治的关心程度。本章考察美、英、法三国在18世纪晚期的教育普及状况、识字率水平和语言的统一程度、经济发展状况和平民的经济生活水平、出版物的购买价格和借阅的方便程度、平民是否具备阅读意愿等，探讨18世纪末北美智识生活的阶层纳入情况，也从受众的能力和需求角度解释了三国在报纸出版上所呈现的差异。

一　教育：公众阅读能力的培养

（一）北美殖民地初等和中等教育概况

北美殖民地从建立初期就重视教育。早在1618年，英国政府就指示弗吉尼亚总督要建立学校。[1] 这个时间离弗吉尼亚殖民地的建立仅11年，也就是说，正是本地出生的第一批孩子开始需要教育的时间。马萨诸塞海湾公司治下的波士顿于1635年有了第一所拉丁文学校，随后两三年内该公司的许

---

[1] 李剑鸣：《美国的奠基时代1585-1775》（美国通史·第一卷），人民出版社，2008，第466页。

多聚居点都办了学校。① 1636 马萨诸塞立法机构通过法案设立"新市民学院"②，这是殖民地最早的高校。普利茅斯办学稍晚，这是因为这里最早的定居者把教育看作家庭和教会的事务。不过这种状况并没有维持很久。③ 1642 年，马萨诸塞海湾公司殖民地颁布了北美第一部教育法，明确提出政府在教育上应负责任。该法责成村镇行政委员会关注本村儿童的道德和文化教育，督促选区内的儿童家长和学徒师傅让孩子接受教育，使儿童具有"阅读和理解各项宗教原则和本地主要法律的能力"，掌握一些有用的技艺，以便他们成年后不致成为游手好闲之徒；委员会要考核儿童的读写能力，根据考核结果，要对那些拒绝培养孩子基本阅读能力的父母和师傅科以罚金，并将未受合格教育的孩子送到愿意执行教育法的新主人那里。该法案将教育视作人的社会化的基本途径，事实上确立了义务教育原则。④ 1647 年，马萨诸塞颁布了另一部教育法——《老骗子撒旦法》⑤。这个法案规定凡满 50 个住户的城镇必须指定 1 名教师，以教导本镇所有儿童掌握读书写字的技能，费用由儿童家长或监护人或全体居民共担。凡满 100 个住户的城镇必须建立 1 所拉丁文法学校，以便于教师教导青年使他们有机会进入大学深造。没有执行该要求的村镇每年要支付 5 英镑给邻近的学校。⑥ 这个法案标志着新英格兰公立学校制度的萌芽。它与 1642 年教育法一道，确立了美国教育的两个制度基础：公立义务教育制和地方政府负责制。马萨诸塞的这两个教育法得到了良好的执行。在新格兰法院的记录中，可以见到许多关于教育执法的案例。未能履行职责的父母、师傅和村镇行政委员会受到了法院的追究。

---

① 这些学校的存续时间不长，从几个月到一年不等，学校的持续要到 1642 年立法后才稳定下来，这也说明了学校的存续必须以立法和经费的支持为后盾。
② 即后来的"哈佛学院"。
③ Cremin L. A., *American Education: The Colonial Experience 1607-1783*, New York: Harper & Row, 1970, p.180.; Cremin L. A., *Traditions of American Education*, New York: Basic Books, 1976, p.15.
④ L. 迪安·韦布：《美国教育史：一场伟大的美国实验》，陈露茜等译，安徽教育出版社，2010，第 79 页。
⑤ "Old Deluder, Satan" Act, 因其以"老骗子撒旦的一个主要计谋是阻止人们去掌握基督教圣经知识"开头而得名，国内也有学者根据其内容将其译为"祛魔法案"。
⑥ L. 迪安·韦布：《美国教育史：一场伟大的美国实验》，陈露茜等译，安徽教育出版社，2010，第 79 页；里帕：《自由社会中的教育：美国历程》，於荣译，安徽教育出版社，2010，第 39 页；季苹：《美国公立学校的发展研究》，高等教育出版社，2002，第 18 页。

第五章 共识塑造的阶层纳入：教育、经济与阅读意愿

马萨诸塞的教育立法很快成为其他殖民地教育立法的榜样。1650年，康涅狄格立法将儿童教育纳入该州政府的主要关切，规定在各村镇设立学校，责成居民出资办学，对拒绝出资者给予罚款。在人口多的县份，以同样方式设立高一级的学校。各市政委员会有责任督促家长送子女入学，并有权对违抗者处以罚款；如果家长继续违抗，政府有权强制收容和教育儿童。① 纽黑文和普利茅斯也分别于1655年、1671年制定了类似法令。②

新英格兰重视教育有其宗教文化原因。清教将实现上帝的荣耀视为人的世俗生活的目的，它的教义和机构不仅是信徒精神生活的指导，也是他们世俗生活的指导。新教要求个人识字以阅读和理解《圣经》。与传统天主教将神职人员看作信徒与上帝的中介不同，大多数的新教教派认为，《圣经》是上帝意旨的唯一来源，每个教徒都可以而且应当通过阅读《圣经》领会上帝的意旨，建立与上帝的直接联系，因此，上帝的子民应当是识字的子民。③ 因为这种观念，教会在教育普及中起着非常重要的作用。它们指导议会制定教育立法、规定教学内容、协助市政议会认定教师资格，为教师颁发执照。

对教育的重视有代际传递效应。殖民地最初的定居者为躲避宗教迫害或寻求财富而来，所从信仰非常多元，但大都属于新教。很多人接受过良好教育，包括在剑桥读过书，有不少人从事过牧师、教师、律师等职业，也有一些有文化的商人和手工业者。④ 从英国来到美洲的第一代移民中，2/3的男子和1/3的妇女具备基本的阅读能力，⑤ 远高于英国的平均水

---

① 托克维尔：《论美国的民主》（上卷），董果良译，商务印书馆，1991，第46页。
② 李剑鸣：《美国的奠基时代1585-1775》（美国通史·第一卷），人民出版社，2008，第462页。
③ Stone L. S., "Literacy and Education in England 1640-1900," *Past and Present*, 42, 1969, p.78. 教徒要阅读《圣经》，这是新教徒中带普遍性的观点，但也有部分教派，如安妮·哈钦森的分离派认为教徒应当通过内心自省接近上帝，不用通过《圣经》这个中介。
④ 厄本、瓦格纳：《美国教育：一部历史档案》，周晟等译，中国人民大学出版社，2007，第87页；亨廷顿：《我们是谁？美国国家特性面临的挑战》，程克雄译，新华出版社，2005，第56页。
⑤ 李剑鸣：《美国的奠基时代1585-1775》（美国通史·第一卷），人民出版社，2008，第468页。

平。① 这些新教教徒对智识生活的渴求高于平均水平。一旦解决了最基本的生活资料，在这偏远的蛮荒之地安身立命，他们就开始开办学校。

作为教育立法的执行机构，市民大会、市镇议会或市政管理委员会负责公立教育的经费筹措、管理和监督。新英格兰公共教育发展初期，负责具体事宜操作的地方单位是镇，后来随着人口的不断增加，越来越多的家庭散居到离村越来越远的地方，这些新的聚居区被称为区（District 或 Quarter）。1766 年，康涅狄格州议会授权各镇根据情况划分学区，学区内可以创办自己的学校。这是美国现在的学区制的起源。②

早期新英格兰的教育经费来自税款、地方政府和议会拨款或划拨土地、学费等。马萨诸塞《老骗子撒旦法》规定以本镇全体居民的税款为公共教育经费。这个规定实际上在此前就已经在某些城镇实施。如多切斯特在 1639 年就作出规定，向居民征收专项税金用于公共教育。在哈佛大学的办学经费中，也有一部分来自当地居民，因为学院每年向当地每个家庭收取 2 便士和 1 配克的谷物。③ 税款主要用来发放教师的薪水。除了专项的教育经费税收外，有些地方也把其他税费，如居民办理结婚和酒类执照所缴纳的费用拨给学校。很多城镇划拨土地作为"学校原野"或"学校牧场"，用该土地的租金维持学校的运营。这种方式开创了美国公立教育经费筹措方式的源头，在立国后的国家扩张中得到了立法确认。④ 政府也可能通过授予学校某种特许权的方式支持学校，哈佛学院曾经通过经营查尔斯顿与波士顿之间的航运补贴学院经费。⑤ 家长、师傅和监护人以缴纳学费的方式承担部分教育经费。学费有时以实物形式支付。在乡村的小学

---

① Thomas I., *The History of Printing in America*, Vol. 2, New York: Johnson Reprint Corporation, 1971, p. 14.
② 季苹：《美国公立学校的发展研究》，高等教育出版社，2002，第 30 页。
③ L. 迪安·韦布：《美国教育史：一场伟大的美国实验》，陈露茜等译，安徽教育出版社，2010，第 88 页。
④ 由于教育的地方管理传统，《邦联条例》和《联邦宪法》并没有对教育做出规定。但邦联对教育的支持通过 1785 年的《西北土地条例》反映出来。该法案允许西北地区的新州加入邦联，但要求每个镇预留第 16 区的土地，即镇中心略偏西北的一块土地，用于支持教育。土地可以用于出售或租赁，但其收入必须用来投资教育。
⑤ L. 迪安·韦布：《美国教育史：一场伟大的美国实验》，陈露茜等译，安徽教育出版社，2010，第 88 页。

校，可以看见学生坐在窗口，一边读书一边向过往行人售卖学校堆积的谷物蔬菜。学费是中小学校的主要收入来源，同时很多殖民地有针对贫困子弟的学费减免或免费学校。

在教会指导、教育立法和政府执行的基础上，新英格兰形成了以主妇学校、阅读学校、写作学校和艺徒制组成的较完备的初等教育体系和以文法学校、女子精修学校为主的中等教育体系，并且有了好几所高校。

主妇学校是由略有读写算技能的主妇在家办的学校，教授7~8岁的男童和女童吟唱童谣，学习基本的拼写和阅读技能，也可能教一点写作和算术。场地就是家里的厨房或起居室。1647年教育法颁布之后，有些城镇就把办学的主妇任命为镇上的女教师。到18世纪，有些城镇开始为主妇学校的教师支付工资，以便贫困家庭子弟也可以接受教育。[1]

上完主妇学校的孩子可以继续上阅读学校和写作学校。阅读学校以阅读启蒙和宗教教育为主。写作学校教授从事商贸所需的技能，包括写作、算术、复式记账。这些学校依靠学费维持运转。到殖民地后期，它们也获得一些公共经费的支持。阅读和写作学校的学生基本是男童，大部分女童接受的教育到主妇学校就结束了。有一些城镇的公立学校在男孩统一离校的情况下，如正常的教学日之前或之后，或者暑假中，也接收女童入校学习。

还有一些孩子通过做学徒得到教育。由于劳动力稀缺，学徒制在北美盛行。学徒制为小手工业者提供劳动力，孩子通过做学徒得以学习经商或其他技能，因而也是孤儿和贫家子弟的出路。许多殖民地规定，师傅不仅要负责学徒的吃穿用度、教授技艺，还必须为学徒提供基本的教育，使他们掌握基本的读、写、算技能。师傅可能亲自教授这些内容，也可能出学费送学徒上夜校。在新英格兰，确定学徒身份的契约常常约定主人每年要送学徒上3个月的夜校。[2]

作为中等教育机构的文法学校依照欧洲传统而设，通常只招收镇上

---

[1] L. 迪安·韦布：《美国教育史：一场伟大的美国实验》，陈露茜等译，安徽教育出版社，2010，第81页。

[2] Bailyn B., *Education in the Forming of American Society: Need and Opportunities for Study*, Chapel Hill: The University of North Carolina Press, 1960, p.33.

有一定社会经济地位的家庭出身的十七八岁男孩，为他进入学院，或成为教会、政府的领导人做准备。它们的课程设置服从学院入学要求，以教授拉丁文法为主，以使学生能够阅读古典拉丁文作者的作品、能够写作和吟诵拉丁文诗歌和散文、能够正确地对希腊语中名词和动词的词形变化表进行变格为培养目标。女子精修学校为女孩子提供中等教育服务，原来以训练学生的社交技巧和家政能力为主，到18世纪后半期，它们也开始提供严肃的学术训练。在有些较大的城镇里还有"仅为年轻女士提供教学"的学校，开设读、写、算、会计、缝纫等课程。与文法学校一样，女子精修学校并非普及教育，只服务于小部分出身中上等家庭的青年。

新英格兰通过初等体系基本普及了各阶层的基础教育，通过中等教育体系和高校培养了牧师、医生、律师、教师、会计、海员、市政官员等专业人才。

在政府汲取能力较弱或教育立法不发达的地区，教会在教育中发挥直接作用。1681年成立的宾夕法尼亚州曾于1683年通过法案，要求建立公立学校，对所有儿童（包括女童）进行读和写的教育，并对12岁以上的儿童提供某些商业或谋生技能教育，家长、师傅和监护人对此负责。可惜，由于该州的宗教宽容政策和定居者的多元宗教背景，政府统一管理教育的能力不足，教育立法并未得到严格执行，该州亦未形成一个统一的公共教育系统。但该州各教派都建立了各自的教育体系。[1] 创立该殖民地的贵格宗教徒对"平等"的理解要广于其他教派，他们认为无论性别、贫富、种族，凡是儿童就都应该接受教育。[2] 贵格这一理念使费城的教育体现出当时无与伦比的平等精神。1690年，贵格会建立了一个男女同校的学校，这个学校对富人家的孩子收费，对穷人家的孩子免费。1754年，费城建立了一所女子学校。由于这些措施，来自低社会阶层的费城女孩拥有比

---

[1] Monaghan E. J., *Learning to Read and Write in Colonial America*, Amherst & Boston: University of Massachusetts Press, 2005, p.194.

[2] L. 迪安·韦布：《美国教育史：一场伟大的美国实验》，陈露茜等译，安徽教育出版社，2010，第82页；Monaghan E. J., *Learning to Read and Write in Colonial America*, Amherst & Boston: University of Massachusetts Press, 2005, p.194.

别处相同处境的女孩高得多的受教育机会。① 费城还有两所黑人学校。其中一所是圣公会海外福音传播公会在1758年建立的，另一所由贵格会的一名校长在1770年建立。贵格会的这所学校也招收黑人奴隶的孩子。② 费城以外的宾夕法尼亚地区也有许多由贵格会成员发起的单一性别学校，男孩和女孩都能得到相应的教育。③ 各个教派在教育上的贡献各有侧重。摩拉维亚派（Moravians）积极投身教化印第安人，还兴建了一所女子学校和护士学校。④ 中部地区的其他地方，如纽约、新泽西等地，同样宗教多元，这些地方的教育也以教会为主，学校经常由教会管理。各教会都开办自己的学校以传播宗教，贵格会、摩拉维亚派、圣公会海外福音传播公会等教会还开展针对女童、黑人和印第安人的教育。新英格兰罗得岛的纽波特，由于政府汲取能力较弱，不足以提供普及化的初等教育，其教育主导机构也是教会。这里的三一教和摩拉维亚宗都有自己的初级学校。1772年，公理会会众创立了不以宗教设限的仁爱课堂，每周四和周六的下午开课。一些会众为课堂捐助了书本和纸张。很快这个课堂就吸引了134名贫家的孩子。⑤

以种植园经济为主的中部和南部地区没有出现要求政府承担教育责任的立法。这是因为当地的主流宗教英国国教认为教育儿童是家长而非政府或教会的责任，⑥ 故而中部和南部教育远不如北方普及平等。富有的种植园主和商人雇用在英国或苏格兰接受过教育的家庭教师来管教自家及亲友家的孩子，这就是种植园内的寄宿学校。种植园主家的孩子们学习英语语法和写作，阅读《旁观者》之类英国来的杂志，大一点的孩子也学习拉丁

---

① Monaghan E. J., *Learning to Read and Write in Colonial America*, Amherst & Boston: University of Massachusetts Press, 2005, p.194; L. 迪安·韦布:《美国教育史：一场伟大的美国实验》, 陈露茜等译, 安徽教育出版社, 2010, 第82页。
② Bridenbaugh C., *Cities in Revolt*, New York: Alfred A. Knopf, 1955, p.375; L. 迪安·韦布:《美国教育史：一场伟大的美国实验》, 陈露茜等译, 安徽教育出版社, 2010, 第82页。
③ Monaghan E. J., *Learning to Read and Write in Colonial America*, Amherst & Boston: University of Massachusetts Press, 2005, p.194.
④ L. 迪安·韦布:《美国教育史：一场伟大的美国实验》, 陈露茜等译, 安徽教育出版社, 2010, 第83页。
⑤ Bridenbaugh C., *Cities in Revolt*, New York: Alfred A. Knopf, 1955, p.376.
⑥ L. 迪安·韦布:《美国教育史：一场伟大的美国实验》, 陈露茜等译, 安徽教育出版社, 2010, 第84页。

语法，阅读古典著作。也有不少种植园主将他们的孩子送回英国或送到新英格兰接受中等和高等教育。

但是，能负担起家庭教师的家庭毕竟只是极少数。大部分自由人的孩子最多只能接受初等教育，其中艺徒制教育的比例还很大。孩子们的教育主要通过教会完成。在马里兰、弗吉尼亚及卡罗来纳的部分地区，像宾夕法尼亚、纽约和新泽西一样，教育事业由教会主持。在切萨皮克地区，牧师以各种形式成为孩子们的教师。他们可能在本地的教堂或专门学校教授课程，也可能在自家开办学校，还有些单身牧师兼职做驻家辅导教师。农村的孩子们在"荒野学校"接受最基础的教育。"荒野学校"的校舍是小种植园主在废弃的烟草地上搭建的小棚子，老师是当地的牧师，收取学费，仅提供最基础的教育。也有教会和慈善团体组织的教派学校、免费学校为无力支付教育费用的家庭提供教育，圣公会海外福音传播公会还为奴隶提供教育；也有一些种植园主安排家庭教师在周日晚给奴隶们讲解和阅读教义。① 但总的来说，由于公共教育的缺位，南部殖民地的整体教育水平要低于北方。②

南卡罗来纳最忽视教育，居民的文化水平也最低。在南卡罗来纳的首府查尔斯顿，许多当地的精英人物是候鸟式的居民，很少意识到自己对当地的教育体系建设应负的责任。这里贫家子弟上的是民间互助团体、教会、传教团或慈善家开办的免费学校和慈善学校。因为政府和私人都不办学，这里的慈善办学倒是最发达的。这些学校以宗教训练和教授《圣经》为主，欢迎家境贫寒又刻苦用功的孩子，教给他们最低限度的文化知识。③ 然而，慈善办学终究是杯水车薪，且风雨飘摇，不能应对哪怕是最轻微的风险。圣公会海外福音传播公会曾经买下两名奴隶并将他们训练成教师，在查尔斯顿开办黑人学校。不承想，1761 年一场天花就击垮了这个承载着

---

① Monaghan E. J., *Learning to Read and Write in Colonial America*, Amherst & Boston: University of Massachusetts Press, 2005, p. 352.
② L. 迪安·韦布：《美国教育史：一场伟大的美国实验》，陈露茜等译，安徽教育出版社，2010，第 86 页。
③ L. 迪安·韦布：《美国教育史：一场伟大的美国实验》，陈露茜等译，安徽教育出版社，2010，第 82 页；厄本、瓦格纳：《美国教育：一部历史档案》，周晟等译，中国人民大学出版社，2007，第 38 页。

无限希望的学校。到1764年,由于找不到接替的黑人教师,这个学校只好关闭了。直至革命时期,南卡罗来纳都未出现制度化的教育体系,办学经费还是来自慈善捐赠和捐助。对于南卡罗来纳的教育,亨利·劳伦斯直言状况令人蒙羞,南卡的孩子们要跑到国外去学ABC和最基础的拉丁文,是一个骇人听闻的事实。劳伦斯并不全对,但说的基本上是事实。富有的种植园主们不会让孩子去上慈善学校,所以就往英国送。到70年代,改成往费城送。查尔斯顿还有些私人寄宿学校为那些没有能力将孩子送回英国的种植园主家庭服务,① 但那些出身更贫寒一点的孩子就成了"夹心饼干",哪头都靠不上了。

北美的中等教育在18世纪改头换面,取得了巨大的进步。17世纪末开始,随着殖民地经济和工商业的发展,原有的中等教育体系越来越不能适应社会的需求。拉丁文法学校主要为学生进入高等院校做准备,但只有少量的学生能进入高校。对于其他学生来说,接受文法教育就是学习一种"死去的语言",是一种缺乏成效的负担、时间和精力的浪费。拉丁文法学校逐渐失去了吸引力,与此同时,世俗化、实用性的私立商业学校迅速发展起来。

私立商业学校的发展与教育观念的世俗化相伴而来。欧洲启蒙运动带来的理性和自然法则的思想、关于人可以自掌命运的思想强烈地吸引着新兴的城市中产阶级。他们希望借助知识的力量,成为自由、进步和成功的人士。对他们而言,熟悉现代语言、会计学、地理学和当前的经济环境是必要的。这种实际的需求推动了私立商业学校及其夜校的发展。

中部的宾夕法尼亚是教育观念世俗化的代表。贵格教徒相信学校应当自由发展:公立和私立学校可以并存;学校既可以教授古典课程,也可以教授英语课程;既可以传承文化为导向,也可以实用实践为导向。因此,费城有较多脱离宗派利益的私立学校,提供更为世俗化和功利主义的教育。另外,贵格会不需要专职牧师,所以他们的中等教育从一开始就有较强的实用倾向。费城又地处南北接合点,是工商业和航海业的繁荣之地,

---

① Bridenbaugh C., *Cities in Revolt*, New York: Alfred A. Knopf, 1955, p. 374.

对现代专业人才的需求更大。贵格宗教徒主要从事航海业，航海、测量、会计、三角、几何、丈量、法语和西班牙语是私立中学的常设课程。这些学校也开设素描、油画、音乐和交谊舞课程。① 这些世俗化的课程更符合民众的需求，因为绝大多数的父母希望子女将来从事商业或手工业，认为掌握一门技能的职业前景要好过学拉丁文。

18世纪中期，依据富兰克林的实用主义教育理念，费城创立了首个文实中学。按富兰克林的设想，文实中学应在古典学系外设立"英语部"，以便为商业和一些重要的公共机构培养接班人。富兰克林希望在教学上采用科学观察和实验的方法。学校选址应该在河流附近，学校要有一个花园、果园、草地和一两块田地，配备一个图书馆，拥有各种地图、科学和数学仪器。概言之，文实中学较传统的文法学校更注重开设"有用的"课程，依据社会需求培养学生。富兰克林的办学思想显然深受来自启蒙运动的经验主义和理性科学精神的影响。② 1747年，富兰克林在《关于宾夕法尼亚青年教育之提议》中明确建议将英语作为教学的主要语言。富兰克林的文实学校并未取得如他所愿的发展，但这种新的办学思路引领了教育的潮流，英语写作教育、科学教育和实用教育等思想产生了深远的影响。文实学校的实践导向增强了父母让子女接受教育的动机，发展很快。在独立战争前夕，模仿富兰克林的方法建立起来的各类文实学校已经取代文法学校，成为中等教育的主要类型。③ 因为英语的通用性，文实学校更注重教授英语而非拉丁语法和文学。文法学以外，文实中学经常开设的课程包括自然科学领域的天文学、化学、植物学，综合所有自然科学知识的"自然哲学"、代数学、几何学，商业科学领域的会计、簿记、演讲、书法、航海和调查等。④ 1784年，一向在教育方面作为不大的纽约州也对本州文实中学的发展作出了规划和指导。州立法机关规定政府对合乎条件的文实学

---

① L.迪安·韦布：《美国教育史：一场伟大的美国实验》，陈露茜等译，安徽教育出版社，2010，第82~83页。
② Rippa S. Alexander, *Education in a Free Society: An American History*, New York: Longman, 1984, pp.64-65.
③ 里帕：《自由社会中的教育：美国历程》，於荣译，安徽教育出版社，2010，第56~57页。
④ Rippa S. Alexander, *Education in a Free Society: An American History*, New York: Longman, 1984, p.81.

校发放特许；对获得特许并每年向政府报告财政状况的学校给予补助。获得法人特许的条件包括学校自筹一半以上日常经费，拥有一个 12~24 人的董事会等。作为教育经费投入的保险措施，政府通过定期检查、测试和视察等方式对学校进行监督管理。①

教育世俗化的另一个表现是私立商业学校的发展。私立商业学校办学灵活，以夜校尤为普遍，兼有走读学校、晨校、函授学校等形式，教授阅读、书写、算术、几何、航海、会计、英语等课程。它们没有任何入学标准，缴纳学费即可入学。与文实中学一样，私立商业学校推动了职业教育和英语教育。激烈的竞争将商业学校的学费压得很低。为了生存，校长们甚至不得不建立价格联盟。1767 年 10 月，费城的十一位夜校校长登出联合广告，统一夜校开学时间和收费标准。读写班的收费标准为每季度十二先令六便士，费用已经包括笔、纸和取暖。第二年，费城其他夜校也纷纷加入了这个"卡特尔"。② 因为依靠工商业发展带来的人才需求而成长，北部和中部的私立商业学校较多，南部数量相对较少。一些私立商业学校后来发展成富兰克林式的"文实学校"。

教育的世俗化倾向促进了教育思想的发展。独立革命前，教育已不再专门为宗教服务，它已经被认为是成就个人、改良社会、塑造民族精神的必要手段。18 世纪五六十年代，有人在报纸上写文章把教育比喻成打磨宝石的过程，说一个人如果不受教育，就等于守着未开掘的宝藏而受穷；一个人在生活中的成功，在很大程度上取决于他所受的教育。纽约有人指出，教育的作用在于使人能够从事不同的职业，改善人们的心灵和理解力，向他们灌输公共精神和对家乡的热爱，激发他们对自由的热情和对人类的博爱，从而使他们对社会更有用，成为更好的社会成员。③ 立国之后，"国父"们相信教育是保存这个崭新民族、维护长久自由的唯一途径，认为唯有通过教育，才能培养出适合共和政体的美德公民，才能使公民具备

---

① Rippa S. Alexander, *Education in a Free Society: An American History*, New York: Longman, 1984, pp. 80-81.
② Bridenbaugh C., *Cities in Revolt*, New York: Alfred A. Knopf, 1955, p. 377.
③ 李剑鸣：《美国的奠基时代 1585-1775》（美国通史·第一卷），人民出版社，2008，第 464 页。

尊重他人自由的意识与维护自身自由的能力。杰斐逊在弗吉尼亚州议会上提出，州应当出资为出身贫困的儿童提供教育，包括所有白人男女儿童3年的免费教育，及天资聪慧学生的中等和高等教育。杰斐逊说，以普及的免费教育挖掘贫家子女的崇高天赋，使他们成为"有能力去保护他们同胞神圣权利和自由的人"，有益于公众福祉。费城的本杰明·拉什在宾夕法尼亚议会上提出了类似主张。杰斐逊和拉什的主张离公共免费普及教育的真正实现还很远，但他们的倡议使政府资助教育成为联邦的政策原则。

从18世纪北美教育世俗化的过程来看，居民对教育的重视程度与教育改善生活的潜能高度相关。殖民地的社会上升通道相对通畅，人们有较大的可能性通过接受教育改变命运。与英国相比，殖民地居民的识字水平与财富水平的相关度更高。这并非因为殖民地的中产阶级和富人有更高概率把孩子培养成有文化的人，而是人们有更多机会通过知识和自身努力获得成功①。18世纪工商业发展带来的人才需求，为普通民众走上社会的上升阶梯提供了普照的希望。像富兰克林这样白手起家获得巨大财富和名望的例子，激励着人们努力学习和工作。知识与财富声望的相关度也强化父母对孩子的学业期望，促进美洲重视教育的风气。以上客观环境滋养了私立商业学校、文实学校等实用主义教育的发展。殖民地高等教育的发展，同样表明社会流动性与教育发展之间的良性循环。法国-印第安人战争之后，由于宗教要求、城市间的竞争、初生的民族主义等因素的推动，各殖民地都要求建立自己的学院，殖民地内部的城市之间为高校的选址而激烈竞争。② 在原有六所高校的扩张之外，1764年、1766年、1769年又分别有三所学院建立。③ 高等教育使任何人都有可能成为专业人士，这为平民子弟提供了在社会阶梯上爬升的路径。因为有可能通过为子女提供良好教育来提高家族的社会地位，平民父母对孩子的培养意愿很强，愿意在子女教育上投入大量财力和精力。很多通过个人努力爬升到当地精英位置

---

① Lockridge K. A., "Literacy in Early America 1650–1800," Graff Harvey J. edt., *Literacy and Social Development in the West*: *a Reader*, Cambridge: Cambridge University Press, 1981, pp. 183–200.
② Bridenbaugh C., *Cities in Revolt*, New York: Alfred A. Knopf, 1955, p. 378.
③ Bridenbaugh C., *Cities in Revolt*, New York: Alfred A. Knopf, 1955, p. 374.

的平民，费尽心思把孩子送往大学，在代际累积社会地位的上升。美国第二任总统约翰·亚当斯的父亲老约翰·亚当斯是马萨诸塞布伦特里镇一位勤劳而忠直的小农场主，家境贫寒，年轻时都娶不上妻子。但因为好学、有些藏书获得了镇上居民的尊重，做了很长时间的镇管理委员会委员，后来还做了教堂执事。中年生下约翰·亚当斯之后，他就决定以后要送儿子去上哈佛。小约翰没有辜负他的期望，一生勤勉好学，在学术和政治上都卓有成就。独立战争的领袖有很多人是家中接受高等教育的第一代。

（二）北美的居民识字率

北美殖民地的教育发展状况不错，尤其是初等和中等教育的普及使美洲人口的识字率明显高于欧洲。通行的识字率判断依据是人们会不会签署自己的名字。在英语教育中，写的能力必须建立在读之上，所以会签名就意味着能阅读。1760年前后，新英格兰的成年男性识字率已经达到85%，到1790年前后达到90%。妇女的识字率没有准确的统计资料，但在1768~1771年，波士顿出售财产的妇女中有88%能亲笔签名。在附近的乡村，这个比例是约60%。在康涅狄格的佛蒙特温莎区，妇女签字率在1777~1786年是61%，在1787~1796年为79%[①]。与马萨诸塞、康涅狄格等地区相比，北部新罕布什尔地区，中部纽约、新泽西、特拉华等地，南卡罗来纳、佐治亚等地的教育水平和识字率要低一点，这显然与教育观念、教育立法、宗教和政府角色是否到位等因素相关。中部地区的识字率低于新英格兰，但要高于同期英国。宾夕法尼亚和弗吉尼亚的男性成年自由民识字率达到将近70%；纽约在1730年至1770年留下遗嘱的人中，有80%能签名；而同期英国成年男性的识字率约为65%。妇女的识字率略低，但就新英格兰和中部地区来说，成年男性识字率已经基本保证家家户户有人能够阅读，这个人能将报纸、小册子上的新思想传播给他的家人。南部殖民地，尤其是南卡罗来纳和边远地区较多的

---

① Beales R. W., Monaghan E. J., "Literacy and Schoolbooks," Amory H., Hall D. D., *The Colonial Book in the Atlantic World*, Cambridge, UK: Cambridge University Press, 2000, p. 380.

佐治亚，由于黑人和非英格兰裔的边远山民普遍得不到基础教育，识字率要低于英国平均水平。① 另据劳伦斯·克雷明的研究，在英国乡村和城市的成年男子识字率分别约为 48% 和 74% 的时候（依据结婚签名得出的数据），北美殖民地成年男子的识字率已达 70%~100%（依据契约、遗嘱、入伍、选举等文书签名得出的数据）。② 劳伦斯的结论与洛克里奇（Lockridge）、恩格尔曼等人的结论大致吻合。他得出的两组数据所依赖的样本并不严格相同，可能与英国居民唯一普及的签名文书是婚契，而北美居民有较多的社会和经济权利，留下的文书形式比较丰富有关。笔者尚未见到殖民地时期南部殖民地识字率的统计资料，不过可以略作推测。在南卡和佐治亚这两个以大种植园经济为主的殖民地，没有制度化的办学模式，教育的主要支撑力量是家庭和慈善，教育机会非常不平等，黑人奴隶受教育机会非常小，可以想见识字率必然不高。本书附录 B 所列美国国父中，来自南卡的人士，绝大多数出身大种植园主家庭，余下的也出自政治世家或豪富之家；来自佐治亚的人士，只有一人是当地出身并在慈善性质的贫儿学校接受教育的，其他均为迁自外地的律师、商人、医生；来自北卡罗来纳的人士，大半迁自外地，小半出自本地望族，可见南部下层民众出人头地的机会很少，不像新英格兰等地的贫家俊杰，可以在几年公共教育的基础上，通过自学进入上层社会。由南方的情况可见政府在教育中的缺位带来了教育的深度不公平、民众的低智识程度与阶层固化。教育思想、立法与教育提供模式、教育普及程度、公民识字率之间有着密切的关系。

表 5.1 列出了北美地区间宗教（影响教育思想、实践平民教育的重要因素）、教育立法、经费与识字率等因素的对比。

---

① Lockridge K. A., "Literacy in Early America 1650-1800," Graff Harvey J. edt., *Literacy and Social Development in the West: a Reader*, Cambridge: Cambridge University Press, 1981, p. 184；李剑鸣：《美国的奠基时代 1585-1775》（美国通史·第一卷），人民出版社，2008，第 468 页；恩格尔曼、高尔曼：《剑桥美国经济史》；巫云仙等译，中国人民大学出版社，2008，第 194 页。

② Cremin L. A., *American Education: The Colonial Experience 1607-1783*, New York: Harper & Row, 1970, p. 546.

表 5.1 美国殖民地时期地方教育状况对比

地域	宗教情况	教育立法及执行	执行机构	经费来源	教育事业的特征	成年男性识字率
新英格兰	清教	有，执行良好	政府	专项税款、划拨土地孳息、学费	普及化	90%
宾夕法尼亚、新泽西、纽约等	贵格会、多元化	有，执行不善	教会	教会经费、学费	世俗化	70%~80%
中部其他地区：弗吉尼亚等地	英国国教	无	教会	教会经费、学费	—	约70%
南卡罗来纳、佐治亚	英国国教	无	家庭慈善	家庭、捐赠、捐助	落后、不平等	较低

（三）统一的语言

一致的语言是人际沟通的前提条件。统一的语言是一个社会共同体在内部达成任何共识的必要条件。这里说的统一，不仅是地域意义上的，更是阶层意义上的。阶层之间语言的统一是共识塑造的前提。民国初期我国的"新文化运动"将"白话文运动"作为核心内容之一，这正是个中原因。

作为怀旧情绪、普及教育、统一教材、辞典和自学习惯共同作用的结果，北美语言的统一性在西方首屈一指。普及教育是其中最关键的因素。

独立之前，生活在美洲的人需要借助标准英语来建立文化自信，这是美国统一语言形成的内在动因。"对自己的新文化尚无十足信心的人们，力图显示自己能比母国的人民更加得体，以此使自己放心。"18世纪被称为英国历史上的学究时代。以富兰克林等人为代表的殖民地作家，致力于遵循旧有的"纯正"语言。亨利·卡伯特·洛奇俏皮地指出：直至19世纪后很多年，"试图跨入文学生涯的美国人，他所迈出的第一步，就是装得像个英国人，以便获得——不是来自英国人的，而是来自本国同胞的——赞许"。正确地拼写是文化水平高的标志，因此北美人比英国人更注重拼写和发音的标准化。文化领袖主动地推进语言的标准化工作。1724年，时任威廉与玛丽学院教授的休·琼斯牧师建议"制定一个公共标准"，以指引子孙后代的写作和表述。1750年，富兰克林发明了公共拼字竞赛游戏，这种游戏在18世纪下半叶风靡美洲学校。除了借用印第安人关于地名地貌的词汇及用已有的英语词汇复合新词指代他们所新见的美洲动植物外,英裔居民自觉抵制外来词及随意生造的词。美国独立前后,约翰·亚当斯多次提议设立一个语言学会来统一和改善英语。①

然而,如果没有普及教育和统一教材,对拼写和发音的规范化追求是不可能完成的。早在17世纪末,北美就已经出现了正式的教材《新英格兰读本》。这个读本以宗教为主要内容,教授字母、拼写规则、阿拉伯数字和罗马数字。18世纪三四十年代起,拼写读本在殖民地流行开来,并且越来越注重培养孩子们写的技能。到五六十年代,美洲的各殖民地都已将拼写读本作为引导性的教材。60年代之后,在福音传道社的资助下,贫民学校的孩子们也已经普遍地使用拼写读本。70年代,拼写读本已经成为不可或缺的教材。②拼写读本提供丰富的范例以帮助孩子们掌握字母、音节和发音之间的相互关系,使教育过程具备系统性,有助于学员成功掌握读写技能。③

没有机会正式上学的年轻人,也可以通过拼写读本习得基本的读写技能。印刷商们推出自学式的拼写读本,称之为"年轻人的优良伴侣"。1748年,本杰明·富兰克林改编重印了大不列颠乔治·费雪的拼写读本第九版。针对美洲年轻人这一读者群,富兰克林"删除了大量对美洲人民帮助不大的内容,并加入了对美洲人来说有用的内容"。富兰克林编写读本力求简明易懂,以使读者能在没有指导的情况下学会拼、读、写、算,基本可以从事商业为目标。为了读本的成功,富兰克林把更多的篇幅用于阐述字母与音节之间的关系,列出更多的同音异义词表,还随书赠送《穷理查历书》。随着富兰克林的读本获得巨大的商业成功,纽约等地的印刷商也开始推出自己的读本。④

---

① 布尔斯廷:《美国人:殖民地历程》,时殷弘等译,上海世纪出版集团,2009,第289~300页。
② Monaghan E. J., *Learning to Read and Write in Colonial America*, Amherst & Boston: University of Massachusetts Press, 2005, pp. 195, 213-214, 333.
③ Monaghan E. J., *Learning to Read and Write in Colonial America*, Amherst & Boston: University of Massachusetts Press, 2005, p. 195.
④ Monaghan E. J., *Learning to Read and Write in Colonial America*, Amherst & Boston: University of Massachusetts Press, 2005, p. 215.

第五章 共识塑造的阶层纳入：教育、经济与阅读意愿

拼写读本统一了各地的语言发音。布尔斯廷说，在发音方面，英国人根据习惯发音，每个人都从父母那里习得口头语言。而美洲人则按照老师的教导，一丝不苟地按拼写来发音。① 按习惯发音的口语会随时空变化而变化，因而居住在不同地区或者不同阶层的群体就有了不同的语言。反之，与拼写一致的发音则能保留语言原来的样貌，获得超越时空的一致性。

拼写读本统一北美孩子的语音和拼写标准，词典则统一北美成人的拼写标准。布尔斯廷说，后者尤其具有意识形态上的意义。"认为存在着一种'正确'的语言，每个识字的人都能从一本读本上学到这种语言，这种观念本身就是对传统方式和旧的等级界限的挑战。"② 18世纪50年代，塞缪尔·约翰逊的《辞典》问世，18世纪末19世纪初出现了大量词典、语法书和会话指南，标志着英语有了"正确"的标准。人人都能依靠《辞典》掌握标准的英语。这取消了语言的阶级性，使"出身低微的人"能够"手持语法书和词典奋力进取，挤入最华丽的餐厅和最高雅的沙龙"③。

编撰《辞典》的塞缪尔·约翰逊是个英国人，《辞典》在北美的流行程度却要高于英国。由于社会的高流动性，北美平民有更强烈的动机去掌握标准英语。在个人成就和地位与个人努力和综合素质高度相关的前提下，语言是一项值得花费精力培养的技能。丰厚的就业市场和良好的职业前景，使人们感到掌握标准英语的必要。而北美教育的实用倾向也使英语在教学中的地位直线上升。标准英语因而得以通行于各个阶级。

统一的语言环境也造就了统一的文化。在讲英语的环境中，其他文化来源的移民逐渐被同化。来自荷兰的移民曾经竭力保持他们的语言传统，纽约的荷兰教会甚至曾拒绝雇用会英语的教师，但在1754年，一位荷兰官员哀叹："父母们已经发现，在某种程度上要把荷兰语传递给孩子们是不可能的了。"④

---

① 布尔斯廷：《美国人：殖民地历程》，时殷弘等译，上海世纪出版集团，2009，第301页。
② 布尔斯廷：《美国人：殖民地历程》，时殷弘等译，上海世纪出版集团，2009，第299页。
③ 布尔斯廷：《美国人：殖民地历程》，时殷弘等译，上海世纪出版集团，2009，第299页；Burgess A., "The Dictionary Makers," The Wilson Quarterly, 1993, 17 (3): 104-110, http://www.jstor.org/stable/40258746 .02/02/2013。
④ 里帕：《自由社会中的教育：美国历程》，於荣译，安徽教育出版社，2010，第30页。

语言的一致性对于共识的塑造是非常有利的。语言的一致性不仅意味着乔治·怀特菲尔德可以用同一个讲稿讲遍北美，也意味着在一个地方出版的小册子能够在另一个地方唤起同样的情感，塑造同样的观念。

更重要的是，语言的一致性巩固了一个流动社会的开放性，并保障了社会各阶层间的交流和反馈。在欧洲，贵族说着贵族的语言，平民说着平民的语言。每个人一开口，就泄露了自己的社会背景。贵族与平民之间的交流也变得很困难。而在美国，人们并不因语言显得高贵或卑微。不同阶层使用同一种语言，也使阶层之间的相互交流和理解更为通畅。在不同阶层使用不同语言的情况下，身居高位者看平民生活，不是抱着高高在上的怜悯，就是抱着事不关己的冷漠，后者自然不足为道，前者似乎也于事无补。就像法国革命前夕政府官员所写的形形色色同情人民疾苦的公开文件和会议纪要，不仅未能革除流弊，反而激怒了人民。① 社会上层人士与平民用同一种语言交流的时候，各个阶层的成员更能获得彼此的理解与同情，也就更易形成符合社会整体需求的共同观念。

（四）比较：同期英国和美国的教育、语言、识字率

西欧同期的识字率远低于美洲，并且贵族与平民各有其语言体系。深奥难懂的希腊文和拉丁文是一名上流社会绅士必备的技艺，而统治阶级的文学经常是用业已死亡的外来"经典"语言写成的。拉丁语制造的语言鸿沟保证了社会权力在上层阶层中的传承，同时为新思想的传播制造了沟通障碍，这种障碍是欧洲的人民主权思想局限于资产阶级范围的重要原因。

在18世纪的英国，教育的目的依然在于使不同的社会群体拥有与其社会功能相匹配的受教育水平，以符合社会结构再生产的要求。主流的英国人对穷人的教育持怀疑和反对的态度，认为教育会鼓励穷人僭妄，会使他们试图去理解他们理解不了的事情，而不再遵从教导者的建议。如果让他们接触到煽动性的小册子或者报纸，他们还会变得刁蛮好辩，将本职工作抛诸脑后。总之，穷人读书只会让他们变成麻烦分子。②

---

① 托克维尔：《旧制度与大革命》，冯棠译，商务印书馆，1992，第214~220页。
② Stone L. S., "Literacy and Education in England 1640-1900," *Past and Present*, 42, 1969, p. 84.

第五章 共识塑造的阶层纳入：教育、经济与阅读意愿

社会分层观念决定着教育的目的和总体形态。英国17世纪晚期发展起来的公共教育体系分为五个层次，从最初级的简单阅读和签名到最高级的长篇阅读、复杂写作和政治法律专业知识，分别满足不同阶级将来从事相应工作的需要。教育被用作强化阶级区分、降低社会流动性的手段。传统贵族和新兴财富阶层通过私人教师和为数不多的排他性贵族学校，如伊顿公学、威斯敏斯特公学和温切斯特公学让自己的孩子学习拉丁语，阅读古典文献，以此区分于平民的孩子。为了确保他们的子弟在成年后占据所有重要的社会职位，这些处于社会上层的贵族和有钱人阻止文法学校向中产阶级扩展。虽然有极少数有天分的平民孩子通过"赏识机制"① （sponsoredmobility）突破了教育分层的界限，但这种机会并非来自开放的竞争，而须寄望于自上而下的青眼。同样，掌握了基本的读写算能力的小农场主和小店主则试图阻碍基础教育的发展，以免穷人成为他们的竞争对手。关于教育的这些观念和实践迟至19世纪仍然占据主流，精英教育的模式也不断被强化。作为其后果，英国的绅士阶层与平民阶层、平民阶层与贫民阶层的分化在19世纪不但没有淡化的迹象，反而加深了②。

由于阶层封锁，在17世纪和18世纪，非精英出身但接受了高等教育的英国人所能找到的最好工作是教会的低等教职。大学面向中下层阶级的招生数不超过国教教堂所能提供的职位数。③ 出身卑微的英国人即使认了字，也不能奢望成为白领阶层的一员。人们难以从读书识字中看到改善生活的希望，农场主甚至更喜欢雇用不识字的农夫。下层民众因此找不到让孩子读书的理由：不读书既不用交学费，还能让孩子做工挣钱。18世纪70年代工业革命开始后，对劳动力的迫切需求暂时提高了工资水平，这促使很多父母在孩子八九岁时就把他们送去工厂做工。孩子们一周要工作六天，只能退而求其次，接受主日学校的教育。虽然18世纪的英国也有基督

---

① 有一些贵族帮助获得其赏识的孩子进入文法学校。
② Stone L. S., "Literacy and Education in England 1640-1900," *Past and Present*, 42, 1969, pp. 71-74.
③ Stone L. S., "Literacy and Education in England 1640-1900," *Past and Present*, 42, 1969, p. 75.

学校（Charity Schools），到 80 年代童工盛行的时候又有了主日学校，教区有时会利用教区基金为贫家子弟上私立学校提供学费，但真正免费受教育的机会还是非常少。在 18 世纪末期，只有少数孩子的在校时间超过了一年半。学校的生源也很不稳定，许多注册在校的学生并没有真正接受教育。直到 19 世纪的上半叶，在以棉纺工业闻名的兰开夏，主日学校（Sunday Schools）的学生总数还是要比日常学校多。19 世纪早期的调查还显示，当就业机会增加的时候，即使在免费的学校，入学率也会大幅度降低。① 作为教育发展迟滞的结果，在 18 世纪后半叶到 19 世纪初这段时间，英国的识字率是下降的。② 在英格兰的贝德福德郡，成年男子的识字率从 1754～1764 年的 46%下降到 1795～1804 年的 40%。③ 到 19 世纪三四十年代，英国的识字率才有了迅速的上升。④ 而普遍的强制义务教育直到 19 世纪 70 年代，技术革新和经济增长放缓导致对童工的需求不再迫切，才得以实行。

18 世纪晚期至 19 世纪早期，英国的识字阶层享有更高的社会地位和薪酬，但 19 世纪早期的教育调查仍表明，孩子受教育的时间和内容与父母的职业和地位紧密相关。也就是说，文化程度并非与社会地位直接相关，而是两者皆与出身相关。由于子辈在社会阶梯上向上流动的可能性很小，劳工阶级舍不得在子女教育上投入太多。

这一时期英国城镇的识字率要高于乡村，这并非因为城市贫民的孩子有更多受教育机会，而是因为接受了教育的农村人口大批迁往城镇，因为

---

① Schofield R. S., "Dimensions of Illiteracy In England 1750 – 1850," Graff Harvey J. edt., *Literacy and Social Development in the West: a Reader*, Combridge: Cambridge University Press, 1981, pp. 201-213, p. 202.
② Stone L. S., "Literacy and Education in England 1640-1900," *Past and Present*, 42, 1969, pp. 74-75.
③ Schofield R. S., "Dimensions of Illiteracy In England 1750 – 1850," Graff Harvey J. edt., *Literacy and Social Development in the West: a Reader*, Combridge: Cambridge University Press, 1981, pp. 201-213.
④ Schofield R. S., "Dimensions of Illiteracy In England 1750 – 1850," Graff Harvey J. edt., *Literacy and Social Development in the West: a Reader*, Combridge: Cambridge University Press, 1981: 201-213; Stone L. S., "Literacy and Education in England 1640-1900," *Past and Present*, 42 (1969), p. 208.

城镇有更多需要读写和计算技能的工作机会①。这加剧了农村富裕阶层与贫民之间的分化,因为富家子弟才有机会学习读写算。

英国18世纪的教育状况表明,低社会流动性和非强制性是教育不平等、不普及的主要原因;在政府不作为的情况下,教育不平等和社会地位不平等的代际传递效应很强。权贵阶层在社会治理上倾向于保持自身优势地位,社会地位的不平等与知识、经济的不平等相互强化,加固原先的阶层分化和锁闭,造成恶性循环。作为在17世纪就有了弥尔顿的《大洋国》和洛克的《政府论》的国度,阶层锁闭、教育不平等是启蒙局限于资产阶级的重要原因。

法国的教育不平等和阶层锁闭更为严重。②

在法国,学校一直被视为社会控制和意识形态控制的工具、专制统治力量的源泉。法国革命前一个世纪,学校还处于宗教冲突的中心,是各个教派争夺领地的工具。③但在1685年《南特敕令》被废除以后,天主教成为唯一具有办学资格的宗教。为了强化中央集权制度,17世纪法国国王曾数次颁布实施义务教育的敕令,要求在每个教区设立初等教育机构。但是,当时政府只是将其当作专制统治的工具,对国民教育缺乏持久的兴趣和统一的规划。这些敕令也就停留在纸面上。市政当局利用公共税收维持的学校也往往交给天主教会或修会办理。④法国的教士和贵族维护原有社会分层的动机比英国贵族有过之而无不及。由于对"过度教育"将引发社会不安的担忧及财政方面的原因,18世纪下半叶,法国的地方市镇当局普遍减少了对教育的投入。法国以共和而非宗教为目的的免费义务教育体系

---

① Schofield R. S., "Dimensions of Illiteracy In England 1750-1850," Graff Harvey J. edt., *Literacy and Social Development in the West: a Reader*, Combridge: Cambridge University Press, 1981: 201-213.

② Stone L. S., "Literacy and Education in England 1640-1900," *Past and Present*, 42, 1969, p. 73.

③ Furet F., Ozouf J., "Three Centuries of Culture Cross-Fertilization: France," Graff Harvey J. edt., *Literacy and Social Development in the West: a Reader*, Combridge: Cambridge University Press, 1981, p. 214.

④ 郑崧:《国家、教会与学校教育:法国教育制度世俗化研究(从旧制度到1905年)》,学林出版社,2008,第35页。

要等到大革命之后一个世纪才由朱尔斯·费里建立。①

18世纪法国初等教育的地区发展极不平衡。1789年，法国的3.7万个教区中已有2.5万个开办了小学，但没有开办小学的教区很集中。北部、东北部和南方部分地区初等教育的发展要好于中部地区。1779年，图尔主教区的758个教区共有996所学校，韦尔东主教区的284个教区共有266所学校，而皮伊德东主教区只有1/10的教区有学校。②

由于教育以培养虔诚驯服的信徒为目的，教区小学的教学内容是阅读拉丁文版的《圣经》片段。上过教区小学的人能将死记硬背学下来的宗教文本背诵给他们不识字的邻居听，但他们连自己的名字也不会写，也从不思考。直到19世纪中叶，书写还是一项稀有的技能。不能写意味着他们不能记录个人的感受，也不能通过文字进行个体间的私密交流。他们少量的识字只是宗教和集体统治的工具。③ 文盲率仍然很高，1786~1790年，法国男女文盲率分别高达53%和73%。④

在语言上，当时经过法兰西学院规范化的法语是欧洲的通用语言，但在法国境内，它作为官方语言仅为贵族和资产阶级所掌握，下层民众保留着自己的方言。在法国大革命爆发的1789年，举国上下还只有12%~13%的人能说标准的法语，会说法语的人不超过50%。在中央行政区之外，很少有人会在日常生活中使用法语。在北部和南部，更是几乎没有人说法语。⑤

法国的出版物也不是为平民准备的。在以"文人共和国"为代表的精

---

① Furet F., Ozouf J., "Three Centuries of Culture Cross-Fertilization: France," Graff Harvey J. edt., *Literacy and Social Development in the West: a Reader*, Combridge: Cambridge University Press, 1981, p. 215.
② 郑崧：《国家、教会与学校教育：法国教育制度世俗化研究（从旧制度到1905年）》，学林出版社，2008，第48页。
③ Furet F., Ozouf J., "Three Centuries of Culture Cross-Fertilization: France," Graff Harvey J. edt., *Literacy and Social Development in the West: a Reader*, Combridge: Cambridge University Press, 1981, pp. 214-231.
④ 郑崧：《国家、教会与学校教育：法国教育制度世俗化研究（从旧制度到1905年）》，学林出版社，2008，第60页。
⑤ 郑崧：《国家、教会与学校教育：法国教育制度世俗化研究（从旧制度到1905年）》，学林出版社，2008，第36页。

英文化中，神学、法学、哲学、历史多种学科相互影响，文人们的著作旁征博引、晦涩难懂。这对于著作本身的学术价值是不可多得的助益，但对平民来说，这样博学的著作，却在语言障碍之外，又多铺设了一层文本内容上的解码障碍。当然，在一个文人自由成长和言论自由开放的社会，艰深的学术著作与平易的平民阅读物可以并存，就像英国既有晦涩的《利维坦》，也有平易的《政府论》，美国则有许许多多将《利维坦》用平民语言阐述出来的小册子作家。但在法国，文人的成长依赖于权势人物的欣赏，因此文学、哲学只对上流社会负责。与书籍著作面向上流社会一样，法国文艺期刊的受众也局限于上层阶级。还有一些期刊仅为某沙龙所专用，如格林的《文学通讯》，供德·埃皮耐夫人的沙龙内部所用。① 达恩顿的多部著作提及，在哲人著作争奇斗艳的法国启蒙运动中，市面上最流行的却是从阁楼和地下室出来的色情文学和低俗小说，这正是法国精英与大众文化的分化的样貌。阶层锁闭、识字、语言、智识方面的障碍，与这种分化互为因果。

二　读书看报的平民：经济收入水平与出版物价格

拥有了阅读能力，公众参与共识塑造还必须拥有接触信息的机会。这个机会的多少取决于平民购买书面出版物的经济能力、借阅出版物的机会和其他接触信息的机会之有无。本节介绍北美居民在18世纪晚期的经济收入状况、平民接触出版物的状况和其他思想传播场合的状况。

（一）经济平等与良好的物质生活

18世纪的北美，是一个以自耕农为主的社会，经济收入比较平均。如伍德所指出的，相对于欧洲，革命发生前的美洲是一个"截头去尾"的社会。美洲的富翁与欧洲贵族不可同日而语，但也少有无立锥之地、面临饥馑威胁的贫民。② 独立革命发生时，北美的非奴隶男性人口中，有80%~85%是自

---

① 哈贝马斯：《公共领域的结构转型》，曹卫东等译，学林出版社，1999，第45页。
② 伍德：《美国革命的激进主义》，傅国英译，北京大学出版社，1997，第109~125页。

耕农，1%是大商人或大种植园主，其余则是熟练工、半熟练工、短工和海员。北美财产分布的平均程度要高于欧洲大陆的任何地方。① 在整个 18 世纪，北美财富的集中程度变化很小，新开发的地区财富集中度尤其低。②

美洲殖民地形成一个以自耕农为主的社会，与殖民地的自然条件及从英国继承而来的共和主义思想有关。

北美多个殖民地在建立初期就制定了向居民授予土地的法律。1618年，弗吉尼亚在原先的"公司所有制"运营失败后，开始实行土地私有化，按"人头权利"分配土地。按照规定，弗吉尼亚的自由民均可获得 50~100 英亩的土地，每年仅付 1 先令/50 英亩的代役租，1616 年前自费迁来的老移民还可免租。③ 公司制结束之后，弗吉尼亚居民取得土地的方式是向议会申请。只要被请求的土地并非印第安人所有，议会又认为请求合理，就通过投票表决把地产授予申请人。后来请求土地的申请增加，弗吉尼亚制定了土地法来规范土地赠予，在程序性的规定之外，规定受赠人应在规定的时间内以某种方式改善土地。④ "人头权利"授地制度后来为中部和南部各殖民地所沿袭。宾夕法尼亚在建立伊始便规定，只要定居者愿意每年向业主缴纳代役租，刚来的移民家庭就可以获得超过 500 英亩的土地。佐治亚按户授予土地，按每个户主 100 英亩，其他家庭成员（包括奴隶）每人 50 英亩计算。新泽西、特拉华、北卡罗来纳等地也有类似按人口配给土地的制度。北部新英格兰的土地制度与中部和南部殖民地不同，为集体土地分配制度，即由希望建立新拓殖区的村镇发起人以集体名义向议会提出申请，议会若批准，就选定一块土地授予申请者，这些申请者就一起移居到新的村镇上，再按照议会规定的分配原则在内部分配土地。这种村镇配给模式与"人头权利"模式对土地的免费分配

---

① Perkins E. J., *The Economy of Colonial America*, New York: Columbia University Press, 1980, p. 6.
② Perkins E. J., *The Economy of Colonial America*, New York: Columbia University Press, 1980, pp. 158-162. 在费城、马萨诸塞的沃切斯特郡等地，财富不平等的累积是存在的，但这种现象并不普遍。1700 年后，北美城市人口占总人口的比重是下降的。
③ 李剑鸣：《美国的奠基时代 1585-1775》（美国通史·第一卷），人民出版社，2008，第 106~107 页。
④ 杰斐逊：《杰斐逊集》，刘祚昌等译，生活·读书·新知三联书店，1993，第 281 页。

是一致的。新英格兰最早的殖民地普利茅斯实行过短暂的共同占地、共同劳动、共享成果的公有制度，但没有成功，村镇的集体土地很快被部分私有化。1627年，普利茅斯移民大会决定给每位移民分配20英亩土地，村里保留村民共享的公地。在后来成立的新英格兰村镇中，居民在迁入新镇之时就可依议会规定获得一份土地。由于新村镇总是留有公地，新迁来的人也能及时得到份地。①

弗吉尼亚对土地申请人"以某种方式改善土地"的限制规定，体现了财产权以实际使用能力为限的原则。这一原则在其他殖民地的土地配给制度中也有体现。新泽西规定获得授地的人在13年内应该在所授土地上居住；主人以仆人名义拥有的每100英亩土地上应有一名壮仆定居；所授土地如果三年内未得开垦，即被没收。北卡罗来纳要求每50英亩土地要有一名男子居住。对土地的"实际占有和使用"的规定，正是洛克的土地财产权观点的实践。洛克曾论述，一个人的土地拥有应以他的耕耘能力和生活需求为限。② 不过，倒不是洛克启发了殖民地的土地配给制度，因为洛克的《政府论》下篇，写于北美多个殖民地实行土地配给制度之后。相反，洛克在论述财产权的时候，常常以美洲的情况作为他所持观点的例证。③ 看来，北美才是启发洛克土地财产权观的实践来源。

北美土地配给制度的思想来源，是英国17世纪盛行的共和思想。当时英国的西德尼、弥尔顿、哈林顿等共和主义思想家继承了古罗马的共和思想，梦想建立以小自耕农为主体的正直、高尚而自由的共和社会。共和主义思想家认为，要防止一个社会的腐化堕落，则富者不应过富，贫者不应过贫，唯其如此，才能阻止一部分人利用权力剥夺另一部分人的权利，成为独裁者，或独裁的阶级。只有财产权呈现分散和均等的状态，共和政体

---

① 孔庆山：《美国早期土地制度研究》，中山大学出版社，2002，第63~66页；何顺果：《美利坚文明的历史起源》，《世界历史》2002年第5期。
② 参见洛克《政府论》（下），瞿菊农等译，商务印书馆，1982，第21页。原文如下："一个人能耕耘、播种、改良、栽培多少土地和能用多少土地的产品，这多少土地就是他的财产。""上帝以供人们享用为度供给人们财产，超出这个限度的就不是他所应得。"
③ 参见洛克《政府论》（下），瞿菊农等译，商务印书馆，1982，第27页，第32页。其中有"关于这一点，没有比美洲几个部落的情况更能作为明显的例证""全世界初期都像美洲，而且是像以前的美洲"等表述。

才能运转。哈林顿的《大洋国》正是其中的代表作。来到美洲的定居者多博学之士，对于这些著作不会陌生。如果说，弗吉尼亚和普利茅斯最初实行土地配给是为生活所迫，那么宾夕法尼亚等地的土地配给制度，则显然是在主动地创造一个大洋彼岸的大洋国。①

"大洋国"对它的出生地大不列颠来说是个乌托邦，到了对岸才生根发芽，这要归功于美洲广袤肥沃的土地。在美洲，地广人稀的自然条件令人们通过劳动而占有土地的自然财产状态成为合乎现实的选择。土地配给制度的施行对共和主义的拥趸来说是来自理想的驱使；对其他领主来说，亦是现实的吸引移民压力下的必然选择。由于土地易得，边疆辽阔，旧世界的封建租佃制度在这里是不可能保持稳定的。马里兰的第一代业主曾经想通过设立庄园的方式保留封建等级制度，却发现很难找到佃户，即使找到佃户，这些佃户的地位也是独立而自由的，他们的居住地与地主距离甚远，难以用封建义务来束缚。而那些长期荒置的庄园常常被拓荒者侵蚀吞没。②

初建阶段之后，随着人口密度的增大和土地的相对减少，一些地方开始采取土地出售制度。但地价还是非常便宜。1705 年弗吉尼亚一个 50 英亩的人头权利证书的售价是 5 先令。1684 年马里兰 100 英亩土地的价格为 240 磅烟草，合 1 英镑现金。在 1730 年的纽约，在哈得逊河两岸购买 100 英亩土地，只需要一个不熟练劳工 3 个月的劳动所得。宾夕法尼亚 100 英亩土地的售价在 5~15 英镑波动，是比较高的，这与该地工商业比较发达、非英裔移民较多有关。另外，土地买卖制度并未取代免费授地政策。如弗吉尼亚，自 1699 年始就已经有了土地买卖，但依申请配给的土地授予制度直到独立革命仍然存在。在新英格兰，当村镇一级开始出现土地买卖的时

---

① 土地分配的思想在独立后承袭下来，并成为后来"西进运动"中的政策依据。以杰斐逊为代表的许多革命家认为新成立的国家应当以自耕农为主体。唯其如此，才能保证共和的美德和自由的长久，因为只有自耕农独立而不腐化。诺厄·韦伯斯特说："对土地财产实施一种普遍的可以承受的平等分配是国家自由的全部基础。"即使像约翰·亚当斯这样的保守派也承认，同等的自由要求社会的每个成员能够获取土地，由此大多数人可以拥有小块土地。方纳：《美国自由的故事》，王希译，商务印书馆，2003，第 46 页。
② 孔庆山：《美国早期土地制度研究》，中山大学出版社，2002，第 71~72 页；伍德：《美国革命的激进主义》，傅国英译，北京大学出版社，1997，第 114 页。

候,殖民地一级还在继续向村镇免费分配土地。这两种制度的并存可能缘于它们适用于获取不同规模土地的情形。由于以低廉的代价就可以获得生存所需的土地,小块土地的需求者没有必要忍受申请所需的程序和等待。出售制度与授予制度并存的情形一方面反映了土地价格确实低廉,另一方面,土地买卖市场的存在反映出北美的土地所有制已经不同于母国在转让方面受较多限制的封建土地所有制,土地持有者对土地的私有产权比较明晰,所以流转也相对灵活。

与北美相对平等的土地分配制度相配套的是相对平等的继承制度。在英国,土地直接与家族的荣誉、地位相联系,长子继承和限嗣继承以保持这种联系为目的。在北美,一方面没有领主制度的约束,另一方面由于土地易得,长子继承制和限嗣继承制从未被认真执行,大多数殖民地通行的做法是在死者未留下遗嘱的情况下才采用长子继承制,如果有遗嘱,则按遗嘱执行。由于保留地产的完整对于家族的荣誉作用有限,父亲们更愿意把财产较为平均地分给儿女。在北卡罗来纳,往西迁移的人大多是家中的长子,也就是说,他们不像母国的长子们那样留守在家族的土地上。在继承母国传统最多、长子继承制保留较大影响的新英格兰,获得全部地产的长子要给他的弟弟妹妹们以经济补偿。有一些村镇实行诸子分割继承制,即长子得双份,其他诸子各得一份,长子多得一份是因为他要尽更多的家庭义务。北美的土地分配制度与继承制度奠定了居民收入均等化的基础。

从17世纪中叶到18世纪上半叶,北部新英格兰地区经历了长期稳定的经济增长,年增长率在1%~1.6%,这个数字对于农业社会来说是相当高的。① 中部切萨皮克地区在1755年至1775年经历了迅速的增长,新农具的采用提高了农业产量,同时在从英国进口的工业品价格保持稳定的情况下,殖民地出口的烟草和其他农产品的价格却自60年代起稳步上升。上升的价格与增加的产量,为烟草种植海岸地区带来空前的繁荣,亦将农耕方法及沿海的社会制度扩展到弗吉尼亚南部和山麓地区。1750年至美国独立以前的25年间,马里兰州南部西海岸的人均财产以每年大约2.5%的速

---

① 英国工业革命之前,英格兰的经济增长率为每10年3%~8%。参见 Perkins,1980:160。

度增长。① 18世纪60年代，南方偏远地区也开始走出边疆时期。小型集镇迅速发展，农场开始将剩余产品运往东部。人群居住密度增大，形成了形形色色的民间庆典和社会生活传统。②

有一个普遍存在的历史错觉，说北美殖民地是英帝国攫取海外利益的工具，是其获取原材料和倾销工业品的场所。依据《海外贸易法》（Navigation Acts），殖民地的经济利益确实要服从母国的整体利益。但实际上，在18世纪70年代，北美经济中受英国法规管制的部分只占总量的5%~8%，殖民地的经济基本上是斯密型的自由经济。③ 而双方交易的部分，也完全符合现代国际经济学中的相对优势理论，贸易对双方而言都是有利的。《海外贸易法》使北部的航海业、中部的靛青种植业受益，使南部的烟草种植业受损，但受损有限。④ 总的来说，殖民地土地资源丰富但人力资源稀缺，适合生产农产品和原材料。反之，由于劳动力非常珍贵，母国向殖民地销售的工业品，其价格要远低于他们自己组织生产的成本。⑤

到美国革命前夕，北美拥有相当于母国1/3的人口，但其经济产出值达母国的40%，加上分配比较平均，北美居民的生活水平，从各方面看都要比他们的欧洲同胞好：除了新英格兰的部分地区以外，北美农夫所拥有的土地一般超过75英亩，⑥ 而欧洲一般不超过20英亩；18世纪，欧洲每年的人口死亡率约为40‰，北美的数据为15‰~25‰；英国婴幼儿的死亡率从未低于20%，新英格兰的数据是10%~15%；即使扣除移民因素，北美的人口增长也要比欧洲快得多。经济史家认为，这与美洲居民的营养、

---

① Perkins E. J., *The Economy of Colonial America*, New York: Columbia University Press, 1980, pp. 162-163; 恩格尔曼、高尔曼:《剑桥美国经济史》；巫云仙等译，中国人民大学出版社，2008，第204~205页。
② 纳什:《美国人民：创建一个国家和一种社会》，刘德斌等译，北京大学出版社，2008，第119页。
③ Perkins E. J., *The Economy of Colonial America*, New York: Columbia University Press, 1980, p. 12.
④ Perkins E. J., *The Economy of Colonial America*, New York: Columbia University Press, 1980, p. 18.
⑤ Morgan E. S., *Inventing the People: The Rise of Popular Sovereignty in England and America*, New York, London: W. W. Norton & Company, 1988, p. 145.
⑥ 根据英国法律，拥有40英亩以上土地的农场主拥有投票权。

取暖等条件较好有关。18 世纪 70 年代,北美自由人的人均年收入可达 13 英镑,一个典型的五口之家,其收入约为 65 镑。同期英国人的人均收入在 10~12 镑。同时北美居民承担的税收要比英国低 75%,这意味着北美居民的平均可支配收入要高出英国 20%。当时北美维持一个劳动力生存的必要价格约为 7 镑,这意味着一户寻常人家每年约可有 30 镑的非必需品开销。北美居民在基本食品(包含谷物和蔬菜,不含肉类、奶类)上支付的收入只占实际收入的 1/4。①

城市居民的生活也是宽裕的。美国革命前夕,北美城市劳工的收入,高于其英国同侪 30%~100%;许多城市居民愿意以高于原材料 35%~85% 的价格购买而非自制面包;城市居民的恩格尔系数约为 0.5。最大的城市费城约有 2 万人口,城中约有 2/3 的成年男子(奴隶除外)从事手工业。费城一个四口之家的低收入家庭的年正常开支约为 60 镑(合每日 3.28 先令),刚好相当于一个费城劳工的年收入。其他职业的平均收入水平如下:海员,49 镑;熟练皮匠,58.5 镑;皮匠师傅,74 镑;熟练裁缝,62.5 镑;裁缝师傅,100 镑。② 除了一些需要庞大机构支撑的制造业,如蒸馏和造船业,工匠们通常能从学徒变为熟练工人再变成小业主。北美的失业率也很低,如若不是有精神或身体疾患,人们不会长期找不到工作。乡村道路和城市街道上,也不像在英国那样总见到乞丐。③ 18 世纪前半期,有一半左右的工匠在去世后留下了足以保证家人舒适生活的个人财产。④ 附录 H 表 H.1 的数据表明,独立战争期间,工匠的日均工资并没有因战争降低。

在财产的性别平等方面,由于男女比例的失衡,北美女性的境况要比她们的欧洲姐妹好多了。她们可以独立地持有和转让财产、经营商业,法

---

① Perkins E. J., *The Economy of Colonial America*, New York: Columbia University Press, 1980, pp. 3-7, 145.
② Perkins E. J., *The Economy of Colonial America*, New York: Columbia University Press, 1980, pp. 10, 148-149.
③ Perkins E. J., *The Economy of Colonial America*, New York: Columbia University Press, 1980, pp. 10-11.
④ 纳什:《美国人民:创建一个国家和一种社会》,刘德斌等译,北京大学出版社,2008,第 130 页。

律事务中可以独立出庭。由于寡妇总是有机会再婚，不少女子甚至因多次丧偶而成为富婆。杰斐逊曾自述因为与一个富有的寡妇结婚，他的财产翻了一番。① 通常寡妇会继续经营其先夫的商业，其中多数做得毫不逊色。这在印刷业中尤为普遍。

相对宽裕的经济生活为北美居民购买、借阅出版物提供了物质条件。在不同殖民地之间，经济状况的差别是存在的，南部自由民的经济收入水平和财富保有量要明显高于北部自由民（参见附录 H 表 H.2）。北方居民买得起的书报，南方自由民亦不在话下。

（二）买报读报借书读书

1. 小册子和报纸

美国革命发生时，城市书商已经通过乡村书店、小酒馆馆主、流动小贩将他们的销售网络延伸到乡村。本地印制的历书、单页的民谣、小本的诗歌集子、故事书、圣诗集、拼写读本、初级读物、布道书等印刷品价格低廉，在 18 世纪 60 年代就已进入寻常百姓家。关乎重大事件的小册子很受平民人家的欢迎。② 一本小册子的价格是一到两个先令③，潘恩的《常识》售价 1 先令，为平民所能负担。拥有言论出版的自由而没有印花税的干扰，报纸的订阅价格也为平民所能接受。革命前期，北美的报纸订户比例虽然远低于英国伦敦，但远远高于英国各省。表 5.2 列出了美国教育史家克雷明对 1775 年英、美两地的报纸出版及订户情况的大略估计值。

据史家对 18 世纪晚期报纸阅读分享情况的估计，一份报纸的平均最终读者约为 10 人，不过，越是报纸密集的地方，一份报纸的平均读者数就越少。表 5.2 的数据意味着，在 1775 年，如果按 10 倍订户数来估算读者数，伦敦的读者数已经达到人口数的 70% 以上，但据出版史家布鲁尔的估计，

---

① 杰斐逊：《杰斐逊集》，刘祚昌等译，生活·读书·新知三联书店，1993，第 6 页。
② Reilly E. C., Hall D. D., "Customers and the Market for Books," Amory H., Hall D. D., *The Colonial Book in the Atlantic World*, Cambridge, UK: Cambridge University Press, 2000, p. 387.
③ Bailyn B., *The Ideological Origins of the American Revolution*, Cambridge, Massachusetts: The Belknap Press of Harvard University Press. 1967, p. 2.

1780年伦敦读报的人口占总人口的1/3左右。① 但在外省，读者数不足总人口数的9%，这个数据倒是与另一位出版史家估计的8%差不多，② 可见英国城乡之间报纸的普及程度差别很大。北美的订户数约占总人口数的1.4%，如果扣除读报极少的黑人（约52万人）和印第安人（约10万人）群体，北美订户数占人口数的比例约为1.9%，比英国外省的数据高出1倍多。另外由于交通和邮政的原因，英国外省的城乡差别仍然很大，作为报纸读者的那8%~9%的外省人口，绝大多数居住在城镇或者城镇周边，乡村地区的读者更稀少。③ 在爱尔兰，绝大多数的报纸订户居住在都柏林。④ 而北美城乡差距较小，这意味着北美农村的报纸阅读人口比例的真实数据要比英国高出1倍。

表 5.2　1775 年英、美两国报纸订阅情况对比

	英格兰和威尔士			爱尔兰	北美殖民地
	总计	伦敦	各省		
人口	7244000	788000	6456000	3678000	2464000
报纸种类	67	23	44	16	38⑤
订户数（估计值）	112500	57500	55000	16000	35000
订户/人口		7.3%	0.85%	0.44%	1.4%

资料来源：Cremin L. A., *American Education*: *The Colonial Experience 1607-1783*, New York: Harper & Row, 1970, p. 547。

1775年还远不是美国报纸出版业的高峰期。美国的报纸发展基本与立国立宪的进程同步。1775~1790年，美国的报纸从38份猛增到91份。独

---

① Brewer J., *Party Ideology and Popular Politics at the Accession of George Ⅲ*, Cambridge: University of Cambridge, 1976, p. 151.
② Barker H., Burrows S., *Press, Politics and the Public Sphere in Europe and North America, 1760-1820*, New York: Cambridge University Press, 2002, pp. 104-105.
③ Barker H., Burrows S., *Press, Politics and the Public Sphere in Europe and North America, 1760-1820*, New York: Cambridge University Press, 2002, pp. 104-105.
④ Cremin L. A., *American Education*: *The Colonial Experience 1607-1783*, New York: Harper & Row, 1970, p. 547.
⑤ 资料来源中本数据为"37"，"38"为本书作者根据 Thomas I., *The History of Printing in America*, Vol. 2, New York: Johnson Reprint Corporation, 1971 得出的数据。

立战争结束后,村镇的印刷所日益繁荣,许多村镇有了自己的报纸,面对的订户主要就是本镇的村民。

即使是那些订不起报纸的贫民,也能在日常生活中接触到印刷品。他们通常能从村里的小酒馆,或者邻人那里读到报纸。布朗记述过一个平凡的农夫阿柏纳·桑格的智识生活:桑格是新罕布什尔一个叫金尼的小村子的外来户。一般来说,外来户没有什么社会根基,是村子里的边缘户。这个桑格是个典型的平头百姓,没有什么野心,也并不努力工作。他自己种了四十英亩地,同时也就近打打短工。桑格自己没有订报纸,但经常在跟邻人借工具时顺便借份报纸看,或者在替人打工干活的间隙看看报纸,有时候在主人家干完了活,他也继续待着等最新的报纸送来看过再走。①

报纸和小册子的传播如此广泛,1785 年米勒描述说:"这个社会中即使每天从事劳动的阶级,其中很大一部分人也能随意地经常接触报纸杂志,得到有关每一个事件的正式消息,注意政治进程,讨论公共措施,并因此不断激发自己的求知欲,给自己提供不断取得知识的手段。可以确切地断言,同一国的人口相比较,像我国现有政治性报刊的数量之大,是前所未有的。从各方面考虑,这些政治性报刊如此便宜,传播如此广泛,又能如此容易地看到,也是前所未有的。"② 富兰克林则说,他观察到现在美国大多数人的阅读时间都花费在报纸和小型的定期刊物上③。

与其他文明中风行戏剧、诗歌、散文、小说等"高雅"文学形式不同,在北美,报纸和小册子在人民的智识生活中占据主导地位。在这里,阅读并非上流社会的特权,而是民众普遍的生活方式。报纸和小册子能够满足平民对于阅读的切身性、实用性和快捷性要求,是平民能够在田间地头的劳作休息间隙吮吸和分享的文明乳汁,再加上亲民的价格,报纸和小册子于是成功地承担起普及启蒙的使命。报纸,虽然甫一面世就是知识的快速消费品,它在当时所充当的知识载体角色与现代仍然不可同日而语。

---

① Brown R. D., *Knowledge Is Power: The Diffusion of Information in Early America, 1700-1865*, Oxford: Oxford University Press, 1989, pp. 140-145.
② 布尔斯廷:《美国人:殖民地历程》,时殷弘等译,上海世纪出版集团,2009,第 348 页。
③ 布尔斯廷:《美国人:殖民地历程》,时殷弘等译,上海世纪出版集团,2009,第 337~338 页。

在当时，报纸上的每一个单词都被认真阅读，每一条信息的受众人数都要远远超乎现代社会的想象。① 此外，平民阅读使那些不读报的村民也总是有机会通过教堂、法庭、市镇会议、小酒馆甚至田间地头从他的同侪那里获得最新的消息和思想。劳作的人们只要聚在一起，就能讨论他们各自阅读得来的新知。通过这些途径，报纸的影响力要远远高于约20%的阅读人口比，它迅速提高了公众的才智，打破了因出身或经济不平等而产生的阶级智识隔膜②。

2. 公共图书馆

18世纪，真正的书籍对平民来说仍然是奢侈品。从书商们的订单来看，每一本书的订货量都很小，通常只有一本到三本。有一位书商订一本名为《感觉之人》的小说，四年之内总共订了12次，但总数也只有22本。③ 富兰克林在费城经营留下的账目表明，进口书籍零售的毛利润在33%~66%，但经营进口书籍与其说是书商的利润来源，不如说是用来撑场面的业务，利润还得靠文具。富兰克林曾在书籍广告中标明，进口书籍只能现金交易，不能记账，也没有任何折扣。这表明书籍的销量和利润都很有限。④ 书商留下的客户资料表明，书籍的拥有者仍然集中在接受过高等教育的阶层。

但平民接触书籍的机会并不少。好学的年轻人从牧师或社区领袖那里借得图书，也借用小酒馆或小商店的库存图书。⑤ 18世纪后半叶，便于平民阅读的公共图书馆发展起来。这些图书馆由私人发起，身兼世俗、宗教和商业功能。首先出现的是合作性的会员制图书馆，后来商业性的流通图

---

① Emery M. C., Emery E., *The Press and American: An Interpretive History of the Mass Media*, 8th edit, Boston: Allyn and Bacon, 1996, p.5.
② 布尔斯廷:《美国人：殖民地历程》，时殷弘等译，上海世纪出版集团，2009，第349页。
③ Reilly E. C., Hall D. D., "Customers and the Market for Books," Amory H., Hall D. D., *The Colonial Book in the Atlantic World*, Cambridge, UK: Cambridge University Press, 2000, pp.387-389.
④ Green J. N., "English Books And Printing in the Age of Franklin," Amory H., Hall D. D., *The Colonial Book in the Atlantic World*, Cambridge, UK: Cambridge University Press, 2000, pp.263-265.
⑤ Beales R. W., Monaghan E. J., *Literacy and Schoolbooks*, Amory H., Hall D. D., *The Colonial Book in the Atlantic World*, Cambridge, UK: Cambridge University Press, 2000, p.399.

书馆风生水起。平民阅读书籍越来越寻常。

殖民地最早的图书馆在教会牧师托马斯·布雷的倡导下创立。布雷在1689年被任命为马里兰英国国教会的主教。他认为，如果能够设立一些"规模适中"的宗教图书馆，将有利于吸引更多的英格兰牧师前往美洲传教，解决美洲牧师短缺的问题。布雷在英格兰争取到一些赞助，在此后的七十年间，组织了一批批图书运往安纳波利斯、查尔斯顿、佐治亚等地。布雷创立的图书馆有藏书二三百种。这些图书馆名义上为牧师专设，实际上也为世俗公众服务。[1]

世俗的社会图书馆由民间书友发起。首先兴起的是读者合作形式的会员制图书馆（Subscription Library）。1727年，本杰明·富兰克林在费城的手工业者中间组织了一个读书协会——"讲韬"（Junto）俱乐部。"讲韬"以"共同进步"为宗旨，租了一个房间做会所，会员们将各人有限的图书带到会所，就可以互相借用图书了。不过，"讲韬"首先是一个讨论平台，一种公共空间。后来，为了让更多的人享受图书互借的好处，富兰克林决定创办一所公共图书馆。图书馆采用会员制，会员要先缴纳一笔入会费，每年还要付一定的会费。会费只用于采买和添置书籍。这个图书馆被命名为费城合作图书馆，它是美洲的第一个"社会图书馆"。延续"讲韬"的传统，费城合作图书馆属于平民，绝大多数读者是一般的商贩和手艺人。它后来兼并了一些别的图书馆，并得到洛根1751年去世时遗赠给费城公众的大量藏书。[2] 合作图书馆的模式很快在费城和新英格兰的城镇推广开来。费城合作图书馆成立的同期，康涅狄格成立了四家同样性质的图书馆。到1766年，宾夕法尼亚的主要城市都已经拥有至少四所社会图书馆，较大的村镇几乎各有一所。新英格兰在1733~1780年建立了至少51所此类图书馆。这些图书馆的藏书中，神学书籍所占比例降低，历史、文学、游记、法律、科学和小说所占比例上升。此类图书馆的初始会员缴纳的入会费比较多，因为图书馆需要筹集资金购买图书。费城合作图书馆的入会费是40

---

[1] Beales R. W., Monaghan E. J., *Literacy and Schoolbooks*, Amory H., Hall D. D., *The Colonial Book in the Atlantic World*, Cambridge, UK: Cambridge University Press, 2000, p. 400.

[2] 洛根的藏书室是北美三大著名藏书室之一。

先令，以后每年的会费是 10 先令；成立于 1746 年的费城联合图书馆（Union Library Company of Philadelphia）向初始会员收取的入会费是 3 磅（60 先令）。这些图书馆也为非会员提供服务，但要收取较多的押金，通常相当于所借书籍价值的两倍，或整套书籍的价值。富兰克林后来说："这些图书馆的存在，改善了美利坚人总的社会交往，使普通手艺人和农民变得像其他国家的大多数上流人物一样有才智；也许，这也在一定程度上形成了整个殖民地上下为保卫自己的特权所通常采取的立场。"[1]

18 世纪 60 年代，流通图书馆（Circulating Library）开始出现。流通图书馆具有更强的商业而非合作性质，但它也更便宜，能够更妥帖地满足大众的阅读需求。流通图书馆不收入会费，只按年或星期收取借阅费。年费大约是 1 磅。手头不宽裕的读者也可以按星期付费，每星期的借阅费用大约是 6 便士。流通图书馆通常每周营业 6 天，读者可以每天去换书。这样对有时间的读者来说，读一本书的成本只要 1 便士。缘于商业性质，流通图书馆喜欢采购最新和最流行的图书，破损的图书很快被更新的图书取代。它们的藏书量也更大。波士顿的书商约翰·米尼于 1765 年所开设的流通图书馆，拥有 1000 册以上的图书。由于降低了入会门槛，流通图书馆的客户数和借阅数都远高于会员图书馆。费城的托马斯·布拉德福德在 1769 年设立的流通图书馆的记录显示，在 1772 年，该馆大约为 7000 人次提供了借书服务。

图书馆的兴盛为居民的阅读提供了充分的可及性。美国历史学家布朗说，到 18 世纪后期，是否阅读、读得多还是少基本上是个人偏好和社会环境的结果，而不是取决于接触书籍的机会有多大，因为后者已经不是问题了。[2]

（三）比较：同期英国人和法国人的经济与阅读

18 世纪的英国从政治到经济都是一个贵族占统治地位的国家。在这个

---

[1] 布尔斯廷：《美国人：殖民地历程》，时殷弘等译，上海世纪出版集团，2009，第 325~332 页；Beales R. W., Monaghan E. J., *Literacy and Schoolbooks*, Amory H., Hall D. D., *The Colonial Book in the Atlantic World*, Cambridge, UK: Cambridge University Press, 2000, p. 400.

[2] Brown R. D., *Knowledge Is Power: The Diffusion of Information in Early America, 1700–1865*, Oxford: Oxford University Press, 1989, p. 127.

世纪，英国的经济不平等加深了。1700~1800 年，大约占人口总数 5% 的贵族占有的英格兰土地由 15%~25% 上升到 20%~25%。在乡村，圈地运动消灭了大量的小土地所有者，农村的社会结构由"乡绅—小土地所有者和富裕的租地农场主—自耕农"转换为"地主—租地农场主—农业工人"。[①] 18 世纪晚期，英国贵族和士绅地主拥有 3/4 的农田，4/5 的人口没有土地[②]。另外，虽然农业生产在这个世纪增长了许多，但人口从世纪初的不足 600 万增长到世纪末的 900 多万，其增长速度超过生产增长；加上工业生产的发展耗费了一些粮食作原料，该世纪英国的粮食价格上涨了 1.5 倍。粮食紧张与价格上涨直接影响广大农民和低收入劳动者的生活水平，圈地运动带来的农村贫困化现象日益严重。[③]

雪上加霜的是，由于印花税的征收，英国报纸的价格很高。1712 年，英国通过第一个《印花税法》，导致报纸价格上涨 50%，此后英国政府又多次调整印花税，到 1757 年，英国报纸的平均价格已经高达 2.5 便士，相当于伦敦工人日工资的 35%，乡村劳工每周收入的 70%。1776 年，诺斯内阁为了限制印刷品的流通，再次提高了印花税，绝大多数的报纸价格上涨到 3 便士，而这一年伦敦工人的平均日工资只有 7.5 便士。即报纸价格约为伦敦工人日工资的 40%。1789 年和 1797 年，印花税又两次大幅提高，纳税成了出版商的主要开支，报纸扩大发行量的边际成本变得很高，导致出版商丧失了拓展市场的动力。发行量大的报纸的价格在 1797 年普遍上涨到 6 便士。[④] 要到 19 世纪 30 年代，英国才开始逐步降低印花税。[⑤]

经济不平等与报纸价格高昂导致报纸与平民无缘。在印刷品中，报纸

[①] 钱乘旦、许洁明：《大国通史·英国通史》，上海社会科学院出版社，2007，第 208~209 页。
[②] 伍德：《美国革命的激进主义》，傅国英译，北京大学出版社，1997，第 124 页。
[③] 钱乘旦、许洁明：《大国通史·英国通史》，上海社会科学院出版社，2007，第 210、214 页。
[④] Black J., *The English Press in the Eighteenth Century*, Philadelphia: University of Pennsylvania Press, 1987, p. 107; Barker H., Burrows S., *Press, Politics and the Public Sphere in Europe and North America, 1760-1820*, New York: Cambridge University Press, 2002, p. 104.
[⑤] 英国最终在 1855 年废除了印花税。Barker H., *Newspapers, Politics and English Society 1659-1855*, Harlow, England: Longman, 2000, p. 93.

第五章　共识塑造的阶层纳入：教育、经济与阅读意愿

本是较为平民化的知识载体，但斯切威瑟和克莱因根据18世纪90年代伦敦报纸上登载的广告认定，当时的英国报纸是表达新兴有产者诉求的工具，其读者也是这一群人。①

英国报纸在不同地区之间的分配更不均衡。在伦敦，识字的穷人还有一定的机会接触到报纸。经济拮据的读者凑份子买报纸，或者以很低的费用从卖报人那里借报纸来读②。但在乡村，人们根本就很难看到报纸。读报和谈论时事被当作神秘的政治教育，只有那些期望掌握地方政治权力的人才读报纸，或去酒馆、旅店和咖啡屋接受这种教育。③ 小册子则是更为小众的读物。从经济角度说，小册子印量小，又要保证利润，价格比报纸更高。

流通图书馆本是英国的发明。然而，英国早期的图书馆费用很高，读者也就限于"绅士、专业人士和商人阶层"。④ 这种情形到19世纪才有所改观。⑤ 英国还有一些小册子俱乐部。小册子俱乐部的费用要低一些。在伊利（Ely），十先令的年费可以借阅六百份（title）以上的出版物，但读者中仍然鲜有平民。⑥

法国同期的经济不平等更为严重，平民与出版物几乎绝缘。

旧制度下，法国农民的税赋负担很重。领主不允许农民拥有足够的土地，以免他们获得经济独立，又想方设法将他们的盈余盘剥净尽。特权阶层享有免税权，因此两个世纪以来增长了十倍的军役税、路易十四末期以来发

---

① Barker H., Burrows S., *Press, Politics and the Public Sphere in Europe and North America, 1760-1820*, New York: Cambridge University Press, 2002, p.108.
② 卖报人早上把报纸借出去，晚上收回来，收取一点租金，最后把报纸当成未售完的退给出版商。这种行为在1789年被宣布为非法，但因为难以监督依然存在。参见 Barker, 2002：107。Brewer J., *Party Ideology and Popular Politics at the Accession of George Ⅲ*, Cambridge: University of Cambridge, 1976, p.151.
③ Brewer J., *Party Ideology and Popular Politics at the Accession of George Ⅲ*, Cambridge: University of Cambridge, 1976, p.151.
④ Brewer J., *Party Ideology and Popular Politics at the Accession of George Ⅲ*, Cambridge: University of Cambridge, 1976, p.151.
⑤ Barker H., Burrows S., *Press, Politics and the Public Sphere in Europe and North America, 1760-1820*, New York: Cambridge University Press, 2002, p.107.
⑥ Brewer J., *Party Ideology and Popular Politics at the Accession of George Ⅲ*, Cambridge: University of Cambridge, 1976, p.151.

明的交通要道维修税等沉重的税务，统统由最贫困的农民来承担。① 大多数农民处于长期营养不良的状况，一天摄取不到维持健康所需的两磅面包。同时威胁着农民生活的还有瘟疫。因为以上原因，法国农村的总人口在 1500 万到 2000 万之间起伏，扩张到产能的极限就爆发人口危机。② 法国乡村与世隔绝，稳定的社会秩序代复一代地重演。那种以大事纪要为线索的历史，只发生在遥远的巴黎和凡尔赛，对这里不产生任何影响。农村的历史是"静止"的。③

1789 年，法国总人口约 2630 万，农民占全国人口的 75%，近 2000 万。法国农民占有法国约 35% 弱的土地。在当时的生产力水平下，一个农民家庭要完全靠土地生活，至少要有 5 公顷土地，但能有这么多土地的农民只占农民总数的 5%～6%；无产者农民阶层非常庞大，约有 800 万人，占全部农村人口的 40%。落后的农奴制在东部和中部仍有残余。④

由于经济的约束，法国的农民隔离于市场之外，什么也不买。与静止的物质生活相伴随的是静止的精神生活。法国农民主要的精神生活是"炉边夜谈"：入夜后大家围坐在炉火边，男人修理工具，女人缝补衣物，一边讲叙几百年来口耳相传的故事。这些故事无不反映着农村生活的艰辛与无望。故事中的主人公生活在弃绝道德的草莽世界，又往往狡猾如狐，暗示着人生必然也必须按尔虞我诈的原则行事。在法语里，"恶毒"和"机灵"是同一个褒义词。这恰好反映出在法国农民的意识中，为人宁可当奸滑的骗子也不要当老实的傻瓜。⑤

即使在城市，阅读也只是上流社会的生活方式。其他的人，"即使是那些整日与文字打交道的印刷工人也从不阅读"⑥。法国报纸的种类很少，价格也很高。1777 年创刊的《巴黎日报》，每日出 8 开纸共 4 张，每份售价 2 苏，相当于 1789 年奥尔良地区一斤面包的价格。⑦ 量少价高，报纸对普通民众来

---

① 托克维尔：《旧制度与大革命》，冯棠译，商务印书馆，1992，第 160~166 页。
② 达恩顿：《屠猫记：法国文化史钩沉》，吕健中译，新星出版社，2006。
③ 罗什：《启蒙运动中的法国》，杨亚平等译，华东师范大学出版社，2011，第 107 页。
④ 王养冲、王令愉：《法国大革命史（1789~1794）》，东方出版中心，2007，第 22~25 页。
⑤ 达恩顿：《屠猫记：法国文化史钩沉》，吕健中译，新星出版社，2006，第 67 页。
⑥ 达恩顿：《屠猫记：法国文化史钩沉》，吕健中译，新星出版社，2006，第 91 页。
⑦ 王养冲、王令愉：《法国大革命史（1789~1794）》，东方出版中心，2007，第 22、52 页。

说遥不可及。研究法国启蒙时期印刷史的学者杰克·里查德·申瑟（Jack Richard Censer）说，法国报纸的读者都来自受过教育的精英阶层，其中几乎有一半人有贵族头衔。①

报纸读者的构成反映了法国知识阶层的构成。贵族、教士、政府官员、医生、律师、包税人和食利者构成巴黎及各省区城市的"知识阶层"的主体。在各个城市里，他们是互相认识的人，同时也是与平民相隔绝的人。他们在读书会和沙龙里探讨学问，构成所在城市知识生活的公共空间，这个空间有着明显的边界。出版物的扩散和分配，也就是，观念的传播和分享，止于这个边界。这也正是欧洲启蒙运动的边界。

三 阅读意愿

教育的普及令殖民地居民普遍拥有阅读能力，良好的经济条件、即时性出版物不高的价格及出版物的分享机制为平民提供了阅读可能。但平民阅读这个事实的发生，还需要与阅读意愿相结合。北美居民的阅读意愿，是传统、高社会流动性、教育及闲暇的结果。

宗教信仰是塑造美洲居民阅读意愿的第一个因素，相信上帝希望自己通过阅读《圣经》理解神的旨意的信众，只要具备阅读的能力和时间条件，就会遵照上帝的意愿苦读不辍。

较高的社会流动性则是激励世俗实用知识、科普阅读的有效动机。在社会阶层结构上，北美极少有爵位尊号的世袭贵族，人们对贵族的概念只限于乡绅的范围，而乡绅主要是由社会认定的。② 传统的贵族身份取决于血统和出身，而乡绅身份取决于学识、教养、事业和公共服务。良好的教育、优雅的举止、考究的生活方式、温和的性格、渊博的学识、官职、声望、良好的职业、财富都是乡绅身份的来源。被归为"精英主义者"的约翰·亚当斯说："所谓绅士，并不一定得是富人还是穷人，是出身高贵还是出身低贱，是勤劳还是游手好闲，绅士是指所有受过开明教育，具有一

---

① Censer J. R., *The French Press in the Age of Enlightenment*, London: Routledge, 1994, p.161.
② 伍德：《美国革命的激进主义》，傅国英译，北京大学出版社，1997，第20~24页。

定程度的人文和科学知识的人。他们可以出身官宦之家，也可以出身于雇工、商人或农民之家；他们可以富足，也可以清苦。"①

北美阶层的开放性，可从诸多来自社会底层的革命领袖的成长经历中见一斑。本杰明·富兰克林的父亲是一位制烛匠，家里兄弟姐妹众多，家境贫寒。他在12岁时被送到兄长詹姆斯·富兰克林家做学徒。约翰·亚当斯的父亲是一个勤奋上进的农场主和鞋匠。潘恩曾经是一个妇女内衣制造商，做过下级税吏，37岁到达美洲时穷困潦倒，贫病交加。塞缪尔·亚当斯的父亲是一个曾经破产的商人。汉密尔顿是一个来自某个西印度小岛的私生子，父亲是一个英格兰裔的货郎。詹姆斯·威尔逊②是一个苏格兰佃农的孩子。罗杰·谢尔曼出身农民家庭，早年做过鞋匠。罗伯特·莫里斯少年丧父，早早在商行里做了学徒。蒂莫西·布拉德沃思③出身底层，没有接受过正规教育，做过小旅馆主、船夫、医生、铁匠、农民。威廉·佩特森④生于爱尔兰一个铁皮工人的家庭。以塞亚·托马斯⑤随同寡母生活，在6岁时就成了一个印刷学徒。他没有受过正规的教育，靠研读印刷所用的长条校样成了一个杰出的学者。"美国之父"华盛顿幼年在"荒野学校"接受教育，没有上过大学。

固然，通过自我奋斗成为青史留名的杰出人物的例子毕竟属于少数天分和勤奋都不同寻常的人物。不过，在教育和经济条件相对平等的情况下，平民通过个人努力成为乡绅（贵族）一分子的机会很大，而且回报与付出几乎总是对等的。北美一个乡村领袖的典型产生过程如下：通过自学熟知历史、宗教或法律的村民，为邻里代笔法律文书和往来书信，成为村里的文化人和意见领袖，然后参与公共事务。他们主持村镇集会，参与教堂服务，扶助孤寡。他们因对公共事务的贡献而深孚众望，进一步充当治安法官、议会代

---

① Adams J., "Defence of the Constitution of the United States (1787-1788)," Adams C. F., *Works of John Adams*, Vol. 4., Boston: Little, Brown and Co., 1856.
② 《独立宣言》和《联邦宪法》的签署人之一，后来曾任美国最高法院大法官。
③ 来自北卡罗来纳的邦联国会议员。
④ 《联邦宪法》签署人之一，"大妥协"达成的关键人物之一，后来曾任美国最高法院大法官。
⑤ 《马萨诸塞观察》(*Massachusetts Spy*) 的创办人之一，《美洲印刷史》(*The History of Printing in America*) 的作者。

表、行政委员、民兵长官、核税人、遗嘱代理人和教堂执事,"受人尊敬"①。因此,对略有志向的平民来说,阅读和藏书是在社会阶梯上爬升的第一步。加上富兰克林的《穷理查历书》这样宣扬个人进取精神的大众出版物的影响,北美平民的自学意愿,为当时的欧洲所不多见。

上节所述 18 世纪 30 年代后,社会图书馆在北美的迅速发展和受欢迎程度,恰好说明北美的居民是喜好阅读的。商业化的流通图书馆的繁荣尤其表明,身处蛮荒的北美居民甚至将阅读当作一种享受闲暇的方式。② 富兰克林曾说,北美的人民缺乏其他的娱乐,只好以书籍自娱,所以后来外国人看到美国的民众比别国同阶级的民众所受的教育要好,知识要丰富③。对乡居的人来说,阅读确实是打发时间不错的方法,④ 报纸和其他小型的定期刊物显然是他们的首选,当然,他们能以此为乐,是因为他们要比他们的欧洲同胞幸运得多,能够更方便地得到报纸、小册子和小说。他们在持续的阅读中,意愿逐渐成了习惯。阅读,对他们来说,已成为日常生活不可缺少的一部分。

四 小结

美国著名媒体文化研究者卡尔·波兹曼曾说,富兰克林时代的美国人

---

① Brown R. D., *Knowledge Is Power*: *The Diffusion of Information in Early America*, *1700-1865*, Oxford: Oxford University Press, 1989, pp. 140-145. 布朗记述了多个此类自耕农的故事。比如,一位生于 1718 年的新罕布什尔自耕农塞缪尔·莱恩,一生喜好阅读藏书,到晚年时共有藏书 307 种,其中大部分是宗教和历史著作,只有一种小说。以萨克·瓦茨、约翰·班扬、科顿·马瑟、乔纳森·爱德华兹等人的作品是莱恩收藏的主打。莱恩被他所在的教堂选为执事,温特沃斯总督还提名他做治安法官。参见 Brown R. D., *Knowledge Is Power*: *The Diffusion of Information in Early America*, *1700-1865*, Oxford: Oxford University Press, 1989, pp. 140-145. 约翰·亚当斯的父亲也是一个农民成长为乡村"绅士"的例子。
② 流通图书馆的图书中,小说类娱情性的图书所占比例比较高,轻松、有趣、富于生活气息的图书总是比较受民众欢迎。不过对于开启民智来说,这类图书所起的作用并不一定亚于严肃的哲学著作。小说总是特别逼真地将主人翁的喜怒哀乐展现给读者,读者在产生共鸣的同时学会体察他人的感受,理解他人的处境,尊重他人的选择,这正是个人主义情绪的来源。
③ 富兰克林:《富兰克林自传·正传续篇》,唐长孺译,国际文化出版公司,2010,第 64 页。
④ 印刷品是人民的娱乐方式这一观点,与卡尔·波兹曼的观点有异曲同工之妙,后者认为人民一旦有了别的更轻松省劲的娱乐方式,比如看电视,就不再阅读了。参见波兹曼《娱乐至死·童年的消逝》,章艳译,广西师范大学出版社,2009。

是历史上、世界上最依赖铅字的一批人。热爱阅读，不断地从印刷品中获得理性的力量，是新英格兰居民最为重要的文化特征。阅读，给18~19世纪美国人的宗教情感、政治思想和社会生活都深深打上了印刷品理性和严谨的烙印。① 印刷文字给予这个时代的美国人以理性精神，把他们培养成适合共和政体的公民。②

美国人培养出这种理性精神的前提是，他们有能力、有机会、有意愿阅读。普及和世俗化的教育，赋予它的人民阅读和理解严肃著作的能力。相对于英国，尤其是法国，北美殖民地在18世纪中后期拥有明显较高的识字率，并且拥有地理和社会阶层上统一的语言。统一的语言和较高的识字率，不仅有利于北美人民在变革的历史时刻接受新思想，也有助于北美形成一个统一的，其成员拥有共同的政治理念和价值观念的民族。北美居民相对宽裕的经济条件、公共图书馆的发展，与乡村交通和邮政的便利、精英的乡居模式一起，为北美居民提供了阅读机会。而崇学传统、高社会流动性许给个体的上升期望，以及不为生活所迫的闲暇则培养了人们的阅读习惯。故而，在18世纪晚期的北美，出版物的阅读者不再像欧洲那样局限于文化精英阶层，而是包含了农民、手工业者、劳工等在欧洲被称作"第四等级"的阶层。出版物的传播也不再限于城市乃至城镇，而是深入乡村。阅读成为平民的日常生活方式。

上述因素也解释了为什么英国和法国的地方上没有发展出面向公众的轻型出版物。对英国和法国的农村居民来说，要用微薄的收入去换取报纸和小册子显得很奢侈，对法国农民来说，简直不可想象。他们也缺乏阅读的动机，因为命运已经注定，无从改变；因为这两个障碍，识字率倒已不再是决定性的因素。所以，尽管英国白人男性的识字率达到了60%，英国农民仍然很少阅读。

不过，经济并非决定公众阅读选择的最重要条件。在北美三个大区之间，新英格兰的人均财富值是最低的（参见附录H表H.2），但其识字率

---

① 波兹曼：《娱乐至死·童年的消逝》，章艳译，广西师范大学出版社，2009，第29页。
② 波兹曼批判的是，到收音机尤其是电视出现之后，人们不再阅读，选举政治成了基于感官直觉的娱乐。参见波兹曼《娱乐至死·童年的消逝》，章艳译，广西师范大学出版社，2009。

第五章 共识塑造的阶层纳入：教育、经济与阅读意愿

是最高的，在美国革命中是最盛产小册子和报纸的，来自社会底层的革命家和小册子作家也是最多的；南部殖民地的人均财富值①最高，但其识字率却是最低的，1760~1790年南部的印刷和出版业是三地中最不发达的，也没有来自本地社会底层的革命家和小册子作家。可见，从"仓廪足"到"知礼节"，还需要其他条件的共同作用。

其中最重要的一项是均等的基础教育。新英格兰教育的最初宗旨虽然是维护宗教正统或吸引信众，培养学生顺从地接受现存的政治和宗教模式，但教育的结果是培养了人民学习的能力。如斯通所说："各教派为了取得对人们的思想控制，不遗余力地发展各类学校，但事与愿违，随着识字率的提高，社会的整体世俗化程度不可逆转地提高了。"② 现在回过头来看第四章图4.1和图4.2，可以发现教育分布、识字率状况与印刷出版业的状况恰好是高度相关的：在新英格兰和中部切萨皮克地区，印刷和报纸的分布相当密集，而到了南部，代表印刷所和报纸数量的小黑点就要分散得多。

进一步地，北美能够通过宗教教育走向世俗化，进而推动共识塑造，与它的社会流动性和理性、有序的言论氛围是分不开的。如果言论受到严格的控制，或者不负责任的言论泛滥成灾，或者阶层之间的分野非常鲜明、难以逾越，那么，人民或者失去学习的对象，或者失去思考的能力，或者缺乏学习的动机，这种情况下，即使有高识字率，要形成各阶层共享的政治观念，对既有政治体系的认同、尊重和服从的态度，也是困难的。可见，均等化的信息接触机会、教育、社会流动性、言论自由是一个民族的观念改进和共识塑造的前提。

北美各地教育的普及情况与教育理念、政府角色息息相关，并且与社会流动性互为因果。依靠政府办教育的新英格兰地区教育普及程度最高，社会的阶层流动性也高；政府提倡教育、教会办教育的中部地区，教育普

---

① 由于南方的大种植园经济，有理由怀疑人均财富值不能说明问题，不过，数据表明，新英格兰、中部、南部殖民地自耕农或小农场主（这是最大的职业群体）在1774年的人均财富拥有情况分别是155.3英镑、179.8英镑和396.1英镑，说明南部居民的生活水平确实高于北部。参见Perkins，1980：155，表8.4。
② Stone L. S., "Literacy and Education in England 1640-1900," *Past and Present*, 42, 1969, p. 83.

及程度略低于新英格兰，但仍然高于当时的欧洲，大多数孩子能接受基础教育，因此同样能从社会底层中涌现出不少"自然贵族"；政府不干预教育，依靠教会和慈善办教育的南部地区，教育普及程度最低，社会的阶层流动性也最低。教育普及程度和阶层流动性均为一个社会共识形成的必要基础，因此，政府提供均等化的初等和中等教育，即便是从维持社会凝聚力和稳定性的角度来说，也是必需的。

第六章　共识塑造的阶层融合：社会结构、公共空间与阶层互动

阶层之间的交流与互动是共识塑造的黏合剂。北美阶层之间界限模糊、流动性较高，这本身是共识塑造的有利环境。以自耕农为主的社会构成和较为平等的经济收入状况，使北美的社会结构显得扁平，精英与大众之间的阶层距离不远；及于大众的阅读习惯，使北美阶层间的文化差距也较小。本章要讨论的是，与同期欧洲的公共空间相较，北美的公共空间有鲜明的平民化倾向，提供了阶层融合的客观场所。

一　扁菱形的社会结构、模糊的阶层边界与平民化的公共空间

（一）扁菱形的社会结构和模糊的阶层边界

由于社会构成的主体是小农场主，北美形成了有别于欧洲的社会结构。18世纪的欧洲社会结构是金字塔式的，为数甚少的高级僧侣和贵族占据金字塔的顶层；其下是有教养的新兴阶级，包括下层政府官员、下层教士、资本家、批发商、银行家、制造商、法官、医生、教授、作家和军官，即当时的启蒙运动家所称的"第三等级"；再下才是农民、城市手工业者、劳工等"下层居民"，他们是数量上占总人口绝大多数的"第四等级"，经济拮据、缺少教育，遭受来自传统贵族和新兴资产阶级的歧视，几乎没有上升的社会通道。而同期北美的社会结构则是扁菱形的。拥有适量财产的自耕农中产阶级在人口和经济上均占主体地位，城市中占主体地位的是手工业者和商人，没有高级僧侣和世袭贵族，大种植园主、豪商巨

贾和无产者所占的社会构成比例都很小。① 扁菱形的社会结构意味着社会底层与顶层之间的社会阶梯是短宽的,出身平平的个体攀升到社会顶层的距离较短。

扁平的社会结构加上较高的社会流动性,北美精英与平民之间的阶层边界是模糊的。

贵族与平民分野的模糊首先体现在日常生产生活中。美洲没有像欧洲那样完全脱离生产劳动、只依靠祖传产业坐享其成的贵族。美洲的贵族"深深地卷入各种各样的商业和经营活动中。他们饲养家畜,改良土壤,改良果树品种,作土地投机买卖,甚至做掮客或者从事贸易"②。在革命时代,殖民地没有专职的思想家和革命家。革命领袖们从现实生活中走来,几乎都是从事固定职业的律师、牧师、商人或种植园主,革命和写作只是应时权宜的副业。③ 参与实际的社会生活本身拉近了精英与平民的距离,再加上社会阶梯的畅通,人们对等级的界限意识也要比母国模糊得多。北美上层人士不会像欧洲贵族那样,以从事"贱业"、结交平民为耻。相反,对他们来说,接近平民并从中发现"自然贵族",可以扩大自身的声誉和影响力。对于平民子弟来说,与精英交往也并不是一件多么了不起的事,他们也不会在精英面前感到自卑。经济独立和自主人格足以让一个人挺直腰板。史家伍德说,对新英格兰地区的农民来说,自耕农和绅士几乎是同义语。④

阶层分野的模糊表现在跨阶层的通婚中。北美账房和印刷所主人的女儿常常嫁给家里的学徒。国父托马斯·杰斐逊的父亲出身寒微,但聪明勤奋,娶了贵族的女儿简·伦道夫,妻子给他带来了丰厚的嫁妆;威廉·惠普尔因为做海员,娶了一位富有的造船商的女儿;约翰·拉特里奇的父亲是一位新来北美的爱尔兰医生,娶了一个富有的妻子。跨阶层的通婚与阶层流动性是

---

① 何顺果:《美利坚文明的历史起源》,《世界历史》2002 年第 5 期;Perkins E. J. , *The Economy of Colonial America*, New York: Columbia University Press, 1980, p. 10.
② 伍德:《美国革命的激进主义》,傅国英译,北京大学出版社,1997,第 30~31 页。
③ 杰斐逊是大种植园主,约翰·亚当斯、约翰·迪金森、詹姆斯·奥蒂斯、帕特里克·亨利等是律师,乔纳森·梅修、安德鲁·艾略特、约翰·艾伦、约翰·克里夫兰等人是牧师,塞缪尔·亚当斯是个商人,虽然并不成功,斯蒂芬·霍普金斯是政治家、商人,等等。
④ 伍德:《美国革命的激进主义》,傅国英译,北京大学出版社,1997,第 119~120 页。

相互加强的。在阶层固化的社会，上流社会或富裕的人家很难任由女儿嫁给下层阶级的穷小子。只有在开放的社会，来自下层的优秀年轻人有挤入上层的可能性，岳父们才会听凭女儿选择来自较低阶层的意中人。

贵族与平民分野的模糊体现在智识生活中。布尔斯廷曾说，殖民地时期的美洲文化可以归结为两个特征：整个人民的文化普及程度高和统治集团的文化素质差。[1] 这种条件对于共识的塑造是有好处的：一则政论家写的文章，会比较平白近人，符合大众的口味。再则彼此根基接近，交流起来隔膜较小。史学家布朗曾经这样评价新泽西：这是一个平等的社会，几乎不存在阶层鸿沟。在这里，议员、治安法官、牧师与农夫和匠人自由往来，劳力者在劳心者的客厅里高谈阔论是司空见惯的景象。[2] 由于智识水平并无不可跨越的鸿沟，只要有合适的引见人，一介平民也很容易跟绅士老爷一见如故相谈甚欢，终于青出于蓝而胜于蓝。[3] 乔治·华盛顿是通过弗吉尼亚的费尔法克斯家族的帮助，开始担任土地测量员和民兵军官的。富兰克林在十七岁时得到了宾夕法尼亚总督威廉·基斯的扶掖，一年之后，又得到了纽约总督威廉·伯内特的支持。后来提携他的人还有詹姆斯·洛根、威廉·艾伦和安德鲁·汉密尔顿等。[4] 而富兰克林也从未忘记自己的来处，他组织"讲韬"、组建费城公共图书馆、美国哲学学会，以组织化的形式，为平民通往上层社会大开方便之门。

不过，扁平化的社会结构和模糊的社会边界对共识塑造的最大贡献是它们造就了平民化的公共空间。

（二）平民化的公共空间

公共空间是哈贝马斯在讨论公共领域的构成机制时采用的概念，用以表达"一种社会交往方式"。哈贝马斯说，在这个交往方式里，社会地位问题不被考虑，等级礼仪被悬搁，人们在其间享有"单纯作为人"的平

---

[1] 布尔斯廷：《美国人：殖民地历程》，时殷弘等译，上海世纪出版集团，2009，第309页。
[2] Brown R. D., *Knowledge Is Power: The Diffusion of Information in Early America, 1700-1865*, Oxford: Oxford University Press, 1989, p.60.
[3] 伍德：《美国革命的激进主义》，傅国英译，北京大学出版社，1997，第119页。
[4] 伍德：《美国革命的激进主义》，傅国英译，北京大学出版社，1997，第71~73页。

等，举止得体是唯一交往标准。哈贝马斯将咖啡馆、沙龙和社交聚会列为英法德各自的公共领域产生机制，认为咖啡馆、沙龙和社交聚会虽非公众观念产生的充分条件，却是必要条件。[1] 可见，当哈贝马斯言及公共空间的时候，他是指各种近代观念在其中得以形成和传播的空间载体。启蒙史家玛格丽特·雅各布说："若一个人能买得起书籍并能找到一家咖啡馆（在那里思想相近的人们以相对匿名的方式聚焦在一起），他就能接触到新的、非正统的思想"，成为公共空间中的一员。根据这一定义，雅各布将巴黎和伦敦为人们提供艳遇机会的夜总会、俱乐部也视作公共空间。不过她对这两种场合并没有做什么深入的阐述，倒是比较认真地描述了另一种公共空间：共济会（Freemasonry）[2]。雅各布认为，共济会倡导宪政政府、尊崇科学、教派平等和宗教宽容[3]，是现代观念的传播者。它们举行定期选举，这一活动具有反对绝对主义、倡导民主政治的特征。借助月度或双月会议、定期选举、教友间的经济互助等方式，共济会还为教友提供演讲、投票、守信和遵章守纪等现代参政技能的训练机会。[4] 不过，雅各布所观察的欧洲共济会最常规的活动方式是宴饮、娱乐和讨论，所以它本质上是小团体的社交聚会，只不过更有组织、有边界、更排他[5]。[6] 在圈子的上层属性这一点上，雅各布描述的共济会并不例外。

在美洲，由于知识的传布已达底层，具有"咖啡馆、沙龙和社交聚会"功能的公共空间更为立体丰富。殖民地书籍史的研究者大卫·哈里和伊丽莎白·卡罗尔·雷利叙述，1760年后美洲出现了大量的"俱乐部"、

---

[1] 哈贝马斯：《公共领域的结构转型》，曹卫东等译，学林出版社，1999，第40页。
[2] 共济会原是一个由石匠发起的秘密协会，在近代成为启蒙运动中积极推动社会改革的宗教性社会团体。共济会的会员必须是有神论者，但并非一定要信仰宗教，更没有关于宗教教派的要求。
[3] 据玛格丽特·雅各布《启蒙运动：一部基于文献调研的简史》，法国共济会初始会员大多是基督徒，后来有越来越多的天主教徒。在柏林和荷兰，共济会中还有犹太教徒，而犹太人与基督徒一起参与社交的情况是非常罕见的。参见 Jacob, 2001：20-22。
[4] Jacob M. C., *The Enlightenment: A Brief History with Documents*, Boston: Bedford/St. Martin's, 2001, pp. 20-22.
[5] 雅各布认为，空间的排他性与公众性并非矛盾的，只要空间内部的人员能够平等交流，它就是公众性的。
[6] Jacob M. C., *The Enlightenment: A Brief History with Documents*, Boston: Bedford/St. Martin's, 2001, pp. 20-22.

社会图书馆①、"追求文雅的文人小团体",它们与小酒馆、乡间小店和私立商业学校一起共同构成殖民地的公共空间。② 其中小酒馆最具象征意义。咖啡馆在美洲同样盛行。殖民地的公共空间还应包括北方的城镇会议和民选议会、南方的法院、教会及慈善社团,以及革命前夕成立的各种通讯组织。

1. 小酒馆

如果说,咖啡馆、沙龙和社交聚会分别是18世纪英、法、德三国的标志性公共空间,那么,美洲的标志性公共空间则是小酒馆(Tavern)。

小酒馆是美洲殖民时期重要的社会、政治和经济机构。许多殖民地政府或城镇市政委员会规定,新的社区必须开设小酒馆。所以,各社区最先设立的公共场所通常一为教堂,一为小酒馆。小酒馆通常位于社区最大的公共建筑,提供饮食、烟酒、赌博服务,同时又是非正式信息交流及举办正式会谈(包括政治会议、政务听证和商业洽谈)和社区宴会、舞会的场所。乡村小酒馆还为旅行者提供住宿服务,本地的顾客则聚集至此,好从旅行者那里探听信息,或聆听新鲜的高谈阔论。在报纸普及之前,小酒馆是远近信息的集散地,至报纸初入乡村,它们也通常拥有本村唯一的报纸以供村民阅读。③

比起英国的咖啡馆、法国的沙龙和德国的社交聚会,小酒馆的平民特征是不言而喻的。英国的咖啡馆面向城市小资产阶级;法国的沙龙面向上流的贵族、官僚和知识分子;德国的社交聚会面向学者和受过良好学院教育的市民;美洲的小酒馆则可谓独具兼容并包之美。沙龙与聚会之上流社会品性不言自明。至于咖啡馆与小酒馆的区别,达恩顿在《屠猫记》中说,咖啡馆是文人的精神家园,小酒馆则是城市劳工的放纵场所。咖啡馆的格调是清醒、理性、轻言细语、温文尔雅,小酒馆的气氛则是迷醉、冲动、高声喧哗、粗野放荡。不过在北美,小酒馆既是政治和商业精英的聚

---

① 关于社会图书馆的论述,参见前文第166~167页。
② Hall D. D., Reilly E. C., "Introduction of Practices of Reading," Amory H., Hall D. D., *The Colonial Book in the Atlantic World*, Cambridge, UK: Cambridge University Press, 2000, pp. 378-379.
③ Rockman D. D., Rothschild N. A., "City Tavern, Country Tavern: An Analysis of Four Colonial Sites," *Historical Archaeology*, Vol. 18, No. 2, 1984, pp. 112-121, URL: http://www.jstor.org/stable/25615502. Accessed: 04/02/2012 03: 51.

会商谈之所，也是平民百姓日常休闲之所。布朗记述平民桑格的日常生活时，曾提到桑格也经常在工余与朋友们去酒馆喝喝酒，聊一整个下午。① 弗吉尼亚至南、北卡罗来纳等地，种植园主为了拉拢乡亲获得选票，经常在周末利用小酒馆的地盘举办社区宴会和舞会，不分贫富贵贱，邀请全村人参加。此种邀请的本意虽然在于追逐政治声望，客观上却促进了社会网络的建立和阶层之间的交流。

18世纪后半叶，由于经济宽裕、饮酒渐成风气和社会交往需求增加，小酒馆的分布更加密集。1766年纽约城有酒馆282家，1773年增至396家。马里兰的乔治王子县18世纪60年代初期有酒馆21家，合每90户人家1家。② 弗吉尼亚在1782年有191家酒馆，合每279名21岁以上的自由男子1家。③

在革命中，小酒馆充当爱国者聚会的场所，著名者如纽约的弗朗斯酒馆（Fraunces Tavern）、弗吉尼亚的罗利酒馆（Raleigh tavern）。小酒馆见证了诸多历史性的时刻。1769年弗吉尼亚议会被解散时，爱国者在罗利酒馆聚会并草拟了抵制英货的协议。1774年9月4日第一届大陆会议在费城的城市酒家（City Tavern）秘密召开，1789年3月2日邦联在纽约的纽约城市酒家（NYC Tavern）宣告终结。波士顿的塞缪尔·亚当斯经常在小酒馆召集工人聚会。即如萨凡纳这样的保皇党占居民多数的城市，也有"托迪的小酒家"（Tondee's tavern）为"自由之子"提供聚会大本营，爱国党人爱德华·泰尔菲亚等人聚集在此，组织对大不列颠政府的经常性抵抗。

小酒馆之外，咖啡屋、小旅馆、小商店、理发屋等场所也有相似的公共空间功能。这些场所通常有报纸和杂志，有人朗读报刊。④ 在等级分化较不严重的北美，这些场合是跨阶层的相遇之地，是平民化的公共空间。

---

① Brown R. D., *Knowledge Is Power: The Diffusion of Information in Early America, 1700-1865*, Oxford: Oxford University Press, 1989, pp.140-145.
② 李剑鸣：《美国的奠基时代 1585-1775》（美国通史·第一卷），人民出版社，2008，第448页。
③ 杰斐逊：《杰斐逊集》，刘祚昌等译，生活·读书·新知三联书店，1993，第226页。
④ Brown R. D., *Knowledge Is Power: The Diffusion of Information in Early America, 1700-1865*, Oxford: Oxford University Press, 1989, p.114.

2. 俱乐部

如前文所述，1760年后北美出现了大量"绅士俱乐部"和文人小团体，它们是另一类型的公共空间。

"俱乐部"最典型的例子是富兰克林组织的"讲韬"。成立于1727年的"讲韬"由年轻的手艺人和小商人组成，其成员包括一个釉工、一个公证人契约誊写者、一个勘测员、一个细木工、一个修鞋匠、一个商店职员和几个印刷工，具有强烈的平民色彩。实际上，"讲韬"这个名字就有着深厚的平民色彩，"讲韬"的英文原文"Junto"，即手工匠人的特定装束"皮围裙"①。"讲韬"每周五晚上开会，每次围绕几个确定的主题展开，问题涉及道德、政治或自然哲学领域。散会前确定下一星期要讨论的问题，以便会员围绕问题先行阅读，讨论起来时能更好地发挥题旨。"讲韬"有效地培养了这些志趣不凡的年轻人，勘测员和修鞋匠后来做了测量局长，商店职员成了大商人，"商而优则仕"，后来还做了州法官。"讲韬"的影响力扩大以后，规定本会的会员都可以自行组织一个分会，向分会会员提出建议讨论的问题，同时向本会报告讨论的经过。"讲韬"一共发展了五六个这样的分会，培养了更多的青年公民。1743年，"讲韬"发展成美利坚哲学学会。对富兰克林来说，"讲韬"及其分会能令他"在特殊时机更好地了解居民的情绪"，并且"在某种时机上影响公众的观点"，可见俱乐部实有调和阶层情绪之功能。②"讲韬"也是成员间图书交流的平台，其创立的图书共享形式后来发展出美洲的第一个"社会图书馆"。③ 1779年，亚当斯在波士顿倡导成立"美国人文科学学会"，与费城的"美国哲学会"南北呼应。

在马里兰安纳波利斯，亚历山大·汉密尔顿医生④于1745年组织"星

---

① 富兰克林给他的俱乐部起名"讲韬"，也可能与他的共济会会员身份有关。在共济会入门学徒之歌里，有"为什么这么多伟人/愿意穿上围裙，自愿成为/一名自由的石工"之句，新会员入会仪式中有穿围裙的环节。参见彼得·布莱克斯托克编《共济会的秘密》，王宇皎译，人民文学出版社，2011。
② 富兰克林：《富兰克林自传·正传》，唐长孺译，国际文化出版公司，2010，第48~49、82~83页。
③ 参见前文第166页。
④ 此汉密尔顿并非《联邦党人文集》作者之一的汉密尔顿。

期二俱乐部"。汉密尔顿说,所谓俱乐部,就是一群人在夜晚聚在一起,烟酒相伴,纵论哲学、宗教、新闻和八卦,宾客们既可妙语连珠,亦不妨抱愚守拙,只求随心所至,尽情欢乐。"星期二俱乐部"存续至1756年。从汉密尔顿留下的记录看,俱乐部的活动方式与欧洲近代共济会早期极为相像,宴饮、歌唱、娱乐始终是俱乐部活动的主题。汉密尔顿本人非常外向,喜好交际,乐于跟一切人交谈。废奴是"星期二俱乐部"的主要论题之一①。②

在新泽西科汉瑟,从新泽西学院毕业回乡的菲利普·维克斯·费申,在1772年为当地的年轻人组织了一个阅读小圈子。成员一道阅读和探讨当代著作,在田间把劳作的人们聚集在一起讨论他们所阅读的书籍。菲利普自觉地将学院教育授予的理性精神、世界主义与田园生活相调和。他在把大都会的生活方式、批判精神和协商技巧带给他的乡亲的同时,也积极地与邻近的精英阶层保持交往。在菲利普的带领下,阅读成了科汉瑟农民日常生活的组成部分。菲利普孜孜不倦地献身丰富父老乡亲的精神世界,是因为他相信这些工作也有利于提升自身的精神世界。新泽西学院的教授们曾教导他,社会生活是道德提升的最重要途径,无论社会交往的对象和内容为何,社会生活都促进关心他人和自我反思能力的提升。③

菲利普代表着一类在乡间担当道德责任、寻找生命意义的年轻精英,北美乡村在他们与乡亲的亲密交流中达成对政治的共识。在精英与平民之间的紧密交往中,美洲幸运地避免了欧洲的智识结构分化格局。新泽西学院教授的教诲则代表着美洲学院派对公共生活和个人美德的观点,表明美洲的学术精英从不囿于象牙塔,实践和生活才是他们的共同旨归。

---

① 有史家认为汉密尔顿对自己的奴隶杰谟的态度似乎不那么友好,也不能以平等相待,他在旅行日记中曾以戏谑的文笔记录这个可怜的奴隶遭遇的困顿,参见 Beyers,2005。不过,就像强烈反对奴隶制的杰斐逊本人也蓄奴一样,他们似乎从来不在理想和现实的鸿沟之间为难;Hamilton A., *The History of the Ancient and Venerable Tuesday Club (1745-1756)*,[2012-06-06],http://nationalhumanitiescenter.org/pds。
② Beyers C. Race, "Power, and Sociability in Alexander Hamilton's Records of the Tuesday Club," *The Southern Literary Journal*, 2005, 38 (1): 21-42.
③ Fea J., *The Way of Improvement Leads Home: Philip Vickers Fithian and the Rural Enlightenment in Early America*, Philadelphia: University of Pennsylvania Press, 2008.

3. 共济会

共济会在美国革命中起过举足轻重的作用。华盛顿是众所周知的共济会会员中等级最高的石工大师。富兰克林是宾夕法尼亚会所的总导师，也是美国《共济会宪章》的起草人。《独立宣言》的签署者中有 8~15 位共济会会员。宪法的 40 位签署者中，有 9 位确定的共济会会员，13 位疑似，还有 6 位在宪法签署后加入了共济会。华盛顿手下的将军近一半是共济会会员。[①] 由于组织的神秘性与广大的神通，共济会如今备受猜测与非议。不过，这个自称由该隐的后裔、建造所罗门的耶路撒冷圣殿的石工所组成的结社组织，以追求真理、科学、艺术、自由、光明、善良、兄弟之爱与仁慈为自身精神特质。共济会自称源于公元前 4000 年，但有明确历史记载的近代共济会出现于 1717 年的英国，当时所有成员都是贵族和高级神职人员，后来它走的也是上层路线，不断招收贵族并于 1737 年吸收英国王储入会，与王室建立了密切的联系，之后有多位英王加入共济会。共济会于 1728 年传入法国，1733 年成立总会所，成员主要是教士、贵族和新兴资产阶级，下层民众是不被接纳的。

不过，共济会理论上奉行人人平等的原则，并不对志愿者作硬性身份限制。这是北美共济会得以吸收平民入会，从而比英、法两国稍具平民色彩的原因。18 世纪 20 年代，宾夕法尼亚就有了共济会所，1731 年，费城有了总会所，波士顿的总会所于 1733 年成立。北美共济会仍然是带有精英性质的，入会费和年费将大部分的平民排除在外，但它也吸收不同经济和社会背景的男女教众。18 世纪中期，北美共济会会员数量迅速增加。据费城"摩登共济会"1749 年 6 月 28 日出版的一份简介，当时该会共有 87 名正式会员和 186 名参与人。1763 年，费城的共济会已经有了 700 多名正式会员。依据留存下来的会员名录，大部分的会员从事服务业或工商业，但也有少量普通工人。[②] 到美国革命前夕，已经有数十个分会在北美大陆建

[①] 布莱克斯托克：《共济会的秘密》，王宇皎译，人民文学出版社，2011，第 6 页。
[②] Sachse J. F., "Roster of the Lodge of Free and Accepted Masons Which Met at the Tun Tavern, Philadelphia," *The Pennsylvania Magazine of History and Biography*, 1896, 20 (1): 116-121 [2010-06-06], http://www.jstor.org/stable/20085679; Huss W. A., *The Master Builders: A History of the Grand Lodge of Free and Accepted Masons of Pennsylvania*, Vol. I, Philadelphia: Grand Lodge F. & A. M. of Pennsylvania, 1986.

立。共济会是美国历史上除教会以外的第一个大规模民间组织，也是第一个教会以外的跨地区组织。共济会会所在城市、乡村及卫戍部队雨后春笋般出现，在每个殖民地政府的近旁，都有共济会的"主权总会所"。① 共济会内部等级森严，会员入会、晋升、葬礼都要举行烦冗神秘的仪式，会员在会中必须抛开自己的世俗身份，因为"所有的人类都来自同一天父，他们在身体上和精神上是平等的，不分彼此地歆享天父所给予的日照和甘霖；无论是王子的宫殿，还是贫民的茅屋，都将被赐予经此水平线（注：水平线是石工必备工具，为共济会的标志物件之一）校对过的同等的仁慈和死亡"②，这倒在另一个维度上促进了平等。如布莱克斯托所说，美国的共济会"活跃着对宗教表演满怀热情的业余戏剧社团，弥漫着混迹其中的劳动工人的阳刚之气"③，表明美国的共济会对劳工阶层的吸纳。共济会要求成员"无论有没有闲暇，都应该勤奋地学习科学和艺术"，"致力于社会融洽，心智互通"，以期"更好地履行对造物主、国家、周围的人和他自己的义务"④。共济会对真理、科学和人类福祉的追求，使其成为"成千上万的美国人直接参与启蒙运动的主要途径"⑤。

4. 城镇会议和民选议会

如果以哈贝马斯"监督和牵制公共权力机关"的概念来定义"公共领域"，美洲最普遍的公共空间却是作为"公共权力机关"一部分的城镇会议和民选议会⑥。因为哈贝马斯所言的"公共权力机关"，是不依赖平民意愿而存在的公权力机关，其典型即君主及其宫廷。议会并非殖民地所独有，形式上它来自英国。不过，在英国，下议院名为民选，但因选民小众化、选举间隔长及贿选普遍的原因，议员实际上并未受公众的有效约束，议会就仍然是哈贝马斯所称的反市民社会的"公共权力机关"。在美洲，

---

① Skocpol T., Ganz M., Munson Z., "A Nation of Organizers: the Institution Origins of Civic Voluntarism in the United States," *American Political Science Review*, 2000, 94 (3): 527–546 [2010-4-2], http://www.jstor.org/stable/2585829.
② 布莱克斯托克：《共济会的秘密》，王宇皎译，人民文学出版社，2011。
③ 布莱克斯托克：《共济会的秘密》，王宇皎译，人民文学出版社，2011，第5页。
④ 布莱克斯托克：《共济会的秘密》，王宇皎译，人民文学出版社，2011，第12页。
⑤ 伍德：《美国革命的激进主义》，傅国英译，北京大学出版社，1997，第230~231页。
⑥ 城镇议会和民选议会的运作，参见前文第40~41页；美洲形成的选举制度，参见前文第37页。

城镇会议和民选议会本身就是市民社会的一部分。城镇会议的召开和议会议员的选举,体现了公共空间的基本精神:一为牵制既定权威;二为平等论辩,因而议会本身就是一个公共空间。

议会也是公众接受新思想、新观念之平台,是公众民主精神养成之场所。罗伯特·达尔曾将公共辩论和包容性(政治参与、选举权的广泛程度)作为民主的两个维度,① 这两个维度在美国殖民时期是依托城镇会议和民选议会同时发展起来的。

在包容性维度上,由于代议来自自治,而非像英国那样缘于君主与内阁的争斗,殖民地形成的选举制度要比母国更能体现民意。其一,殖民地的选民覆盖更广泛平均。英国的选民条件约束将大部分成年男性排除在外,而殖民地的大部分成年男性拥有选举权。② 其二,殖民地议员的选举周期短。英国议会七年一选,殖民地的议会大多是一年一选。较短的任期有利于促使议员倾听民众呼求。其三,殖民地的代表名额分配经常依据新城镇的发展和兴盛做及时的调整,因此虽然其人口增长要比母国快得多,代表名额与人口的比例却稳定得多,人民的意愿能够获得相对准确的表达。③

在公共辩论维度上,市民大会和竞选活动锻炼着公民的政治论辩才能。辩论的主题涵盖政府职责与功能、公共政策、普选权、宗教宽容乃至废奴运动。辩论人既有缙绅之士,也不乏贩夫走卒引车卖浆者流。④ 跨越阶层的同台议政,一方面能达成普遍接受的信念或政策,另一方面也保障了讨论成果的务实性。约翰·亚当斯言,美国革命发生在战争之前,城镇议会和市民会议塑造了美国人民的观念和情感:正是在这种地方,美国人获得了辩论、深思熟虑和评价公共事务的习惯。⑤ 诚哉斯言。

城镇会议和民选议会也促进了各殖民地内部阶层间、地方间的交流与

---

① Dahl R. A., *Polyarchy: Participation and Opposition*, New Haven: Yale University Press, 1971, pp. 1-47.
② Morgan E. S., *Inventing the People: The Rise of Popular Sovereignty in England and America*, New York, London: W. W. Norton & Company, 1988, pp. 137, 146.
③ Morgan E. S., *Inventing the People: The Rise of Popular Sovereignty in England and America*, New York, London: W. W. Norton & Company, 1988, pp. 145-146.
④ 方纳:《美国自由的故事》,王希译,商务印书馆,2003,第42页。
⑤ Himmelfarb G., *The Roads to Modernity: The British, French, and American Enlightenments*, New York: Alfred A. Knopf, 2004, p. 193.

融合。地区融合的功能来自议会代表的跨地区性。1774年"强制法案"之后,各殖民地涌现出许多体制外"议会"和"委员会",这些集会最终促成了"大陆会议",为之后各地宣布独立奠定了组织基础。大陆会议和革命之后的邦联会议、制宪会议,起着联结各殖民地、调和各地利益冲突的作用,是各地达成妥协和合作的平台。大陆会议和制宪会议的所在地费城,缘于其调和南北冲突的关键作用,被称为"拱顶石"(keystone)①。议会会期结束之后,代表们带着登载议会论辩的报纸回到各自的社区,也就将议会的公共空间功能扩展到各个社区。②

革命后的政府设置比革命前更具民主性和代表性:议会的规模扩大,议员来源身份也更为多元化。18世纪80年代,马萨诸塞州议会的议员中有将近一半是农民,纽约和宾夕法尼亚的议员约1/3是农民。律师、手工业者、商人、小店主也占不少比例。在南方,议员中有许多种植园主,但同样有不少律师、医生、农民和手工业者。③ 议员身份的多元化恰好是美洲公共空间最鲜明的特征,也是促进美国共识达成的因素之一。

5. 中部的教会与南部的法院

教会的功能从未仅限于宗教。塞缪尔·亨廷顿曾论及新教与美国政体间的渊源关系——"没有主教,没有国王",教会内的民主对于美国人后来的政体选择有着先导性的意义。"新教价值在十八世纪强化了共和民主之趋势,并为美国的政治社会观念奠定了伦理道德之基础。"④ 宗教对美国政治生活的支撑作用,其实是多位大师级学者的共同观察。托克维尔曾在《论美国的民主》中强调宗教在美国人公共生活中所起的作用。马克斯·韦伯认为,由于其基于宗教的特性,美国的个人主义表现为市民主义而非纯粹的个人主义。美国政治社会学家罗伯特·贝拉指出,美国文化的传统绝不仅仅是个人主义,而是个人主义与《圣经》宗教、共和主义的融合体,

---

① Keystone指建筑物中拱门顶上的那块石头。美国人以此形容费城在南北联结中所起的关键性作用。
② Brown R. D., *Revolutionary Politics in Massachusetts, The Boston Committee of Correspondence and the Towns, 1772-1774*, Cambridge: Harvard University Press, 1970, p.43.
③ 纳什:《美国人民:创建一个国家和一种社会》,刘德斌等译,北京大学出版社,2008,第206页。
④ 亨廷顿:《失衡的承诺》,周瑞译,东方出版社,2005,第17页。

宗教对于美国政体的运行有着不可或缺的意义。还有学者观察到，美国的政治衰退总是与宗教衰落紧紧相随。

不过，目前关于宗教与美国政治的研究，多着眼于美国北部的新英格兰地区，如鲍德温的《新英格兰牧师与美国革命》、斯托特的《新英格兰灵魂》、丘普的《美国政治思想中的加尔文神学》、中国青年学者张孟媛的文章《关于美国民主的清教渊源》等，以致人们常常将清教等同于新教，将新英格兰等同于十三州。而在另一个方向上，也有学者认为清教主义与美国民主之间压根儿就是格格不入。[①] 事实上，清教本身既包含作为改革派的革新性，也有作为新英格兰统治教派的保守性，并不是美国民主的唯一宗教来源。而中部和南部地区的贵格会、安立甘宗乃至天主教，均对美国政治观念和实践的发展有所贡献。

保守、专制是天主教留给外人的普遍印象。但宗教宽容原则却戏剧化地产生于由天主教徒建立的马里兰。马里兰由英国贵族巴尔的摩勋爵卡尔弗特家族创立，本来卡尔弗特家族希望把它建成一个天主教徒的乐土（天主教在新教改革后的英国受压迫），但新教移民的涌入还是把这里变成了一个新教徒占多数的社会。卡尔弗特家族为避免天主教徒再次受到迫害，于1649年公布了《马里兰宽容法》，为美国第一个宗教宽容法案，为后世不同教派人士在政治地位上的平等准备了实践源流。

贵格会是新教中的一个小教派，然而正是其教友建立了美国殖民地时期最大的城市费城。贵格会是一个特别提倡平等和宽容的教派，遭受众多迫害却坚持绝对和平。贵格会认为教内人人平等，故而不设牧师之职，聚会时临时选举主持人，教会活动就是教友们的自由发言讨论。贵格教派也不以英国法律为治理标准，教众若遇争议之事，则在每月、每季或每年召开的会议上提出，由教会委员会的成员听取各方申述，以折中调和为原则消弭各方分歧，寻找解决方式，颇具民主之风。该教男女教众分别集会，所以女性教友也要承担教会管理义务，女童也要学习文化、财务知识，以便今后主持团契，管理账目。因而它不仅为男人，也为女人提供了公共空间，其民主管理形式与聚会形式对美国政体的形成有重要的影响。贵格会

[①] 董爱国：《清教主义与美国民主》，《世界历史》2000年第1期。

广泛的平等信念使费城成为当时北美文化、经济最为发达的城市,同时也是最早出现废奴运动的城市。费城后来成为大陆会议所在地,与其包容和平的风格有很大关系,因为唯有它能够平和地接纳南北双方的制度和生活方式,为双方的革命者所欢喜。

在切萨皮克湾区的弗吉尼亚及南部殖民地,国教安立甘宗占主导地位。以种植园为主的经济模式使人们居住较为分散,作为权宜之计,习惯上人们可以在私下举行宗教仪式,不一定要在主日集中敬拜,所以人们参加教会活动的动机常常不是为了宗教,倒是为了社交:国教会的牧师要由英国委派,所以牧师的人手不像新英格兰的公理会那样充足,有时候一个牧师要负责好几个教区的工作,也就是说,崇拜日可能根本没有牧师在教堂现身。因此,那些真正虔诚的教徒倒宁愿在家里依照宗教书籍的指引做崇拜,也不愿意去教会做滥竽充数的礼拜。那些参加教会活动的人则利用这个平台来做生意、谈国事、东拉西扯。教堂的正门上赫然贴着售卖猪肉的广告。人们在教堂院子里谈天说地的时间远远多于听布道。弗吉尼亚一个外来的家庭教师生动地描述泰德沃特镇的教会活动:在周日,人们到了教堂,开始收商业信件,读广告,讨论烟草和谷物的价格;然后是一个从不超过二十分钟的布道;再然后人们用两倍于布道的时间来互相寒暄,邀约晚宴。崇拜只是表象,教会的实质是社交。①

南方的法院有着与此相似的功能。它们是男性公民聚集的中心。"各阶层人等都来此解决债务纠纷,争论土地问题,起诉或被起诉。"② 法院门口总是张贴着关于重大事件进展的最新信息。在开庭前的等待时间里,人们讨论价格、庄稼、政治、宗教,也分享新闻和八卦。③

---

① Brown R. D., *Knowledge Is Power*: *The Diffusion of Information in Early America*, 1700-1865, Oxford: Oxford University Press, 1989, pp. 55-56.
② 纳什:《美国人民:创建一个国家和一种社会》,刘德斌等译,北京大学出版社,2008,第118页。
③ Brown R. D., *Knowledge Is Power*: *The Diffusion of Information in Early America*, 1700-1865, Oxford: Oxford University Press, 1989, p. 56.

二 面向大众的宣传

1763年之后北美共识的塑造，与知识精英有意识地面向大众作宣传是分不开的。不少史家认为，若非知识精英的刻意鼓动，美国革命根本不会发生。革命之前，美洲平民的生活并非不可忍受，相反，相对于欧洲平民来说他们的生活是非常好的。大众广泛参与政治并非民众带着新的要求自下而上地施加压力的结果，而是源于精英阶层鼓动群众的策略，议会里的反对党擅于求助人民以便与总督的皇家权力相抗衡。"然而"，伍德叹息，"一旦将群众参与政治的热情激发起来，士绅们就再也不能让人民偃旗息鼓了"。[1]

（一）面向大众的理念

北美的知识分子非常看重公众的智慧和美德对于维护自由的作用。他们认为，全民政治观念的觉醒、严格的道德自律与规范对于民主政体或共和政府来说是不可或缺的。约翰·亚当斯说："如果知识和美德平均地分布在整个民族之中，他们就不可能被奴役。"[2] 杰斐逊说，一个普及教育的法案，将使人们有能力理解他们的权利，维护这些权利，并且运用知识去行使他们在政治共同体中的职能。[3] 约西亚·昆西说，人与社会的科学是知识领域中内涵最广、最为重要的学科，如果人民能领会政治的原则，如果关于人与社会的科学得到普遍的关注与研究，那么人们的权利与幸福就再也不会为世俗和宗教的权威所埋葬。[4] 杰斐逊还有一句流传甚广的箴言强调大众出版物的重要性——"如果政府和报纸只能二者择一，我会选取后者。当然，前提是大家都能得到它并读懂它。"因为这种认识，从1763年殖民地与母国冲突初起，知识精英的宣传和动员就是面向大众有意为

---

[1] 伍德:《美国革命的激进主义》，傅国英译，北京大学出版社，1997，第177~178页。
[2] 来自1772年5月18日亚当斯在Braintree的演讲。
[3] 杰斐逊:《杰斐逊集》，刘祚昌等译，生活·读书·新知三联书店，1993，第50页。
[4] Wood G. S., *The Creation of The American Republic 1776-1787*, Williamsburg: the University of North Carolina Press, 1969, p. 6.

之的。

波士顿辉格党人曾经格外担忧人民失去对自由的警惕护卫之心。1770~1772年，公众对政治的关注消退的时刻，塞缪尔·亚当斯在波士顿公报上发表四十多篇文章和信件，呼吁对暴政要保持不懈的警觉和反抗："即便是那些为人民的安全和幸福而精心设计的机构，迟早也会沦为暴政的工具。这时候它们就不配再被称作人民的政府。这种政府比无政府更值得反对。""暴政与无政府一样，同属于战争状态。"①

杰斐逊在自传中回忆，1774年波士顿港口法案要求关闭波士顿港口时，他和弗吉尼亚的其他议员帕特里克·亨利、理查德·亨利·李及弗朗西斯·莱特福特·李等人决心"要将我们的人民从对时事漠不关心的昏睡中唤醒"。他们指定法案实施的6月1日为斋戒日，决意以共同的祈祷激起弗吉尼亚人民的屈辱情感和团结精神。这个决定遭到弗吉尼亚总督的阻挠，议会遂训令通讯委员会联络其他殖民地的通讯委员会召开每年一度的大会，联合起来统一行动，号召各殖民地将英国对任何一个殖民地的进攻视作对所有殖民地的进攻。这一决定后来促成大陆会议在费城的召开。确定斋戒事宜之后，议员们各自返回家乡，邀请本地牧师在6月1日参加人民的集会，并主持当天的仪式。杰斐逊描述：

（6月1日,）人民普遍集会，面部都带着焦虑和惊恐的表情，这一天在全殖民地上产生的效果，好像电击所引起的震动一样，把每一个人都唤醒了，使他们都振作团结起来。②

"唤醒人民"的理念，在此后体现在革命宣传的各个方面。

（二）面向大众的语言和出版

"唤醒"首先体现在宣传语言中。与欧洲启蒙思想家们的大部头著作相比，美国小册子作家们写的是短小精悍、通俗易懂的快餐式出版物，没

---

① Stout H. S., *The New England Soul: Preaching and Religious Culture in Colonial New England*, New York & Oxford: Oxford University Press, 1986, p.276.
② 杰斐逊：《杰斐逊集》，刘祚昌等译，生活·读书·新知三联书店，1993，第9~10页。

有艰深的哲学思辨，读懂它们也不需要渊博的学术涵养，它们贴近生活，将源于欧洲的那些振聋发聩的近代思想表达得平易近人。

革命期间的小册子和报纸政论文的文风简洁、平实、形象，它们不以理性为标准，而是讽刺、隐喻、夸张、对话甚至谩骂轮番上阵，但求给读者留下深刻印象，造成强烈的情感冲击。①

《印花税法》事件中，《康涅狄格报》于1765年8月26日发表署名为"卡托"（Cato）②的文章，指责同情英国政策的人接受英国贿赂、嗜食同胞鲜血、好听弟兄呼号，斥其为纸上谈兵、外强中干、唯利是图的"恶棍、无耻之徒"（wretches）。文末，"卡托"威胁，"毁灭我们的家园"的人将被同龄人切齿痛恨，还将遭到后人最恶毒的诅咒。

《印花税法》生效前夕，1765年10月31日，费城的印刷商威廉·布拉德福德为他的报纸设计了一种特殊的版面：每篇文章外都加了粗线条的黑框。这种版面通常用于发布重要人物讣告。布拉德福德以这种方式告诉他的同胞，北美的自由已经奄奄一息。在即将被要求贴上印花的位置，布拉德福德画了一个骷髅和一对交叉的骨头，下面注了一行小字："致命的印花。"③

牧师的语言也多采用感性煽情的隐喻。1765年《印花税法》通过时，罗德岛的牧师以利沙·费雪在布道中说："我们这可亲的自由的太阳意外地陨落了！""我们自由的太阳隐藏在沉沉乌云之后，这黑暗的一天预示着今后永恒的长夜！"《印花税法》取消时，马萨诸塞的牧师亨利·卡明斯对他的会众说："阴沉的乌云散去了，天堂又恢复了它原有的宁静。"④

潘恩的《常识》对美国革命厥功至伟，也同样通俗易懂、平易近人、简洁而煽情：政府是"免不了的祸害"⑤；"耶和华……不会赞成一种公然

---

① 对小册子文风及文学手法的运用的详细评述，参见 Bailyn，1967：9-13。
② 古罗马哲学家、政治家，在当时的英国和北美，论辩公民政治权利的作者经常用它作笔名。
③ Copeland D., "America, 1750-1820," Barker H., Burrows S., *Press, Politics and the Public Sphere in Europe and North America, 1760-1820*, New York: Cambridge University Press, 2002, p.194.
④ Reid, John P., *The Concept of Liberty in the Age of the American Revolution*, Chicago and London: The University of Chicago Press, 1988, p.12.
⑤ 潘恩：《常识》，何实译，华夏出版社，2004，第2、18、23页。

侵犯上天特权的政体形式"（否定君主制）①；国王的先祖极可能"不过是某一伙不法之徒中作恶多端的匪首"（否定英王权威）②；"因为一个孩子是吃奶长大的，就断定他永远不该吃肉"是荒谬的（譬喻反对独立之荒谬）。这种直观、平易和鲜明的语言风格，正是《常识》所向披靡的魅力所在。

最后一种话语策略，是利用民众的宗教情感，以神的名义做出号召。"上帝"一词一直是北美人民相信自己享有自由和革命必胜的信心来源。在美国历史报纸数据库（American Historical newspaper）中搜索"自由""上帝"等词，显示几个时段内这些词在报纸上出现的次数如表 6.1 所示。

表 6.1　一些关键词汇在美国历史报纸数据库中出现的次数

时段 \ 词汇	Freedom	Liberty	Equal	God	Human rights
1764～1774	5015	16966	7474	12025	1257
1775～1783	4823	21889	7060	8700	968
1784～1789	19329	26723	27640	21919	2159

由表 6.1 可见，"God"一词出现的频率在革命酝酿时期是相当高的，只有"Liberty"一词可与比肩。"Freedom"与"Liberty"的中文翻译均为"自由"，但在英文中是有细微语义差异的，前者强调个人内心或行动上的自由，后者强调社会共同体语境下的政治自由。"Liberty"和"God"这两个词在 1764～1774 年出现的频率之高，恰好反映前者为当时北美人民的主要诉求，后者为诉求依据。

立宪期间，由于《宪法》要诉诸人民的批准，联邦党人和反联邦党人之间的论战，更要以说服公众为目的。两个阵营在这个时期更多地运用了报纸政论的形式。这个时期的政论，尤其是联邦党人的政论，更注重对于制度设计细节的说明。这是因为反联邦党人需要说服公众相信的只是一个相对传统的理论：如果不对公民权利保护做特殊法律限定，一个中央集权的国家机器必然会侵入私人领域，威胁人民天赋的自由权利。但联邦党人

---

① 潘恩：《常识》，何实译，华夏出版社，2004，第 2、18、23 页。
② 潘恩：《常识》，何实译，华夏出版社，2004，第 2、18、23 页。

却必须说服公众相信,因为《宪法》对于国家机器的精巧设计,新的联邦将更有能力保卫人们的自由。《联邦党人文集》的每一篇,都是针对一个细微的设计原理或设计环节的解释。叙述逻辑一般是:叙述对于某一问题的传统的意见,论述这种传统的意见未将某些因素考虑在内,讨论对于这一问题是否有别的解决方案,最后论述为什么《宪法》提出的解决方案是最优的,为什么《宪法》赋予某一部门的看起来过大的权力是必需的,为什么这种权力并不会威胁到人民的自由。《联邦党人》文集中,引经据典的内容并不多,但考虑非常细致,文风也很平白,没有夸张、比喻等文学修饰方式。这与它的目的——说服公众接受一个新的联邦制——是相匹配的。

成文之后,出版商的出版也是面向大众的。出版物的大众化原本是北美出版业的特征,这一特征最初因技术条件的限制而形成。到1763年之后,面向大众的出版体现出强烈的主观动机。印刷商印制精缩版或者小字体的版本以便让更多的平民买得起小册子。约翰·洛克的《政府论》下篇,在英国的版本都在八开本200页以上,到波士顿后用紧密的排版印成了128页。另一本英国人的小册子,罗克比的《一些思考》,英国的版本有160页,波士顿的伊迪斯和吉尔把它精缩成64页,费城的本杰明·汤进一步把它提炼到60页。潘恩的《常识》第一版正文有84页,加了附录和索引,长达150多页,伊迪斯和吉尔把它缩成了48页。他们还把148页的迪金森《来信》缩成80页。他们说,要让"这片大陆上的每一个自由人拥有更多接触高雅著作的机会"。[①]

(三) 塑造民族认同与美国信念

认同是政治共同体存续和运作的基础元素。配合革命的需求,宣传家自觉以修辞塑造一个新的民族,塑造区别于大英帝国的认同感。《印花税法》之后,殖民地的律师和印刷商不再称生活在北美的人为"大不列颠的臣民",而称之为"因自由而生的美洲之子","美国人"这个民族概念,

---

① Slauter E., "Reading and Radicalization: Print, Politics, and the American Revolution," *Early American Studies: An Interdisciplinary Journal*, 1 (8), 2010.

自此萌蘖。①

革命发生之后，各州以建立独立政府和重新立法的方式，创建区别于英国的政治实践，传递"民主""平等"的政治观念。1776年，在杰斐逊等人的倡议下，弗吉尼亚议会开始着手制定新的法典。杰斐逊与威思、彭德尔顿分别受命整理了英国古代法、现代法和弗吉尼亚的法律，后三人与乔治·梅森、托马斯·李组成立法委员会，着手确定继承法、刑法等重要法律部门的主要原则。经委员会诸人反复修改成文，1779年，独立于英国法律体系的弗吉尼亚法基本建立起来，封建主义的遗存——长子继承法被废除，宗教自由原则以法律形式得以确立，死刑受到严格限制②。长子继承法在此时已非实践意义上的法律，但正式废除这一制度仍然有着重要的意义。长子继承法以保护封建秩序为目的，它不关注个人的命运，对它的废除则昭示个人的"追求幸福的权利"，从此被摆放在政治伦理的最高位置。弗吉尼亚之后，各州也纷纷立法。马萨诸塞、宾夕法尼亚这两个民主思潮最为激进的地方，建立了一院制的政体，议会行使立法、行政、司法权。1779年十三州均完成了新州宪的制定（参见附录A）。1787年订立的《联邦宪法》，有向精英主义回归的倾向，这是因为马萨诸塞等地的一院制民主政体施行起来有较多的问题，让人们认识到"三百个暴君要比一个暴君更糟糕"。《联邦宪法》所设定的均衡政制，通过在精英阶层和大众阶层间作牵制、在政府各分支之间作牵制，对人民的权力行使作出了规定，从而更好地保护了民主制。各州立法和《联邦宪法》所传达的政治理念，通过报纸传达给广泛的公众。

独立战争结束后，美国革命的领导人希望通过普及公共教育塑造未来公民的共同观念。因为只有把关于民主政治的知识和强烈的爱国情感灌输给未成年人，才能保卫新成立的国家，维护长久的自由。"国父"们致力于建立一个与政体相匹配的全民教育体系，以塑造品德高尚、守秩序的公民。富兰克林在费城为公立教育和民间知识团体的发展做出了杰

---

① Copeland D., "America, 1750-1820," Barker H., Burrows S., *Press, Politics and the Public Sphere in Europe and North America, 1760-1820*, New York: Cambridge University Press, 2002, p.193.

② 杰斐逊：《杰斐逊集》，刘祚昌等译，生活·读书·新知三联书店，1993，第42~45页。

出的贡献；杰斐逊始终呼吁在弗吉尼亚建立公立教育体系，终其一生身体力行。华盛顿、本杰明·拉什等人也在革命完成后热心筹划公共教育事业。

政治独立后，美国的教科书作者和出版商在爱国主义和利润前景的共同激励下，开始自觉寻求文化上的独立。美洲取代欧洲成为地理和历史学科教学内容的中心。以爱国主义为主题、体现中产阶级价值观的教材涌现出来。其中1783年出版的诺亚·韦伯斯特的《初级拼写读本》，是殖民地传播最为广泛、渗透最为深刻的读本。这个读本删减了原先儿童读本中关于宗教的内容，添加了美国认同元素。华盛顿的事迹和美德被编入读本。它与富兰克林的《穷理查历书》一样强调道德训练，推崇勤奋、节俭、节制、忍耐，用朗朗上口的格言教导儿童尊重诚实劳动与财产权，满足于各自的经济地位，默认生活的贫困和不幸，向人们灌输对新国家、新制度的忠诚，个人主义的价值观和伦理观，以及民主政体的维持所需的公民素质，对稳定战后美国社会起到了重要的作用。

教科书内容中的一些细节变化非常有趣，对我们理解那个时代人们的思想解放也极有帮助。伊索寓言《农夫和蛇》的故事一向是教科书内容，其主旨本是对恶人不可抱仁慈之心。但在美国独立后的教科书中，它被改编成如下的故事：

一天，一个小男孩在跟他的宠物蛇玩耍。小男孩对蛇说："你们这个物种是罪恶的，你的祖先，曾经咬死了一个救它的农夫。"可是，蛇回答说："亲爱的小主人，那是你们人类的看法。其实那个农夫并不是要救我的祖先。他看见一条冻僵的蛇，以为它死了，他看见蛇皮上的花纹很精美，所以就想把它带回家，好剥它的皮下来。我的祖先咬了他，不是忘恩负义，而是为了自保。"

小男孩马上反驳它："你们这个忘恩负义的物种啊，做了坏事还要狡辩！如果农夫只是要剥你祖先的皮，他又何必把它放在怀里。任何一个恶人做了坏事，总是能找到他的借口的。"

小男孩的父亲听见这段对话，鼓掌大笑，对他的儿子说："说得好！不盲目地相信别人的话，是正确的。但同时我们也要在站在蛇的角度想一想，为什么他会那么想？他的祖先在恐惧的心情之下，会不会对局势做出错误的判断，所以才犯下了忘恩负义的罪愆呢？"①

这个新编故事至少传达了四层处世哲学：其一，要有主见，不轻易为他人言语所动；其二，要听取他人的意见，不以成见加于他人；其三，要平等地待人，理解他人的困境，尊重他人的利益；其四，沟通是重要的，如果相处的各方没有机会表达自己真实的想法，结果很可能因为各方的自卫本能而造成互相残杀的局面，而这本来是可以避免的。以上这些，恰好是民主政治所需要的理念。美国独立后的教科书，通过这种潜移默化的方式，为美国的政治培养合格的公民。

（四）榜样的力量

榜样是最好的宣传。革命与立宪期间，北美精英阶层以自身的实践行动宣传了有关近代政治的原则和理念。

比如法治。法治的要义是对个体的尊重，它是尊重每一个个体的意愿、自由和平等权利。对于认同圈子内部的保护，是任何政体都在做的事情，法治的不同在于，它对于圈子外部的社会成员保持同样的尊重，给予同等的法律地位，而非以敌我对峙为理由恣意剥夺他们的正当权益。

"波士顿惨案"发生之后，约翰·亚当斯丝毫不顾及可能的名誉损失，为众怒所归的英国士兵做了辩护律师。因为在一个自由的国家里，任何人都不应被剥夺获得公正辩护和公开审判的权利。在政治冲突中的立场，不能成为自然权利被剥夺的理由。亚当斯在日记中写道，如果说要捍卫人类的权利和不争的真理，那么他将致力于将那些不幸的专制和无知的牺牲者从死刑的痛苦中拯救出来。② 在亚当斯的辩护下，大多数英国士兵被宣判无罪，其余的受到的惩罚也相当轻微。亚当斯并没有像他原来担心的那样，因为这次辩护而成为暴民的众矢之的，相反却赢得了不错的声誉。而他的那句经典辩护词——"保护无辜者远比惩罚有罪者更重要"——也成

---

① Brown G., *The Consent of the Governed: The Lockean Legacy in Early American Culture*, Massachusetts: Harvard University Press, 2001, pp. 63-82.
② 隋肖左编著《约翰·亚当斯传》，吉林出版集团有限责任公司，2011，第51~52页。

了美国法治的核心原则之一。

这个事件中最令人感慨的一点，是约翰·亚当斯是个坚定的反英辉格党人。后来有一个事件很能说明他的立场。马萨诸塞检察官乔纳森·休厄尔拟聘请亚当斯为海事法庭辩护律师，这是一个既有地位又薪水颇丰的美差，然而亚当斯毫不犹豫地拒绝了，因为休厄尔公开承认自己是个托利党人，亚当斯不愿与他为伍。

弗吉尼亚的本杰明·哈里森有过相似的抉择。哈里森曾因其影响力与名望获得英国官方的重视，许以总督参事会成员一职。这一职位相当于英国的枢密院成员，对有志于仕途者是相当有诱惑力的。然而，鉴于当时英国的一些政策已经开始遭到北美的抗议，哈里森坚决地拒绝了这一任命，他说，他要与北美人民的权利和自由站在一起。若回到当时的情境，哈里森这一决定显示的忠诚于北美的爱国热情和高尚品质是相当值得钦佩的。哈里森出自弗吉尼亚的政治世家，世代是忠于英王的大英帝国臣民，哈里森的外祖还是英王的测绘局局长，殖民地与英国的对立之势尚未形成，人们还预想不到今后北美的独立，拒绝这个职位，既意味着与家庭的决裂，也意味着与当权政府的决裂。

对自己立场的坚持与对他人同等权利的尊重，这一精神在美国革命与立国的过程中时时闪现。迪金森在第二次大陆会议上严词反对独立主张，在第三次大陆会议上仍然拒绝在《独立宣言》上签字，但没有人会否认他撰写《宾夕法尼亚农夫的来信》的历史功绩，也没有人将他归入叛徒阵营。制宪会议结束时，伦道夫、梅森和格里拒绝在宪法草案上签字，这虽然令富兰克林等元老级人物感到失望，但他们仍得以坚持己见，其后不仅没有受到任何打击报复，反而以推动《权利法案》之制定的历史功绩载入史册，在美国人的心目中位同"国父"。对不同见解的宽容与对异见人士的尊重，也正是伦道夫等人得以遵从"良知的驱使"[①]，坚持其政治信念，并自主作出判断的客观条件。如果政治环境中流行的风气就是"和衷共

[①] 伦道夫说，拒绝在宪法上签名，或许是他一生中走的最糟的一步，却是受他的良知驱使，他不可能再犹豫，再改变。

济""人们的意见趋于全体一致"①，那么按照现代群体心理学的观点，人们就很容易陷入"群体认同"，不敢发表不同意见，从而使最终的决策走向极端激进或极端保守。大陆会议与制宪会议的代表们，以自身行动向人民诠释了代议民主的要义。

另外，民主的效用有赖于综合个人意见而达成公共意志的过程。尊重个人意见的另一面，是个人对集体决定的尊重和服从，唯此公共意志才能得以实现。杰斐逊曾记述，弗吉尼亚的彭德尔顿和罗伯特·卡特·尼古拉斯是两位古板保守的国教教徒，他们的意见常常与大众的意见相悖，然而即使他们在议会表决时投反对票，一旦公众的意见确定下来，他们便是公众意见最忠实而严格的践行者。② 反联邦党人中的不少成员后来在《联邦宪法》的规约之下，继续为美利坚工作。

政治从封建走向现代的核心是从神本政治走向人本政治。现代政治观念的另一面，是对个人生活的关注。参与政治生活最终是为了个人福祉的提高，而非对权力的执着和热衷。华盛顿在革命胜利之后归隐田园，做现代的"辛辛那图斯"，这一事迹流芳千古，但绝非孤例。对美国的革命家来说，完成了副业之后回归主业，是再自然不过的选择。佐治亚的爱德华·兰沃斯在革命期间曾是佐治亚安全委员会的组建人、秘书长，大陆会议1777~1779年的代表，签署过《邦联条例》。他在革命后迁往马里兰，在那里做了一个报业人，后来重操旧业做教师，最后做了一名海关职员。在《独立宣言》上签字的不少革命家，原本过着大隐隐于市的自在生活，只是偶然地参加一下市镇会议，或者做个小小的市政官员，聊尽公共义务而已。他们原本既没有张扬的个性，也没有远大的志向，如果不是发生革命，就是一个个再平凡不过的人。

比起别国革命家"抛头颅，洒热血""为大家舍小家"的革命热情，美国的革命家普遍显得叽叽歪歪，儿女情长。华盛顿在接受了大陆军总司令的任命后写信给妻子说，自己的真正幸福来自与她的相守，"一想到你

---

① 卢梭语。卢梭认为，在人民大会中人们的意见越趋于全体一致，则公意越占统治地位，反之则代表个别利益占了上风和国家的衰微。参见卢梭，1762：134。
② 杰斐逊：《杰斐逊集》，刘祚昌等译，生活·读书·新知三联书店，1993，第39~40页。

第六章 共识塑造的阶层融合：社会结构、公共空间与阶层互动

一个人留在家中忧虑不安，我就感到难过"①。1776年7~8月，杰斐逊的妻子染疾，杰斐逊致信同侪亨利·李要求他回到费城替换自己："看在上帝的份儿上，为了你的国家，也为了我，来吧！我太太的身体如此糟糕，我不能失信于她。"他回家后就没有回来，专心在家照顾妻子和母亲。9月，大陆会议任命他和富兰克林、赛拉斯·迪恩一起赴法寻求支持，他从弗吉尼亚回信说，他不能接受这项任命，因为"家里的情况非常危急"。次年春，他母亲去世，他因为这个打击卧床数周，这一年的大陆会议他迟到了近六个星期。约翰·亚当斯在大陆会议工作期间，无论公务多么繁忙，都坚持给妻子写长信，汇报生活状况和工作进展。《独立宣言》发表后，战事刚起，他在费城担忧着天花困扰中的波士顿妻儿，写道，如果她在他身边，他就能继续无限期地留下来，并且像个新郎那样地骄傲和快乐。可是她不在，所以他就想回家。② 这是美国革命中最杰出的三位革命家的柔情。"为大家不舍小家"对美国的革命家来说，是不用思考、权衡的天然法则。制宪会议中，弗吉尼亚代表乔治·韦思在会议召开仅一个星期后就因妻子生病离会，十多天后又辞去了制宪会议代表职务。马里兰代表麦克亨利在会时间更短，因为兄弟生病，5月28日到会的他在6月1日就离会赶回巴尔的摩了。这样对待公务的方式在别处的革命家眼里或许失之优柔徘徊，甚至显得"自私"，却反映了美国革命者们真实的心曲：革命的目的是自由和幸福，那又怎么足以成为让他们舍弃妻儿幸福的理由？正是在他们的犹疑中，可以想见他们所追求的是自由，是天赋权利，而非权力与声威。

换一个角度来说，这种超越了权力欲望的奉献，更为难能可贵。虽然牵系于"小家"，美国革命者对于"大家"的付出，绝不输与其他国家。上文三杰的贡献自不必说，这里想介绍一下独立革命中另几位值得纪念的人物。费城的商人罗伯特·莫里斯是《独立宣言》的签署人之一，革命的倾囊襄助者。1776年12月，莫里斯收到华盛顿从特拉华寄来的信，说需要筹资十万美金以获得敌方情报。莫里斯没有那么多钱，城里的许多有钱

---

① 华盛顿：《向华盛顿夫人告别》，《华盛顿选集》，聂崇信等译，商务印书馆，1983。
② 隋肖左编著《约翰·亚当斯传》，吉林出版集团有限责任公司，2011，第130~133、140页。

人也已经离开了费城。莫里斯一筹莫展的时候,却在回家的路上遇见了一位贵格会的老熟人。莫里斯开口向他借钱,并且说明他只能拿自己的名誉做担保,这位贵格会的教友犹豫了一下,就答应了。资金很快到了华盛顿那里,帮助华盛顿赢得了特伦顿战役的胜利,大大鼓舞了大陆军的士气。在这个小故事中,让人钦佩的不仅是莫里斯:如果考虑到贵格会信徒反对一切形式的战争,莫里斯的这个老熟人所做的更令人感佩。这个故事的主角莫里斯在战争期间还多次为大陆军提供铅、面粉等物资。有一次,华盛顿给当时的战时委员会秘书乔治·彼得写信说军队已经没有制作弹药的铅了。彼得给莫里斯看了这封信。莫里斯刚好有一艘装载了90吨铅的商船到岸。他马上表示将船上一半的铅捐献给部队。另一半货物不是他的,莫里斯提供担保让彼得买了下来。① 新罕布什尔的商人约翰·兰登,像莫里斯一样,慷慨地把他的财富捐献给独立事业。1777年,新罕布什尔需要资金组建一个军团,兰登马上倾其所有,还抵押了他的货物。这笔资金帮助新罕布什尔组建了一个旅,斯塔克将军凭借这个旅打败了黑森雇佣军。

美国革命家对"小家"的爱护与对"大家"的付出,这种看似矛盾的表现,只有放在人本主义和共和主义的框架下才能理解。人本首先要求对个体生命的尊重,共和主义在此基础上要求个人积极参与公共事务。"国家兴亡,匹夫有责",是因为匹夫是国家的主人,他们的独立和自由,需要他们自己去卫护。这是一种不同于今日"自由主义"的"自由主义"。这种"自由主义"是"共和"式的,其核心内容是共同体成员通过保护共同体的独立和纯洁(不腐化)来保护自己的自由。当共同体成员为保护共同体而掌握权力的时候,权力只是他用以实现共同体福祉的工具,不与个人声誉、荣耀相联系。

这种健康的权力观是共和美德的基础和保障。1761年,与英国发生冲突的初期,小詹姆斯·奥蒂斯发表演讲说:"一位绅士或个人的社会品行的唯一准则应该是牺牲自己的家产、闲适的生活、健康和人们的喝彩声以响应祖国神圣的召唤。"威廉·利文斯顿则说:"让我们鼓励赞许一切能使我们的品德变得高尚的事物","让我们用爱国魂和公德来真正显示我们对

---

① 参见《莫里斯传》,http://colonialhall.com/morrisr/morrisr3.php。

祖国的爱"。① 来自南卡的查尔斯·科茨沃斯·平克尼，以行动向世人展示了爱国的样貌。平克尼曾为革命事业出生入死，革命后担任过制宪会议代表，是宪法的热心宣传者。联邦政府成立之后，平克尼屡次谢绝了联邦法院法官、国防部部长、国务卿等任命。1796年，他终于接受了驻法大使一职，却被当时的法国革命政府拒绝，被迫撤往荷兰。这期间有人建议他以金钱求安泰，他义正词严："可以百万自守，不以一文贿人。"回北美后，因美、法两国间形势趋紧，华盛顿提名他任少将，其排名在亚历山大·汉密尔顿之后，而汉密尔顿是他在大革命期间的下属。有人替他打抱不平，平克尼冷静地回应："让我们先对付国家的敌人，然后我们才有闲情来讨论级别。"把权力看作国家赋予的责任的官员，他理解了民主的真谛。

革命家对待权力的态度，引导着他们的士兵和人民。独立革命结束后，大陆军被解散，士兵们回到家乡，由于邦联在税收上的无力，士兵应得的薪饷和抚恤一直没有到位，但退伍士兵引起的哗变和骚乱很少。如杰斐逊所言："美国一支军队长期未领薪金，在解散时也没发一个子儿，甚至白条也没打，然而却没有激起哗变，在世界上哪里有过这样的例子？他们没有为了生计而沦为乞丐、土匪（被解散的军队往往如此），而是回到自己家里，重新拿起了斧头和铁锹。解散一支30000人的军队时，只有两三个士兵被带上法庭，这件事堪称举世无双。……至于人民，他们对于他们的统治者的信任，是普遍而充分的，因为这是他们每年亲自选举出来的……"②

三 觉醒与共识

然而，如果不是来自大众一方的配合和接受，精英的努力恐怕是孤掌难鸣的。共识的塑造在很大程度上是美洲人民阅读习惯的结果。如果北美居民像法国的农民那样什么也不买，什么也不读，共识显然难以达成。

---

① 伍德：《美国革命的激进主义》，傅国英译，北京大学出版社，1997，第202、210页。
② 杰斐逊：《对于英国报纸有关美国事务的描述的反应》；杰斐逊：《杰斐逊集》，刘祚昌等译，生活·读书·新知三联书店，1993。

革命初期，殖民地的书面载体所承载的，并非仅限于辉格党人和爱国党人的思想。至 1776 年，殖民地仍有约 20% 的居民是托利党人。托利党人的信念同样形诸报纸和小册子。在《纽约纪事》《独立传播者》《波士顿公报》《马萨诸塞观察》宣传激进辉格思想的时候，詹姆斯·利文顿的《忠诚公报》、约翰·麦因的《编年史》等报纸坚守着保守党的阵地。《常识》在殖民地成为畅销书的时候，托马斯·布拉德伯里·钱德勒的小册子《美利坚质询者》也在保守派人士中流传。而最终辉格党人俘获民心，实因辉格一派的理念价值契合人民需求。政论精英与受众间的交流、反馈和互动，最终造就了彼此共享的公共空间和政治信念。

精英与受众之间的交流使美国近代政治思想带着强烈的实践性。法国的启蒙思想惊世骇俗，但运用到实践当中，却往往碰壁，甚至演绎成人间的灾难。卢梭的《社会契约论》被后世的以色列哲学家雅各布·塔尔蒙（Jacob Talmon）批作极权主义民主的起源[1]，正是因其完美单纯的逻辑并不匹配真实政治世界的复杂。相较而言，美国革命的作家们却来自实践，更懂得妥协。传媒学家李普曼曾说，一种观念在征服世界的历程中，无论怎么含混不清，肯定是因为它与什么事物有所契合。[2] 一种新观念如果能为一个共同体所普遍接受，必然是因其得到了外在的有形证据的支持。殖民地人民在辉格与托利之间选择了前者，其原因也许就如此简单：辉格党人的言说，更符合人们对现实的观感和对未来的期望，更能满足人们的心理倾向和自然情感。

四 比较：英国和法国的状况

18 世纪的英国和法国的社会结构呈金字塔状，社会秩序与意识形态的统治者高高在上，与平民间界限分明而缺乏交流。在公共空间上，英国最主要的公共空间是咖啡馆。咖啡是富裕阶层的日常饮品。在 18 世纪初叶，伦敦已经有了 3000 多家咖啡馆，它们都有各自的常客圈子。但常客圈子的

---

[1] 塔尔蒙：《极权主义民主的起源》，孙传钊译，吉林人民出版社，2004。
[2] 李普曼：《公众舆论》，阎克文等译，上海世纪出版集团，2009。

形成正是缘于不同的咖啡馆面向不同职业和阶层的顾客群体。文人、政治学家、商人、士兵、艺人和赌徒各有其钟爱的咖啡馆。① 阶层分野与信念差别在咖啡商业中的存在，犹如今日不同群体在朋友圈中的隔膜。

法国的沙龙在上流社会私人住宅里举行，女主人通常受过良好教育。沙龙是贵族、正在贵族化的银行家和官僚、知识分子的平等相遇之地②。在这里，贵族挟特权而来，资产阶层挟财富而来，作家挟新思想而来，三者在此获得某种平衡。沙龙对于摧毁王权的垄断性影响力颇有建树，但其高高在上的本质也将启蒙运动束缚在这个小圈子内了。

更不要提咖啡馆和沙龙都是城市专属，广大农村居民与公共空间完全绝缘。哈贝马斯在论及公共空间的影响范围时不得不承认，即使以泛化的视野来界定早期的"大"公众圈，它们仍然只占广大农村人口与城市居民的一小部分。③

被玛格丽特·雅各布视作公共空间之一种的共济会在英、法两国也是贵族化的。关于其成员的身份方面，前文已有提及。玛格丽特·雅各布描述了共济会的活动："在十八世纪，共济会在世界范围内吸引了大多数男人和一部分女人，他们在欢宴、美酒佳肴的环境下进行自我完善。"④ 这显然不是平民生活的写照。法国的共济会只是取代了旧有的宗教性会议，给城市的社会上层分子以交往、宴集、传布新知、讨论问题的机会。⑤

在美洲发挥着公共空间功能的议会，在英、法两国完全不具备相似的功能。

"光荣革命"之后，英国王权虚置，议会成为正统的权力机关。这一点已与哈贝马斯定义的公共空间背道而驰。英国议员虽由选举产生，但其代议功能远远不如北美殖民地的议会。首先，选区和代表分配结构陈旧不合理。议员与其所代表的人口已经完全不成比例。18世纪英国的选邑分配

---

① 哈贝马斯：《公共领域的结构转型》，曹卫东等译，学林出版社，1999，第37~38、61~62页。
② 哈贝马斯：《公共领域的结构转型》，曹卫东等译，学林出版社，1999，第38页。
③ 哈贝马斯：《公共领域的结构转型》，曹卫东等译，学林出版社，1999，第42页。
④ Jacob M. C., *The Enlightenment: A Brief History with Documents*, Boston: Bedford/St. Martin's, 2001, pp. 21-22.
⑤ 王养冲、王令愉：《法国大革命史（1789~1794）》，东方出版中心，2007，第54~55页。

还在沿用中世纪定式，更兼1675年之后再无设立新的议员座席，到18世纪末的时候，总共202个选邑中，人口在200以下的"衰败选邑"约有100个，占选邑总数的一半。人口在20以下的选邑有7个，其中两个根本无人居住。居民少，选民更少，但每个选邑都可以选出两名议员，这些选邑里经常出现一两个选民就可以选出一名议员的情况。①

其次，选举权的资格限定将绝大多数成年公民排除在外，选民只占很小的人口比例。在农村，"自由农"的选民资格规定排除了大多数人口，选民大约只占人口比例的4%。城镇的比例更低。因为选举权要依附于身份，有些城镇直接将选举权附属于某些特定的房地产，拥有这些房地产就具有选民资格。这导致一个很大的城市可能只有十几个或二十个选民。新兴城市没有议员名额。直至美国革命时期，英国的著名工业城市如谢菲尔德、伯明翰和利兹均没有自己的议会代表。这与"衰败选邑"的情况形成讽刺性的对比：一个落后的山村里的寥寥可数的选民可能可以选举数名代表，而一个新兴城市里数以千计的居民却没有权利选举一名自己的代表。代表已经越来越不能有效代言民众的诉求。②

英国的选邑划分和选民资格限定将绝大多数民众隔离于公共生活之外，同时使操纵选举变得有吸引力。1793年辉格控制的"人民之友会"发布的报告称，英格兰的400多议席中，有256个是由11075位选民选举出来的，平均43位选民就选举1个议员。选民总数规模过小，同时，由于选民确认依身份进行，穷苦选民大量存在，这使贿选变得非常容易。英国的议会七年一选③，贿选的成本如果分摊到年度，就显得更低了。18世纪，几乎每个议员都是花钱选出来的。然后政府再用官职爵位收买议员以控制议会多数。这就是光荣革命后英国的金钱、裙带和庇护政治。④ 因为以上原因，英国

---

① 钱乘旦、许洁明：《大国通史·英国通史》，上海社会科学院出版社，2007，第232~234页。
② 钱乘旦、许洁明：《大国通史·英国通史》，上海社会科学院出版社，2007，第233~234页。
③ 英国当时的反对派们相信，当权者将三年一选的议会制度改为七年一选是为了降低贿选的成本。殖民地采取的一年任期制正是他们所提的改革要求。
④ 钱乘旦、许洁明：《大国通史·英国通史》，上海社会科学院出版社，2007，第232~234页。

激进辉格、"乡村党人"在咖啡馆激烈批评英国的议会制已经远远偏离制度本意。他们的言论在英国一直处于边缘，漂洋过海却成了美国独立革命和政体建设的理论依据，此是后话。表6.2比较18世纪英、美两地的选举与议会制度，以及议会与市民社会之关系。

表6.2　18世纪英、美两地议会制度之比较

国别	选举制度			议会与首脑的关系	议会与市民社会的关系
	选民资格	任期年限	选区调整		
英国	少数成年男性	七年	不调整	依附与收买	反市民社会
美国	多数成年男性	一年	及时	监督与牵制	归属于市民社会

在法国，三级会议本是按国王意愿召开的宣传劝服式会议。1614年三级会议中，由于第一和第二等级力图削弱王权，又在纳税和特权问题上与第三等级激烈冲突，三级会议陷入分裂。此后的175年间，历路易十三、路易十四、路易十五三朝，法国都没有再召开过三级会议。在1789年为召开三级会议而选举的第三等级代表中，当选代表有一半是律师，有开明的、同情第三等级的贵族和僧侣如米拉波和西耶士，也有其他从事各种职业的公民，但没有一个是城市平民或真正的农民。① 第三等级所呈递的陈情书中，工商界的愿望和不同生产部门的需求得到详尽的反映，然而代表农民意愿的意见就少见得多，真正的工人的要求并不曾有。② 议政权力为第一、第二等级的特权阶层和第三等级的精英代表所掌控。

英国和法国的作家也从未将平民大众当作他们的言说对象。在他们眼里，写作和阅读是脑力劳动者的高雅之事，而体力劳动者，只是他们统治和轻视——顶多是怜悯的对象。这与他们对教育所持的观点是一致的。法国哲人认为教育的首要对象是君主，明智、开明而有美德的君主将促进社会的变革，而人民总是会变成政府想要的样子。③ 因此，法国哲人的著作，

---

① 马迪厄：《法国革命史》，杨人楩等译，商务印书馆，2011，第43页；王养冲、王令愉：《法国大革命史（1789~1794）》，东方出版中心，2007，第87~90页。
② 马迪厄：《法国革命史》，杨人楩等译，商务印书馆，2011，第44页。
③ 沃尔金：《十八世纪法国社会思想的发展》，杨穆等译，商务印书馆，1783，第173、196~217页。

常常是献给执政者的。埃德蒙·伯克曾批评说，法国启蒙思想家为唤起上流社会注意而不遗余力地恣意想象，炫示才情[①]，言辞虽然激烈，却不失精辟。而英国18世纪的教育目的在于使各阶层的民众安于其分，知识分子的论著，是以一个小圈子为面向的，这个小圈子的范围，大抵就是剑桥学派著作所考察的范围。

五　小结

得益于扁菱形的社会结构与平民化的公共空间，北美独立革命与立宪期间，精英与大众之间的交流渠道是通畅而多样化的。扁菱形的社会结构与阶层边界的模糊，使精英与平民之间不存在不可逾越的鸿沟。他们在文化素养上的平等，增进了相互之间的交流。与欧洲贵族与平民的界限森严相较，北美的精英与平民间更像是互相尊重的邻里和朋友，他们相互拜访、通婚、组成阅读小团体，共享知识的盛宴。

北美精英与平民间模糊的甚至并不存在的阶层界限使北美的公共空间呈现出不同于欧洲的平民化面貌。教育的普及助推了北美公共空间的平民化。当欧洲的公共空间以沙龙、咖啡馆、社交聚会为主要场合的时候，北美最典型的公共空间是精英与平民共处其中的小酒馆。政府规定新社区要设立小酒馆，本意是为了管理上的方便，但它们后来成了社区三教九流的共同平台，见证了诸多历史事件的发生。精英的乡居模式把广大的乡村带入这场思想运动。社区精英组织的以平民为主体的俱乐部，是纵跨不同阶层的公共空间。由于北美自治的政治性质，城镇会议和民选议会也具有公共空间的"牵制公权"与"平等讨论"的特征。选举制度以体现选民意愿为指向而设计，使城镇会议和民选议会区别于英国为首相所收买的议会，成为公众获得参政经验和能力的场所。中部和南部的教会、法院所承担的社交功能，使它们成为另一类型的公共空间。

美国共识的塑造，与北美精英的自觉宣传是分不开的。自与英国冲突初起，北美精英阶层便确定了"唤醒大众"的目标。因而他们的写作、演

---

① 柏克：《法国革命论》，何兆武等译，商务印书馆，2010。

讲都是面向大众的，他们使用大众化的语言，运用神的名义，使用有利于塑造美利坚认同的修辞，编制新的教科书，对传统寓言作出隐含新观念的修订与解读；他们推动组建跨阶层的读书会、文学俱乐部、社会图书馆和通信联络组织，推动建立普及化、世俗化的教育体系，印刷商出版精简便宜的小册子。最后，他们身体力行践行民主的理念和原则。在行动中展现他们对民主、自由、责任、爱国等概念的理解，展现其与公共责任相联结的权力观，推动了共识的塑造进程。而公众对此给予了积极的回应，既因他们的文化素养、阅读习惯、经济条件赋予他们回应的能力，也因这些观念，是符合他们自身的期待和利益的。

第七章 共识塑造与美国的立国之路

一 共识塑造的成效

1763~1789年的政治观念传播，促使北美各阶层学习、熟悉了启蒙以来的政治理念，塑造了基本共识，形成了"美国信念"的雏形。

与英国对抗之初，美洲辉格作为资产阶级的代表，呼吁对财产权利的保护，其最伟大的口号止于"无代表不纳税"。他们并不想发动民众，也未曾想要改变殖民地英王属地的地位，改变以等级和依附为特征的社会制度。但公众一旦被唤醒，就不会满足于向英国输送一两名代表了。随着激进辉格（爱国者）取代传统辉格反抗阵营领袖的位置，殖民地自主权和独立被提上日程，为独立提供理论基础的自由、平等、人民主权等现代政治的基本概念成为不同阶层、不同群体的共同政治意识，并培育了他们对于政治的参与热情。约翰·亚当斯在革命后回忆说，在北美，"每一个序列和阶层的人民"都"开始关注政府的基石和原则"，"每一个角落的农民和他们的家庭主妇"，都在"争论政治问题，积极地确认他们的自由权利"。[1] 19世纪20年代，有人质疑杰斐逊的《独立宣言》的内容是否与其辉煌历史地位相称，杰斐逊回应说，"我并不认为我的责任在于发明新的思想或表达以前从未表达过的情感"，我只是"以表达美国精神为己任"。《独立宣言》的"全部力量来自那一时代各种得到了和谐的情感"。的确如此，《宣言》的力量并非源于它的原创性，而源于它的代表

---

[1] Wood G. S., *The Creation of The American Republic 1776-1787*, Williamsburg: the University of North Carolina Press, 1969, p.6.

性，它通过精练地表达民众的常识，唤起民众的激情。① 史学家布朗描述，在那个时代的餐桌上，妇女和孩子虽然很少发言，但不能认为他们是谈话的局外人。在丈夫偶尔离开的时候，妻子的发言所展现的她们对政治的熟悉程度，往往令客人感到意外。② 托克维尔访问美国时，对美国下层民众对政治知识的熟练掌握感到吃惊，他说，他所见到的美国人，均能轻松地区分联邦法律和州法律所规定的公民义务，区分联邦法院和州法院的案件管辖权限。③

人们如此热烈地谈论政治，南方识字率甚低的黑人也在庄园生活中被唤醒。人们发现，反英斗争导致奴隶产生"对自由的高度期望"。在北方，他们向各州的立法机关请愿要求获得解放；《获得自由的请愿书》④ 以白人的"天赋自由"说和"遵行上帝教诲"的理由，呼吁议会立法恢复他们及子女的自由。在奴隶制盛行的南方，反抗也更为密集。1766年，南卡罗来纳查尔斯顿的白人以"或自由，或印花税"的口号来反对英国，此事随后导致该地区黑人要求"自由"的市区游行。独立战争期间，黑人参与战争或逃亡来为自己赢取自由，许多黑人撰写的请愿书、小册子和布道词巧妙借用白人爱国者的辞令来表达自身的诉求。1775年11月，弗吉尼亚总督莫尔勋爵宣布，参与诺福克英军的奴隶可以获得自由，结果数周之内就得到了五六百名奴隶的响应。对于黑人的行动，美国著名历史学家埃里克·方纳评论说，对于自由意识形态的运用，表明"黑人本身已经由此变成真正的美国人了"⑤。白人主导的革命同样唤醒了黑人，后者虽然在革命中没有与唤醒他们的人站在一起，但在独立运用理性、懂得捍卫自己的固有权利的精神意义上，他们已经与战场上的对手一起成为现代公民。这种内心的改变，在今后的一个多世纪里支持着黑人不懈地追求平等与自由。

人民对于政治的积极参与是人民当家做主的必要条件之一。美国革命

---

① 贝克尔:《论〈独立宣言〉：政治思想史研究》，彭刚译，江苏教育出版社，2005，第14~15页。
② Brown R. D., *Knowledge Is Power: The Diffusion of Information in Early America, 1700-1865*, Oxford: Oxford University Press, 1989, p. 50.
③ 托克维尔：《论美国的民主》（上卷），董果良译，商务印书馆，1991，第186页。
④ 1773年4月20日，奴隶代表彼得·贝斯特斯等人于波士顿起草的请愿书。
⑤ 方纳：《美国自由的故事》，王希译，商务印书馆，2003，第65页。

和立宪的过程，也是人民参与的过程。1765 年下半年起在各地涌现的"自由之子"的主要成员是爱国手工业者。1772 年费城的技工成立"爱国社"①。纽约的技工聚集在"技工会堂"商讨如何保护自己的利益。列克星顿枪声中星夜报信的保罗·利维尔是一名普通的匠人。18 世纪 70 年代，许多港口城市的手工业者成为各种委员会、议会的成员，或担任其他显赫职位②。独立战争中，美国方面拿起过武器的多达 25 万人，也就是每两个或三个白人成年男子中就有一人参加过战斗。1774 年，英国通过波士顿港口条例，并威胁将以武力对付北美。新罕布什尔的商人约翰·兰登遂与约翰·苏里文、托马斯·皮克林一同组建了一支军队，前往格兰特岛夺取了英军卫戍部队的武器，并转移了武器和弹药。总督府本来想治他的罪，然而竟因当地居民对他的多方保护不了了之。1775 年列克星顿战役在 4 月 18 日晚间发生之后，4 月 19 日波士顿附近的居民就行动起来。安多佛镇一位叫詹姆斯·斯蒂芬的木匠，在早上七点的时候知道消息，马上召集大伙在当地会所集合，前往康科德。当天下午，好几千工匠和农夫采取了同样的行动。他们使撤回波士顿的英军一路遭到伏击。4 月 20 日，马萨诸塞锡楚埃特的一位教师，在天亮前得到这个消息，决定马上武装起来。缅因黎巴嫩的一位居民，凌晨四点钟得到消息，立刻爬起来开始筹备召集民兵。相反，保皇党阵营的居民对消息的反应要迟钝得多。一位居住在马布海德（离战役发生地不到十三英里）的保皇党人，在 19 日听到消息后的反应是继续修理他的帆船滑轮，连工具都未曾放下。③ 后来，保皇党人大都去了加拿大或英国。

辉格党人则留在北美大显身手。"一群下层人——木匠、鞋匠和铁匠"控制萨凡纳的革命委员会，令佐治亚州的皇家总督郁郁不平。④ 商人把资本置换成地产，以便取得担任公共职务必需的乡绅资格。⑤ 开明农民鼓励孩子参军，自己则出任家乡新成立的地方议会代表、安全委员会的成员或

---

① 当时费城手工业者约占男性居民总数的一半。
② 伍德：《美国革命的激进主义》，傅国英译，北京大学出版社，1997，第 252 页。
③ Brown R. D., *Knowledge Is Power*: *The Diffusion of Information in Early America*, *1700-1865*, Oxford: Oxford University Press, 1989, pp. 245-253.
④ 伍德：《美国革命的激进主义》，傅国英译，北京大学出版社，1997，第 253 页。
⑤ 伍德：《美国革命的激进主义》，傅国英译，北京大学出版社，1997，第 217 页。

治安法官，兼为本地与外界互通消息。① 革命后，随着选民的范围的扩大和议会代表数的增加，"被选为议员的人出身更卑微，来自乡村的更多，而且文化程度更低"。②

从美国革命后的平静来看，这些出身和文化程度低微的议员既没有引起权力争斗、利益纷争，也没有成为革命精英主导政治的傀儡，这表明他们能够稳妥地处理乡村事务。

公众参与政治事务的能力，在选举中也有表现。1800年选举时，联邦党人把持着参众两院、总统职位、内阁、法院，主导着宗教、商业和教育事务，有五分之四的报纸站在他们那边反对杰斐逊和他的追随者，但美国公众对于联邦党人的专制倾向已经相当警惕，最终选出了杰斐逊作为新一任总统。③ 其实早在联邦党人约翰·亚当斯执政期间，公众对其所作所为的专制嫌疑就已满怀警惕，但并未在其法定任期内挑战其权威，这是对游戏规则的遵守。④ 而在其任期结束后，公众终于运用选票选出对自己来说更为安全和可信赖的政府。相较之下，1799年，法国人民以3011007票比1562票通过宪法，赋予拿破仑的独裁统治以合法性⑤，在这个启蒙运动的中心国度，专制竟借人民主权的名义而行。固然可以认为，法国人在经历恐怖时代之后迫切地需要一个能够维持基本社会秩序的政府，然而，以独裁来结束混乱，不过是波利比乌斯政体循环论的重演，没有任何创新。对美国人来说，这就像用自杀来对付对死亡的恐惧一样荒谬。离我们更近的史实是，20世纪30年代，已经暴露反犹主义和残酷专制倾向的阿道夫·希

---

① Brown R. D., *Knowledge Is Power*: *The Diffusion of Information in Early America*, *1700-1865*, Oxford: Oxford University Press, 1989, pp.140-145.
② 伍德：《美国革命的激进主义》，傅国英译，北京大学出版社，1997，第258页。
③ Emery M. C., Emery E., *The Press and American*: *An Interpretive History of the Mass Media*, 8th edit, Boston: Allyn and Bacon, 1996, p.73.
④ 当约翰·亚当斯政府出台压制言论自由的《外国人与煽动叛乱法》时，它遭遇美国人民的强烈抵制。原本出自联邦党人阵营的詹姆斯·麦迪逊，因对该法的厌恶愤而离开国会，回到弗吉尼亚以个人身份起草了《1798年弗吉尼亚决议》反对该法。麦迪逊后来表示，《外国人与煽动叛乱法》是对自由政府的严重威胁，因为"出版自由有功于理性和人性在与谬误和压迫交锋过程中取得的每个胜利"。《外国人与煽动叛乱法》与约翰·亚当斯的命运表明，美国人民已经能够理性运用民主机器扼杀专制的苗头。
⑤ Dunn S., *Sister Revolution*: *French Lighting*, *American Light*, New York: Faber and Faber, INC., 1999, p.17.

特勒通过一系列的选举合法地成了德意志共和国的主席,并进一步通过国民议会的投票获得了独裁权力,给世界带来深重的灾难。上述史实表明,如若公民对于自己的权利没有发乎内心的认识,对于独立地运用自己的理性缺乏足够的信心,或者保留着对专制的不切实际的期望,他们就缺乏行使政治自由的能力,缺乏保持民主政体的能力,缺乏保卫他们自己和尊重他人的生命、自由及财产的能力。离开了公众对民主政治的完整认识和相应的参与能力,民主政治是不可持续的。在美国向民主政治的平稳过渡中,公众关于民主的共识起到了基础性的作用。

美国人对公共事务的积极参与和判断能力给外来的观察家留下深刻的印象。托克维尔这样记述他对美国人的观感:美国人积极热情地参与公务、保卫自由;他们对祖国有休戚与共的亲切感、责任感和自豪感;他们像关心自己的利益一样关心国家的利益;他们以国家的光荣和成就而自豪,相信自己对国家有所贡献;美国人对公共事务采取积极主动的态度,并不事事倚赖政府的力量;美国的行政机关行使职权时,并不像欧洲那样全靠自己的力量,在这里,每个人都将扶持、帮助和支援行政机关。① 托克维尔高度赞许美国人的政治能力。他认为,正是美国人的"有知"和"惯于思考自身的利益"确保他们没有因集权而变得"萎靡不振",丧失"公民精神"。②

托克维尔提到了美国公民对行政机关的支持,实在是美国政治中一个表面上不可思议的悖论:美国人一面极度警惕政府,一面又极其配合政府。这其中的奥秘,在于警惕也好,配合也好,最终都是为了维持一个良善的秩序。警惕是为了防范政府成为怪物利维坦,偏离人们成立政府以保护自身的本意;配合是因为民众监督下的政府不过是民众公意的代理人,服从它就像是服从自己的意志。就像卢梭指明的:社会契约就是"要寻找出一种结合的形式,使它能以全部共同的力量来卫护和保障每个结合者的人身和财富,并且由于这一结合而使得每一个与全体相联合的个人又只不过是在服从其本人,并且仍然像以往一样的自由"。③

---

① 托克维尔:《论美国的民主》(上卷),董果良译,商务印书馆,1991,第97~106、186页。
② 托克维尔:《论美国的民主》(上卷),董果良译,商务印书馆,1991,第97~106、186页。
③ 卢梭:《社会契约论》,何兆武译,商务印书馆,2003,第19页。

加里·纳什曾论,在共和国中,秩序不再来自自上而下的强制力量,如国王、常备军、国教会、法院和监狱,而是来自公民的自我约束。共和国的合格公民"会放弃那些与公共利益相悖的私人利益"[①],达成公共利益与私人利益的有序共生,以维护共和国的生存。然而,美国人的另一面是个人主义观念深入骨髓,他们从不忌讳为自己的私人利益做斗争。在公共利益与私人利益这对矛盾面前,美国人是以公共论辩的理性和遵守规则的诚意来破解这一难题的。公共论辩的理性,体现在法律制定过程的谨慎中,在各方自由发表意见前提下通过相互妥协制定的法律,公共利益与私人利益之间的界限得到一个各方认可的界定;遵守规则的诚意,体现在公民对法律的认同与遵守中,所谓"放弃与公共利益相悖的私人利益",即指此。

从《独立宣言》、《邦联条例》和《联邦宪法》的制定与批准过程中,可以看到公共论辩的理性与遵守规则的诚意贯穿于美国革命和立宪进程的始终,并且包含了越来越多的民众参与。这一点后文将详细论述。

二 共识的雏形

1763~1789年,是美利坚民族成形的年代,也是关于政治的美式态度、信仰和价值观获得绝大多数美国人认可的时代。任何一个政治共同体的存续,都以其成员一定程度的共识为前提。美国立国时期塑造的共识,其特殊性有二。其一为现代性。这一共识的核心如天赋人权、自由、平等和主权在民,是人类政治文明现代化的标志,在今天仍然拥有极高接受度。其二在于兼容性。兼容性首先表现为这一政治共识包含了相互冲突的价值观。亨廷顿认为,美国的意识形态,"就是一些杂乱无章的目标和价值"。"在其他社会,意识形态赋予某种价值较其他价值以优先地位,而在美国,所有的价值在理论上共存共荣,尽管它们在实践上可能彼此冲突。"亨廷顿说,在其他社会,平等与自由相互冲突,政治哲学家也普遍认为平

---

① 纳什:《美国人民:创建一个国家和一种社会》,刘德斌等译,北京大学出版社,2008,第204页。

等的扩展终会导致自由的毁灭，而在美国，自由和平等却联袂而行。美国共识的兼容性其次表现为认同的广泛性。亨廷顿说，美国信念的主体构成如宪政主义、个人主义、自由主义、民主主义和平等主义等理念并非为美国人所独有。"但没有哪个社会像美国一样，有如此多的人对所有这些理念广泛地赞同。"亨廷顿引用了托克维尔的观察说，美国人"在应当如何治理人类社会的一般原则方面是完全一致的"。①

但是，为什么在其他社会被认为相互冲突从而一定要按其分量轻重排序的观念，在美国却能不分轩轾呢？这其中的原因，恐怕是美国人所理解的自由与平等、人权与宪政与欧洲流行的观念名虽一致，实质却大不相同。

（一）人权神赋与追求幸福的权利

在美国革命的动员中，一个基本的理论是"人权神赋"。关于人人拥有生命、自由和财产权（或曰追求幸福的权利）的观念，在17世纪的英国政治思想界已经获得长足的发展。但少有人说它是不证自明的、天赋的②，相反，赞同自然权利理论的思想家们竭力从古老传统、自然状态、政府起源等方面来证明它的合理性。如胡克、柯克从古老传统来证明，霍布斯从自然状态来证明，洛克从政府起源来证明。这些证明的逻辑路径皆指向自然权利是"智慧（集体的、共商的、代际整合的）"的安排，也即，为理性考量的结果。

然而北美的迪金森却说：

> 我们的自由权利，不是来自宪章，因为宪章只不过是把既有的权利宣布出来罢了。自由权利的存在，并不仰赖于羊皮纸和印章，它们直接来自上帝——我们的众王之王、尘世主宰。③

约翰·亚当斯说：

---

① 亨廷顿：《失衡的承诺》，周端译，东方出版社，2005，第17~20页。
② 也有例外，如弥尔顿即主张"天赋人权"，但弥尔顿等"新罗马作家"的思想在英国本土影响不大。
③ 梅瑞安：《美国政治思想史》，胡道维译，商务印书馆，1937，第35页。

> 人的权利当然不是从国王或国会而来的,它们来自上帝,这位宇宙间的终极的立法者,自然权利建基于人类天性的内部,植根于智识与道德界的躯体里。①

汉密尔顿的表达更带激情:

> 人类的神圣权利,当然绝不是从故纸堆中得来的。它们是经神圣的手笔,正如用了太阳的光辉,缮写在人类天性的内部,永不能为人间的权威所涂抹或暗蔽。②

天赋人权的观念,后来凝结成《独立宣言》中的那句著名的话语:

> 我们认为以下真理是不证自明的:每个人都是上帝平等的创造,造物主赋予他们若干不可剥夺的权利:其中包括生命权、自由权和追求幸福的权利。③

可见,美国人相信,天赋人权并不是理性考量或传统习惯的结果,而是自然本然的存在,是公理而非定律,它无可争辩,无须证明。

天赋人权的观念流行于18世纪六七十年代的北美,一方面固然因其承继了英国17世纪的自然权利思想,另一方面却是时势背景的结果。英美冲突产生之初,北美居民所持的论据是,他们作为英国臣民的后裔,大英帝国的忠实臣属,理应享有与英国人一样的公民权利。至独立念起,北美居民遂将之前以为得之于宪章与传统的自然权利归为得之于上帝,人人得享,非特为英国臣民所独有。对人权来源的这一理解,具有质变式的跨越性质。如若将人权归之于传统,那么其适用范围将是非常有限的,只有将人权归之于天赋,黑人、印第安人和其他少数族裔的人权追求才能从中获

---

① 梅瑞安:《美国政治思想史》,胡道维译,商务印书馆,1937,第35页。
② 梅瑞安:《美国政治思想史》,胡道维译,商务印书馆,1937,第35页。
③ Urofsky M. I., Finkelman P., *Documents of American Constitutional and Legal History*, 2ed, Oxford, NY: Oxford University Press, 2002, p.55.

得理论保障,从这个意义上说,"天赋人权"说,奠定了美国平等的基础。

不可否认,自然权利的观念是18世纪在美、英、法三地尽皆流行的自然法思想的一部分。不同在于,在法国,自然权利思想仅仅是自然法思想中的一部分,自然权利的形态,依附于自然法的形态。假如自然法的形态被认为是专制的,或者是哲人王式的,那么自然权利就是屈居于专制之下的,其外延就是相当不确定的。而在美国,"天赋人权"表明自然权利是自然法思想体系的基础。如果自然权利的神圣性遭到侵犯,那么自然法体系也就不复存在。故此,美国人对于自然权利的重视与维护的姿态,是法国人或霍布斯这样的英国人所远远不及的。

对"自然权利"的不同理解在美、法两国的革命政治文本中鲜明地体现出来。

在美国,《独立宣言》称"人人平等"不证自明。而法国的《人权宣言》在宣布人与公民权利的时候,却多了"国民议会"这么个在"神"的庇护下代表"神"说话的确认主体。① 法国人尚未把"国王"这个"神的代表"彻底清除出历史舞台,却不得不接受另一个"神的代表"的到来。

这绝不仅仅是措辞的差异。它所体现的,乃是平民视角与精英视角的差异;它所导致的,乃是政治组织方式的不同。《独立宣言》基于平民视角,大陆会议只是代表同胞申明他们固有的权利。大陆会议并不是高于北美人民的机构,会议的代表只是初现雏形的美利坚民族的普通一员,他们是美利坚民族的先锋、前驱、代言人,但绝非救世主。《人权宣言》则基于精英视角,国民议会是宣称人与公民享有权利的主体,公民权利既然是由国民议会的宣称而获得,不难推论将来也可以因国民议会或其他统治机构的反向宣称而灭失。果不其然,1792年巴黎市府在与吉伦特党的争斗中决定"停止个人的自由",这一决定于次年得以实施,遂成法国革命史上的"恐怖时期"。② 法国国民议会的组成成员只包括旧贵族和新兴资产阶级,即使是来自第三等级的

---

① 《独立宣言》称:"我们认为以下真理是不证自明的:人人因创而平等(all Men are created equal)……",其中,"我们"指代的是"一个必须解除其与另一个民族之间的政治联系"的民族;《人权宣言》称:"国民议会在神的面前并在他的庇护之下确认并宣布下述人与公民的权利……"

② 马迪厄:《法国革命史》,杨人楩等译,商务印书馆,2011,第188页。

代表，也没有一个是城市平民或真正的农民。这拨人的救世主心态由来已久。托克维尔描述大革命之前的公共舆论时说，政府的主要官员、特权者一面同情人民，指责政府机构给他们过重的负担；一面蔑视人民，公开指称他们"无知粗野"。① 同情而蔑视，这正是将自己当作救世主的人所持有的心态。延续这种心态，国民议会理所当然地将自己看作了高于公民的权利申言人。

这种视角或者说心态的差别进一步导致了两个民族在革命后采取的政治哲学和政治体制的差异。由于自由乃是天赋人权，在美国"国父"对自由的理解中，自由的基本内容之一是免于暴政的自由，即制度须得保证人人不因政府的强迫而违背其本来意愿。② 在设计政体时，他们确信政府的权力应当受到限制，应当设置制度防止立法或行政部门滥用权力，更为重要的是，应当防止政府部门侵犯个人的权利，或者多数人联合起来肆意侵犯少数人的权利。天赋人权意味着自由是每位公民本来就有的权利，只要公权有可能使一个人的自由成为所谓公益或者正义的牺牲品，那就意味着概率上每个人都可能成为牺牲品，共同体也就不再可能是正义的。对个人权利的保护，最鲜明地体现在美国的司法制度中。美国司法至今坚守保护无辜重于惩罚有罪的原则。无罪推定、沉默权利和一事不再审或许放走了一些漏网之鱼，但美国人认为它们是防止无辜者被定罪的必需。在正义的衡量标准上，个人自由不受侵犯、不被错误地剥夺比维护法律的威慑力更为重要。

对自由的这种理解使他们将民主与多数决定区分开来，民主并非纯粹的多数决定，而是保护每个人天赋权利基础上的多数决定。正是这种认识，促使杰斐逊、麦迪逊、乔治·梅森等人坚持要求应该以《权利法案》的通过为联邦宪法生效的前提。因为，若不对公权不得侵入的私人权利领域作出界定，公益非常容易成为伤害个人自然权利的借口。这一公理在法国大革命中一再得到验证。国民议会屡以多数和公益的名义，肆意地剥夺

---

① 托克维尔：《旧制度与大革命》，冯棠译，商务印书馆，1992，第214、218页。
② 杰斐逊曾论，自由包括三方面的基本内容：思想自由，因其有利于真理的胜出；从业和创业的自由，因其有利于天赋的运用；免于暴政的自由，因其保证人人均不因强迫而违背其本愿。参见 Becker C., *Freedom and Responsibility in the American Way of Life*, Westport, CT: Greenwood Press, 1945。

所谓"反革命"的自由乃至生命。作为法国大革命反封建专制标志性事件的攻占巴士底狱解放了7个政治犯,而在1792年8月29日,"革命"的国民议会却在一日之间将3000嫌犯投入监狱。9月,屠杀开始,反抗派僧侣被成批处死,但在革命机构中有私人关系者得以幸免。① 这种草菅人命的态度,与革命所宣称的"自由、平等、博爱"倩别霄壤。在美国,人权高于法律,所以《权利法案》的第一条即规定联邦议会不得行使的权利。② 而在法国,法律高于人权。《人权宣言》的第十条和第十一条规定言论、著述、出版和信仰自由的限制条件,即"不得扰乱法律所规定的公共秩序","在法律规定的情况下,应对滥用此项自由负责任"。立法权在国民议会手里,《人权宣言》里的这两条就给了国民议会限制自由的权利。立法者凭借立法权侵犯基本人权,这恰恰是美国人民最用心警惕的失衡。国民议会的这一权力,加上法国的政治哲学追求统一,导致他们的政治体制排除异己。人民的统一这一理想主义的另一面,是对"非人民"的镇压和驱逐,乃至肉体上的消灭。然而,说到底,"人民"与"非人民"的区别,在政治斗争中,不过表现为统治者与反对派的区别。法国革命的暴烈性质,恐怕正是源于国民议会掌握了宣称"人的权利"的权力。③

1. 追求幸福的权利

对"天赋人权"内容的理解,在北美亦有与欧洲不同之处。"自然权利"在17世纪的英国被表述为"生命、自由和财产";④ 在法国,它在《人权宣言》中被表述为"生命、自由和安全";而在美利坚,"天赋人

---

① 马迪厄在《法国革命史》中记述,聋哑学校教师西卡尔方丈,因群众中有人认识他而获救;曾为国王忏悔牧师的兰方方丈,因有个兄弟在监视委员会而获得特殊关照,被"放在安全地方"。参见马迪厄《法国革命史》,杨人楩等译,商务印书馆,2011。
② 《权利法案》第一条为:"联邦议会不得立法建立国教,不得立法禁止宗教自由活动;不得立法剥夺言论自由和出版自由;不得剥夺人民和平集会、向政府请愿、表达不满、要求申冤的权利。"
③ 邓恩:《姊妹革命:美国革命与法国革命启示录》,杨小刚译,上海文艺出版社,2003,第95~97页。
④ 最为人熟知的这一表述来自洛克的《政府论》,但哈瑞斯的研究表明,一切公民依法享有平等的生命、自由和财产权是17世纪英国所有党派都接受的观点。参见 Harris T., "'Lives, Liberities and Estates': Rhetorics of Liberty in the Reign of Charles II," Harris T., Seaward P., Goldie M., *The Politics of Religion in Restoration England*, Oxford, 1990, pp. 217-241。

权"在《独立宣言》中被表述为"生命、自由和追求幸福的权利"。

有人认为，杰斐逊在《独立宣言》中将洛克"生命、自由和财产"这一表述改为"生命、自由和追求幸福的权利"，是基于革命条件下爱国党人破坏和没收保皇党人财产的现实约束，不得不将"财产权"改头换面为"追求幸福的权利"。不过事实却是，这一表述并非杰斐逊首创。17世纪的英国人约翰·霍尔已经提到过，自由的目的是幸福，因而政府在确保人民的利益和安宁，确保个人不受压迫和侵害之外，还应有使人们享有"积极和幸福的公民生活"的权利。① 霍尔其名现在听来不甚耳熟，但在当时却是英国新罗马自由作家中的鼎鼎大名者。至北美独立运动兴起，各州纷纷立宪，"追求幸福的权利"这一表述，不仅为《独立宣言》所采纳，亦为诸多州宪确定为至高法律。如《新罕布什尔宪法》称，人类有许多"相当的、自然的、根本的与固有的权利，其中包括生命和自由的享有和保卫，财产的获取、保有与防护，简言之，即为追求与获得幸福的权利"。《弗吉尼亚权利法案》称，所有人生来都享有享受生活与自由的天赋权利，包括"获取与拥有财产、追求和享有幸福与安全的手段"。《马萨诸塞宪法》称："组织维持并运行政府的目的，就是要稳定政治团体的生存，保护组织政府团体的每个个人，并给他们以平安享受他们的自然权利和幸福生活的权益。"② 在以上文献中，《新罕布什尔宪法》和《弗吉尼亚权利法案》的通过时间均略早于《独立宣言》。

"追求幸福的权利"并非对财产权的否定。相反，"追求幸福的权利"包含了对财产权的肯定。适当的财产是个人拥有独立地位和自由意志的基础。没有财产或所持财产从属于他人或机构的意志，朝不保夕，那么这个人的人身和意志也就仰赖于他人，无独立、自由与幸福可言。美利坚民族的政治信念是平等、自由、个人主义、宪政主义和民主，财产权并不在其中，但美利坚民族却是世界上最为重视发挥财产权之实质意义的民族，至今如是。"无代表，不纳税"所秉持的对于财产权的信念，在后来的《联邦宪法》中表现为立法的强力保护，以致后来比尔·查尔德发表《美国宪

---

① 斯金纳：《自由主义之前的自由》，李宏图译，上海三联书店，2003，第14~15页。
② 梅瑞安：《美国政治思想史》，胡道维译，商务印书馆，1937，第43页。

法的经济观》，将"国父们"描绘成保护一己私利的经济人。这未尝不是比尔"以小人之心度君子之腹"。

与简单粗暴的"财产权"相比，"追求幸福的权利"更为注重起点和机会的平等而非结果的平等，因而它是比财产权更具平等意义、正义力量和制度效率的权利设计。"追求幸福的权利"要求政府保障公民的起点平等，因而带来了一系列的政策后果，体现在革命后政府在教育公平、土地分配等领域所承担的责任之中；"追求幸福的权利"也为美国后来的几次国家转型提供了理论支持，成为美国制度灵活性和柔韧性的来源。1929~1933 年经济危机期间，贫富分化加剧，机会平等渐趋消隐，阶层渐趋固化，新自由主义者（new-liberalism）遂以"自由需以一定程度的经济独立为条件"之理由，要求政府出面干预经济，保障公民之基本生活需求，以维护其"追求幸福的权利"。当政府出面干预经济之时，必然碍及一部分富裕公民的财产权，但这一部分超出正常生活需求的财产权与公民幸福的关系已经殊不密切，所以并未损及其"追求幸福的权利"。可见，"追求幸福的权利"注重生活所需的财产权之实现，又不被绝对化的财产权所束缚。"追求幸福的权利"之高超在于它指向人而非物。虽然洛克等人宣称财产权之保障是为了保护个人之独立幸福，但财产本身始终是独立于人的物，财产权的绝对化最终会异化它本身，当富人的财产变成盘剥穷人的工具，一些人的自由就成为另一些人的枷锁，这时候，财产权所带来的压迫与等级制并没有什么两样。可以说，当 18 世纪的法国思想家在私有制带来的进步与不公正之间左右为难的时候[①]，"追求幸福的权利"给出了一个超越的答案。

更进一步，因为兼顾了公平和正义的因素，"追求幸福的权利"事实

[①] 18 世纪的法国思想家普遍对财产权持自相矛盾的态度。在《布甘维尔游记补遗》中，狄德罗明确反对私有制。他描述了处于自然状态下的塔希提岛居民的共有生活，并且借一个塔希提老人之口强烈地抨击了私有制带来的奴役、虚伪和邪恶。他主张财富按劳分配，反对剥削，但同时在政策实务中他又强烈地赞同私有产权和经济自由，反对旨在平均财富分配的限制继承和高额税收。霍尔巴赫一面称私有产权是人的自然权利，占有的不平等是理所当然的，对平等的向往是徒劳的幻想，声称在共和制下对平等的陶醉可能导致国家的灭亡；一面又谴责财富分配的过分不平等，认为社会的利益要求尽可能多的公民过富裕的生活。他没有说明财富分配的不平等应当以何者为度。

上巩固了财产权。起点和机会平等暗示财产蕴含着个人的才智和努力，消解社会仇富情绪。在法国，废除私有、平均财产的呼声在18世纪非常响亮，而在美国只有潘恩一人提过土地公有，这个建议还让他跌落神坛，众叛亲离。之后19世纪欧洲共产主义运动如火如荼，美国也从未有过大规模的共产主义组织和运动，反倒是很多欧洲共产主义革命的领袖到了美国后便成了自由主义和私有制的拥护者。①"追求幸福的权利"调和社会利益分歧之功用，可见一斑。

从政治构成的角度来说，"追求幸福的权利"在财产权之外还包含了政治自由权，并在后来成为参政的财产限制的突破口。以保有公民财产权为目的的国家是有产者的国家，这是光荣革命后的英国、独立革命后的美国和大革命后的法国对选举权作出财产限制的理论基础。而"追求幸福的权利"意味着国家不仅仅是有产者的国家，同时也是无产者的国家，后者亦应享有政治自由。从这个意义上说，正是《独立宣言》中"追求幸福的权利"这一表述，为《联邦宪法》取消选举的财产资格限制提供了理论基础。在18世纪晚期，美国人已经普遍接受政治自由与拥有财产无关的观念。佩特森在制宪会议上为小邦投票权辩护时的措辞如下："一个贡献多的邦要比一个贡献少的邦拥有更多的投票权，就像一个富有的公民要比一个贫寒的公民拥有更多的投票权一样没有道理。"这也是杰克逊时代民主发展（各州陆续取消选举的财产和纳税限制）的观念基础。相较而言，英法两国的人权内涵："生命、自由和财产""生命、自由和安全"皆不直接指向政治自由。因为在以法律为基础的开明君主专制下，人们还是能够保有"生命、自由和财产"或"生命、自由和安全"，但"追求幸福的权利"则明确要求公民成为政治的主动参与者而非政策的被动接受者。

（二）有别于欧洲的自由观：政治自由及保卫它的义务

上文提及，"追求幸福的自由"包含了政治自由的内容。后者正是美国自由观区别于欧洲旧世界之所在。

霍布斯说，自由是指没有阻碍的状况，臣民的自由是相对于法律的强

---

① 桑巴特：《为什么美国没有社会主义》，赖海榕译，社会科学文献出版社，2003。

制而言的。只要是法律未做规定的领域，就是自由的开始。① 洛克则认为，人的自然自由就是不受任何除自然法以外的约束，社会人的自由就是"除经人们同意而建立的立法权以外，不受其他任何立法权的支配"，沿用了霍布斯的思路，以排除约束的方式解释自由。② 不过，洛克的自由观包含了对法律来源的限定，这是他的人民主权理论与霍布斯的君主主权理论的区别所在。卢梭说，自由是相对于被奴役的状态而言的，对社会中的人来说，服从公意就是自由。③

当美国人言及自由的时候，首先是指参与政治的自由。与自然状态下的自由不同，政治自由是一种人为的自由，它只能在共同体中要求和获取。④

正是基于政治自由前提，殖民地才提出"无代表，不纳税"的口号，提出各殖民地议会与英国议会平等的理论。若按霍布斯的理论，缴纳印花税后的财产，才是法律未作规定的领域。英国在北美征收印花税的额度并不高，而且在大不列颠本土已经征收多年，故而，征收印花税这件事，很难说有妨于民众享有自由。若按卢梭的理论，既然组成了共同体，殖民地人民与大不列颠人同享一个共同人格，英国议会的决议，虽然未必能够证明它是公意，但更没法证明它不是公意，所以大英帝国的北美臣民⑤恐怕没有权力提出异议。

---

① 霍布斯：《利维坦》，黎思复等译，商务印书馆，2008，第162~173页。
② 洛克：《政府论》（下），瞿菊农等译，商务印书馆，1982，第16~17页。
③ 卢梭：《社会契约论》，何兆武译，商务印书馆，2003，第4、24~25页。
④ 上一段介绍的对于自由的定义中，卢梭所说的免予奴役的状态可作政治自由解。但卢梭认为社会契约订立的瞬间就产生了一个道德与集体的共同体，一个具有公共人格、公共意志的共同体，这个共同体的意志叫作"公意"，它永远正确，并且它并非私意的简单集合。卢梭没有说明主权者如何得出和宣示公意，因而"公意"这一概念，却容易被野心家冒领，成为奴役的理由。法国革命陷入恐怖统治与卢梭的理论不无关系。1952年，以色列哲学家雅各布·托曼出版了《极权主义民主的起源》一书，直指卢梭的公意概念为极权主义民主的原动力。由于否认私人意志对于共同体意志的出发点意义，卢梭所说的自由很难具备参与政治共同体管理的政治自由意义。
⑤ 与通常将君主或专制国家的人民称为"臣民"，共和国家的人民称为"公民"的习惯不同，卢梭认为"人民""公民"和"臣民"是同一群人的不同方面，当他们作为共同体的结合者时，他们就集体地称为人民；当他们作为主权权威的参与者时，就是公民；作为国家法律的服从者时，就是臣民。此处在北美居民服从法律的意义上采用最后一种概念。参见卢梭《社会契约论》，何兆武译，商务印书馆，2003。

北美居民理解的自由,是"共和主义"式的自由。这种自由观认为,共同体的自由是个人自由的前提,要防止共同体被腐化,防止个人自由遭受威胁,公民必须拥有参与公共事务的机会和能力,具备正直、高尚、大公无私的公共美德。其中,参与公共事务的能力和品德要依靠培养和公民自觉,参与公共事务的机会则是共同体必须为公民保障的事物。"共和主义"的自由与霍布斯等人的自由的区别在于,后者只是公权力不予干预情形下的消极自由,而前者既包含了消极自由的内容,也包含了积极自由即政治参与的内容,它要求政府保障公民平等地拥有参与公共事务的权利和机会。政治自由被认为是美国新的共和政体的基本原则[①]。

对政治自由的重视,源于对权力和自由关系的认知。政治自由是自由持续存在的基础,此其一;自由是权利与责任的统一体,此其二。美国人认为自由是非常脆弱的存在,因为权力总是具有无限自我扩张的冲动。相反,自由总是"提心吊胆地躲藏在角落之中,……在所有国家里,都遭到残酷的权力的追捕和指控"(约翰·亚当斯语)。要保卫自由,就要实现对权力的制约和对抗,而要实现对权力的制约和对抗,保障被统治者参与政治的权利是必要条件;对公民来说,则是要以相当的能力和负责任的精神参与公共事务,参与权力的建成过程,监督权力的运行过程,警惕权力越界的苗头;唯其如此,方能持续地制约权力超越边界的试探。若公民不能履行保卫自由的义务,便不可能安享自由的便利。

只有以公民应当拥有参与公共事务的权利和机会这一原则来衡量,才解释得通殖民地的各地议会与英国议会平等这一论点,美国革命的理由才是充分的。因为北美居民既然不可能参与英国的议会,便不再有遵从英国议会决议的义务。杰斐逊抨击英国议会对北美的管辖时说:大不列颠岛上16万选民为美利坚诸州的400万居民制定法律,完全不可理喻。

从人民的方面说,放弃对侵权的反抗就是未能履行保卫自由的义务。这是革命家的有效话语。1765年8月,史蒂芬·詹森牧师在《新伦敦公报》上发表一系列政论性抗议文章,称对暴力的反抗是人们的神圣职责。

---

① Himmelfarb G., *The Roads to Modernity: The British, French, and American Enlightenments*, New York: Alfred A. Knopf, 2004, p.191.

在当年的斋戒日布道词中,他说:"如果你温顺地离开(你的自由权利),你就是在灭亡你自己的同侪,你是你的子孙后代受奴役的罪魁祸首。"[①] 1772年5月18日,约翰·亚当斯在布伦特里演讲中说:无论政府形式如何,人民都有责任保卫自己的权利和幸福。自由"总是处于危险之中",公众必须随时保持警惕。1776年,潘恩在《常识》中说,不管其动机如何,遵章守纪或者保持缄默的后果如果是纵容了哪怕一点点的卑鄙和恶毒的行为,就是一个可怕的开头[②]。

独立期间北美人民所发起的抗争,正是对公共事务的积极参与态度的结果;立宪的过程,更可以看作美国人具备较高的政治参与能力的结果。通过独立革命,美国人捍卫了政治自由;通过立宪,美国人确立了政治自由的实现方式。参与公共事务的权利不是政治自由的全部,后者的内容包括思想、言论、信仰自由和教育平等的权利,但参与公共事务的权利显然是其中最关键的内容。参与公共事务的能力的培养和参与的实现,自然而然地要求思想、言论、信仰的自由和教育的平等。故而美国虽然不是最早产生思想、言论和信仰自由思想的国度,却是最早以法的形式确立这些原则的国度。

(三)有别于欧洲的平等观:非共和不可

与对自由的特殊理解相似,18世纪的美国人对于平等亦有着不同于欧洲人的理解。欧洲人的平等通常是指法律面前的平等,美国人则在要求法律面前的平等时,更注重政治地位的实质平等和经济上的机会平等。

欧洲"平等"概念的意义包含了太多形式主义的色彩。卢梭毫无疑问是赞同法律面前人人平等的,他说过,社会契约的功能是以道德和法律的平等来代替人与人之间天生的力量和才智上的不平等。不过,在论及法律的制定时,他却说,只要不违反对象的普遍性原则,法律可以划分公民等级,可以规定各种特权,甚至可以确立一个王朝政府和世袭制。[③]

---

① Stout H. S., *The New England Soul: Preaching and Religious Culture in Colonial New England*, New York & Oxford: Oxford University Press, 1986, p. 264.
② 潘恩:《常识》,何实译,华夏出版社,2004,第80页。
③ 卢梭:《社会契约论》,何兆武译,商务印书馆,2003,第30、47页。

卢梭的这个论调对美国人来说是不可接受的。既然人们平等地立约结成政治共同体，不可想象他们竟会同意使某个或某些家族取得高于他们的地位和世袭的特权，从而使自己成为这些家庭的奴隶。君主制和世袭制真是疯狂的制度！潘恩说，上帝既然平等地造人，那种把人分为君主和臣民的做法，使一个人高于其他人的做法，必定违背了上帝的意志。世袭制同样站不住脚，因为既然一切人生来都是平等的，那么让一个家庭占据优于其他家庭的地位就是荒唐的。[①] 独立战争期间，各州宪法大同小异地对特权尤其是贵族身份、世袭权利作出禁止。《马萨诸塞宪法》称：政府设立的目的是全体人民的公共幸福和权利，而"不是为任何人、家族或阶级的利益、尊荣或私人权利"。佛蒙特州的宪法称：政府的正当目的是"人民、国家或社会的公共利益、保护和安定，而非任何个人、家庭或少数人的特殊报酬或利益"。《弗吉尼亚权利法案》第四条称："除了作为公共服务的给付以外，任何个人或群体均不得从共同体中获得独特的报酬或特权，公共职位不得传之后世，行政官、议员及法官等职均不得世袭。"第五条规定，立法机关和行政机关的成员，在任期之后应当恢复平民身份。[②] 特权的消灭才是平等的真正起点。如果像卢梭所说的那样，法律竟可以规定公民分为不同的等级，还可以世袭，那么所谓法律面前的平等，不过是真正的不平等的护身符而已，与其说法律保障了平等，不如说它固化了不平等。反之，禁止个人和家族长期保有特殊身份，公民才有望实现政治地位的实质平等。

美国人的平等意识使他们对于社会契约理论也保有不同于欧洲的理解，在当时，唯有他们认为社会契约的唯一实现形式是共和制。

社会契约理论在18世纪流行于大西洋两岸，但其内容颇有差别。霍布斯认为订约者是人民，人民订约来产生一个君主以保卫他们的安全，所以君主没有参与订约，也就无所谓毁约。人民既然订约将权利交了出去，就不能背信弃誓，因此霍布斯是不同意人民拥有反抗暴君的权力的。洛克的社会契约论认为订立契约的两方是人民和君主，人民将权利交予君主，条件是后者保卫他们的生命、自由和财产的安全，因而一旦君主所为不合于

[①] 潘恩：《常识》，何实译，华夏出版社，2004，第16~17、22页。
[②] 艾捷尔：《美国赖以立国的文本》，赵一凡等译，海南出版社，2000，第21~24页。

这些目的，契约便不复存在，人民有反抗君主的权力。卢梭的社会契约论认为，订约的是全体公民，他们共同订约成立一个共同体，这个有公共人格的共同体再将行政的事务委托给执行人（可以是君主）来处理，因此契约只存在于作为主权者的人民中间。人民与君主间订立的不是社会契约，而只是一个委托契约，因而如果君主未能执行共同体的意志，主权者就可以收回委托。

以上便是当时欧洲对于社会契约理论的三种有影响力的解释。这三种解释均未否认社会契约能够以君主制的形式来承载。然而美国人却相信共和政体是唯一符合平等理念和社会契约原则的政体。独立战争期间，各州所立宪法均为共和制的。独立之后，美国人所面对的挑战是，由北向南的十三州地方差异巨大，总地域也算广阔，而共和制历来被认为只适用于领土狭小的国家。实践上，《邦联条例》的软弱无力，已经使一些人起了建立君主国家的念头。不过，在制宪会议上，君主制始终在考虑之外。因为代表们心知肚明，人民的精神赞同共和制，君主制绝不可能获得人民的批准。《联邦宪法》完成后，麦迪逊为打消民众对于在大国实行共和的疑虑，发表了《联邦党人文集》第十篇。麦迪逊说，通过代议制，大国实际上更适于维持共和政体：其一，大国拥有更多的团体，因此每个团体对整体的影响力就会较小，并且团体之间的影响会互相抵消；其二，大国中人们能够选出称职代表的机会更大，候选人以不正当手段赢得选举的机会则较小。麦迪逊的读者所面对的问题是，是否建立一个更强有力的联邦。这篇政论，显然是在奉劝信奉共和的读者选择联邦。应当说，麦迪逊此文为政治思想史做出的贡献，建立在联邦设计的制度贡献基础之上，而后者，又建立在人民对平等和共和的钟爱之上。

美国人的自由意识多少有些从英国继承而来，平等则更多地表现为本地共识塑造的成果。回望 1768 年，约翰·迪金森写作传唱美国的《自由之歌》的时候，最后一段还不忘为君王的健康而举杯。① 到了 1776 年，约

---

① Dickinson, *The Liberty Song*, 1768, http://usinfo.org/PUBS/AmReader_gb/p34.htm 2012-3-23.

翰·亚当斯说,在人民中间,对君主的崇拜和对贵族的顺从正在消退①。再到1786年约翰·亚当斯展望美国未来的时候,他期待的则是这样一幅景象:"这将是一个自由的国度,它由两千万到三千万自由民组成,他们中间没有贵族,也没有国王。"② 这三件文坛小事的对比,令人惊叹于这些年美国人在平等意识上的翻天覆地的变化。平等观念体现在日常生活中,18世纪晚期,"仆人""主人"之类的称呼已经不受欢迎,人们更喜欢"帮工""侍者"和"老板"这样的称呼。在白人成年男性中,人们越来越普遍地相互称呼"先生"。革命后,白人仆人通常在契约中坚持他们同主人坐在同一张饭桌上吃饭的权利③。平等观念也得到法律的卫护。1787年《联邦宪法》明文规定:"合众国不得颁发任何贵族爵位。"华盛顿就职总统的时候,众议院否决了"最仁慈的殿下""殿下,美利坚合众国总统,众生权利的保护者""强有力的阁下,自由的保护者"之类的提议,决定只称呼华盛顿为"共和国总统"或"总统先生"。

关于自由与平等的共识构成了美式"人权"概念的底色,也为美国日后的政治发展奠定了基础。在美国历史发展的过程中,处于弱势地位的群体和他们的处于强势地位的同情者总是能够通过赋予"自由""平等"以新内涵的方式,获得抗争和改革的合法性。美国后来的内战和重建、"进步主义运动"、20世纪60年代的校园左翼运动、"伟大社会计划"均基于自由与平等的信念而推进。

而在平等与自由这两者的关系中,平等又是自由的基础。如果不是承认"人人生(created)而平等",就很难证明人人都拥有天赋的自由。因为不平等就意味着庇护和依附,意味着统治和服从。只有在平等的前提下,独立和自由才是可能的。因为人在人格上是天生平等的,所以"自由、财产和追求幸福的权利"也必然是平等的。从这个意义上说,《独立宣言》"天赋人权"说的思想意义之重不在于自由,而在于平等。

---

① Wood G. S., *The Creation of The American Republic 1776-1787*, Williamsburg: the University of North Carolina Press, 1969, p. 48.
② Himmelfarb G., *The Roads to Modernity: The British, French, and American Enlightenments*, New York: Alfred A. Knopf, 2004, p. 191.
③ 伍德:《美国革命的激进主义》,傅国英译,北京大学出版社,1997,第189~190页。

平等观念是博爱精神和人道主义关怀之母。在等级观念盛行的时候，人们认为下层的苦难乃是天定的秩序，人世间不可避免。在此观念之下，人们纵使对弱者的不幸满怀同情，也不会有强烈的动机去消除不幸。① 人人平等的信念使人们无法再漠然面对下层民众或其他种族的苦难，因为他人的苦难在某种程度上就是自己的苦难。这一观念为半个世纪后美国奴隶制的废除奠定了理论基础。现实中，北美整个废奴运动的发展，一向紧跟平等思想的传播。早在 18 世纪 50 年代，费城就已开始兴起废奴主义的观点，其主旨论点即奴隶制度与基督教的博爱思想、人人生而平等的主张相抵触。革命前夕，随着平等观念的普及，对黑人奴隶制的抨击也越来越激烈。1775~1776 年，世界上第一个反对奴隶制的组织在费城成立。此后的半个多世纪中，"天赋人权"说蕴含的平等观念的自然延伸最终击败了"平等的范围"这个伪命题，为黑人的解放提供了观念上的支持。

（四）主权在民

自由与平等的价值观体现在政治中，必然推导出"主权在民"的政治信念和社会契约理论。平等和自由的价值观下，世上再没有天然的统治者，也没有天然的被统治者。因而，公共权力只能来源于社会成员的自愿让渡。当人们组成社会的时候，由于他们是平等而各自独立的个体，契约就成为唯一的社会组织原则。通过立约，人人都因为遵从契约而成为被统治者，但同时他们又都是自己的统治者，因为他们乃是订约者，因而也是主权者。这是 18 世纪大西洋两岸的社会契约论和人民主权理论的基本逻辑。

但是，美国的主权在民论与欧洲有不同之处，具体地表现为对立约的审慎、对异见的宽容、对守约的强调和对人民主权实现方式的细节关注。

1. 审慎立约尊重每个个体的立约权

尽管人与人之间在人格上是平等的，他们在才能上却是不平等的，卢梭在《社会契约论》中承认过这一点，但他不承认，人在利益或关于公共

---

① Haskell, Thomas L., "Capitalism and the Origins of the Humanitarian Sensibility," Part 1, *The American Historical Review*, Vol. 90, No. 2, 1985, pp. 339-361.

利益的认知上是有很大差异的，相反，他认为公意不言自明："公共福利到处都明白确切地显现出来，只要有理智就能看到它们。"① 而美国人承认个人的利益千差万别，公共利益隐藏在社会成员的个体利益之后，远非一目了然。人人平等、天赋人权的原则要求社会尊重这些差异，因为任何人的理性都是有限的，都不可能一贯正确。因此，在订立契约的时候，应当有充分的时间和空间供人们对议题作充分的了解、独立的思考和自由的表达，如此才能得出一个能够照顾各方利益的、避免重大失误的、公允的、能得到各方忠实执行的契约。因此，立约应当是一个审慎论辩的过程，同时也是一个宽容异见和寻求妥协的过程。

这个现在看来不言自明的道理，在当年却是实实在在的异端。人民主权论的集大成者卢梭因为认定公共福利是不辩自明的，继而推论：在一个平等的国家里，"公民们只有一种利益，因而人民便只有一种意志"。当人民举行大会的时候，如果他们都以公共利益为指导，那么这个大会就能和衷共济，全体意见趋于一致，"反之，冗长的争论、意见分歧和吵闹不休，也就宣告个别利益之占了上风和国家的衰微"②。卢梭也意识到，在一个全体都是奴隶的政治体中，也会出现没有异议的大会，但由于深信个人只要依靠理性就能得出对政治事务一致的结论，卢梭宁愿认为全体是主人的大会与全体是奴隶的大会是相似的，也不愿承认全体趋于一致的大会，要不是因为与会者是某个人或某些人的平等的奴隶，就是因为他们全都做了公意的奴隶。因为既然公意已经成了一种必须遵从的不同于私人意志的共同体意志，与会者此时就不再是自由的，他要不是以自己的理性去要求别人，就是用别人的理性来代替自己的理性，这样的会议与全体都是某个人的奴隶的会议，本质上并没有什么不同。

美国人的会议，恰好具有令卢梭不悦的意见分歧和吵闹不休的特征。然而正是这些充满冗长争论的会议，记录了美国一次又一次审慎的抉择。美国人相信，不同见解能取得平等的表达机会是有益的。绝不能因为害怕错误见解，就同时封堵正确见解的表达渠道。制宪会议上，为确保代表畅

---

① 卢梭：《社会契约论》，何兆武译，商务印书馆，2003，第131页。
② 卢梭：《社会契约论》，何兆武译，商务印书馆，2003，第131~145页。

所欲言，规定了讨论内容不得外传。《宪法》进一步规定议员在国会发表的言论不在院外受盘诘。对异见的宽容是保护独立思想和坦诚品格的必要条件，因而也是保护一个社会的思想瑰宝的必要条件。毋庸置疑，在任何社会中，与群体保持一致总是要比特立独行更安全，但真理常常是由少数人发现的，如果不给他们表达和坚持的权利，群体无疑就失去了这些宝贵的财富。退一步说，对异见的压制，并不能真正消除异见，只能让人学会虚伪和假装。同时不能自由表达见解所累积的愤懑，一旦找到决堤的缺口，必将倾泻而出，带来洪水般的灾难。反之，对异见的宽容，必将起到鼓励真诚的坚持的作用。当迪金森坚持反对谋求独立的时候，他清楚地明白这将给他的声望带来致命打击，但他还是坚持了自己的观点。这种勇气和刚直，是一个美好社会所需要的优良品质。

美国人对待立约的审慎态度在内涵上与"天赋人权""人人平等"是一致的，对个体利益的尊重，是美国文化之核心。对美国人来说，个体利益通过社会共同体得以实现，恰恰是主权在民论的目的。

美国人对于个体意见和利益的尊重，也体现在他们对社会契约的存续条件和订约人的理解上。美国人注重保障个体成员的平等的立约权。在欧洲，社会契约论只解决人类从自然状态过渡到社会状态这一个时间点的问题，或者加上契约履行不善的情况下人们从社会状态回复到自然状态以便再次立约的问题；在美国，社会契约却是一条时间线上的承载，是一个延续的历史过程。在欧洲，启蒙哲人认为社会契约一旦成立，人们的居留就表示默许，构成同意。人如果不满于他的国度，就可以而且应该转让他的土地，随意去加入其他国家或者与其他人协议在"空的地方"创建一个新的国家①；在美国，人们认可因为新公民的出生和老公民的死亡，社会契约不可能是一蹴而就的，新的公民有权订立自己的契约，要活着的人遵从死去的人的意愿，无异于把活人当成死人的奴隶。杰斐逊建议，依据人口代际更替的规律，宪法必须每 19 年一改。杰斐逊的法律短期有效论虽然稍

---

① 洛克：《政府论》（下），瞿菊农等译，商务印书馆，1982，第 75~76 页；卢梭：《社会契约论》，何兆武译，商务印书馆，2003，第 135~136 页。

显激进,却更为尊重立约人的利益,是更完备的主权在民论。① 在州宪中也有不少关于宪法修改程序的规定,较激进的佛蒙特州宪和宾夕法尼亚州宪均设置了一个监察委员会,承担每七年修改一次宪法条文的职责。②《联邦宪法》第五条,也明确规定了宪法修改的方式。③ 不过,看起来在美法两国革命所产生的宪法中,美国宪法要比法国宪法稳定得多,这似乎是个悖论,道理却不深奥:美国人认为前人永远不可能为后人制定一部完美的宪法,所以在制宪时就留有余地,为宪法的修改提供了可能性;而法国人试图制定一部永恒的宪法,所以对已制定的宪法一旦发生不满,就主张全盘推翻,从头再来,可是一部完美的、永恒的宪法无异于痴人说梦,他们的宪法也就总是处于动荡之中。

2. 信守契约

立约之后,契约的实现有赖于守约。在欧洲,思想家强调君主、政府、执法者的守约义务,但鲜少论述公民应当如何守约。在美国,守约则是一个普遍的要求,政治家、被选举人有义务守约,公众也有义务守约。这一点往往为论者忽视,其实却对美国政治的稳定发展起着非常重要的作用。

《独立宣言》中关于"人们有权变革政府,或废止旧政府,组建新政府"的表述向来是读者关注的焦点。不过这段话其实并不新鲜,它不过是洛克《政府论》的翻版。与之相较,下文或许更能反映北美政治观念的特质,更加值得重视:

---

① 杰斐逊在他的政治行动中也是这么做的。他主笔的《弗吉尼亚宗教自由法令》的最后一条称:"我们这个大会,只是人民为了立法上的一般目的而选举成立的,我们没有权力限制以后的大会的法令,因为它们是具有和我们同样的权力的,所以,如若我们此时声明这个法令永远不得推翻,那是没有任何法律上的效力的。"法令采声称而非规定的方式来对后人作出建议而非规定:"但是我们还自由声明,并且必须声明……以后若通过任何法令取消该法令或缩小其实施范围,将是对天赋权利的侵犯。" Urofsky M.I., Finkelman P., *Documents of American Constitutional and Legal History*, 2ed, Oxford, NY: Oxford University Press, 2002, pp. 73-75.
② 梅瑞安:《美国政治思想史》,胡道维译,商务印书馆,1937,第111页。
③ 该规定为:若两院2/3的议员认为必要,或2/3的邦议会提出申请,要求对本宪法提出修正,联邦议会即应召开制宪会议,以便提出;在这两种情况下,若得到3/4的邦议会批准,或3/4的邦制宪会议批准,所提修正案的内容和目即构成本宪法的有效部分,以上两种批准方法,由联邦议会选择采取哪一种。

诚然，审慎之心使人觉得，长期建立起来的政府，不宜因轻微短暂的理由而更改；过去所有的经历表明，人类往往趋于忍耐，只要邪恶还能忍得下去。直到迫不得已，才自我授权，废除他们已经习惯的政府形式。

立约之后，契约的实现有赖于守约。若非迫不得已，定要遵从原来的政府，恪守原来的约定，这就是守约精神。《独立宣言》中的这一段话并非偶然，也非殖民地的自我开脱之辞。同时代的《马萨诸塞宪法》称：

国家由自愿的个人结合而成。这是一个社会契约，凭借这个契约……约定为了全体的幸福，所有人都受一定的法律约束。

《马萨诸塞宪法》的起草人约翰·亚当斯认为政治共同体的生存与稳定是保护个人权利的前提。组织政府的目的首先是保证国家的存在与安全，在此牢固的主权基础之上，国家才有能力保障公民的天赋权利，保障公民得享受生活、追求幸福。亚当斯此论，正是英国"新罗马自由主义者"（共和主义者）的观点，革命前夕借小册子之力流行北美。

及至独立战争终结，各邦因《邦联条例》之无力而陷于各自为政，人们认识到，成立一个强有力的政府，实为"社会的幸福繁荣"之所必需。① 《联邦宪法》特别强调要以制度的力量迫使人们守约，具体为以司法强制迫使个人守约，以武装强制迫使团体守约。② 因为强调政府的强制力量，《联邦宪法》对于立法机关和行政元首的授权均较为慷慨。《宪法》授予议会以招募军队、提供给养、建立海军之权。这在当时的西方石破天惊。当日欧洲对于常备军的建立和维持，常抱犹疑的态度，因其在印象中总是与专制相连。《宪法》对于行政元首的授权使其身兼最高执行与荣典两大功能，权力远超欧洲的大部分君主——在欧洲，荣典和行政的最高权力通常被认为应当分立。在制宪会议进程中，代表对于如何防止州权侵蚀和瓦解

---

① 汉密尔顿、麦迪逊、杰伊：《联邦党人文集》，程逢如等译，商务印书馆，1980，第128页。
② 汉密尔顿、麦迪逊、杰伊：《联邦党人文集》，程逢如等译，商务印书馆，1980，第75页。

联邦权力的关注,要远远多于对防止联邦权力侵蚀州权的关注。威尔逊说,全国议会如果侵蚀各邦权力的话一定会引起民众的反抗。总体政府会去保全各邦政府权力,就像各邦政府会去保全居民个人权利一样确定无疑。相反,总体政府无论多么谨慎小心,也始终处于各邦侵蚀它的危险之中。麦迪逊进一步说,即使总体政府侵蚀各邦权力,后果也不是致命性的,人民依然可以做大共和国的公民;而各邦政府侵蚀总体政府权力的话,前景就黯淡无光了。① 后来事态的发展恰如麦迪逊所言,联邦政府的权力确是呈扩大趋势的,但这一趋势并未损及对美国人民天赋人权的保护。从今日美国的贫富分化与阶层固化来看,联邦的权力还是太少了而不是太多了。从工业化以来短短几百年的历史看,每一波贫富分化与社会裂痕的凸显,最后均通过加强中央政府调控权力的途径得以缓解。民主政体易患的疾病是涣散,君主政体易患的疾病是专制,美国的政体设置,在立足于民主的同时强调遵从政府,从而得以扬其长而避其短,造就了一种比较理想的政府体制。

1796年,在联邦政府运行了两届总统任期之后,华盛顿在《告别演说》中再一次提醒美国人民,人民主权的实现,是以每个人都有责任服从已建立的政府为条件的。② 人们并不能任意地提出对政府的反抗,反抗权成立的条件是群体而非个别人的利益受到了侵害。个别人利益受损,应依据法律规定寻求救济,而非贸然反抗政府。对守约的重视既强化立约的审慎,也可预防自由成为放纵的借口。它保障了美国在革命后的稳定,在谢斯叛乱中赋予马萨诸塞州政府镇压的合法性;在立宪后保障了国家元首的平稳替换,帮助美国度过了历次宪政危机,包括早期联邦党人与民主共和党之间的争斗、尼克松水门事件、2000年小布什与戈尔总统选举计票之争等;它更为联邦政府在今后面临危机时主持采取变革措施提供了合法性和操作机会,护航了林肯内战、罗斯福新政。

守约内含着公民在法律权利上的平等,实质上促使了特权的消灭。政

---

① 麦迪逊:《辩论:美国制宪会议记录》,尹宣译,辽宁教育出版社,2003,第176~179页。
② 华盛顿:《告别演说》,《华盛顿选集》,聂崇信等译,商务印书馆,1983,第317页。

治共同体只为保护公民的生命、自由与财产或曰追求幸福的权利而构建，换言之，即个人其他的权利并非政治共同体的保护目标，个人不能据此提出申诉或抗议。因此，共同体不承认更不保护特权，个人也不能以其个体特殊身份或认知缺陷为由逃避守约。这一点可用以理解为何在美国这个反权力伦理最强烈的国家，公众对警察却十分服从。常有人认为，美国人服从警察是因为后者有在紧急情况下开枪的权力，但这只是答案的一部分。对美国人来说，警察代表公权力，无论其行为是否恰当，公民均应服从。如有异议可在事后投诉反馈，但当场挑战警察权威、袭警则无论如何都是不可原谅的。

从政府的方面来说，守约强调法律和政策的稳定。在洛克和卢梭的社会契约论中，人民随时可以收回让渡给政府的权力。美国却希望以维持政府稳定的方式减少动荡。汉密尔顿提醒他的同胞，变化不定的政策，在外会令美国失去其他国家的尊重和信任；在内有碍于国内公民的自由；并且将培养出一批专以钻法律空子为能事的投机分子，利用法律来巧取豪夺；变化不定的政策，也消磨创业和创新的动机，因为预期的不确定性令人民不愿付出劳动和资本。[①]

守约也体现为权力机关对公民个体的平等保护义务。如果作为个体的公民权利得不到保障，那就意味着个体与政府之间的契约并没有得到信守，政府守约的能力就会受到质疑，其他个体将同样感到自身权利面临着遭到侵害而得不到保护的威胁。由是，政府的合法性建立在国家对个人提供平等保护的基础上，这种保护不能因公民的出身、财富和社会地位而异。

审慎立约与信守契约，两者都是基于对契约的认真态度。相较而言，欧洲对社会契约的态度要随意得多。在洛克和卢梭的社会契约论中，人民保留随时改变政府的权力，以此约束政府守约。美国的契约论则以维持政府稳定的方式减少动荡所带来的危害。因此，在契约的实践中，美国人注重设计精巧的细节以确保契约得以遵行。

[①] 汉密尔顿、麦迪逊、杰伊：《联邦党人文集》，程逢如等译，商务印书馆，1980，第317～318页。

3. 民主的细节

美国主权在民论的最后一个特征，是注重设计、强调细节。相较于欧洲，美国没有宏大的民主理论建构，它对于民主的贡献，是将民主分解为若干个具体化的问题，并构建一系列的制度细节来实现它。

主权在民的核心是政府权力基于人民的同意，它意味着权力的产生是自下而上的。如何从分散的个人意志中得出共同体的集体意志，是每一个民主政体的构建者首先要面对的问题。

美国人对这个问题的答案简单明了。决策的原则就是在不侵犯任何人"天赋人权"基础上的多数决定。但是，为了能够尽量得出谨慎的判断，并使共同意志获得最大限度的认同，在重大问题上，要采用 2/3 或者 3/4 以上的多数作为决定的界限。利益多元化的信念与 18 世纪普遍流行的人民主权观念结合在一起，很自然地得出尊重每个人的天赋权利基础上（平等保护）的多数决定（而非一致决定）原则，这就是美国人眼中民主的要义。

多数决定规则在 18 世纪并不具备不言自明的合理性。历史学家帕尔默曾说，直到 20 世纪前半叶，东欧仍然有不少国家不习惯用多数票来解决问题，法西斯主义在欧洲的兴起，与此有一定的关系。①

多数决定原则当时不仅在非民主的政治中得不到认可，它在人民主权的理论里也被否定。卢梭说，社会契约的成立，必须要有全体一致的同意。那么，如何对付可能出现的异议者呢？卢梭说，订立契约时不同意的人是不包括在契约之内的，他们是公民之中的外邦人。但是在国家成立之后，居留就构成同意。然而，卢梭设想的这个方法与其说是在护卫公民的自由，不如说是在护卫社会契约理论本身，是借助理论的逻辑迫使异议者服从。② 对于众人的个人意志与公意的关系，卢梭虽然说过，众意是着眼

---

① 帕尔默、科尔顿、克莱默:《现代世界史》，何兆武等译，世界图书出版公司，2009，第 684 页。
② 这并不是卢梭唯一的将沉默视作同意的情况。在论主权不可转让时，卢梭说，如果人民单纯是诺诺地服从，就丧失了人民的品质，政治体也告毁灭。但是他又说:"这绝不是说，首领的号令，在主权者有反对它的自由而没有这样做的时候，也不能算是公意了。在这样的情况下，普遍的缄默就可以认为是人民的同意。"参见卢梭《社会契约论》，何兆武译，商务印书馆，2003。

于私人利益的个人利益的总和,在众意中除掉个别意志间正负相抵的部分,剩下的总和仍然是着眼于公共的利益——公意,但他同时又说人民是易受欺骗的,综合个别意志得出的结果,很可能与公意(客观存在但被蒙蔽的公共利益)相去甚远。这倒是实情,但未免与其公意的不辩自明说自相矛盾。卢梭另一个自相矛盾的地方是,虽然他认为众意中除掉个别意志间正负相抵的部分剩下的总和仍然可以是公意,但他并不认为可以通过由个体表达自身意志的方式来接近公意。他说,当派别形成的时候,或者当人们感觉到个人利益并且任由它成为投票的动机的时候,"投票就不再是由全体一致所支配了,公意就不再是众意"。"公意沉默了,人人都受着私自的动机所引导,就再也不作为公民而提出意见了,好像国家从来就不曾存在过似的。"卢梭说,这种情形下,多数决定的结果只是"有利于某个人或某个党派的",并非"利于整个国家的",是"众意"而远非"公意"[1]。对照当前西方民主功能失调的一些事实,应该说卢梭在这一点上是有远见的。2011年的欧债危机与2018年的法国"黄马甲"事件,确实与"人人都受私自动机的引导,不再作为公民"思考,即不愿承担社会责任有关。但卢梭虽然讨论了公意和众意的关系,却并未就如何从众意中抽象出公意提出任何建议,或者说,他从来就没有考虑过要从众意中推导综合出公意。卢梭也没有提出任何解决方法来防止公民受欺骗或者受个人利益的驱使。而"全体一致"的方案,最终不是难以达成决策,就是会令统治者想方设法强迫不同意的人改变立场,这时候,人民主权理论就成了一个悬浮的概念,等待着被专制轻而易举地俘获。

美国人虽然引用过卢梭的人民主权论,却始终没有同意他的"全体一致"和"居留即同意"说。杰斐逊[2]在他的第一任就职演说里坚持:"要绝对服从多数的决定,这是共和政体的主要原则,离开这个原则,便只好诉诸武力,而那便是专制的主要原则和直接起源。"

人民主权实现的第二个问题是,在美国这样的大共和国中,对公共事务的直接投票是不可能的,那么如何保证公共决策反映公民的真实愿望

---

[1] 卢梭:《社会契约论》,何兆武译,商务印书馆,2003,第132~133页。
[2] 杰斐逊:《第一任就职演说》,载拉维奇编《美国读本》,陈凯译,国际文化出版公司,2005。

呢？美国人的方案是代议、普选和直选。

关于代议，卢梭的《社会契约论》里有一段很难为现代人所理解的论述。在第三卷的"论议员或代表"一章中，卢梭说，主权是不能被代表的，"只要一个民族选出了自己的代表，他们就不再是自由的了，他们就不复存在了"①。卢梭这段话很容易被看作极端理想主义的，但是如果考虑一下当时他所可能观察到的代议制，也许能更准确地理解他写下这段话时的心情。

18世纪五六十年代，彼时的法国，已经有两百多年未举行三级会议。关于代议制，可供人们观察和借鉴者，唯有英国。而英国的代议，恰恰是在"德性代议"名义下，由占人口极少数的选民不成比例地选举出来的。这样选举出来的议员，常常是黑金和裙带政治的产物，很难真正代表人民的利益。或许正是因为看到这种情形，卢梭曾评论"英国人民自以为自由"乃是"大错特错"，因为他们只有在选举时拥有短暂的自由，而议员一旦选出，他们就成了奴隶。②或许卢梭还应该加上："况且，仅有少数人拥有这短暂的自由，大多数的人则从始至终都是奴隶。"

诚然，很难认为"德性代议"原则毫无合理之处。代表们能从全局利益来考虑问题，当然是一件有利于减少政治交易、党派掣肘和地区分肥的好事，问题在于，对道德问题做强制性的约束很容易滑向专制。因此"德性代议"只能是一种倡导，一种理想，是对议员的最高要求，却难以成为基本要求。英国的情况表明，一旦"德性代议"成了基本假设，它就成了任由选举制度折损崩坏的理由，并违背了平等的原则、社会的契约基础和代议的初衷。遑论"德性代议"的根本逻辑还是家父长制，即代表能像家长一样，为所有民众的利益作出合理的安排，民众对此不应有所怀疑和不满。

但是，在美国人看来，社会既是由契约而结成，"德性代议"实际上否认了大部分订约人参与公共事务的权利，而任意地将之交予他人——这便是暴虐政治。约翰·亚当斯说："自由人的意义，就在于不受个中人所不同意的法律的约束。"汉密尔顿说，"如果立法的对象没有参加立法的机

---

① 卢梭：《社会契约论》，何兆武译，商务印书馆，2003，第119~123页。
② 卢梭：《社会契约论》，何兆武译，商务印书馆，2003，第120~121页。

会，政治自由便绝对没有存在的可能。"一个不能产生代表的地区，是没有政治自由可言的。即便它得到议会善待，也不能改变其被奴役的本质。就像有个好主人的幸运奴隶仍然是奴隶一样。奴隶的本质在于命运受人主宰，暴政的本质在于主宰他人的命运。北美各殖民地在革命前夕要求自己的议会与英国议会平等，要求"自己的代表"，要求"实际代议"，正是对这种家父长式"暴政"的反抗，是美式民主精神的萌蘖。在这个意义上，美国革命家提出的立法机构必须由人民或人民自己的代表组成——这条现代民主政治的基本原则，在当时实有着重大的进步意义。

因为相信立法机构必须由人民或人民自己选举的代表组成，相信人人都有平等的政治自由权，代议制在美国向普选和直选的方向发展。普选保障人人均得在议会中有"自己的代表"，直选则保障代表的意图不会偏离他的选民太远。普选和直选这两个原则，改变了传统代议的功能，令美国形成了与欧洲流传久远的代议制面貌相近、实质不同的代议。此外，美国人对英国代议制中的长任期制也颇为反感。长任期不仅意味着贿选成本的降低，更意味着权力长期脱离人民的监督。它使代表缺少获取选民信任和了解选民需求的动机，人民也不能及时撤换背离其托付的代表。革命时期很多美国人相信，"一年一度选举的终结，就是暴政的开端"。后来在政治稳定性和地理疆域的考虑下，《联邦宪法》延长了议员、行政首脑的任期，但仍然远远短于英国议会任期。

关于普选、直选和短任期制的必要性，潘恩作如下解释：人们从自己的同侪中选出一些出类拔萃的人来专门从事立法工作，是为了管理公共事务的便利。那些被选的人应当关心选派他们的人关心的事情，他们的所作所为要和全体成员出席时会做的保持一致。为了保证这一点，代表的名额和选区的划分要及时根据人口情况做调整，还必须能时常进行选举。当选者要经常跟他的选民相处，这样才能保证他对他们的忠诚。只有通过这种时不时的角色互换，"才会产生出政府的力量以及被统治者也能感到的幸福"[1]。潘恩的这些言论，直观地看似乎只是针对殖民地没有英国议会的代表名额，但如果考虑到当时英国选举制度的弊端，便可知他其实是在探索

---

[1] 潘恩：《常识》，何实译，华夏出版社，2004，第6~7页。

更合理、更能反映公民愿望的代议形式。潘恩的探索也体现在其他论述中。他曾说，选民数少和代表数少都是危险的，但代表数少而且不平均则更危险。在这样的情况下，少数人，甚或少数地区的少数人就私自为共同体的成员做出决定，如果这些人怀着自私的或者本地区的目的行事，他们的作为就必然与人民的意志差之千里。又或者他们将事态紧急时做的权宜之计长久地施行下去，那必将带来更大的灾难。[①]

普选以保障全体人民的自由，直选以保障代表与人民的联系，短任期制以保障人民不至于在选举之后就成为奴隶，这三者是一个有机的整体。为确保代表忠实于民众意愿，《联邦宪法》不仅在依从各州惯例的基础上规定了议员产生方式及任期，还在第一条第五款规定除应保守秘密的情形之外，参、众两院须保存议事记录，并经常公布；若有1/5出席议员请求，议事记录应记载议员对每个问题的表态，以迫使议员依照选民意愿行使权力。

实现人民主权的第三个问题是，如何防止政府利用公权自肥，成为社会的祸害？在这个问题上，美国人做出了具有创新性和实用性的回答，他们对政府权力的限制、分权和制衡的设计至今基本管用。

与洛克、卢梭等社会契约论者认为人们在加入社会时必须以放弃一部分自然权利为代价不同，杰斐逊不认为人类加入社会要以放弃自然权利为代价，反之，成立社会恰恰是为了以法律强制力保障自然权利的实现。比如说，人本来就没有干涉他人权利的权力，那么国家法律便以禁止这种干涉为天职；人人都应承担一份工作以对社会有所贡献，所以法律便应督促人们这样做；人人都没有自作仲裁的自然权利，所以法律便应作仲裁。国家应当宣扬和保护人民的权利，而不应加以任何剥削。依据人民所固有的权利，就可以划清国家活动的职责和范围。因此，人们并不曾在政府之下损失什么自然权利，而是在政府之下更好地保有了自己的自然权利[②]。杰斐逊这一观点，与洛克等人颇为殊途。洛克、卢梭等社会契约论者均认为，人类在自然状态中，有对侵害施以自行报复的权利，但人们对侵害及报复的公正性的判断不同，就造成了许多不便，因此人们在加入社会的时

---

① 潘恩：《常识》，何实译，华夏出版社，2004，第75~76页。
② 梅瑞安：《美国政治思想史》，胡道维译，商务印书馆，1937，第108~109页。

候，就放弃了自行报复的权利，改由社会来作公正的评判。由此可以推论，人们在加入社会时，必然放弃一部分自然权利，这部分自然权利正是政府权力的来源。杰斐逊的论述却反其道而行之，从人人难以自作裁判的事实①出发，认定政府的结成并非损耗人们的自然权利，而是为了巩固其自然权利。这里的区别在于，在洛克和卢梭的逻辑中，寻求公正，即对伤害施以报复的权利是自然权利。而杰斐逊只认为个人的"自由、生命、财产、追求幸福的权利"才是自然权利，施以报复的权利，是因自然权利受到侵犯而衍生，并非自然权利的本来内容。如此一来，一则政府之职责明确，二则政府权力之界限也清晰了：个人自然权利的范畴，是政府所不能介入或侵犯的。考诸美国建制史，这一观点实非杰斐逊所独有，而是美国人所持的普遍观念。美国各州立宪时，均附带了公民权利保护的内容。《联邦宪法》在各州寻求批准时，不少州要求以加入权利保护条款为批准前提，正是这一观念之反映。

这种"自然权利的保留"观确立了美国的"有限政府"原则。美国人对于政府不该做的事，比政府应该做的事，有更清晰的认识。干涉个人的自由、财产的安全、言论自由、信仰自由、法律上的平等等，概为政府所不能为。杰斐逊说，即使是多数人的意愿，也只有在合情合理的情况下才应当被采纳。而合情合理的标准就是没有侵犯和压制任何人的天赋权利②。这种认识是思想、言论、信仰自由实现的基础，是防范民主堕落为"多数暴政"的藩篱。美国人对于少数派的自然权利的尊重，突出反映在对政治犯的态度中。谢斯叛乱发生后，杰斐逊曾论述共和政府对于叛逆行为不宜作严厉的处置，否则将会抑制人民的自由精神。如果人民丧失了反抗的精神，统治者就不再朝乾夕惕，自我约束，一个共和国就将无以保存它的自由。《联邦宪法》第二条第二款第一项对政治犯的赦免作了规定："总统有权颁布缓刑和赦免反对联邦的行为。"③ 在1801年的就职演说中，杰斐逊再次表示，美国应当容忍那些解散联邦或改变政体的企图，因为理智的自

---

① 如洛克曾论述的，人们自作裁判时受主观感受的影响过大，是难以作出公正的判断的。
② 杰斐逊：《第一任就职演说》，载拉维奇编《美国读本》，陈凯译，国际文化出版公司，2005，第71~73页。
③ 原文后半句："弹劾案除外"，这是因为弹劾案是针对总统本人的。

由发挥，是以对错误意见的容忍为代价的。① 对不同意见的宽容，既体现了美国对个人权利的尊重，也体现了美国人对其共和政体的自信。

当然，由于政府运转需要费用，因而不得不从公民的财产中汲取一部分。对此，杰斐逊说，政府无权任意地夺取人们的劳动所得。政府在履行职责的时候，必须秉持节俭的原则。② 在节俭政府的原则上，税收对财产权的介入与"有限政府"原则并不冲突。

分权与制衡是美国政体中最具特色的部分。出于对人性的霍布斯式观念，美国人相信任何个人、机构或阶级一旦被赋予不受控制的权力，就必然会滥用权力，变成暴君。防止它们成为暴君的途径，唯有制度。通过制度不把过多的或绝对的权力放在一小部分人手里，并使任何个人、机构、阶级在行使权力时均受牵制，才能保有共和政体的自由。

首先，在政府权力"有限"的基础之上，还要确保任何一个部门都在行使其权力时受到制约。越是权力大、起决定性作用的部门，所受制约也就应该越严格。在此认识下，美国人将欧洲已经成形的三权分立理论发展为三权分立与制衡论。三权分立的本意是防止专制，在欧洲表现为职能的分立，但在职能部门内部，权力反而是集中的。并且由于政府的三个分支之间相互独立，当其中一个分支越权的时候，另外的两个分支并不能对它加以约束，这就像理论上的社会契约之前的自然状态，没有联系的个体之间也就无法相互约束不法行为。可见，绝对的分权实质上不足以达到约束权力的目的。美国人认为，只有在三种权力之间建立相互的联系，使任一分支都受到其他分支的约束，它们才能起一种相互监督的作用，从而防止任何一分支各行其是，为所欲为。这便是制衡。对于制衡会令三种权力混淆不清的批评，美国人认为，只要不是同一个机构或同一个人掌握了两种以上的权力，分权就依然是彻底的、有效的。立法机构对行政分支的财政

---

① 原文如下："如果我们中间有人想解散联邦，或者想改变它的共和体制，那么就让他们去吧，不用干扰他们，这样做将为安全树立了标志，表明在一个理智能够自由地与之斗争的地方，错误的意见是可以容忍的。"参见杰斐逊《第一任就职演说》，载拉维奇编《美国读本》，陈凯译，国际文化出版公司，2005。

② 杰斐逊：《第一任就职演说》，载拉维奇编《美国读本》，陈凯译，国际文化出版公司，2005。

约束、对行政官的弹劾权、对行政官所任命人员的审批权,并不妨碍行政分支对行政权的行使;同理,行政官任命大法官的权力,并不妨碍司法权的行使;行政官对立法分支的否决权,只要并非一种绝对的权力,也并不妨碍立法权的行使。因此,制衡并未使三个分支的职能混淆不清,而只是在任何一种权力上都施加了一层约束,使其不得为所欲为而已。

由于相信政府乃是人性的影射,政治乃是群体利益的调和,美国人相信制衡不仅应存在于三个分支之间,也应广泛地存在于阶级之间、党派之间、地方与联邦政府之间。

与古典时期的政论家柏拉图、亚里士多德等人一致,美国政论家认为纯粹的民主制是危险的。在讨论希腊、斯巴达、迦太基、罗马、意大利、瑞士和荷兰等共和国的经验基础之上,亚当斯说,当人民不受限制的时候,其不公平、嫉妒、猜疑、暴虐、专横、野蛮和残忍不亚于任何君王或贵族院①。问题是,如果纯粹的民主制不可欲,那么人民主权原则又当如何实现呢?方法有二,其一为各阶层间的牵制,其二为离人民较远的、较为稳定的政府分支与离人民较近的、较为灵活的分支之间的牵制。美国人虽然不将人群分为君主、贵族与平民,但也并不脱离实际地认为所有人在才能上是平等的。他们从才智和努力的角度,将人分为"自然贵族"与平民。自然贵族代表谨慎的理性、智慧的洞见,平民代表真实的生活、合理的愿望,在共同体的生活中,两者不可偏废。对美国来说幸运的是,由于言论与思想的自由开放,在18世纪的美国政论家中,既有像亚当斯、格里这样对民众持怀疑态度、偏向于贵族政治、认为精英人物应当掌握更多选票的精英论者,也有像杰斐逊、梅森这样对精英尤其是门第或资财精英持怀疑态度、一心向往自耕农政治的平民论者,政治思想上的牵制与平衡,造就了政治制度格局中的牵制与平衡。《联邦宪法》所确立的政治格局,既不像格里所希望的那样,一切由精英掌握,也不像梅森所希望的那样,一切由平民掌握。

关于党争,由于对理性的局限及对利益多元化的认知,美国人对此持相当开放和认可的态度。党争是社会所不可避免之现象,如要消除党争,

---

① 梅瑞安:《美国政治思想史》,胡道维译,商务印书馆,1937,第89页。

就会有连自由一并消灭的危险。所以美国人不惧党争，只是想方设法将党争的危害控制在一定限度之内。其基本思路，就是使人人都有影响政治的同样权力，并且使共同体内利益群体的数量尽量地多，以使任何一个团体都不能形成大的势力。① 普选、直选、选区的平均分配，在人民主权的意义之外，亦是控制党争危害的方式。建立一个大的共和国，有利于扩大利益群体的数量和复杂性。华盛顿结束第二届总统任期时，联邦党与共和民主党之间的党争已经势同水火，华盛顿因此在他的告别演说中忧心忡忡地提醒美国人民，对于以歪曲其他地区的意见和目的为手段以获取特定地区内势力的党派，要提高警惕，因为这些"诡谲之徒"的行为激起妒忌和不满，将使本来亲如手足的人们彼此疏远。对于那些意图控制、对抗、威吓合法当局的党派，意图以党派意志取代国家意志的党派，尤其要防止它们以迎合公众需求的方式达到篡夺统治权、颠覆人民政权的目的，他们会在目的得逞之后摧毁人们的全部自由②。华盛顿引退之后，联邦党人的代表人物约翰·亚当斯出任总统，党争依然激烈。但四年后的总统选举中，共和民主党击败了执政的联邦党人，两党平稳交替了政权，开创了依据民意和平变更政府的先例。这表明当时美国的党争已经局限于宪政范围之内，尽管政见分歧巨大，但两党均服从宪法与民主政治的游戏规则，手握选票的美国人民是这一重大历史时刻的创造者和见证者。将党派意志控制于国家意志之下，是美国宪政制度的结果，更是美国公众政治观念与参与能力发展的结果。

此外，作为联邦制国家，美国对地方与联邦间的分权与制衡作出了有益的理论和实践探索。美国人视联邦与州两级政府为共同保卫公民权利的两个仆人，相互竞争而相得益彰。与当时欧洲的整体主权观念相颉颃，美国人认为主权是可以分割的。在欧洲，从博丹之《国家六论》至卢梭之《社会契约论》，政论家莫不以为主权不可分割、不可让渡。美国人却不这么认为。华盛顿在制宪会议最后一天发表的《致邦联议会的信》中说："由各邦组成的联合政府，若把全部独立主权交给每一个邦，要求各邦为整体提供利益和安

---

① 汉密尔顿、麦迪逊、杰伊：《联邦党人文集》，程逢如等译，商务印书馆，1980，第263~267页。
② 华盛顿：《告别演说》，《华盛顿选集》，聂崇信等译，商务印书馆，1983，第44~45页。

全，显然不合实际。"华盛顿将《联邦宪法》的制定看作将各州主权分割为两部分并将其中一部分转给联邦的结果。《联邦宪法》之签署，是友好精神之结果，它在求同存异、互谅互让的基础上，在各州应该交出的权力和应该保留的权力之间画出了一条较为合理和明确的界线。①

三 共识下的美国立国之路

（一）温和而彻底的革命

本书开篇曾提及，美国革命是一场较为温和的革命。② 美国革命的温和性质与美国共识的塑造成果是息息相关的。"天赋人权"与"人人平等"的观念，是美国革命党人从不肆意剥夺托利党人生命并在革命中仍然尽量尊重托利党人财产权的意识形态根源。"波士顿惨案"后约翰·亚当斯为英军士兵所作的辩护和陪审团作出的无罪和轻罪判决，是"天赋人权"观和平等观的体现。革命家不做炸弹而做演讲，不写宣言而写政论，是因为他们注重理性的公共论辩而非意识形态宣传。

然而，相较于英国和法国的资产阶级革命，美国革命又是最彻底的民主革命。在英国，推翻王权暴政的结果是迎来议会暴政，两次内战的结果是"护国主"克伦威尔建立了军事独裁。克伦威尔死后，其继承人的权斗竟又将英国引入乱局，查理一世的长子查理二世竟得以在公众的拥立下回到英格兰，复辟斯图亚特王朝。法国大革命更是一波三折，暴力、血腥、骚动和暴虐如鬼魅般纠缠。巴黎平民参与1789年春开始的骚乱和革命的最

---

① 麦迪逊：《辩论：美国制宪会议记录》，尹宣译，辽宁教育出版社，2003，第847~848页。
② 达恩顿有时将他的研究称为"心灵史""观念的社会史"，有时又称为"社会文化史"。笔者认为，"心灵史"概念注重表达研究的精神层面取向，"社会文化史"注重表达他对于整个社会而非仅仅精英阶层的关注，"观念的社会史"较好地体现了两者的结合，是最符合达恩顿研究内容的表达。为与彼得·伯克等人的社会文化史相区别，并表明研究的思想史取向，本章倾向于采用"观念的社会史"概念，但为了表达的简洁，也采用"心灵史"概念。注：伯克的社会文化史与达恩顿的社会文化史的不同在于前者囊括文化的物质层面和精神层面，而后者只注重精神层面，即使采用物质层面的证据，也是为了研究精神层面的内容。达恩顿的社会文化史是思想史研究的新阶段，伯克的社会文化史是历史研究的新阶段。

主要理由，并不是向往政治权利，而是面包太贵了①。因为缺少政治共识的对话基础，以权力和利益争夺为目的的革命，一次次导致革命阵营的分化，伴之以一场又一场血洗。一批又一批的革命领袖从"革命家"变成"反革命者"，轮流殒命断头台。法国革命就像一个巨大旋涡，权力中心飕忽沦陷，靠近中心的水波填补进来，但旋即成为下一个沦陷的中心，原先更为边缘的水波填补进来……周而复始——最终在1793年陷入恐怖统治②。到1799年，被革命搞得精疲力竭的法国人迫切需要秩序和法治，以至于宁愿以独裁的方式来结束混乱，法国革命因此竟以拿破仑称帝和之后的波旁王朝复辟收场。邓恩（Dunn）评论说，要到1871年，法国人民才知道什么是真正的共和政府。③

如果说，美国革命的温和性质来自共识的塑成，那么，法国革命时期的意识形态状况与法国革命的外在表现恰好可以作为反证。法国革命的暴虐和不稳定的性质，与法国各阶层间的意识形态鸿沟是相关的。18世纪法国精英与大众的政治空间始终是相互割裂的。在这个割裂的政治空间里不可能产生真正的平等思想。法国启蒙精英的激进世所公认，但他们远非绝对的平等主义者，他们对个人主义和公开的政治论争抱模棱的态度，并认为英国式的自由是导致分歧、无休无止的对抗和政治不稳定的根源。文人，还有高等法院④的法官们把自己看作社会和公共事务的裁决者⑤，对个人的解放抱不情不愿的态度。最高法院的法官们抗议国王，然而他们所竭力维护的，却是他们在等级制下的特权。他们本是资深的意见群体，却在

---

① 王养冲、王令愉：《法国大革命史（1789~1794）》，东方出版中心，2007，第83页。
② Hunt L., *Politics, Culture and Class in the French Revolution*, Berkeley: University of California Press, 1984, pp. 215-217.
③ Dunn S., *Sister Revolution: French Lighting, American Light*, New York: Faber and Faber, INC., 1999, p. 17.
④ 法国的高等法院是王室法院，法国旧制度下最有权势的机构之一。它兼有立法和司法机关的部分职能，对王室法令和教皇通谕享有抗辩权。高等法院的职位并非选举产生，而是像私有财产一样可以买卖和继承。高等法院的职员享有贵族身份和免税权，这使它后来成为阻碍社会变革发生的机构。见彼得·赖尔、艾伦·威尔逊《启蒙运动百科全书》，第243~244页。
⑤ Ozouf（1988）说，在法国大革命前夕，公共舆论差不多可以等同于那些"文人"（men of letters）的意见。公共舆论的第二类主体是最高法院的法官们。

行动上成为启蒙和平等的阻碍力量①。自由和人民主权的信念远未普及。在留存的法国大革命爆发前为三级会议做准备的522份陈情书中,竟然有124份在主张宗教统一②。

而在法国工人眼里,资产阶级的主要特征就是虚伪③。法国的农村与城市相隔绝,停留在"古老、永恒、迟缓"的状态之中。④ 18世纪末的法国精英文化与乡村大众没有丝毫联系,甚至在试图指导农业发展的农艺学方面也是如此。农艺学家在倡导新的耕作方式,但农民宁愿遵从乡村的传统。理论与实践完全脱节。乡村共同体的古老文化与经过改良和革新的文化,即属于城市及城镇贵族骨干分子的文化之间的鸿沟经由18世纪的启蒙运动而愈加鲜明。⑤ 法国意识形态的层层分隔,孕育了法国革命那个层层沦陷的旋涡。

(二) 基于同意,成于妥协:美国立国三大文献的出台

《独立宣言》、《邦联条例》和《联邦宪法》这三个文献可以大略地概括美国的革命和立国史。这三个文献的制定和批准过程,充分表明了美国的"契约精神",体现了共识在政治事务中的功能。

1776年6月7日,来自弗吉尼亚的大陆会议代表向大会建议:各殖民地联合起来解除与英国之间的所有政治联系,同时在各殖民地之间成立一个邦联。在这个时间点上,《常识》出版已近半年,独立已经成为一个诱人的愿景,但在中部殖民地仍有不少人认为独立是过于激烈的行动,宾夕法尼亚、马里兰这两个尚未燃烧战火的地方尤其如此。经过6月8日和6

---

① Baker, K. M., "Public Opinion as Political Invention," in *Inventing the French Revolution: Essays on French Political Culture in the Eighteenth Century*, Cambridge, UK: Cambridge University Press, 1990; Ozouf M., "'Public Opinion' at the End of the Old Regime," *Journal of Modern History*, 1988, 60: S1-S21, [2011-1-10], http://www.jstor.org/stable/1880368.

② 郑崧:《国家、教会与学校教育:法国教育制度世俗化研究(从旧制度到1905年)》,学林出版社,2008,第65页。

③ 达恩顿:《屠猫记:法国文化史钩沉》,吕健中译,新星出版社,2006,第93页。

④ 罗什:《启蒙运动中的法国》,杨亚平等译,华东师范大学出版社,2011,第107页。

⑤ 罗什:《启蒙运动中的法国》,杨亚平等译,华东师范大学出版社,2011,第115、120页。

月10日两天激烈的讨论①，会议决定宣布独立。由于纽约、新泽西、宾夕法尼亚、特拉华、马里兰和南卡罗来纳代表表示需要在此问题上取得本地议会和人民的授权，宣布独立的时间延迟至7月1日。会议同时成立了三个委员会，分别负责起草独立宣言、《邦联条例》和制定外交方略。

7月1日，大陆会议重新讨论独立事宜，新罕布什尔、康涅狄格、马萨诸塞、罗德岛、新泽西、马里兰、弗吉尼亚、北卡罗来纳和佐治亚表示赞成，纽约的代表表示不清楚选民的意愿而弃权，特拉华因两名代表意见相左未投票，南卡罗来纳和宾夕法尼亚投了反对票，但南卡罗来纳的代表爱德华·拉特里奇表示他的同僚最终会顾全大局。7月2日，南卡罗来纳果然投了赞成票。同一天特拉华三名代表赶来费城，投下了赞成票。宾夕法尼亚的代表也改变了态度。过了几天，纽约议会也批准了独立决议，独立取得了十三个州的一致同意。7月4日晚，大陆会议修改通过独立宣言起草委员会于6月28日提交的草稿。在正式公布的《独立宣言》中，为照顾南卡罗来纳和佐治亚的情绪，原稿中谴责英王纵容奴隶贸易的内容被删除，为取得英国人民的同情，谴责英国人民同胞相残的内容也被删除。宣言的内容获得了代表们的认可，除迪金森以外的所有代表都签了字。

与《独立宣言》同时开始筹划的《邦联条例》的出台历时则要长得多。这是因为与英国的关系可以快刀斩乱麻地断绝，各殖民地的联结却牵涉一个新共同体的内部权责分配问题，需要考虑和协商的问题和细节都更多。负责起草《邦联条例》的委员会于7月12日向大陆会议提交了报告，22日，整个会议改组成一个委员会对它进行研究。委员会重点讨论了共同国库的财政来源和投票规则问题。在关于国库财政来源的问题中，争议的关键点在于黑人是否应计入纳税人口。南方诸蓄奴州认为黑人属于财产，与州无利害关系，不应计入纳税人口。北方诸州则认为黑人同样生产财富、消耗粮食、需要防卫，并且纳税的对象与其说是人口，不如说是财富，以人口来计算税额，不过因为人口是衡量各州财富的较为简便的标准，因此黑人应当计入纳税人口。争论的结果是黑人计入纳税人口。北方诸州关于黑人与白人给国家增加同样多财富的论点，承认了黑人与白人相

---

① 其间的6月9日为主日休息日。

同的社会贡献,为今后黑人争取平等权利埋下了伏笔。在关于投票规则的讨论中,关键的争议点在于是按各邦拥有的人口比例投票还是按邦投票。赞成按人口比例投票的邦表示"政府是全体人民的意志的集中或结果";对共同国库的贡献按人口比例缴纳,故而各邦也应当按人口比例享有投票权。小邦则抬出比利时联邦、荷兰联省共和国和日耳曼的例子要求在邦联中享有和其他州平等的投票权。虽然按人口比例投票的观点在整个讨论中听起来更有说服力,这个问题最终以各殖民地一票定局。以上这两个问题也正是日后制宪会议中最大的争议焦点,并最终达成了"大妥协"。换言之,"伟大的妥协"并不仅仅是十一年后的制宪会议的成果,关于各邦之间如何达成联合的问题,从这个时刻起就已清晰地摆在美国人面前。

《邦联条例》的讨论时间达两年之久。直至1778年7月9日,它才得到了10个州的批准,同年11月26日得到新泽西的批准,1779年2月23日又得到特拉华的批准。但是最后一个州马里兰直到1781年3月1日才予以批准。[①] 马里兰等地迟迟未批准《邦联条例》的真正原因在于对西部土地归属的分歧。根据各殖民地成立时从英国取得的特许状,马萨诸塞、康涅狄格、纽约、弗吉尼亚、北卡罗来纳、南卡罗来纳和佐治亚7州对西部土地拥有所有权,另外6个殖民地则没有。这6个无地州以马里兰为首,称"由共同鲜血和金钱从大不列颠王国或土著印第安人之处已获得或今后将可能获得的土地,应视为共同财产,以对所有合众国各州有利的方式分配之",要求将确定西部土地诸州边界的权力授予国会。这个提议一直未获通过。无地邦担心自身在未来的邦际博弈中处于不利地位,因此以拒绝批准《邦联条例》来要挟国会及有地诸州。但是,到了1781年初,由于战争形势对合众国十分不利,马里兰开始重新考虑其立场。1月27日,马里兰下院通过决议,授权其在国会的代表签署《邦联条例》。但在28日,马里兰上院仍予否决。马里兰下院告诫上院,若仍然拒绝批准《邦联条例》,对该州分享西部土地权益不会有任何帮助,而批准则能为这个问题的解决留下后路。2月2日,上院终于松口。马里兰在发给其国会代表的指示中称,本州为了合众国的独立与共同利益而批准《邦联条例》,并不

[①] 杰斐逊:《杰斐逊集》,刘祚昌等译,生活·读书·新知三联书店,1993,第28~36页。

意味着放弃其分享西部土地权益的要求。有地州在《邦联条例》的通过过程中同样做了让步。弗吉尼亚是一个典型的有地州。根据其1609年的特许状，它的边界可以"伸向内陆，从大海到大海之间，向西和西北延伸"，这使得它有权控制肯塔基和俄亥俄河西北的几乎所有土地。但在1780年，由于战争形势的发展，弗吉尼亚许多意见领袖开始倾向于放弃西北土地的领有权。因为割让西部土地使《邦联条例》早日生效，要比冒险被英国打败好多了。1781年1月2日，弗吉尼亚议会决议向国会割让其对俄亥俄河西北土地的领有权，但附带了一些条件，如要求国会宣布战前从印第安人手中直接购买的土地无效等，这影响到马里兰和一些土地投机商的利益。经过多方博弈，国会于1783年9月13日通过决议接受弗吉尼亚的割地协议和附属条件。弗吉尼亚议会于当年12月20日再次通过协议，正式将其西部领地割让给邦联政府。随后，有地诸州马萨诸塞、康涅狄格、北卡罗来纳、南卡罗来纳、佐治亚分别向国会割让了西部土地，这个过程一直延续到1802年①。马里兰、弗吉尼亚等州立场转变的过程表明，务实与妥协的理念从一开始就主导着美国立国的进程。

北美各殖民地建立邦联的过程或许可以追溯得更远。事实上，早在1754年，为联合抵御印第安人，本杰明·富兰克林就向在纽约阿尔巴尼召开的联合殖民地会议提交过一份《联盟方案》②。从这个方案提出联合设想到1781年《邦联条例》通过，北美各殖民地结成一个松散的联合体，用了27年的时间。最终把13个殖民地联合起来的，是局势、共同利益和相互的妥协。

独立战后，各殖民地不再有迫切的联合需要，地方主义卷土重来。各

---

① 纽约州对西部土地的权利要求建立在对易洛魁部落的宗主权之上，认为易洛魁所曾征服的土地都应在其控制之下，这个理由并不充分，因此纽约州在1780年2月成为最早放弃西部土地要求权的州。孔庆山：《美国早期土地制度研究》，中山大学出版社，2002，第82~92页。

② 在这个联盟方案中，富兰克林建议十一个殖民地（未包含佐治亚和德拉瓦）组成统一政府，设一位总统，一个大议会，议员由人民经地方代表会议推举产生，以各殖民地的纳税额按比例分配议员名额，但少则不低于两名，多则不高于七名。大议会每年集会一次，遇紧急情况，在获七名议员之书面同意的条件下，总统可临时召会。各殖民地有权保留其宪章、军队与民事机构。总统在大议会参赞下决定与印第安人订约、媾和或开战事宜，有权制定法律调节与印第安人的贸易，洽购印第安人土地，制定统一关税并征收税款，组织军事力量、设立要塞、装备军舰等。统一政府须每年向各殖民地议会报呈统一税账，并负责核销各殖民地在紧急情况下的正当防卫开销。

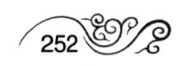

州对大陆会议的重视日渐淡漠，邦联处于债务无人承担，也无从有效协调外交和州际商业的境地。至1785年，邦联已处于瓦解边缘。有识之士莫不为此忧心如焚。然而，如杰斐逊所指出的，由于"人民有健全的见识和良好的意向"，这种状态反倒促成了十三个殖民地的进一步联合。当人民看到他们原有的契约不能胜任联合诸邦的重任，就选出代表组成了一个共同的大会。代表们和平地集会，通过了一部以"保障和平、正义、自由，保卫共同安全和普遍福利"为目的的宪法①。美国人民没有任由事态发展，并因而避免了常常紧随乱局而至的野心家和专制政治。

美国宪法的文本，是来自十二个州的55位代表闭门商讨将近四个月的成果。之后更是历时两年多才通过各州批准得以生效。在宪法成文和生效的过程中，政治精英无疑起了绝对主导的作用。冗长的制宪会议、联邦党人与反联邦党人的论争，各州宪法批准会议上的僵持，精英都是其中的主体。无论是赞扬宪法还是批评宪法的美国历史学家和政治学家对此都没有异议。赞扬者称颂"国父"的睿智审慎，批评者则认为宪法顶多表达了几千人的意愿，很难说它是人民共同的决定。

然而，如果考察制宪会议的讨论过程，就能发现决定美国宪法之基本内容的，绝不仅仅是这55名代表。因为宪法需要人民的批准，制宪代表不得不时时以人民的意愿为衡量标准——人民是不在场的主权者。由于制宪代表们不能及时地获知人民的反应，而一旦宪法得不到人民批准将带来更为不可收拾的后果，代表们更为审慎。在考虑行政官的否决权时，梅森提醒他的同事们，如果宪法因为不符合人民的情绪而被拒绝，那将会造成更大的危险。因此，"尽管我们经历过民主带来的压迫和不公正，人民的情绪却赞同民主，而人民的情绪必须考虑"②。在联邦宪法的通过程序上，代表们吸取了《邦联条例》未经人民批准而权威性不够的教训，商定《联邦宪法》不再交由各邦议会批准，而由各邦召开专门的宪法批准代表大会审议此事③。《联邦宪法》草案完成之后，面对这样一个充满创新设计的政体，可能没有人完全同意宪法草案的内容，但绝大多数代表签了字。民主

---

① 杰斐逊：《杰斐逊集》，刘祚昌等译，生活·读书·新知三联书店，1993，第77页。
② 麦迪逊：《辩论：美国制宪会议记录》，尹宣译，辽宁教育出版社，2003，第59页。
③ 麦迪逊：《辩论：美国制宪会议记录》，尹宣译，辽宁教育出版社，2003，第67页。

精神的本意，就是对不同意见的尊重，就是不认为自己一贯正确，就是既能独立地坚持自己的见解，又能在公共事务中对自己的理性和判断力抱谦卑和怀疑的态度，民主的本质是妥协。

事实上，如果没有搁置与妥协的精神，《联邦宪法》的完成是不可想象的。1787 年 5 月 30 日，制宪会议开会的第四天，会议出现了严重分歧。在联邦代表的分配问题上，大邦希望按人口分配，小邦则希望按邦分配。基于联邦政府有别于邦联政府作为各邦松散联盟的性质，它的权力来源应当是人民而非各邦，按人口分配代表有更强的说服力。这时出席会议的最小邦特拉华的代表提出，如果会议坚持用人口比例代议取代各邦平等表决权，他们将不得不退出会议，因为他们的邦议会禁止他们同意改变每邦一票的规则。对大会来说，改变席位分配规则，是建立全国政府的奠基性条款。但是，一旦表决通过人口比例平等代议制，特拉华的代表撤出会议，这个会议能不能继续下去，本身都成了问题：可以想见，今后的分歧还会很多，如果一个分歧就会让一个邦撤出，那么制宪会议很可能会无果而终。两相权衡，麦迪逊提议推迟讨论。尽管有一些代表感到特拉华的要求没有道理，大会还是达成协议，暂时搁置了这个议题。特拉华的代表留了下来。后来各邦平等表决权还是被取消了。但是，制宪会议结束后，特拉华是最先也最无异议地批准《联邦宪法》的邦①。

建立一个政治共同体，意味着将不同利益、不同信念的人群集聚在一起，因此，对任何社会而言，利益冲突都是一个持续的现实。专制社会压制冲突，民主社会则呈现冲突。此时，如果各方强化自己的立场，固执己见，那么妥协就难以达成，民主的进程将瓦解。麦迪逊的建议体现了民主制度所需要的智慧，那就是将无法达成共识的事件先搁置一旁，先行讨论可以达成共同利益的事务。而共同利益的纽带，最终将有助于在分歧较大的事务上达成妥协。各方理想的状态难以达成，但可以追求各方满意，维系共同体的智慧在于互谅与妥协。

宪法批准和生效的过程同样体现了这样的智慧。在制宪会议初期，代表们就商定《联邦宪法》是一个愿者加入的自由契约。不能取得各邦一致

---

① 1787 年 12 月 7 日，特拉华以 30∶0 通过《联邦宪法》。

同意的情形下，取得九个邦的同意就可以先行组织新政府，然后放开门户，接纳其余的邦。① 这个决定既体现了尊重各邦意愿的原则性又体现了推进联合的灵活性，是民主、务实精神的体现。

1787 宪法的批准在联邦党人与反联邦党人的论辩中一波三折。在应允加入保护公民权利的修正案的基础上，联邦党人在许多州也只是以非常微弱的优势取胜。马萨诸塞的赞成票和反对票比是 187 比 168，弗吉尼亚是 89 比 79，新罕布什尔是 57 比 47，纽约州是 30 比 27。罗得岛和北卡罗来纳曾否决宪法草案。北卡罗来纳宪法批准会议宣布，若非加上一个明确保证公民基本人权不受侵犯的权利法案，该州将无法批准新宪法。不过，《联邦宪法》的批准过程山重水复，但它一经生效，就成了各方忠实执行的最高准则，反联邦党人也收起反对姿态，在宪法规定的范围内参与国家政治。这就是谨慎立约、自觉守约。

四　共识基础上的政体设置

（一）我们不需要君主

独立战争结束后，美国在新大陆建立起一个没有君主的国家。在一片广袤的疆域建立一个没有君主的共和国，这在人类历史上是空前的。考虑到 18 世纪欧洲的启蒙思想家还普遍相信大国适宜君主制，这一事件就更加显得意义非凡。那么，是什么支持着美国做出这个开天辟地的尝试呢？

有人说，美国建立共和制是因为华盛顿的美德，因为他拒绝了拥他为王的提议。1782 年 5 月，华盛顿的老部下、多年挚友刘易斯·尼古拉上校给华盛顿寄来一封不同寻常的信，信中将军队和老百姓遭受的不幸归因于软弱的政体，论述共和制与国家繁荣之不相容，强烈建议建立一个更强大的新政府，最后还明确提出寄望于华盛顿担当国王大任，以应对危机，拯救社会。如果让法国人看这封信，相信他们并不会感到惊讶。因为他们相信，只有集中的、专断的权力才能保卫广阔国土的安宁。独立战争临近结

---

① 麦迪逊：《辩论：美国制宪会议记录》，尹宣译，辽宁教育出版社，2003，第 68 页。

束时，北美确实也存在政府无力的状况。由于胜利在望，各州在提供军备物资和军费方面懈怠下来，军队一贫如洗，甚至难以果腹。这种情况使大陆军官开始怀疑，大陆会议能否兑现此前承诺，在战争结束后的若干年内给他们发军饷。如果不能，那么一旦战争结束，军队解散，他们将从此流落街头。因此，尼古拉的信其实代表了很多人的意见。然而华盛顿回信说，"再没有什么事比从您那里得知军中存在着这类想法更令我感到痛心的了"，他"恳请"尼古拉"打消这些念头"，并且"绝不要让您自己或者别人再传播类似性质的思想"。①

这个事件乃是世界史上的佳话。不可否认，华盛顿的大公无私是其中的重要元素，然而如果将美国抛弃君主制完全归功于华盛顿一人，则未免犯了只见树木不见森林的错误。若不是美国人民已经达成不要君主的共识，即使华盛顿不做君主，恐怕也会有别的乱世枭雄跳出来为自己加冕。乱世出英雄，革命甫毕的美国，人才何等济济。像杰斐逊、富兰克林这样的人选，未必比华盛顿资格更低或者少得人心。如果以"哲人王"的标准来衡量，恐怕还更适合。然而，他们恐怕也与华盛顿一样恐惧黄袍加身。这两位是亲民主人士，人设中就不会有篡权的企图。那么，更倾向于贵族主义的如汉密尔顿或者约翰·亚当斯或者其他的人呢？历史告诉我们，有统治野心的人从来不会少，要维持一个人人平等的共和社会，只有靠公民的警惕和制度的约束。就像潘恩曾提醒北美人民的："如果我们现在不走出这一步（指建立共和），也许以后会出现一个马萨涅格②……把北美大陆的各种自由权利一扫而空。"③

独立战争后的北美显然已经是一个不欢迎君主政体的国度。潘恩在那本家喻户晓的小册子里宣传过，君主制完全违背上帝的意志，是渎神的罪恶；一个政体越接近共和，就越不需要国王。对共和国来说，最好的情况是国王是个无用的摆设，差一点的情况就是个非常有害的摆设。谁能保证国王就甘心做摆设呢？他会使用他的人事权侵蚀下议院，也就是侵蚀政体中共和的部

---

① 惠普尔：《华盛顿人生故事》，陈军译，浙江文艺出版社，2011，第352~353页。欧文：《华盛顿》，张今等译，国际文化出版公司，2009，第331~332页。
② 那不勒斯一个怂恿人们起义的渔夫，一天之中当上了国王。潘恩：《常识》，何实译，华夏出版社，2004。
③ 潘恩：《常识》，何实译，华夏出版社，2004，第56~57页。

分，这就是英国所发生的事情，所以君主对于共和政体始终是个潜在的祸害。在君主立宪制下，国王的本职工作也只是受人崇拜，他所能做的事不外乎挑起战争和卖官鬻爵，每年倒要向人民索取 80 万镑做年薪。潘恩说，一个普通本分的人的价值要远远高于"所有加冕的坏蛋"。潘恩号召北美人民"为法律加冕"，在北美将来的共和政体里，法律要成为最高意志，而"国王这一称号"，要"分散给有权享受这种称号的公民"①。

如果有人在《常识》的普及之后还想凌驾于他的同胞之上，他就真的是冒了人民的大不韪，要冒挑起人民与他的斗争的风险。其实，从华盛顿复信的措辞中不难感觉出这一点。华盛顿把拥他为王的提议看作一桩突如其来的耻辱，在尼古拉们的热情中他看不到他们对他的信任，他感觉到的是背叛，或许还有轻蔑，因此他恳请他们尊重他，打消这样的念头。如果君主制在美国还是一个有名誉的政体，华盛顿即使无心出任，也大可不必如此言辞激烈。制宪会议中的讨论可以证实这一猜想。制宪会议的代表格里在 6 月 12 日的发言中说，我们在立法的时候，必须考虑人民会批准哪些内容。假设我们认为受到限制的君主制是最好的体制，我们是否就应该推荐它？答案是否定的，因为"人民的情绪断然反对君主制，我们当中也没有世袭观念"②。

在行政首脑的任期制上，《联邦宪法》仅规定总统任期为四年，没有规定连任限制。但谁都知道，终身任职的总统很容易滑向专制。宪法制定之后，时任驻法大使的杰斐逊对此表示担忧，他说，对总统连任缺乏限制，将会使掌握军权的总统易于控制选举，人民也会被诱使继续为他投票，这将使美国的总统成为"波兰国王的恶劣翻版"。事实没有杰斐逊想象的那么糟糕。他的同侪深切地爱惜他们所建立的共和国，也深切地爱惜自己的羽毛。联邦政府成立之后，华盛顿当了两届总统自动退位，不再连任。第三届总统亚当斯在 1800 年选举中输与杰斐逊，安静地离开了搬进去不过数月的白宫，开创了政治对手之间和平交接政权的先例。杰斐逊结束两届任期，两党都期望他再次连任。但他本人表示要效仿华盛顿，以增加今后任何想要多次任职的后继者的惯例障碍。此后的一百多年间，美国从

---

① 潘恩：《常识》，何实译，华夏出版社，2004，第 16~30、56 页。
② 麦迪逊：《辩论：美国制宪会议记录》，尹宣译，辽宁教育出版社，2003，第 111 页。

未有人连任两届以上总统。直至二战时期，因战争局势原因罗斯福连任三届。战争结束后，美国很快于1951年通过了宪法修正案第二十二条，明文规定任何人担任总统职务不得超过两届，杜绝了任何人长期执政的可能。宁愿要一位较为平庸的领袖，也不要一位最英明的潜在暴君——对君主制，包括开明君主制的反对，是美国立国以来的一贯态度。

美国人反对君主制的意识形态基础是关于平等的共识。这一共识也渗透在宪法的其他细节之中。宪法没有对议员、总统的候选人做任何财产和宗教限制，并且明确规定："绝不可以宗教考察作为担任联邦官员或接受公共委托的资格要求。"[①] 而之前的州宪通常对被选举人做了财产资格限制，对担任公职的宗教虽然较少作明确的限制，但在实际操作中有不少州从惯例上要求候选人有一定的信仰，比如至少是基督徒，或必须接受"三位一体"说。出任公职的平等亦由对公职人员的薪酬规定得到保障。《宪法》第一条第六款第二节规定："议员领取服务报酬，由立法保障，由国库支付"；第二条第一款第六节规定："总统在规定时间领取服务报酬，任期内报酬不增不减"；第三条第一款规定司法系统官员无过错得终身任职，"在职期间报酬不减"。薪酬规定为寒门才俊担任公职排除了后顾之忧。在革命之前，公职通常是望族的特权，任职者不计薪酬，以荣誉与地位为回报。公职人员财产限制的取消与薪酬制度的确立，表明杰斐逊的"自然贵族"说影响深远。才智杰出者平均地分布于各阶层的后裔之中，制度应当保障出身白屋的才俊的晋升之途。青年一代天赋才智的充分发挥，也是社会之福。这就是机会平等的原则。后世美国的不同政治派别对于什么是平等，政策该如何保障平等的意见或大相径庭，但没有人否认机会应当平等。近代史上，技术的发展和经济的周期总是会带来剧烈的贫富分化，美国人是以自由和机会平等之名，接受国家干预、福利政策，以及作为历史补偿扶助黑人的"平权法案"。今天，在新一轮信息革命之前，全球的贫富分化都在加剧，美国也不能外，但美国了不起的地方在于，有不少精英阶层的人士在关注这一问题。如罗伯特·帕特南在他的新著《我们的孩子》的致谢中所言，许多杰出而多产的学者在关于社会分层、社会流动和不平等问题的学术

---

① 《联邦宪法》第六条第三款。

领域内耕耘,"举国上下都开始直面机会鸿沟的问题";从 2008 年金融危机起,世人心目中那条贪婪的华尔街就前赴后继地涌现要求国家对自己多收税的富翁。所有这一切,均与对机会平等的共同信仰密切相关。

(二) 民主、稳定与有限政府:立体的权力分立与制衡

立宪时期,经由革命至立宪时期某些州的民主所带来的朝令夕改和动荡混乱,美国人已认识到,人民行使权力的方式,必得有一定的讲究,遵循一定的规则。随意的政体设置,将带来古希腊哲学家们预言过的种种纯粹民主制的弊端。如果说,一切权力都必须套上一个铁笼子,民主同样如此。当然,在制宪会议中,既有格里这样非常害怕民众极端情绪的人,也有梅森这样担心防备民众就会丧失共和性质的人。总的来说,《联邦宪法》体现了一种发展中的回归,它所确立的政体,比之前的各州州宪纯粹民主色彩较淡,较多强调以精英的深思熟虑来稳定政治。因为会议认识到,为民主设置约束和平衡的力量,预防政治随民众情绪而动荡,是保护人民固有权利之所必需。

在各州州宪中,议员通常是一年一选,以方便民众意愿表达,保障政体的共和性质。《联邦宪法》规定众议员任期两年,参议员任期六年。议员任期的延长,一方面是考虑议员与首都间路途遥远的情况,另一方面是希望议员可以将更多的精力放在公务而非寻求连任上。参议员六年任期的设置,则明确是为了维护政府的稳定。众议院和参议院的设置,体现了平民与自然贵族间的制衡。代表平民的众议院以较多的议员、较为短暂的任期和直选的方式直接、及时地反映民众的要求;代表自然贵族的参议院则以谨慎的理性获得较长的任期,以非直选的方式取得对平民情绪的相对独立性,并以每两年轮换 1/3 的方式达成政见稳定性和创新性的统一。联邦党人在解释这一设计时说,众议员人数较多,任期较短,在任职期间也没有研究法律、专业和国家的全面利害等专业知识的持久动机,在执行职责时难免不犯各种错误。参议员任期长,有较多的时间和动机来研究法律和政治的知识,也能积累更多的经验,但容易离选民太远。因此,参议院和众议院的组合,恰好能够弥补对方的缺陷,取得专业性与选民利益的平衡。参、众两院的牵制与互补,体现了一个好的政府应当做到的两点:信

守政权的宗旨服务于人民的幸福；明了实现其宗旨的最佳途径①。

在行政分支中，各州的州长通常是一年或两年一选，且许多州明文规定州长不得连续当选。《联邦宪法》规定总统任期为四年，没有对连选连任做任何限制。总统身兼国家元首、政府首脑、三军统帅之职，并掌立法否决权，立法建议权，外交使节、最高法院法官的提名权，其实权委实远高于英王，相类于法国哲人所向往的只以法律为约束的君主。之所以设置这样一个集权并强力的职位，依联邦党人的解释，是因为政府里应有相当的人员，专以遏制民众意气为职务，务使冷静的判断得有伸张见识的机会，行政权力的强大、统一与稳定，正好可以防止民众情绪的冲动和动荡，使国家政治不致因变化不定而丧失信用，招致国外的反对和国内的不安。②

然而，美国分权制衡最具创新意义的设计是对立法、行政、司法三个分支的权力分配及其牵制关系的设计。

在对三个分支的牵制中，对立法的牵制是首当其冲的，因为在共和政体中，立法权必然处于支配地位，立法分支作为制定规则和掌握财政权力的机构，所起的作用是最为决定性的。鉴于它所制定的乃是一切人都必须服从的规则，它应当是最为谨慎和稳定的机关，但事实上由于人数众多，最易为情感所左右，做出冲动的决议。联邦党人说，所有一院制的立法机关都是如此。补救这一问题的方法是将立法机关分成不同的机构，让它们分别掌握不同的职权以互相掣肘，并且用不同的选举方式和不同的行动原则使它们尽可能少地发生联系，以防止利益输送。③ 最后，为防止参、众两院合谋越权，宪法不仅规定了行政长官对立法的否决权，还在第一条第九款、修正案第一条列举了国会不得采取的行为和不得通过的立法。

与立法分支的支配地位相反，司法分支是三个分支中力量最弱的部分。并且由于其监督职能，势必要由资深专业人士充任。这个既无人民意志作为权威来源，又无强制力量的部分，要在三个分支中鼎立不倒，必须

---

① 汉密尔顿、麦迪逊、杰伊：《联邦党人文集》，程逢如等译，商务印书馆，1980，第316~317页。
② 汉密尔顿、麦迪逊、杰伊：《联邦党人文集》，程逢如等译，商务印书馆，1980 第356、317~318页。
③ 汉密尔顿、麦迪逊、杰伊：《联邦党人文集》，程逢如等译，商务印书馆，1980，第265、316页。

拥有特殊的独立性。因此，宪法赋予司法分支官员以终身任职资格，并许以报酬不减的承诺①，以上规定既便利专业经验的积累，又可保障法官在做出判决时免受外力左右。司法分支后来借"马伯里诉麦迪逊"一案获得司法审查权，虽是凭借马歇尔的智慧，却与美国人宁愿依赖司法来防范立法与行政的专权有关。在他们的认识中，司法对立法的违宪审查权，并非司法分支高过立法分支，而是宪法权威高过立法部门权威。政府的任何分支，都应当在《宪法》规定的权限内行使职权，这是共和国的本意。司法独立亦为保障公民权利不受政府侵害所必需。若司法受制于立法或行政，则公民在受公权（尤其是行政权）侵害时便无从获得公正的救济。但是，司法独立于立法和行政并不意味着它拥有绝对权力，它受来自抽签产生的陪审团的约束。陪审团审判制度，一方面确保司法审判符合公序良俗，另一方面制约了司法的权力。

  行政分支必须受牵制的理由，在于这个"现管"的机构最具实权，它不仅负责具体执行，还掌有强制力量。为防止行政官员以实权谋私利乃至谋专制，对行政官任免权的限制和弹劾权的保留是必需的，前者防止任人唯亲，后者防止行政违法。除此之外，行政的权力是相当独立的。行政权的独立性有利于提高行政的效率，同时也赋予行政分支以重大事态中的高度灵活性。美国后来的"罗斯福新政""伟大社会"计划能够出台落地，与行政的独立性是分不开的。

  三权分立与制衡之外，美国还有一个重要的纵向制衡是对军队的文官控制。杰斐逊曾在《英属美利坚权利概观》中谴责英王，称其令文官权利从属于军事权力"恶劣而违法"；在《独立宣言》中他再次谴责英王在和平时期一意在北美维持常备军，并使其凌驾在市民权力之上。对于联邦来说，强大的军事力量是保卫共和国的独立和自由之所需，但军队掌握暴力，易于沦为专制的工具，因此军队必须受到严厉的控制，并且应当由民治威权来控制②。

---

① 《联邦宪法》关于立法和行政官员的薪酬规定是"任期内不增不减"，唯有对司法分支官员的薪酬规定是"不减"。
② 梅瑞安：《美国政治思想史》，胡道维译，商务印书馆，1937，第53页。

《联邦宪法》确立了军队的文官控制原则。① 杰斐逊就任总统时，重申了文官权力高于军权的原则。

美国人关于主权可以分割的理论令横向的制度分权成为可能。美国联邦与州之间的权力分割是通过《联邦宪法》第一条第九款和第十款完成的，这两款分别规定了联邦议会和各州不得采取的行动。美国横向的制度分权不仅存在于联邦与州政府之间，也存在于州、郡县及区级政府之间。通过建立区、县、邦、联邦四级行政体系，权力自下而上的构建得以完成。普及教育、赈济贫乏、修理道路、公共治安等与民众生活息息相关的职责与权力，保留在与民众最为接近的区一级政府。民主政治建立在地方自治的基础之上，既便于培养公众的参政能力，又便于保持政体的共和本色。

对不同分支间交叉任职的严格禁止，表明美国人有着比欧洲人更为严格的分权观念：分权不仅应体现在部门之间，更应体现在人员之间。对美国人来说，英国是分权的肇始国，但从未达成真正的分权。英立法机关与行政机关始终有着千丝万缕的联系。在法理上，内阁对议会负责，然而在18世纪，首相实际上掌握着议会的人选，从而掌握了立法机关。内阁是产生于议会的，因此行政官同时具有立法的权能，并且因其多数派领袖的身份而在其中举足轻重。在美国人眼中，这就是一人同时兼掌行政与立法大权。为了将立法与行政彻底分开，美国设置了行政分支的独立选举，并明确规定联邦议员和联邦受托受薪官员不得担任选举人（《宪法》第二条第一款第二节），以免行政官依赖和屈从于议会。《联邦宪法》对议员和行政官员的交叉任职也作了明确禁止；② 对于跨层级的任职也设限制，以保持政府层级间的独立与分权。制宪会议讨论否定了由各邦行政官选举全国行政官的建议，理由是要保持全国行政官对各邦的独立性③。为防止总统为

---

① 《联邦宪法》第二条第二款第一项规定"总统为联邦陆军、海军、应召正为联邦服役的各邦民兵的总司令"。
② 《联邦宪法》第一条第六款第二节规定："议员不得担任任期内设立或加薪的联邦文官职务；联邦官员任期内不得担任议员。"交叉任职有一个例外：副总统兼任参议院议长。不过，从《联邦宪法》第一条第三款除非出现赞成票与反对票票数相等的情况，副总统没有表决权的规定来看，这一人事设计的目的在于加强立法与行政分支的协调，并没有妨碍关于人的绝对分权的原则。
③ 麦迪逊：《辩论：美国制宪会议记录》，尹宣译，辽宁教育出版社，2003，第94~95页。

地方利益所俘获,《宪法》第二条第一款的第六节规定:"任期内总统不得从联邦或其中任何一邦领取其他报酬。"

对公权力的最后一个制约是公众监督。除宪法第一条第五款关于公布议会议事记录的规定外,宪法第一条第九款规定:"一切公款收支的报告和账目,应经常公布。"另,宪法修正案第一条对言论自由的保护,常常被视为美国政治文化的基本基因,它是迫使政府机构和政府官员遵章守纪、恪尽职守的制度保障,同时为美国在今后的发展中及时发现问题、调整政府职能和政策提供了空间。

通过以上繁复的机制,美国建立的新政体既能回应和代表民意,又拥有独立于民众情感的稳定性和自主性——用现在的政治术语来说,即具备了"国家自主性",它是民主的,但不是民粹的。政府部门的各个分支,既拥有足够的权限行使职权,又受外部约束不得各行其是。美国的这个新政体,这个政治文明的制度方面,是建立在它的具有鲜明民族特征的政治文化共识基础之上的。

(三) 人权保护

《联邦宪法》交付各州批准时,并没有权利法案,联邦党人的解释是各州已经有了权利法案,不需要重复。但是美国人民不同意。后来为促使各州批准宪法,加上了公民权利保护的内容,这就是美国宪法修正案的前十条。修正案的条文并非原创性的,而是各州人权保护法案的自然承继。

以宗教自由权为例。早在1776年,由于弗吉尼亚人民对圣公会的官方教会地位的不满,弗吉尼亚立法会议废除了一部分法律,不再将信仰其他宗教、不参加官方教会的礼拜、以其他方式礼拜等行为视作犯罪。1779年,弗吉尼亚取消了以税收供养圣公会牧师的政策,圣公会从此不再具有官方教会地位。[①] 1786年1月16日,在杰斐逊与麦迪逊的共同推动下,该州议会通过了《弗吉尼亚宗教自由法令》。该法令首次确立了法律上的政教分离原则,作出了三条有重要意义的规定:其一,世俗政府不得以公共收入支付某一教派的开支。信徒有选择牧师、决定捐助对象的自由。其

---

① 杰斐逊:《杰斐逊集》,刘祚昌等译,生活·读书·新知三联书店,1993,第38~40页。

二，不得以教派归属限制公民参与公共事务及担任公职的平等权利。其三，政府官员不应有精神领域的权力。该法令的保护对象，覆盖所有教派的信徒，包括犹太人、基督徒、伊斯兰教徒、印度教徒和其他派系教徒。[1]

独立革命期间，由于联合的需要，宗教自由的原则为各殖民地所接受。独立战争后，该原则获得了国家政策的支持。1785年，邦联国会通过《西北土地出售法令》，该法令规定邦联以原新英格兰城镇设置的模式为范本出售土地，但取消了在新村镇中心为教会保留一个地块的惯例，意指任何一个教派都不能得到国家的特殊保护和支持。[2] 1787年《联邦宪法》与1789年《权利法案》，完整采用了《弗吉尼亚宗教自由法令》中的政教分离三原则。

人权保护的第二项内容是维护平等。美国立国时期对继承法的更改、对种族平等的谋划、关于普及教育的规定都体现了对平等的追求。

1776年，大陆会议通过了一项废除限嗣继承的法案，改变了土地整体继承的传统。该法案由杰斐逊提出。法案促进经济平等的意图固然很明显，但杰斐逊的深意还在于促进政治平等。杰斐逊说，限嗣继承造就财富贵族，由于国王习惯于从他们中挑选殖民地参事，这些人便一心一意为国王的利益和意志服务，他们造就的秩序便是专制。唯有废除限嗣继承这一财富贵族产生的根源，人们的自然权利才能得以伸张，德才兼备的"天然贵族"才有可能均匀地从所有阶层中产生，取代财富贵族成为社会和国家的领导力量。这一过程造就的秩序将是共和。[3]

在种族平等方面，"人人生而平等"的信仰挑战着奴隶制的存在。18世纪中叶以来，费城等地的废奴运动已经风起云涌。但奴隶制作为南部种植园经济的支柱，若贸然予以废除，恐将危及经济、社会之稳定，也不利于南北之间的革命协作。因此，美国人采用了逐步、缓慢地消灭奴隶制的策略。1778年，种植园经济州弗吉尼亚通过了禁止进一步进口奴隶的法案。该法案由杰斐逊提出，在议会没有遇到任何反对。法案制止了由于进

---

[1] 杰斐逊：《杰斐逊集》，刘祚昌等译，生活·读书·新知三联书店，1993，第45页。
[2] 孔庆山：《美国早期土地制度研究》，中山大学出版社，2002，第104~105页。
[3] 杰斐逊：《杰斐逊集》，刘祚昌等译，生活·读书·新知三联书店，1993，第36~37页。

口奴隶所加重的罪恶,同时将根除这一罪恶的工作留予后人①。法案的精神是,在与现实妥协的基础上寻求务实稳健的进步。然而,这一妥协的态度延续到制宪会议,给《联邦宪法》留下了最大的历史污点。平等观念与现实不公的矛盾构成了初生的美国最严重的隐患,最终引发了半个多世纪后的那场内战。

美国从建国之初就重视普及教育。华盛顿、杰斐逊等人认为,普遍的教育是维护共和制度长盛不衰的必要条件,因为只有接受过教育的公民才有能力理解和维护他们的权利,才能具备参与公共政治生活所必需的知识和品格。普及的公共教育也是机会平等的必要保障。美国独立之前,已经有许多殖民地开办公共教育,但教育的主体比较复杂和多样化,教会所起的作用不亚于政府。由于教育的地方管理传统,《邦联条例》和《联邦宪法》并没有对教育做出规定,但中央政府政策体现了对教育的支持。1786年国会制定的《西部土地出售法令》规定,在按村镇建制出售地块时,必须保留村镇中心的第 16 号地块用于开办学校和筹措教育经费。土地可以用于出售或租赁,但其收入必须用来投资教育②。1787 年的《西北法令》称:"宗教、道德与知识对良好的治理和人类的幸福不可或缺,应当一以贯之地鼓励学校的建立及诸种形式的教育的发展。"这个《西北法令》鲜明地表达出当时美国人的政治理想和政治智慧,以下以专节对它作一个比较详细的介绍。

(四)《西北法令》:美国人的政治理想

1784 年的《西部领地组织法》(Ordinance for the Government of Western Territory)和 1787 年的《俄亥俄河西北合众国领地组织法》(Ordinance for the Government of the Territory of the United States Northwest of the River Ohio,简称《西北法令》)听起来像是土地法,然而其实质是政治组织法,是邦联国会就各州割让给邦联的领地之殖民而制定的宪法大纲,非常典型地呈

---

① 杰斐逊:《杰斐逊集》,刘祚昌等译,生活·读书·新知三联书店,1993,第 38 页。
② L. 迪安·韦布:《美国教育史:一场伟大的美国实验》,陈露茜等译,安徽教育出版社,2010,第 106 页。

现了美国特色的自治和契约文化。

1784年《西部领地组织法》规定：在邦联所划定的西部新州定居的居民，经申请或国会命令，可召开由自由成年男子组成的会议，采取原初各州中任何一州的宪法和法律，组建临时政府。临时政府中的立法机关有权修改其宪法和法律。当一州自由居民达2万人时，有权召开自己的代表大会，在保证不脱离邦联、遵守《邦联条例》和合众国国会所有法律、采取共和制的基础上，起草自己的永久宪法，建立永久政府。建立了临时政府的州有权派一名代表参加国会，但仅有发言权，无表决权。当一州的自由居民人口达到与最初13州中人口最少的州相同的规模时，经原有2/3的州同意，该州有权派正式代表进入合众国国会，享有与原初各州平等的地位。在1787年的《西北法令》中，新州召开代表大会的最低自由居民人数限制降为5000人，新州平等参加国会、建立永久宪法和政府的自由居民门槛人数调整为6万人。法案再次强调新州的宪法和政府应为共和制。将代表大会召开的人口门槛降低，旨在方便建立新州的公共秩序；将建立永久宪法和永久政府的人口门槛抬高，则体现了对于永久立法和建立永久政府的审慎态度。将新州建立永久宪法和政府的人口门槛与新州以平等身份加入国会的门槛同步，则是各独立州间的平等原则的实践。《西北法令》被一些人认为是保守的，因为它规定在新州建立民选政府之前，国会有权任命总督和秘书长各一名、法官三名来管理当地事务。但这并非国会企图插手新州事务，而是为了新州不致因公共管理缺失而陷入无序和混乱。为使受命官员具备承担职责所需的知识和时间条件，法令规定以上官员必须从当地有产者居民[①]中产生。1784年和1787年法案表明，民众拥有自愿结成政治共同体、成立政府并制定法律的权利，自治、代议原则和共和政体已经成为美国人共同的政治文化。

《西北法令》也明文罗列公民享有的权利。法令第二条规定：任何新州的居民均享有人身保护权、接受公正审判的权利、按比例向立法机关派

---

① 《西北法令》规定居民担任总督的财产要求为1000英亩，其他官员为500英亩。这个财产限制并不高，其目的是保障被任命者有担任公职的财力支持。《西北法令》的内容，参见 Urofsky M. I., Finkelman P., *Documents of American Constitutional and Legal History*, 2ed, Oxford, N. Y.: Oxford University Press, 2002。

送代表的权利、在适用普通法的法庭依司法程序处理诉讼的权利；每位公民均享有保释权，除非涉及明显或巨额的经济犯罪；罚金应适度，并不得对公民处以残酷或不同寻常的处罚；非经法律规定程序，任何公民不得被剥夺自由或财产权利；若确因公共之迫切需要而牺牲某公民之财产或要求其特殊服务，必须给予充分的补偿；法律不得制定任何条款，干涉或影响公民之间平等、自愿而真实的契约达成及履行。

《西北法令》尤其关注平等的维护。法令规定居民的无遗嘱财产得在子女间平分。此前，通过遗嘱将土地均分给子女已经可行，但未立遗嘱的遗产仍按长子继承制执行。即均分是例外，限嗣是常态。《西北法令》一反传统，将均分作为默认原则，其导向是平等。限嗣或长子继承的功能是巩固等级，均分继承的功能则是促进平等。继承法的这一转变，体现了法案制定者促进社会平等、巩固共和的良苦用心，也反映出平等已经成为北美的政治共识。

循着消灭奴隶制的目标，《西北法令》首度以法的形式在领地内禁止奴隶制和非自愿的奴役劳动。这一条款在1784年《西部领地组织法》的杰斐逊草案中出现过，但在国会讨论时被删去了。1787年的《西部法令》明确了这一条。国会态度转变的背景是各有地州向邦联割让土地情况的进展。1784年法令颁布时，仅有纽约和弗吉尼亚完成了割地，而到1787年法令颁布时，邦联已经取得了纽约、弗吉尼亚、马萨诸塞和康涅狄格的土地。这四个州对废奴均持比较积极的态度，邦联一方面要在它们割让的领地上体现它们的意志；另一方面，由于这四州割让的土地，邦联对其他南部三州的话语权加强了，可以更为独立、直率地表明对于蓄奴的否定立场，尽管这种否定仍然是克制的。《西北法令》采取的策略与弗吉尼亚的禁止奴隶进口法案是一致的。在禁止新州存在奴隶制的同时，《西北法令》承认旧州的奴隶主有前往新州追回逃亡奴隶的权力，这是为了保证《西北法令》在国会顺利通过。

《西北法令》还规定对待印第安人的原则：以保持和平友好为目标，尽量以善意对待印第安人，未经其同意不得取得其土地和财产；若非国会宣布与印第安人处于战争状态，不得侵犯其财产、权利和自由；应制定基于正义与人道的法律，防止以错误的方式对待印第安人，等等。

《西北法令》，作为指导处女地开发的法案，融合了美国人关于人民主权、政教分离、种族平等、公民幸福的政治理想。如果说,《联邦宪法》为了获得通过,不得不将理想与现实做了调和,《西北法令》则更本真地呈现了美国人对世俗社会的理想。

五 小结

美国政治共识的形成,表现为自由、平等、人民主权的观念为各阶层、社会群体共同接受,即使原先在政治上较为边缘化的群体,如农民、妇女、黑人也不例外。由此,美国公众在整体上具备了参与公共事务的热情和能力,拥有公共论辩的理性和遵守规则的诚意,能够在多元利益的共同体中寻求妥协,达成公共事务的一致认识和行动。

美国人的政治共识带着鲜明的本土印迹。对于启蒙运动催生的天赋人权、自由、平等、人民主权等政治理念,美国人的认识既与欧洲相通,又有不同。表 7.1 对比 18 世纪末美国与欧洲(尤以法国为代表)对近代核心政治概念的不同理解。

表 7.1　18 世纪末美国与欧洲政治观念之比较

		欧洲	美国
自然权利	来源	古老传统、政府起源	不证自明
	内容	生命、自由、财产(安全)	生命、自由、追求幸福的权利
自由	内涵	免予约束的自由	参与政治的自由
	代议原则	美德代表	利益代表(普选、直选、短任期制)
	社会契约	第一代国民的订约	每一代国民都有订约权
平等	内涵	法律面前的平等	政治地位的平等
	体现	可以君主制,法律可以设定贵族	必须共和制,法律不可设定贵族
主权在民	立约	和衷一致的立约	审慎的、经过争辩的立约
	守约	立约者随时可解约	信守契约
	约束权力的方式	解约、革命	有限政府、分权制衡

可见,相比欧洲,美国的人权观较为注重公民的政治参与权,对于民主的认知也更具实践性。美国基于本土政治塑造的价值观更为客观地认识人性的多元、权力的自我扩张倾向和多元利益的客观存在,并带来了相应

的制度后果。从这一角度讲,后世塞缪尔·亨廷顿的判断——美国文明是独特的,而非普适的(unique, not universal),可谓一语中的。

回到本书开头提出的问题,现在可以得出结论,是美国塑造的共识造就了其革命的温和性质。从传统专制中娩出的民主,其要义在于人民的自我授权和自我治理,也在于以待己之心待人。

美国人对人性、利益和权力的认知,令其慎于立约、诚于守约。《独立宣言》、《邦联条例》和《联邦宪法》,都经过了审慎的论辩,故而因其深厚的实践特质,表现出长久的生命力。[①]

美国共识塑造的过程表明,民主需要以观念和实践来共同奠基。参政是一项为现代政治哲学所认可的公民权利,但更应被还原为一种公民责任,它要求自爱与爱人相融合相统一的心智和能力。行使民主权利不仅是投票,投票前的思辨和自省才是它更核心的内容。

---

① 《邦联条例》为《联邦宪法》所取代,与其说是《条例》的失败,不如说是联盟关系的加深。

第八章　探源：美国共识塑造特质及因由

从 1763 年至 1789 年，美国人从分散在大西洋沿岸的忠于英国君主的臣民，变成了具有统一美利坚意识的，信奉人民主权、共和政体原则的现代政治公民。与欧洲同期的启蒙相比较，这个时间跨度仅为三十年的文化变迁如此深刻而广泛，令人不能不对其背后的因由产生兴趣。

这个过程看起来并不复杂。不过是凭着布道、公开演说、小酒馆这样的平民聚会场所，以及村社共同生活，就将不识字的平民阶层纳入了启蒙进程。然而，无论是报纸、小册子，还是布道、演说、小酒馆、公共图书馆在 18 世纪都不为北美所特有，那么，为什么北美能够借助这些方式实现共同启蒙，其他地方却没有呢？

从智识环境上看，这是一个类似于中国春秋时期的时代，天子幽微，群雄并起。英国对北美的管理是脆弱的，并且严重依靠名分、传统、情感和道义感，就像周王室与诸侯间的关系。英国也没有兴趣和精力管理北美的言论，这效果就像周王室的衰微；在北美本地，辉格党与托利党、激进辉格与保守辉格、联邦党人与反联邦党人接力争夺民心，正是百家争鸣。精英阶层对民心的争夺，最终以互动的增进推进了阶层间的交流和理解，造就了跨阶层的政治共识，也使政治意识体现出很强的实践性特征。经历淘选而成为民族共同价值的这些内容，在此后的民族发展史中具有强大的生命力和稳定性。从这一过程看，意识的形成离不开物质基础且反作用于物质基础，信哉斯言。对美国来说更为重要的是，这种争夺与互动迫使精英阶层关注下层的真实生活状态，从而使启蒙得以识人间烟火，以实践为底色，进而拥有广泛的生命力。

一　美国政治思想的认知基础：理性有限，经验为尊

理性是启蒙的核心精神。牛顿的《自然哲学的数学原理》，令人类对

于人的理性所能达到的高度有了一种不切实际的自信。认为人也可以像总结自然规律一样精确地总结社会规律，进而创造出一个绝对理性精巧的社会模板。这种自信在法国尤为流行，笛卡儿、伏尔泰、卢梭等人，都是绝对理性的信奉者。

但北美殖民地的人认为理性是有限的，人不是全知全能的。承认自身的局限，是美国人对自身一个非常重要的认知。一切政治思想的论述和政治制度的设计，均建立在这一基础之上。对人的客观认知奠定了指向实践的政治思想的基础。

相比头脑风暴中产生的理性，美国人更愿意从实践中获取经验。帕特里克·亨利在他的演讲《不自由，毋宁死》中说："我只有一盏指路明灯，那就是经验之灯。"① 华盛顿在他的《告别演说》中提醒美国人民，"经验是检验现行宪法真实意向的最可靠的标准"，"如果轻信纯粹的假设和意见而随时改变，假设和意见既层出不穷，改变将无休无止"。② 华盛顿所说的"经验"，不是已经总结出来的刻板印象，而是指常变常新的实践。

美国人对于经验的依赖与对理性的怀疑，尤其深刻地体现在他们签署《联邦宪法》那一天。1787 年 9 月 17 日，富兰克林在制宪会议最后一日向大会提交了一份书面讲稿，其中说，虽然大多数人以为自己一贯正确，但他的经验表明，人们会不时地改变自己的观点。他自己就经历过很多场合，"由于获得更佳信息，或经过更周密的思考，责任心驱使我改变原来的观点。哪怕是在重大问题上，原来以为自己正确，后来恰恰相反"。因此，"年纪越大，越倾向于怀疑自己的判断，更尊重别人的判断"。富兰克林认为，群体的理性同样有其局限："我也怀疑，无论再开多少制宪会议，未必就能制定一部更好的宪法。"富兰克林最后敦请代表们"略微怀疑一下自己的一贯正确，宣布我们取得一致"，在《联邦宪法》上签名。③ 现场绝大多数代表听从富兰克林的劝告在宪法上签了字。

宪法批准期间，联邦党人奉劝纽约人民以经验为依据判断《联邦宪

---

① 亨利：《不自由，毋宁死》，常冬为：《美国档案》（上），中国城市出版社，2000，第 43~47 页。
② 华盛顿：《告别演说》，《华盛顿选集》，聂崇信等译，商务印书馆，1983。
③ 麦迪逊：《辩论：美国制宪会议记录》，尹宣译，辽宁教育出版社，2003，第 774~777 页。

法》将创造的一个拥有武力的强大政府是否必要:"单纯用法律的力量进行统治的思想,只存在于那些自命聪明,不屑汲取经验教训的政治学者的幻想之中。"①

二 理性有限认知基础上的相关政治观念

关于理性所能达到的高度的认知,带来一系列逻辑后果。

理性无限论的逻辑结果是理性等同于美德。法国哲人们相信,只要人们用理性去发现和遵循自然的社会规律,社会就会趋向完善。并且,由于理性总是能够确知什么对于整个人类的生存和快乐是有利的,什么是有害的,通过理性,人们总是能将个人利益与公共利益相统一,也就是说,理性带来对公共利益的服从,理性就是利他,就是美德。逻辑推论至此,法国哲人抹杀了个人利益与公共利益间的差别,并且必然要得出结论:讲求个人利益就是邪恶。

与法国哲人相反,美国人认为理性、知识与道德是相互独立的存在。美国的革命家们普遍相信,理性和知识的进步并不意味着道德的自我完善。相反,人的天性中总是存在着邪恶和堕落的成分。道德是一种自我约束,但并非可靠的约束。承认人性中恶的成分,并不意味着美国人不讲道德。华盛顿、杰斐逊、亚当斯、富兰克林等人在品德方面律己甚严,但没有人认为这些美好的道德源于理性,反之,恰恰因为美德意味着不理性的自我牺牲,它才令人追慕和爱戴。

另外,美国人虽然认为人的理性并不必然带来美德,却对他们的人民所具备的智慧和美德表示相当的认可,认为他们的人民是世界上最适宜于共和制的。塞缪尔·亚当斯说,美国人民具有高超的政治能力,并且仍可用普及教育的方式予以提高,可保政治民主运行无虞。他和杰斐逊均认为德才兼具的自然贵族出现于任何阶级和境遇的人群中间,与出身不相关联②。

---

① 汉密尔顿、麦迪逊、杰伊:《联邦党人文集》,程逢如等译,商务印书馆,1980,第75页。
② 梅瑞安:《美国政治思想史》,胡道维译,商务印书馆,1937,第95页。

相反，法国启蒙思想家一方面认为理性是无限的，另一方面又对人民的理性和能力抱着深刻的怀疑。卢梭曾说，盲目的群众常常并不知道自己该要些什么，他们永远希望自己幸福，但对于什么是幸福却常常看不明白①。法国哲人将希望寄托于理性的"开明君主"或者外来的神明。伏尔泰、霍尔巴赫都曾经热情地将改革的期望寄托在"深明哲理"的君主之上。②对人民理性能力的怀疑，使卢梭痛苦地陷入人民主权与人民能力之间的矛盾。卢梭一方面坚定地认为人民是主权者，另一方面却又确定无疑地说人民的智慧绝不足以亲自担任立法这样一桩重大而又困难的事业，最后他只好否认立法权属于主权③。卢梭甚至认为平民的理性不足以做一个守法者，主张用宗教的权威来约束普通民众。④

法国启蒙思想家和美国政论家之间的这种对比，一方面缘于事实：当时的法国人民确实相当蒙昧，启蒙运动的光辉，因为阶级、空间、语言等的阻隔完全未曾照耀到他们的身上，而美国的人民却有相当的机会接触各种新的思想，确实具备了近代政治理论的常识；另一方面却也因法国哲人对理性寄望过高，因而难免对开启人民的理性灰心失望；而美国政论家本来就认可人性中的种种缺陷，因而对人民的印象倒能颇为积极。

欧洲启蒙对君主和平民理性认知的二元性，或许是长期等级与世袭制度的结果，又与后者相强化。美洲启蒙对平民理性的认可，则或是平等经济条件与智识状况的自然延伸。下一步的结果是，与法国人寄希望于君主不同，美国人将改变社会的希望寄托于公众。法治构成政治生活的日常内容，公众才是政治生活的主角。进而，全民的政治观念的启蒙、严格的道

---

① 卢梭：《社会契约论》，何兆武译，商务印书馆，2003，第48页。
② 参见〔俄〕沃尔金《十八世纪法国社会思想的发展》，杨穆等译，商务印书馆，1983，第30~36、162、173页。作为18世纪法国最具现实主义眼光的思想家，伏尔泰在晚年改变了他的观点，因为认识到人始终是有私欲的，更由于杜尔哥改革的失败使他抛弃了对"开明君主"的幻想，伏尔泰的著作中出现了越来越明显的共和调子，尽管他并未完全停止对英国制度的赞美。但这时的伏尔泰已经是一个垂暮的老人，来不及为他的同胞设计一个有效的共和政体了。并且，伏尔泰其实从一个极端走向另一个极端，由于认识到人的行为受到自然规律和社会环境的约束，伏尔泰晚年彻底否认了人的自由意志，成了一个机械决定论者。这与他对开明君主认识的改变是相联系的，早年，他认为伟大的人物能推动社会的进程，而现在他认为伟人已不再具有什么独特的意义了。
③ 卢梭：《社会契约论》，何兆武译，商务印书馆，2003，第50~52页。
④ 卢梭：《社会契约论》，何兆武译，商务印书馆，2003，第53页。

德自律与规范对民主政体或共和政府来说不可或缺,普及教育对于增进人民的幸福和保持人们的自由非常重要。出于此种信念,与法国人强调对君主的教育不同,美国人认为教育的对象应当是全体人民,所以很多"国父"为公立教育、民间知识团体的发展付出过真诚的努力。平民教育对美国新创制度的实施无疑起了至关重要的作用,因为以民众享有权利为特征的民主、法治制度要落到实处,意味着民众要有能力担负相应的责任。制度的生命力在于实施。没有得到有效实施的制度,无论多么完善,也不过是隔在思想与实践之间的一纸空文。而启蒙没有深入公众,这或许就是欧洲先行发明了人民主权、自由、平等、博爱观,却在实践上落后美洲一步的原因。

美国人对理性局限的认知,不仅影响他们对公民素质的判断,也深刻影响着他们对政治的理念和观感。对君主制的反对也与他们对理性的认知有关。理性有限决定了君主难免犯错。君主制和世袭制会导致错误的固化和积累,远不如共和制能够及时纠偏。美国人强调新公民的立约权,与其"理性有限"观也是相通的。因为理性有限,前人不可能完全了解和理解后人的利益、后人面对的问题,因而立法权必须在他们自己手中。反之,法国人认为理性无限,认为先来者能够洞察后来者的利益并为其作出正确的决定,因而否定新公民的立约权。

基于对理性有限的认识,美国人并不追求一个最佳的政体,而只要求一个满意的政体。他们看重传统,注重经验,不期望理想的制度,懂得容忍瑕疵和妥协;不追求政治思想的完整哲学体系和严密逻辑,而是更为注重设置可操作的制度细节。当法国哲人执着于完美的理性世界,在对现实的绝望中遥想乌托邦时,美国的政治家以妥协的姿态寻求较好的政体形式,他们抱着脚踏实地改造现实的勇气,能够容忍现实的不完善与不完美,在粗糙的现实之上,争取一点一滴地改进。《联邦宪法》制定刚完成时,富兰克林、华盛顿,乃至联邦党人麦迪逊都曾表示,宪法肯定有不完善的地方。[①] 对于黑人奴隶制的容忍,对许多代表来说是耻辱的印记,但如若不这样,则不能达成大的目标,一切都无从谈起。因此,各邦如华盛

---

① 麦迪逊:《辩论:美国制宪会议记录》,尹宣译,辽宁教育出版社,2003,第775页。

顿所评价的那样，"没有在次要问题上固执己见"①，最终达成了妥协，这是美国建立的基础，也是美国后来消除奴隶制的基础。对瑕疵的容忍，是建立一个基本良好的政体的权威的必要条件，这是政治的辩证法。美国人在写政论文的时候，不像法国哲人那样喜欢语出惊人，却更讲求方案的可行性。欧洲社会契约论解决立约和解约的问题，美国人则讨论如何维系契约。《常识》与《联邦党人文集》，比起欧洲的政治思想著作来看更像可行性分析报告。而在法国启蒙哲人的著作中，是难以找到深思熟虑、具有充分论据或建设性的社会改革计划的。

由于对理性局限的认知，美国人并不认为他们建立的政体就是最好的政体，从而总是能在发展中保持反省，对制度作进一步的改良。独立战争初期各州立宪时，因为人民主权理论的影响，各州限制怀疑的对象只在于行政权，对于立法权则颇为信任。宾夕法尼亚激进地建立了一个强大的一院制政体②，马萨诸塞则将立法、行政、司法之权统统交予议会。后来各州发现将太多权力交给议会会带来专断的议会和软弱的政府。因此，到立宪时，两院制已是共识，宾夕法尼亚则在1790年又通过了一部远为保守的新宪法，设立了州长和参议院来牵制民主色彩浓厚的原有议会。美国人的反省精神与关于理性有限的认知不无关系，也是美国适应性和柔韧性的重要源泉。美国历史上的历次宗教奋兴运动，皆起源于对个人生活方式、社会秩序和公共事务的反省。美式民主曾经被很多政治家、学者奉为圭臬，但美国国内从来不乏比尔·查尔德、罗伯特·达尔这样反思甚至质疑宪法的学者。近半个世纪来，有尼尔·波兹曼的《娱乐至死》、艾伦·布卢姆的《美国精神的封闭》、罗伯特·贝拉的《心灵的习性》对美国人精神世界萎缩的反思，罗伯特·帕特南的《独自打保龄》、弗朗西斯·福山的《大分裂》对美国社会凝聚力下降、失序行为上升的反思，后者的

---

① 麦迪逊：《辩论：美国制宪会议记录》，尹宣译，辽宁教育出版社，2003，第848页。
② 1776年，宾夕法尼亚在宣布独立后不到三个月，就发布了一部新的宪法。基于公民是政府权力的真正拥有者这一原则，同时以消灭贵族残余的姿态取消上院，新宪法创设了一个强大的一院制议会，该议会同时行使立法和行政权，议员一年一选，被选举人的资格不受财产限制。机关内部各种辩论得向公众开放。这个宪法过于激进，很快在实施中受挫。

《美国处在十字路口》更反思了美国的外交政策取向，而前者最新的著作《我们的孩子》则聚焦不平等的上升、社会撕裂和阶层固化——一个市场经济和新技术条件下多数国家或多或少面临的问题。正是因其延续不绝的反思精神，美国虽然一路走得磕磕绊绊，问题层出不穷，却每一次都能自我修复，转危为安。"认识你自己"，对个人来说至关重要，对国家来说也是如此。理性有限，所以个人、团体、国家都要不断对自我进行再认识。

三 美国启蒙政治思想实践特质之由来

美国政治思想的实践性，与它的自治传统和政论家的生活体验是分不开的。

北美殖民地的自治传统，前文第二章已从制度生成的视角作了较为详细的论述。自治是具有实践特质的美国政治思想的来源。18世纪美国殊于欧洲的政治思想，大多来自自治实践。美国成文宪法中的许多内容，包括普选①、直选、短任期制、权力制衡②，以及宪法的成文形式等都来源于当时当地政治生活的日常。要求个人恪守契约，是维持殖民地自治秩序的必然要求；北美民众对于集体与个人、公权力与个人之间关系的认知，同样来自实践。在人权内容方面，美国人以"追求幸福的权利"的表述取代"财产权"的表述，与以自耕农为主体的经济生活也是分不开的。

自治带来的公民精神的成长是多方面的。自治培养理性思考、论辩、妥协的能力和习惯，积累政治参与经验。对美国的革命家来说，需要改变的只是人民头脑中的忠君观念。美国政治文化的转型，就像一个本来已经学会走路的孩子，有一天要放开母亲的手，他需要的只是一个心理上的调适过程，走路对他来说，是不成问题的。在美国的立国史上，一旦领袖提出建议就得到一致通过的情况是不存在的，相反，每一次的重大决定，都

---

① 殖民地时期对选民有财产限制，但这种限制与英国的身份限制意义不同。身份限制是个人难以突破的，而财产限制可以通过个人努力突破，尤其在北美这个经济机会相对平等的地方。
② 自下而上的民选机构（议会）对自上而下的受命官吏（总督）的制衡和控制。

必然经过冗长的辩论，最后也总是有人保留反对意见。不过，意见的多元化并没有阻碍美国人达成有效的决定。相反，多元的意见表达了多元的智慧，最后形成的决议多半是有效的。"和而不同"，是放之四海而皆准的智慧。另外，自治作为一种自下而上的权力构建方式，促使精英阶层关注民众需求，这对于增进阶层沟通也是有利的。自治传统对城镇会议、市民议会这样的公共空间的构建、对于出版自由格局的形成，也起到了积极促进的作用。

北美定居者为生存所做的斗争奠定了美国文化的实用主义传统，这一传统也渗透进居民的精神生活之中，表现为居民阅读倾向上很明显的实践性特征。比如说，他们读英国书显著多过法国书。对杰斐逊时代的美国人产生影响的作家，大多来自英国，或有久居英国的经历。我们所熟知的《社会契约论》的集大成者卢梭，对美国革命的影响非常有限：卢梭的《社会契约论》发表于1762年，而塞缪尔·亚当斯早在1743年就已经写作了硕士学位论文《如果舍此无以保存共和国，人民是否拥有反抗最高统治者的权利》(Whether It Be Lawful to Resist the Supreme Magistrate if the Commonwealth Cannot otherwise Be Preserved)，对这个问题作了肯定的回答；奥蒂斯关于殖民地没有义务遵从他们未曾参与制定的法律的学说，也在1761年就传诵于世了。美国革命家引用卢梭的地方，亦多是他思想中与洛克相近的地方，而后者思想中激进的部分，并不与殖民地人民普遍的思想相契合。

杰斐逊通常被认为是美国革命家中比较接近法国思想的人，甚至被反对者认作"卢梭信徒"，但事实并非如此。对于法国革命中最有影响的两位作家孟德斯鸠和卢梭，杰斐逊均未降心相从。他对孟德斯鸠赞同君主制，尤其是英国式的君主制的观点深恶痛绝。杰斐逊的政敌曾攻击《独立宣言》所包含的思想并非他的原创，他们说他抄袭洛克，或者前两年在大陆会议中所讨论的内容，但是从没有人说他抄袭卢梭或孟德斯鸠。[①]

美利坚人读英国书多而读法国书少，也可以从美洲的书籍进口中略窥

---

① 梅瑞安：《美国政治思想史》，胡道维译，商务印书馆，1937，第62、120~121页。

一斑。本书第二章第二小节曾对美国殖民时期的书籍进口状况作简要介绍，从书单中可以看出，受欢迎的作者绝大多数是英国人，而法国启蒙思想家只有孟德斯鸠和伏尔泰的作品较受欢迎，这两位刚好是法国作家中最接地气的。

美国人实用主义的阅读倾向，可能与以下原因有关。其一，英国与北美同文同种，对北美居民来说，英文是母语，而作为当时欧洲通用语言的法语，在北美影响很小。其二，美国殖民地时期所采之法律、制度多源自英国，所以美国人遭遇的生活中的法律问题，也多与英国相似，故而他们还得从英国的思想界学习解决的方式。革命前夕进口的英国书，不少是对英国17世纪以来政治变革的反思、总结和期望，对美国来说具有较强的指导意义。美国革命家之共和主张及混合平衡的宪政观念，多源自英伦的反对派作家群体"新罗马自由主义作家"，这个群体在本土影响有限，却在北美大放异彩。弥尔顿、哈林顿、约翰·霍尔、西德尼、弗朗西斯·奥斯本等人的作品，直接塑造了美国人的政治观念和契约精神，指导了后来的美国政体建设。君主无用、多数决定、公权的少干预原则、政教分离等思想，在新罗马作家的作品中都曾出现过。而美国人最熟悉的法国思想家孟德斯鸠，恰恰是曾长期居留英国、熟稔英国政制的人，同时也是法国思想家中最具现实性的人物。其三，揆诸18世纪英国与法国的思想家，英国思想家较为务实理性，而法国思想家较抽象浪漫。美国人之思维方式，与母国英国接近者较多，对英国的政治论著，也较易于接受。概言之，美国人与英国人在思想观念上的共通性，始于他们对于人性和理性的共同理解。理性有限、经验为尊是英国思想家之共识。培根、霍布斯、洛克都是理性万能论的怀疑论者。美国人关于道德与理性相互独立的观念，与英国人休谟、亚当·斯密是一致的。

不过，实用主义的美国人一向是谨守拿来主义原则的，哪怕面对的是最聪慧的英国大家心血凝成的力作。美国人的政治和法律与英国多有相似之处，但又因环境的要求已经有所革新，对比18世纪英国的贫富分化、腐败的金钱与裙带政治、内阁对于平民院的蓄意腐蚀，北美人民对自己的社会状态和政治制度已经有了很强烈的自豪感。他们观察起母国政治来常常吹毛求疵，并且尤其爱听英国反对派的批评。激进辉格的《匠人》《旁观者》《卡托书信集》等出版物在北美受到普遍的欢迎;最猛烈地抨击英国的"衰微、腐败和堕落"的著作——如詹姆斯·柏格的《不列颠备忘录:也许,危险并未远离……》(Britain's Remembrancer: or, The Danger Not Over…)和约翰·布朗的《评我们时代的礼仪和原则》(An Estimate of the Manners and Principles of the Time)——被北美的印刷商刻意地挑选出来,一再重印。① 所谓"良药苦口",严苛的批判态度,要比欣慕的赞赏的态度更为务实,也更具备改进现实的意义。循着拿来主义的态度,美国人对于法国思想也并非弃之如敝屣。前文提到过,美国人是敬重孟德斯鸠和伏尔泰的,这两位作家作品中关于英国宪法和政治制度的部分,常常被美国人引用。总而言之,18 世纪美国人的精神生活,是侧重于实践并为实践服务的。

最后,比较一下 18 世纪美、法两国意识形态领袖的出身及职业,会发现其中一个有趣的对照。那就是北美的作者几乎都是从事固定职业的律师、牧师、商人或种植园主,写作只是他们的业余生活;而法国的作者若不是出身贵族世家,便是从沙龙中得到名望,他们多是专职写作的文人,以哲学或神学研究为本业,几乎没有人有过真正的政治经历。

在 1776 年的北美,社会分工还未达到产生专业作家的程度。职业作家要靠创作谋生,必须能够根据订单生产产品,或者像法国那样,依靠获得贵族的青睐和资助解除生活的后顾之忧,在北美这两个条件均不存在。美国的启蒙思想家,他们是拿起笔和剑的寻常百姓,他们以商业、农业或政治立身,对于人性有着直观的认识和体会。是日常生活的经验告诉他们理性是有限的,人很难拥有完美的道德,人们不可能在所有的利益和意志上达到统一;是在日常事务的处理中,他们学会坚守底线,也学会在此基础上的协商和妥协;他们拥有理想,也追寻理想,但不会用理想来要求现实。

参加大陆会议和制宪会议的"国父"们是善于妥协的人。他们有自己的政治信念和政治理想,中间既有像杰斐逊这样出身显贵的平民主义者,

---

① 贝林:《美国革命的思想意识渊源》,涂永前译,中国政法大学出版社,2007,第 84～87 页。

也有像约翰·亚当斯这样出身平民的精英主义者,但他们的信念与分歧只是程度有别,回到现实的政治生活中,他们都能够将理想与现实调和起来,不做两败俱伤的斗争。杰斐逊和亚当斯这两个对头冤家,一生可谓相映成趣。杰斐逊带着更多的理想主义色彩,是一个激烈的奴隶制反对者,却至死蓄奴,同时留下遗嘱在他逝后给他们自由。据悉他不在生前释放他的奴隶,是因为不想以这种方式令他同样蓄奴的邻居们感到难堪。亚当斯出身平民,却一贯反对民众暴政。他一面是倡导殖民地人民主权先行者,一面却像个贵族主义者。因为他认为稳定的政府是公共福祉的必要保障,而民众的情绪却往往是不稳定的,为了不使民众情绪的变动影响政府和政治的稳定,有必要限制民众行使政治权利的方式。这同样是理想与现实间的调和。

杰斐逊和亚当斯们的这种本领,来自他们政治生活的实践。杰斐逊在参加大陆会议之前就是一位年轻的弗吉尼亚州议会议员,在独立战争中当过弗吉尼亚州的州长。亚当斯在参加大陆会议之前,一直是一名优秀的律师,先后做过家乡布伦特里镇的管理委员会委员、马萨诸塞议会的议员。实践给他们以经验和教训,承认理性有缺陷的人不惮于否认自己过去的观念。格里在制宪会议中承认自己对民主政体抱有太多的幻想。约翰·亚当斯曾是民粹政治的热情支持者,在革命年代,他信奉一年一度直选和三权合一的议会。但在他于1787年至1788年完成的《美利坚合众国宪法辩》(*A Defense of the Constitutions of Government of the United States of America*)和1790年完成的《达维拉的讨论》(*Discourses on Davila*)中,已然为三权不能同时集于同一机构的观点辩护。他主张人民只应有部分地参与政治的权利,强调富有资财、出于名门、教育良好的精英应当掌控政府,对社会起支配作用。他的意见的转向,是整个美国社会从追求政治的民主性到并重政治的稳定性这一转向的缩影。

北美其他重要小册子作家也都有类似的学术背景和从政经历。约翰·迪金森在费城和英国坦普大学学过法律,是费城的执业律师,从1764年开始担任宾州议员;塞缪尔·亚当斯毕业于哈佛大学,对法律和政治学尤其感兴趣,年轻时是个并不成功的商人,做过税务官、州议员;斯蒂芬·霍普金斯自学成才,做过州议员、治安官、批发商、造船商、高等法院大法官；詹姆斯·奥蒂斯是波士顿的著名律师，做过州议员；约翰·汉考克毕业于哈佛大学，做过会计师；帕特里克·亨利接受过古典文法教育，做过种植园主、律师，曾两度担任弗吉尼亚州州长；古弗尼尔·莫里斯毕业于国王学院，律师，做过罗伯特·莫里斯的财政副手……这个名单可以一直开列下去。

潘恩可能是唯一一个没有真正政治从业经历的革命宣传家，他身上就有更多的激进和理想主义的色彩。但在因《常识》而成为美国人的英雄之后，潘恩又在法国革命期间写作了《人的权利》为法国革命辩护，后来又写了《理性时代》宣扬无神论，写了《土地正义论》反对土地私有制，这后面的三部著作一部更赛一部地令他远离美国人民。也许从长远的历史来看，潘恩是正确的，但他的思想显然已经离美国人民的真实情感太远，因而既得不到拥护，更得不到实施。

在一个变革的时代，"立"比"破"更重要。对美国来说，幸运的是，创设新政体的那些人同样是实践家。在制宪会议上发言最多的古弗尼尔·莫里斯毕业于国王学院，做过律师、商人、纽约州新宪法撰写委员会的委员；发言次数紧随其后的詹姆斯·威尔逊在格拉斯哥、圣安德鲁斯和爱丁堡大学学习过修辞和逻辑，1766年抵达费城后做过教员，后来成为一名非常成功的律师，参加制宪会议前担任过北美银行董事。制宪会议结束后写作《联邦党人文集》的三名主要作者中，汉密尔顿毕业于纽约国王学院政治学专业，全程参加独立战争，担任过大陆会议代表；麦迪逊毕业于普林斯顿大学，做过地方安全委员会委员、州议员、州政务委员、大陆会议代表；杰伊毕业于国王学院法律专业，做过大陆会议代表、主席，担任过纽约通讯委员会的委员，起草过纽约州宪。出席会议的55名代表中，21人毕业于美国著名大学，7人曾在英国留学，专业绝大多数是法律，然后是政治哲学、神学和医学。多数代表有从政经验，46人曾任地方和邦议会的议员，7人曾任总督，42人是大陆会议的代表，14人当过法官，一半以上的代表是律师[①]。他们在自治传统强烈的北美担任公职的经历，是他们设计一部共和国宪法的智慧来源。

---

① 伍德：《美国革命的激进主义》，傅国英译，北京大学出版社，1997，第215页。

四 美国共识的经济和社会基础

本书第四章到第六章的内容，梳理了美国共识形成的经济和社会基础：多元城市齐头并进的发展格局、乡居的精英成就了北美智识中心的网状分布形态；毛细血管式的交通格局、邮政与报业的融合发展构成了北美通畅的信息传播渠道；普及教育、统一教材的使用、统一的语言使民众具备了跨地域的沟通能力；平民经济条件的相对宽裕、出版物价格的相对低廉、公共图书馆以及乡间的交往模式使平民有较多的机会接触出版物；高社会流动性鼓励了教育和阅读，娱乐方式的匮乏进一步强化了阅读意愿。18 世纪晚期的美国，报纸和小册子人均出版量明显高于同期欧洲。与同期其他地方的情况相比，以上条件构成了一个丰富的精神生活图景。

启蒙思想在英、美、法三国传播的条件及其结果，可作表 8.1 对比如下。

表 8.1 美、英、法三国信息传播状况与近代政治观念传播范围之比较

	信息自由		信息获得机会		阶层沟通		启蒙范围
	言论与出版	信息传播	解码能力	载体获得	公共空间	阶层开放度	
美国	言论管控较少	多中心网状信息传播结构；及于乡村的交通与邮政	统一的文字和语言；高识字率	经济平等；出版物价格低廉；公共信息资源较丰富	平民化的小酒馆	高社会流动性；阶层边界模糊；精英宣传面向平民	大众化
英国	出版资助与诉讼	单中心；交通条件的城乡差异	教育和语言的阶层锁闭	印花税导致出版物价格高昂	精英化的咖啡馆	阶层相对锁闭	精英阶层
法国	严格的思想与出版审查	单中心；交通条件的城乡差异	教育和语言的阶层锁闭；农村低识字率	经济不平等；出版控制导致出版物价格高昂	贵族化的沙龙	阶层锁闭	精英阶层

如表 8.1 所示，在本书时段内，英国的出版自由受出版资助与诉讼制度的干扰，是不够完备的；法国的情况更为糟糕，它有着严格的思想和出

版审查制度。不过,史实表明,法国的言论审查制度并没有杜绝对旧制度的质疑和讨伐,反倒使法国盛产于幽暗阁楼的思想显得极为激进和浪漫,却无法落地生根。在知识接触机会方面,英法两国的单智识中心格局、城乡交通的巨大差距造成了启蒙发展极大的不均衡。法国平民识字率低、经济生活水平低和阶层锁闭的现实,也使其根本没有能力、机会和意愿参与启蒙。在英国,印花税的征收将报纸成本和价格抬得很高,乡村居民也没有什么动机去阅读报纸,谈论政治。在阶层沟通方面,英国和法国的公共空间是精英化的,阶层结构是锁闭的,精英阶层也不具备美国革命家那样的"唤醒民众"的意识。因此在这两个国家原生的启蒙观念,在很长时期都只限于精英阶层的自娱自乐。

存在于美国内部的差异也可验证这一结论。如果把当时的美国版图大致分为新英格兰、中部和南部三个区,三地的启蒙情况对比大致如表 8.2 所示。

表 8.2 美国三个地区间启蒙范围及其相关因素的比较

地域	宗教	教育	经济	流动性	政治形态	启蒙范围
新英格兰	公理会为主的清教	有教育立法,有较完整的公立教育体系	自耕农经济为主	高	自治	普及
中部	多元	有教育立法,但执行不力;教育世俗化	小种植园、自耕农、商业经济	高	自治	普及
南部	英国国教为主	无教育立法,依靠教会和个人	种植园经济为主	低	贵族政治	普及不充分

从美国内部三地的比较来说,南部启蒙的普及度不如新英格兰和中部。南部大种植园经济地区的政治为大种植园主所把持,缺乏及于平民的自治传统,大种植园主阶层与别地的精英阶层相比,最少平等观念。大种植园为主的经济决定了种植园居住模式中,精英与平民间的平等交流也较少。与这些因素相联系的是,南部的启蒙普及程度也较低,这与南方后来要以战争为代价达成向现代社会的转型恐怕是有关系的。而新英格兰地区虽然人均经济水平不如南部,但由于自治传统、教育平等、识字率高、社

会流动性高，启蒙观念的普及程度要比南部彻底得多。社会流动性、教育水平越高的地方，出版物的读者就越多，印刷社的分布就会越密集；读者越多的地方，公共空间越具书香气息，公共图书馆也越可能建立起来。自治传统非常强的中部弗吉尼亚地区，虽然在教育的普及程度上要略逊于新英格兰，其启蒙普及程度也是相当高的，这个地区也涌现了不少来自平民家庭的革命家、著作家。

从以上两个对比表来看，高社会流动性、精英的乡居这两个社会背景因素，在美国共识塑造中起着决定性作用。

高社会流动性是促进信息接触机会均等和阶层沟通顺畅的非常关键性的因素。向上流动的可能促使人们注重教育、喜爱阅读。美国中部教育世俗化的发展，首先是社会高流动性的结果，而教育的发展又增大了平民子弟向上流动的可能性，由此形成良性循环。

高流动性有利于阶层沟通的顺畅与社会共识的形成。一种观念要为各阶层的社会成员所接受，必须具备各阶层成员共同的利益根基。在一个阶层锁闭的社会，不同阶层的成员间相互隔绝，阶层之间的相互了解和理解是难以实现的。相反，高流动性的社会中，不仅在最终掌握社会权力的精英中有不少具备下层生活体验的人士，各阶层之间界限的模糊也会带来较为经常和平等的交流。交织于同一个体身上的不同生活体验和阶层间的交流，既促进跨阶层共识性观念的生成，也保障新生观念的可行性。高社会流动性也有利于推动社会共识向政治实践的转化。平民出身的精英、预期后代成为平民的精英，更有动机和能力在作出政治决策时考虑平民的利益。这在《联邦宪法》的制定过程中有明显的体现。而制度或政策的顺利实施，又有利于共识的进一步深化，如《独立宣言》《联邦宪法》在美国的深入人心。

高社会流动性另一面是避免贫富的极端分化，并降低阶层分化、固化与隔离出现的可能。不管流动性的来源是什么，在"富不过三代"[①]的高

---

① 梅森在制宪会议的辩论中主张第一院要由人民选举产生。他表示对有些社会上层人物对其他阶级的冷漠感到费解。他说，须知"富不过三代"，无论他们现在如何荣华富贵，他们的子孙将来不仅可能而且必然散落到社会的较低层次中。因此，即使出于自私的考虑，他们也应当明白，对于下层人民权利和幸福的关心，不得少于对社会最上层的关心。

流动性社会中，富裕和贫困、强权和弱势难以形成代际累积，因而其贫富分化会比阶层锁闭的社会轻微得多，高流动性社会的社会结构因此会比阶层锁闭的社会更为扁平。而扁平的社会结构意味着最上层与最下层之间的差距和分歧相对较小，这对于阶层利益的调和及社会共识的形成也是有利的。

高社会流动性下，社会成员之间才可能有真的平等。社会成员在经济和社会地位上可能发生的变化，模糊了阶层间的分野，也使来自不同阶层的人们能够在交往中持更为平等的心态。像"讲韬"这样的小团体只能成长于高流动性的社会土壤中。高社会流动性也化解财富和社会地位不平等的代际累积，使社会结构扁平化、阶层边界模糊化，增进精英阶层与平民阶层的交流机会，促进新观念的传播，并使新观念在实践中得到矫正。①

乡居的知识精英，对于促进信息接触机会的均等与阶层沟通起着非常重要的作用。这些人具有超越地域的视野，对外部世界持较为开放的态度，是联系都市文明与乡村文明的桥梁。像菲利普那样居于乡间的文化精英，一面与外界保持联系，一面以积极的态度带动着乡村平民的文化发展。乡间的小酒馆、城镇会议、教堂和法院因为有乡居精英的参与而得以完成其阶层沟通的功能。精英的乡居模式使美国农村居民接触出版物的机会要远远高于他们的欧洲同伴。对居于乡村的有理想的年轻人来说，他们可以比较容易地从本村的藏书家那里借得图书、获得指导。乡居的精英也是拉动严肃读物进入乡村的力量。他们的存在，促使出版商把农村看作潜在的市场，美国独有的报业与邮政的联合形态的出现，与此不无关系。独立战争后更多的印刷商把印刷所办到乡村，是乡村拥有报纸市场的自然结

---

① 社会流动的重要性，还可以其他研究的结论来佐证。当论及公众的参政能力时，人们普遍强调地方参政实践的重要性。这或许是基层民主、公民社会越来越受重视的原因。然而，迪伦·赖利关于欧洲法西斯起源的研究指出，虽然人们普遍相信公民社会与民主社会的建成之间存在正相关关系，但是公民社会也可能造就法西斯。在1870~1945年的意大利、西班牙、罗马尼亚及德国，由于公民社会在精英阶层处于分裂状态的情况下发展起来，公民社会发展的结果是阶级间调和的无法达成，缺乏强有力的领导力量的最终结果是法西斯主义的出现（Riley, 2010）。可见，如果不同阶层、不同群体间存在自我锁闭和固化的倾向，公民社会在小群体内部的发展反而会使各阶层、各群体间更为隔膜，不利于走向共同的民主社会。

果。报纸在农村的市场规模使北美乡村的报纸价格不像英国那样由于运输成本而难以接受。即使对不订报纸的平民来说,他们的邻人拥有报纸的可能性也要比他们的法国或英国同胞高得多,这使像桑格那样的短工,也能够在日常生活中接触到报纸。

乡居知识阶层向来是乡村道德和舆论的引领者。不过,他们能否保持与外界的知识联系,决定着在他们在启蒙中所充当的角色。18世纪的欧洲农村并非没有神父,但是,为什么这些地方的神职人员没有像他们的美国同行那样构成"黑色军团"呢?当美国的牧师在近代资产阶级革命中宣传反抗君权的时候,法国的神父却在维护旧秩序,城市与乡村文化上的隔离应该是其中一个重要的原因。法国乡村的神父与他的教众一样,是难以看到报纸和小册子的,这个国家的思想家集中在巴黎,集中在上流社会贵妇的沙龙之中,而外省则是落后、野蛮、孤绝的代名词。巴黎并不缺乏从宗教阵营中倒戈的开明神父,但在外省的乡村,即使是读到了《百科全书》的神父也很少反对君权神授,主张人民主权。① 当然,教会内部的权力结构可能是更重要的原因。法国是天主教国家,神职人员是神教谕信众的使者,地位高高在上。美国的绝大部分人口是新教信徒,新教对《圣经》文本的重视、新教教会的管理规则拉平了神职人员在教众中的地位。另外,美国国教派以外的牧师并不依附于英国王室,新英格兰牧师的职位多来自教徒的信任和授予。权力的来源决定了负责的对象。或许正是向教众负责的牧师立场使牧师成为启蒙的重要宣传家,使宗教成为与现代政治体制建设相结合的力量。这一点美国内部的情况也可佐证:美国革命中"黑色军团"的成员全都来自新英格兰。而在以英国国教为主的南部地区,牧师所起的作用就要小得多。来自南、北卡罗来纳和佐治亚的"国父"群体成员,大多是种植园主和律师。美国南部启蒙的广度不如北部,与牧师群体的作为有限恐怕是有关系的。是牧师受制于教众的制度使新英格兰牧师能顺应人民的期待,成为近代政治发展中进步的力量。反之,在法国,宗教体系的权威是自上而下的,

---

① 据达恩顿在《启蒙运动的生意》中得出的结论,《百科全书》面向中产阶级出版和定价之后,它成为旧制度下领年金的资产阶级追捧之物,其中包括大量的教会僧侣。达恩顿的另一个结论是,法国启蒙运动并没有颠覆长期的、深层的传统文化。

僧侣的利益从来不取决于信徒，他们的行动也就不能代表信众的利益。路易十四以来世俗权力的扩张中，僧侣阶层忙着保卫他们的特权而对民众苦难视而不见，比如竭力维护教会财产的免税权而对平民越来越沉重的税负无动于衷。权力基础脱离民众的法国神父群体，最终成了历史的反动力量。

另外，乡居精英不仅能够将新兴观念带给社会底层，同时能够将底层需求反映给上层，从而沟通城乡，黏合社会。乡居精英还以其智力和财力拉动了乡村交通、邮政、教育等公共基础设施和公共服务的发展。

精英乡居的反面是将所有才智之士聚集于一地，这必然造成阶层、地域间的观念分歧，对于社会共识的塑造殊为不利，法国18世纪的情况可为例证。当然，精英的乡居要与当地民众相结合，要与社会流动性相结合，形成一种融入式的阶层混居，才能对共识的形成起积极作用。反之，某一精英群体如若执着于本群体的利益与特权的维护，失去与人民的血肉联系而与民众相隔膜甚至相对立，则其不仅无助于社会共识的达成，反而可能激化阶层矛盾。

乡居精英、高社会流动性和前述思想家的平民生活阅历相结合，造就了美国启蒙平民卷入的特性，在这个过程中，多数美国人有机会成为"历史活动家"，大众参与以几何级数提高了"个人头脑之间思想交换的频率"，打破了在欧洲普遍存在的精英与平民、政治思想与现实生活的隔膜，使美国启蒙思想表现出殊为不同的实践性。

五　小结

本章探讨了美国共识的实践特质。当欧洲的启蒙运动因囿于上流社会而陷入自娱自乐的陷阱时，美国的启蒙观念因植根大众而显示其指导实践的生命力。美国启蒙与启蒙运动中心法国在观念上最为根本的不同，是法国将理性作为最高崇拜物，而美国则认为理性始终是有限的，理性认知不仅来自实践，也必须在实践中加以更改和完善。理性有限的逻辑基础决定了美国人不同于欧洲的美德观、政治观、公众观和教育观。美国启蒙思想的实践特质，既来自其自治传统，也来自其实用主义导向的精神世界建设，更来自其启蒙思想家的生活阅历。最后，高社会流动性，以及与高流动性相关的精英与平民的混居，是美国共识的经济和社会基础，造就了美国人对自由和自我奋斗的信仰。

题外话：美国共识的异化及其当代后果

回到本书开篇提出的问题。作为曾经风光无两的"灯塔之国"，近两年来美国软实力的崩塌之速令世人咋舌。然而，从美国立国至今，它的制度本身并未曾有过大的改变——这实际上也是美国人政体自豪感的重要来源，为什么制度运行的结果却如此不同？环境的改变当然是一个重要的原因，但更重要的原因可能来自文化的变异。制度永远做不到完美无缺。中国的一句老古话"歪嘴和尚念歪经"表明，制度带来什么样的效果或者后果，端赖于执行它的人。考察美国政治文化的变迁，可以发现，制度危机的发生可能源于当初与制度相匹配的文化基础已经不复旧日样貌。立国两百多年来，基督精神大体仍在，作为美国立国之基的、原本相辅相成的两个流派的政治思想的命运却大相径庭：自由主义被一路发扬光大，共和主义却湮没无闻。正是共和精神的失落造成了美国式自由市场和民主政治制度的失灵，并导致了当前的重重危机。

美国的自由主义传统是不言而喻的。17~18世纪，美国的先民因着对自由的向往而远渡重洋，安身于蛮荒之地。独立战争和立国时期，"自由"一词是号召和团结美国人最常用的口号。美国著名政治学家、历史学家路易斯·哈茨曾说，美国是一个以洛克式的自由主义为起点的社会，有着对洛克的绝对而非理智的情感。但是，洛克式的自由主义不足以解释美国的立国进程：洛克只解决了政府的起源和终结问题，没有解决政府的结构和运转问题。完成这后一使命的是美国精神的另一源流——"共和主义"。

"共和"一词出现于古希腊政体理论，其本义是指由多数人按公共利益的原则而统治的政体。到罗马共和时期，共和是指君主、贵族与平民各得其所、各司其职的政体形式。在近代的文艺复兴中，"共和主义"因马基雅维利等人的挖掘重获新生，进一步流传到英国和美国。在英国，"共和主义"的继承者是一批被称为"新罗马作家"的在野党人。在美国,缘于革命中广泛的宣传和动员,"共和主义"与"自由主义"一道,成为美国政治文化共识的核心内容。

"共和主义"的核心要义在于"共同参与"和"制衡",杜绝政治依从或依附。与此相应,要避免共和政体被腐化,必须以如下二者为前提:其一,共同体的成员拥有参与公共事务的机会和能力;其二,共同体成员必须具备正直、高尚、大公无私的品格,以公共利益的考量为参政的出发点。公民具备参政的能力,善于创造和利用参政机会,具备公共美德,是为"共和精神"。

共和美德与个人自由并非水火不容。相反,在共和主义的自由观中,共和精神恰恰是保卫个人自由的不可或缺的要素。因为一旦公民失去了采取政治和军事行动的能力,或者丧失了参与公共生活的兴趣,政权就必然为别有用心的野心家攫取,从而沦落为暴君政体,人民也就相应地沦落为奴隶。另外,如果公民不是出于公共利益而是出于私人利益来统治,"众意"便取代了"公意"(卢梭语),由公民所做的决定便不再能正确地反映合宜的公共选择,从而必然伤害到共同体中部分个人的自由。

这一点是美国在18世纪晚期形成的共识之一。美国革命时期,有一位叫利瓦伊·哈特的爱国者写了一本小册子,叫作《论自由》。他说,自由是"行动的力量"和"免予强制的自由"。可以说,这个关于自由的定义体现了当时英属北美殖民地的人民对自由的共同认识:定义的前半部分体现了"共和主义"的自由观,后半部分体现了"自由主义"的自由观。正是由于"自由"一词在这个时代所包含的丰富内涵,它得以迅速获得广泛认同,成为美利坚民族的价值核心。然而,世易时移,到今天,"自由"仍然是美国人发自内心的信仰,但其"共和主义"部分的内涵失落了。

在美国革命的宣传中,为了证明反抗英国的合理性,美国人宣称社会高于政府,政府只是社会的一部分。但是,美国人后来混淆了政府与公共利益的区别,从社会高于政府这一理念草率地得出个人利益的发展应优先于公共利益的考量的结论,这一结论动摇了"共和精神"的根基。

1786年,宾夕法尼亚议会辩论是否要给北美银行重新颁发特许状。在辩论中,代表债务人利益的威廉·芬德利首先指出他的对手——代表大资产者和银行家利益、要求重新颁发特许状的罗伯特·莫里斯——并不是基于公共利益采取立场，而是因为其个人利益与银行存在息息相关。但芬德利继而指出，基于私人利益采取立场并非不当，对方的不当之处在于试图以冠冕堂皇的辞藻来掩饰其谋求私利的企图，并以公共利益的名义否定反对者的观点。芬德利说，在政治上促进各种利益的发展是完全合法的。促进各种个人利益的发展实际上正是美国政治应做的工作。

这场辩论挖掘了美国"共和精神"的坟墓。莫里斯的个人利益与银行利益相关是事实，但这并不能证明莫里斯要求续发特许状完全是出于个人利益的考量。北美银行的继续存在，对于当时美国经济秩序的稳定是必需的。芬德利回避了这一点。相反，他的逻辑是，我们不指望也不需要公共领袖具备公正无私的品格，政治的本意就是让众人基于自己的利益相互博弈。芬德利的逻辑既伤了公正无私者的心，也激起了形形色色的私心。既然不顾公益追求私利是道德合宜的，那为什么还要考虑公益呢？芬德利以个人主义取代了公共美德在政治生活中的基础性地位。然而，正是这场辩论被认为是美国政治历史上最关键的时刻之一，因为它确立的公众在参与公共决策时从自身利益出发的原则，后来成为竞争性民主制度的理论基础。①

"共和精神"在立宪过程中进一步衰微。立宪时期联邦党人与反联邦党人之间的斗争，不仅仅是集权与分权孰优孰劣、国家权力与个人权利之间孰轻孰重的斗争，更是关于一个社会是仅仅依靠制度设计就能达成合意制序，还是应当建立在公共美德基础之上的斗争。麦迪逊的《联邦党人文集》第十篇通常被认为开创性地阐释了共和的本质，奠定了现代代议制的理论基础。但正是麦迪逊的这篇文章把芬德利的思想扩展成美国制度运行的假设基础。麦迪逊说，出于人们之间千差万别的利益，只有在大共和国里，人们才能选出更公正的代表。另外也只有在大共和国里，各种不同的利益才能得到平衡，而不会轻易让某种利益占了上风。② 在麦迪逊眼中，共和国的公众有机会和能力采取政治行动——选出公正的代表（代表选民

---

① 伍德：《美国革命的激进主义》，傅国英译，北京大学出版社，1997，第265~267页。
② 汉密尔顿、麦迪逊、杰伊：《联邦党人文集》，程逢如等译，商务印书馆，1980，第44~51页。

的个人利益),但期望公众不从私人利益出发参与公共事务则是无稽之谈。也就是说,"共和精神"的两个核心内容,麦迪逊认为只有而且应当只有其中一个将在美国政治生活中发挥作用。

道德肯定是一种自我实现的约束。美国史家埃德蒙·摩根对英、美两国人民主权兴起的研究发现,在近代前夕,人们称许国王不会犯错,这与其说是对国王的盲从,不如说是以此来约束国王不敢犯错。下议院的代表声称他们代表了贵族以外的全体臣民,依据这个信念,议员们自觉依照全体臣民而非仅仅同类人或选民的利益来行事。① 近代早期共和党人兴起,他们称许平民最具美德,是希望平民依照美德的标准来要求自己。在联邦党人与反联邦党人的斗争中,联邦党人赢者通吃,芬德利和麦迪逊的逻辑也就在今后的美国政治生活中占了上风。选民依据自己的利益来投票,议员依据自己所在选区的利益参与决策博弈成了最自然不过的事情。概言之,自利成了美国政治的原则。反联邦党人通过修正案前十条算是挽回了一点阵地。但权利法案通常只被表象地理解为出于个人基本权益保护的目的,反联邦党人坚决要求权利法案还出于担心私人利益的博弈会把国家带离公益太远这一点却往往被忽略了。

如果说,芬德利和麦迪逊摧毁了"共和精神"中的美德部分,现代媒体技术的兴起则摧毁了"共和精神"中的参与部分。美国著名媒体文化研究者尼尔·波兹曼指出,18世纪和19世纪的美国是印刷文化统治下的美国,那时候,铅字垄断着人们的注意力和智力,培育着人们的理性和逻辑思维。但从19世纪中后期开始,电报、摄影术、广播等现代媒体和信息技术的发展逐渐蚕食着人们阅读和思考的能力,这一过程在电视的发明和普及之后变本加厉。一个坐在电视机前的人是不用思考的,一个坐在电视机前的民族是不会思考的。电视以散漫无章的各种信息来取悦观众,这些信息对于公众的政治生活鲜有帮助。波兹曼说,电视摧毁了美国人民参与社会和政治活动的能力。电视机前的美国人对于如何应对通货膨胀、失业、犯罪、中东局势、核扩散、能源、环境保护等问题一无所知,投票选举是

---

① Morgan E. S., *Inventing the People: The Rise of Popular Sovereignty in England and America*, New York, London: W. W. Norton & Company, 1988, pp. 23-25, 34.

他们接近于政治无能的最后一个避难所。但即便是这个避难所也是风雨飘摇的，因为电视正在把严肃的政治生活娱乐化。在印刷时代，公众人物要赢得信任和影响力，需要通过使用文字表达自己的政见。现在，他们把更多时间放在形象设计上，放在煽情的演说术上，因为公众通过电视获得对他们的印象。总统们赢得选举，很可能不再是因为他们有更强的处理公共事务的能力，而是因为他们更英俊的外表和更迷人的风度。[①] 至此，美国传统中的"共和精神"已成明日黄花。这一趋势在当代的发展更为令人担忧。随着网络信息技术与自媒体权力的扩张，严肃话题娱乐化、公众阅读碎片化的程度还在进一步加深，极少数的网络精英，翻云覆雨地塑造着公众的关注点和认知水平。

与"共和精神"的湮没无闻相对应的是"自由主义"的一路发扬光大。如前所述，立宪剥离了"自由"的共和主义内涵，同时把个人主义确定为美国制度运行的基础，加强了"自由"的自由主义意涵。到了19世纪末期，尤其是大萧条之后，自由主义又获得了新的内涵，人们希望依靠国家而非个人的力量来保障体面的生活。经济福利和平等取代自我决断成为自由主义的关键词。这就是新自由主义（new-liberalism）。通常认为，新自由主义是对原先的自由主义的反叛，因为自由主义将自由视作人们获得福利和平等的前提，新自由主义却认为福利和平等才是自由的前提并因而要求政府更多地介入私人领域。但是，在对共和精神的背离这一点上，新自由主义与自由主义的方向是一致的、渐行渐远的。自由主义强调国家不应妨碍个人的自由，新自由主义进一步要求国家对个人自由的实现承担经济责任，但两者都忽视了个人对公共事务的参与责任。并且，新自由主义确立的福利国家原则在事实上进一步削弱了共和精神。福利国家带来的个人经济独立是弱势群体的福音，但它同时也削弱了个人与家庭、社区之间的联系，个人与国家的联系却没有因此增强。以赛亚·柏林以参与政治生活的自由和行动不受约束的自由来区分积极自由和消极自由[②]，用柏林的概念稍作分析，就可以发现无论是传统自由主义所强调的自由，还是新自

---

① 波兹曼：《娱乐至死·童年的消逝》，章艳译，广西师范大学出版社，2009，第2~138页。
② 柏林：《自由论》，胡传胜译，译林出版社，2011，第30~54页。

由主义所强调的经济福利和平等，都只注重消极自由的实现，而罔顾积极自由的缺位。

令人遗憾的是，在"自由"一词内涵改变但仍然独占美国政治文化核心位置的情况下，这种缺位不仅被视为理所应当，甚至任何对这种缺位的反思都被视作对自由的侵犯。1961年，冷战僵持的时刻，美国总统约翰·肯尼迪在就职演说中说："不要问你的国家能为你做些什么，而要问问你能为你的国家做些什么。"一年后，自由主义者米尔顿·弗里德曼提醒美国人民，这句话里隐含着父权主义的政治意涵，暗示着试图把民众变成政府的奴隶和信徒的集权主义本质。因此，自由的人民倒应该问问："我们应当如何避免我们创造出来用以保护我们自由的政府变成吞噬我们自由的怪物？"[1] 弗里德曼教导美国人时刻警惕政府对自由的侵犯，却只字不提肯尼迪演说呼吁的正是"确保自由的存在与实现"，是为维护"我们祖先奋斗不息所维护的革命信念"。肯尼迪正是以"我们是那第一次革命的继承人"的名义，以建立一个"强者公正，弱者安全"的新世界的愿景，来号召他的同胞"问问你能为你的国家做些什么"。[2]

在公共道德被抛弃，公众参与公共事务的能力又严重萎缩的情况下，美国的自由市场和民主政治制度运转不灵、功能失调进而积重难返，制度危机的发生就只是早晚的事了。

应当说，芬德利和麦迪逊的逻辑在公众的经济和知识状况较为平等的情况下是运行得通的。在一个博弈各方能力较为均等的巨大的博弈阵中，私人利益偏离公共利益的部分得以相互抵消，"众意"与"公意"的差距不会太远。但随着大型企业、大型利益集团的成熟，经济不平等的加剧和社会分工的高度专业化，当企业家、政治家和公众都只关心个人利益的时候，占据经济和知识优势的利益集团的私人利益就对自由市场和公共决策形成有力的拖曳，自由市场资源配置的效率就越来越低，而竞争性民主制度所综合出来的"众意"偏离"公意"也就越来越远了。

2007年次贷危机的发生本身就是共和精神失落引发的经济后果。金融

---

[1] Friedman M., *Capitalism and Freedom*, Chicago: The University of Chicago, 1962, p. 1.
[2] 参见肯尼迪就职演说，http://wenku.baidu.com/view/42321937a32d7375a4178010.html。

行业的道德缺位是危机的主推手。自20世纪80年代起，出于对银行零售业低利润的不满，美国的商业银行家们就开始为废除严格限制商业银行和投资银行界限的《格拉斯-斯蒂格尔法案》而上下其手。1999年，他们终于如愿以偿，《格拉斯-斯蒂格尔法案》被废止，新的《格雷姆-里奇-比利雷法案》放松了监管，允许金融机构同时从事银行、证券和保险业务。随着监管的绊脚石被移走，越来越多的商业银行加入证券及其衍生品的盛宴当中。金融企业的利润占全部上市公司利润的份额迅速上升，金融扩张的幅度明显大于其所服务的实体经济。在金融企业盆满钵满的时候，危机的隐患已经悄然埋藏。然而，华尔街高管们对此大多采取"事不关己，高高挂起"的态度。金融家们在明知次贷风险很高的情况下将不合格的债券层层打包销售出去，保险机构明知这些金融衍生品的风险性很大，却依然从短期收益出发为这些证券提供保险服务。华尔街的金融高管们并非不知道他们这样做会带来什么样的后果，但人人都只关心眼前的利润和分红。在危机爆发之前，经济学家查尔斯·金德尔伯格、马丁·费尔德斯坦、鲁里埃尔·鲁比尼，美联储前主席保罗·沃尔克，花旗银行高管比尔·罗兹等人都对房地产泡沫问题和市场下跌提出过警告，美联储前理事爱德华·格兰里奇还就次贷泡沫问题专门写过一本书，但这些都没能阻止华尔街的贪婪。[1] 华尔街的贪婪在政府注资救市后越发显得厚颜无耻，层出不穷的高管巨额分红计划一次又一次刺痛了纳税人的神经。讽刺的是，这些分红计划却是合乎法律、合乎既定规则的，如果不以道德为衡量标准，仿佛无可厚非。

　　从放松管制到危机发生的过程，利益集团政治的弊端显露无遗。但利益集团政治正是麦迪逊逻辑的应有之义。可是，如果人人，相应的——各个集团，都只以一己利益为念，毫不顾及公平、正义和公共利益，再有规则的博弈，也不过是改头换面的"丛林竞争"，难有文明社会的温情。在议会游说和政治献金规则下，工会并非企业家协会和金融家协会的对手。自20世纪80年代起，美国的新自由主义经济政策凭借金钱的铺垫而取得合法性，政府减少了对金融和劳动力市场的干预，其后美国社会贫富分化

---

[1] 索罗斯：《索罗斯带你走出金融危机》，刘丽娜等译，机械工业出版社，2009，第8页。

日益扩大，这正是利益集团"丛林政治"的后果。固然，在极端时刻，一人一票的选举制度能对金钱政治起到一定的约束，但其间的社会冲突和内耗恐怕并非美国人所乐意承受。

共和精神的失落表现在政治家身上，就是关心政绩和选票胜过关心国家利益和公众的长期利益。两党政治极化是非常典型的后果。当政治人物拒绝从"共同善"出发作出决策的时候，投票制度就从调和各方利益的方式沦落为杯葛对方和制造内耗的工具。

共和精神的失落表现在公众身上，是参政能力的弱化和参政行为的功利化。美国公众参政的最主要方式就是投票，但是美国人的投票正显示出越来越浓重的娱乐化、功利化和民粹化的色彩。最后这一点正令世界深受其苦。可以说，备受诟病的"美国优先"，正是共和精神在美国经济领袖、政治领袖和公众身上同时缺位的对外表现。

孟德斯鸠曾说，德行是民主政治的原则。"当品德消逝的时候，野心便进入那些能够接受野心的人们的心里，而贪婪则进入一切人们的心里。……共和国就成了巧取豪夺的对象。它的力量就只是几个公民的权力和全体的放肆而已。"[①] 卢梭也曾说："如果有一种神明的人民，他们便可以用民主制来治理。"[②] 放眼今日美国，恰恰印证了两位先哲的先见之明。共和精神的失落，自由主义的过度伸张给美国带来了一种过度的个人主义。这种个人主义将一切原始冲动视为合理，并认为社会应当予以满足。这种个人主义纵容政客追求选票最大化，商人追求利润最大化，平民追求享乐最大化；这种个人主义过分地信赖制度，认为制度能够调和个人欲望与公共利益的一切冲突。然而，制度永远有局限，永远不能防止将要发生的灾难。此外，制度的执行本身就有赖于社会群体互惠和信任的文化。盖瑞·米勒的《管理困境》一书，翻来覆去地证明无论是纵向还是横向的管理制度设置都无法解决人们之间有效合作的问题，有效合作的达成必定依赖于人们普遍接受和履行的道德观和职业伦理。[③] 在危机面前，制度拙于应对的时刻，公共责任和公共美德更显得重要。

---

① 孟德斯鸠：《论法的精神》，张雁深译，商务印书馆，1959，第23~24页。
② 卢梭：《社会契约论》，何兆武译，商务印书馆，2003，第86页。
③ 米勒：《管理困境：科层的政治经济学》，韦森译，上海人民出版社，2002，第293~321页。

话说回来，美国能在自由主义这令人迷醉的暖风中走这么远，与它对言论的包容是分不开的。正是这种包容，使目光深邃者能够安全地表达对现实的洞见，避免整个民族陷入一种乌合之众式的唯唯诺诺。美国政治思潮及政治现实中的"钟摆"现象，固然内耗巨大，长期来看却着实具备纠错能力。从这点来看，我们可以寄希望于《我们的孩子》《乡下人的悲歌》终能唤醒美国，也可以对美国民粹风潮的消落持乐观态度。终究，我们需要一个更美好的美国，它与一个更美好的世界相连。

　　他山之石，可以攻玉。审视美国历史的纷纷扰扰，我们可以再一次认识到"德治"与"法制"之间相辅相成的关系。国家必须以法律为治理的基石，必须以"法无明文规定，不可禁之"为保护公民权利的原则，但对公民道德感和责任意识的强调依然不可或缺。如果一个社会以沉默来鼓励与公共道德相背离的个人自由，结果将是灾难性的。

附录A 美国最初十三个殖民地的基本情况

殖民地	殖民类型	主要宗教	州宪订立时间
新罕布什尔	—	清教公理会	1776.1
马萨诸塞海湾	公司殖民地	清教长老会	1779
罗德岛	契约殖民地	清教分离派	1776.5
康涅狄格	契约殖民地	清教公理会	1776.10
纽约	领主殖民地	清教、国教	1777.4
新泽西	领主殖民地	贵格、新教混居	1776.7
宾夕法尼亚	领主殖民地	贵格、新教混居	1776.9
德拉瓦	领主殖民地	新教混居	1776.9
马里兰	领主殖民地	天主教→新教	1776.11
弗吉尼亚	公司→皇家	国教	1776.6
北卡罗来纳	领主殖民地	国教	1776.12
南卡罗来纳	领主殖民地	国教	1776.3
佐治亚	领主殖民地	国教	1777.1

附录 B　美国国父简表[*]

殖民地	姓名及生卒年	简介（出身及教育）
新罕布什尔	乔塞亚·巴特莱特[1,2]（1729~1795）	未接受高等教育，早年学医，掌握了拉丁文和希腊文。1760年执业。因其对流行病治疗的贡献和正直的品格，在1765年被选为州议员。他对皇家总督持反对立场，总督约翰·温特沃斯却为了拉拢他任命他为州治安法官。巴特莱特接受了任命，却仍然对总督持反对立场。新罕布什尔议会与总督矛盾激化后被免去治安法官职位。历届大陆会议代表。1779年任民事上诉法庭大法官。1782年任最高法院法官，1788年任最高法院大法官。制宪会议代表，《联邦宪法》的热情支持者。1789年任联邦参议员，因病辞职。1793年当选州长。次年因健康原因辞去公职。
新罕布什尔	威廉·惠普尔[1]（1730~1785）	平民出身，只接受过公立学校教育。年轻时从事海上贸易，获得成功。1775年任州议员，州安全委员会委员。1776~1777年任大陆会议代表。1777年被提名为准将。1780年后多次当选为州议员，曾任高等法院法官。
新罕布什尔	马修·桑顿[1]（1714~1803）	生于爱尔兰，幼年随父迁居北美，早年学医，接受过良好教育。
新罕布什尔	小约翰·温特沃斯[2]（1745~1787）	出身于政治世家，接受过良好教育，学过法律。他成为爱国党人时的新罕布什尔的总督是他的堂兄弟。
新罕布什尔	约翰·兰登[3]（1739~1819）	少时为账房学徒。成功商人。1775年大陆会议代表，1776年因加入海军辞去代表职务。为革命捐献大量资财。制宪会议代表。曾任联邦参议员、州长。

[*] 注：美国《独立宣言》《联邦条例》和《联邦宪法》的签署人均视作国父。上角注 1 表示《独立宣言》签署人，注 2 表示《联邦条例》签署人，注 3 表示《联邦宪法》签署人。

续表

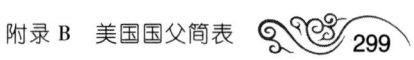

殖民地	姓名及生卒年	简介（出身及教育）
新罕布什尔	尼古拉斯·吉尔曼[3] （1755~1814）	出身官员家庭，在其父指导下学习法律，1776年入伍参加独立战争。
康涅狄格	塞缪尔·亨廷顿[1,2] （1732~1796）	富农家庭长子，幼时承担繁重的农活，所受教育极少，自学法律成才，律师。
康涅狄格	罗杰·谢尔曼[1,2,3] （1721~1793）	生于马萨诸塞。出身农民家庭，制鞋匠，自学成才，精通数学。曾资助其两个弟弟接受教育成为牧师。1743年追随其长兄迁往康涅狄格，先操制鞋旧业，后做乡村商人。1745年任里奇菲尔德县的测量员。1754年成为律师。1755~1761年州议会议员。曾任耶鲁大学司库。历届大陆会议代表。制宪会议上的"伟大妥协"的主要设计者。曾任纽黑文市长、联邦众议员、联邦参议员。
康涅狄格	威廉·威廉斯[1] （1731~1811）	出身牧师家庭，哈佛大学毕业。
康涅狄格	奥立弗·沃尔科特[1,2] （1726~1797）	出身于政治世家，1747年耶鲁学院毕业，随后参加法兰西战争，战争结束后回乡学医，因旋即被提名为利奇菲尔德县的治安官而未从业。
康涅狄格	泰特斯·霍斯默[2] （1736~1780）	其祖父为克伦威尔旧部，查理二世即位时逃往波士顿，后定居康涅狄格。泰特斯·霍斯默1757年从耶鲁学院法律专业毕业。
康涅狄格	安德鲁·亚当斯[2] （1736~1797）	1760年耶鲁大学毕业，1764年始在利奇菲尔德执业，不久后进入州议会。
康涅狄格	威廉·塞缪尔·约翰逊[3] （1727~1819）	出生于斯特拉特福德，牧师家庭，其父为纽约学院的首任校长。1744年获耶鲁学院法学学位。
马萨诸塞	约翰·汉考克[1,2] （1737~1793）	牧师世家，哈佛大学毕业。做过会计师。1774年爱国党人在康科德的马萨诸塞集会，任主席。1775~1778年任大陆会议主席。
马萨诸塞	约翰·亚当斯[1] （1735~1826）	出身农家，哈佛大学毕业，法学家。曾任镇、州议会议员、大陆会议代表、驻法大使、副总统、总统。
马萨诸塞	塞缪尔·亚当斯[1,2] （1722~1803）	商人家庭，其父受英国政策影响，曾几乎破产。哈佛大学毕业，政治学家。精通希腊文与拉丁文古典著作。曾是一个失败的商人。做过波士顿税务官，同情下层民众，在手工业者中间很有影响力。1764年代波士顿起草提交了新一届州议会的关于反对《印花税法》的提案，这是殖民地第一个反对印花税的正式文献。1765~1774年任州议员。
马萨诸塞	罗伯特·佩因[1] （1731~1814）	少年时为哈佛大学学生，成年后靠办学筹资自学法律和神学。很早就活跃于爱国党人阵营。波士顿大屠杀中英王的反对者，同时为英军士兵的正当权利而辩。

续表

殖民地	姓名及生卒年	简介（出身及教育）
马萨诸塞	艾尔布里奇·格里[1,2] （1744~1813）	少年时为哈佛大学学生，学医，后从父经商，28岁时被选为市镇议员。
马萨诸塞	弗朗西斯·戴纳[2] （1743~1811）	出身富裕家庭，哈佛大学毕业，然后专心学习法律，去过一年英国，律师。
马萨诸塞	詹姆斯·洛弗尔[2] （1737~1814）	出生于一个托利党人家庭，其父亲是一位优秀的学者、校长。哈佛大学毕业。
马萨诸塞	塞缪尔·霍尔顿[2] （1738~1815）	接受过良好教育，后学医，成为医生。
马萨诸塞	乔纳森·梅修 （1720~1766）	出身显贵，哈佛大学毕业，牧师。较早的民众抵抗权的倡导者。
马萨诸塞	鲁弗斯·金[3] （1755~1827）	出身缅因州富商家庭，1777年获得哈佛学位，旋即进入位于纽伯里波特的西奥菲勒斯·帕森的律师事务所。志愿参与反英斗争。1778年获得律师资格。1780年执业，很快被选为马萨诸塞立法机构的代表。
马萨诸塞	纳撒尼尔·戈勒姆[3] （1738~1796）	船工之子，生于马萨诸塞查尔斯顿，接受公立学校教育，从事小本经营，1754年跟随康涅狄格纽伦敦的进出口商纳撒尼尔·考文做学徒，1759年回查尔斯顿创业，很快获得成功。
马萨诸塞	小詹姆斯·奥蒂斯 （1725~1783）	其父是一名杰出律师，做过民兵上校、民法法官和镇政务会成员。小奥蒂斯1743年哈佛毕业，又学了两年文学，1745年进所，1748年在普利茅斯执业，两年后迁往波士顿，以辩才与正直闻名。1761年州议员。
罗德岛	斯蒂芬·霍普金斯[1] （1707~1785）	出身政治世家，但在锡楚埃特的一个农场长大，所受学校教育有限，自学成才，精通文学和数学。做过锡楚埃特镇政务委员会职员、州议员、治安官、法官、大法官。后迁往普罗维登斯，做过批发商、造船商、州高等法院大法官、州首席执政官，1754年阿尔巴尼大会代表，著名小册子《殖民地权利考辨》的作者，1767年组织了过对法国军队围攻的民间反抗。1774~1776年、1778年大陆会议代表。
罗得岛	威廉·艾勒里[1,2] （1727~1820）	商业家庭，哈佛大学毕业。
罗得岛	亨利·马奇[2] （1741~1796）	生于马萨诸塞，随父迁居罗得岛纽波特，费城学院法律专业毕业，在纽波特执业。
罗得岛	约翰·科林斯[2] （1717~1795）	接受过良好教育，后学习法律，成为律师。
纽约	威廉·弗洛伊德[1] （1734~1821）	出身富有的地产者家庭，幼时服从父亲安排学一些实用学科，少年父丧后以结交名士为学。

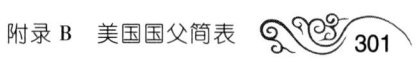

续表

殖民地	姓名及生卒年	简介（出身及教育）
纽约	菲利浦·利文斯顿[1] (1716~1778)	出身大地产者家庭，耶鲁大学毕业。
纽约	弗朗西斯·路易斯[1,2] (1713~1803)	出生于威尔士牧师家庭，幼年父母双亡，在英接受良好教育，后从商，成年后继承父亲遗产用于商业，迁纽约。
纽约	路易斯·莫里斯[1] (1726~1798)	出身政治世家，耶鲁毕业后回祖宅乡居，富于个人魅力。
纽约	詹姆斯·杜安[2] (1733~1797)	第一届大陆会议代表，革命期间积极的爱国党人和政治家。法官。英国撤离纽约后的首任纽约市长。
纽约	威廉·杜尔[2] (1747~1799)	纽约世家子。反英积极人士，大陆会议代表，革命后曾担任多个公职。
纽约	加弗尼尔·莫里斯[2] (1752~1816)	出身富裕家庭，1768年国王学院毕业，1771年获得律师资格。
纽约	亚历山大·汉密尔顿[3] (1755~1804)	出生于西印度的一个小岛，私生子。父亲破产，母亲死亡，汉密尔顿12岁时做了一个账房学徒。勤奋好学，自学了不少政治、经济和商业的知识。后来在朋友的资助之下先在新泽西伊丽莎白镇的一所语法学校学习，后于1774年进入纽约国王学院，1775年获得政治学学位。富有军事和经济才能，独立战争中屡建战功，做了华盛顿的副官。1782年被选为大陆会议代表。主张建立强有力的国家。《联邦党人文集》主要作者。美国第一任财长。
纽约	约翰·杰伊 (1745~1829)	1766年毕业于国王学院法律专业。历次大陆会议代表；1776年担任纽约通讯委员会委员；1778年12月至1779年9月任大陆会议主席；纽约州宪起草人。
新泽西	理查德·斯托克顿[1] (1730~1781)	大地产者家庭，新泽西学院毕业，后师从大卫·奥格登学习法律。
新泽西	约翰·威瑟斯彭[1,2] (1722~1794)	爱尔兰人，福音派牧师，爱丁堡大学毕业，1768年到达美国，担任新泽西学院院长。
新泽西	弗朗西斯·霍普金森[1] (1737~1791)	费城人，其父热心科学，是富兰克林的好朋友，幼年父丧，其母重视教育，费城学院毕业。
新泽西	约翰·哈特[1] (1707?~1779)	生于康涅狄格，随父母迁至新泽西，上过私立学校，热心农艺。
新泽西	亚伯拉罕·克拉克[1] (1726~1794)	出身农民家庭，只接受过英语教育，自幼喜欢数学和民法。做过农夫，因体格原因不能胜任，改做咨询律师，为穷人做免费法律援助。担任过不少地方公职，革命期间做过公共安全委员会委员、州议会议员、大陆会议代表，支持独立。1787年制宪会议代表，反联邦党人，联邦众议院第二届议员。

续表

殖民地	姓名及生卒年	简介（出身及教育）
新泽西	纳撒尼尔·斯卡德[2] (1733~1781)	新泽西活跃的爱国党人，1777~1779年的大陆会议代表。独立革命结束后不再担任公职。
新泽西	威廉·利文斯顿[3] (1723~1790)	生于纽约，1741年毕业于耶鲁学院，后继续学习法律。反英宣传家，后迁往新泽西。新泽西派出的第一届大陆会议代表。1776年依据新泽西新宪当选为州长，之后每年都重新当选，直至逝世。
新泽西	大卫·贝瑞阿[3] (1763~1790)	1781年获普林斯顿学位，后学法律，律师。
新泽西	威廉·帕特森[3] (1745~1806)	1763年普林斯顿毕业，后学法律。
新泽西	乔纳森·戴顿[3] (1760~1824)	爱国党人伊莱斯里·戴顿之子。1776年普林斯顿法学专业毕业，随即取得律师资格，但他选择随父从军。
宾夕法尼亚	罗伯特·莫里斯[1,2,3] (1733~1806)	少年丧父，成为商业学徒；没有上过大学。后经商非常成功，倾其所有资助革命。
宾夕法尼亚	本杰明·拉什[1] (1745~1813)	6岁丧父。其母重视教育送他去马里兰上学。不到15岁时获普林斯顿学院艺术学士学位，八年后又获英国爱丁堡大学医学博士学位。
宾夕法尼亚	本杰明·富兰克林[1,3] (1706~1790)	生于波士顿，家境贫寒，只上过一年学，印社学徒，自学成才。
宾夕法尼亚	约翰·莫顿[1] (1724~1777)	遗腹子，幼年在家接受继父的教育。
宾夕法尼亚	乔治·克莱默[1,3] (1739~1813)	7岁时成了孤儿，其叔父领养了他并培养了他对阅读的爱好。
宾夕法尼亚	詹姆斯·史密斯[1] (1720?~1806)	出身于爱尔兰农民家庭，随父迁居美国，师从宾夕法尼亚大学教务长阿利森博士，擅长古典、法律和调研。
宾夕法尼亚	乔治·泰勒[1] (1716~1871)	生于爱尔兰牧师家庭，早年学医，后放弃赴美，在一冶铁工厂做烧煤工以偿船费，受主人提拔做账房职员，主人死后娶其遗孀，遂得以进入上流社会。1764年当选州议员。
宾夕法尼亚	詹姆士·威尔逊[1,3] (1742~1798)	生于苏格兰农民家庭，先后在格拉斯哥、圣安德鲁斯和爱丁堡接受教育，学习修辞和逻辑。学成后前往北美追求在故国难以达成的独立事业，1766年抵达费城，任费城学院拉丁系教员。后随约翰·迪金森学习法律，改做律师，并在费城学院教授英国文学。曾任大陆会议代表、北美银行董事、制宪会议代表、联邦最高法院大法官。在制宪会议上发言160多次，许多具体建议被采用。
宾夕法尼亚	乔治·罗斯[1] (1730~1780)	生于德拉瓦一位英国国教牧师家庭，成年后跟从其兄在费城学习法律，成为一名优秀的律师。

续表

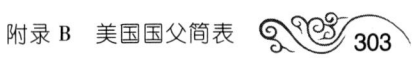

殖民地	姓名及生卒年	简介（出身及教育）
宾夕法尼亚	丹尼尔·罗伯迪欧[2]（1727~1795）	法国人，原为胡格诺教徒，追求政治自由与宗教自由，移民美国后以狩猎和农业为生，因乔治·怀特菲尔德的布道皈依福音派，革命中以战功出人头地。
宾夕法尼亚	乔纳森·贝亚德·史密斯[2]（1742~1812）	费城活跃的爱国党人。1776年6月费城成立观察与通讯委员会时的副主席。大陆会议中果敢的代表。
宾夕法尼亚	威廉·克林格[2]（？~1790）	1757~1786年任治安法官，1777~1779年任大陆会议代表，1780~1786年任县法庭首席法官。
宾夕法尼亚	约瑟夫·里德[2]（1741~1785）	出生于新泽西，1757年普林斯顿学院法律专业毕业，后去往英国，《印花税法》事件后返美，在费城开业。
宾夕法尼亚	托马斯·米弗林[3]（1744~1800）	出身于贵格家庭，其父是市议员、费城学院理事。托马斯1760年从费城学院毕业，然后进入费城一家重要的会计事务所。1764~1765年因商务游历欧洲。1766年返回费城与弟弟合伙开了一家进出口公司。1767年加入美国哲学学会，担任秘书长。后因参加大陆军被逐出贵格会。
宾夕法尼亚	托马斯·菲茨西蒙斯[3]（1741~1811）	生于爱尔兰，移民北美，商人，费城商会和北美保险公司的主席，为革命组织过志愿军，资助过大陆军。
宾夕法尼亚	杰德·英格索尔[3]（1749~1822）	生于康涅狄格一个保皇党家庭，1766年毕业于耶鲁，后赴伦敦学了五年法律，又在巴黎呆了一年半多，在那里认识了本杰明·富兰克林。不顾其出身，杰德站到了革命党人一边。
宾夕法尼亚	古弗尼尔·莫里斯[3]（1752~1816）	出生于纽约城郊一个富裕家庭，1768年毕业于国王学院后进入威廉·史密斯的律所学习法律，1771年获律师执照。纽约州新宪法撰写委员会的委员。做过罗伯特·莫里斯的财政副手。1778年小册子《对美利坚革命的观察》的作者。
特拉华	凯撒·罗德尼[1]（1730~1783）	迁居美洲的英格兰没落世家后裔，以长子继承惯例获得大片地产。
特拉华	乔治·里德[1,3]（1734~1798）	出身爱尔兰裔有产者家庭。由父亲安排进入神学院，后进入费城一家律师事务所。特拉华当时实行长子双份继承制，里德认为自己接受了良好的教育，自动放弃了继承权利。
特拉华	托马斯·基恩[1,2]（1734~1817）	爱尔兰裔。在一位优秀的爱尔兰籍教师指导下学习，后学习法律并进入律师事务所，21岁前成为执业律师，23岁获准进入宾州最高法院，同年被任命为议会职员。
特拉华	约翰·迪金森[2,3]（1732~1808）	生于马里兰，在德拉瓦接受教育，后在费城接触法律，留学英国三年。1764年宾州议员，1765年纽约《印花税法》大会成员。
特拉华	尼古拉斯·凡·戴克[2]（1738~1827）	出身不详，曾在费城学习法律，1765年成为特拉华纽卡斯特执业律师。

续表

殖民地	姓名及生卒年	简介（出身及教育）
特拉华	小甘宁·贝德福德[3]（1747~1812）	1771年新泽西学院毕业后在费城约瑟夫·里德的律所实习，在多佛和威明顿做过律师，革命期间做过华盛顿的副手。
特拉华	理查德·巴西特[3]（1745~1815）	出身不详，律师，做过特拉华州长。
特拉华	雅各布·布鲁姆[3]（1752~1810）	生于一个铁匠家庭，接受基础教育后做过农民、测量员、商人，由商会团体介入政治。
马里兰	塞缪尔·蔡斯[1]（1743~1811）	生于马里兰一位圣公会牧师家庭，幼年由其父亲自教导，18岁时前往安那波利斯学习法律，后成为律师。
马里兰	威廉·帕克[1]（1740—1799）	生于马里兰哈福德一个富有家庭，其父很早就将他送往费城学院求学，稍后进入史蒂芬·布拉德利在安那波利斯的律师事务所学习法律，后成为律师，与塞缪尔·蔡斯过从甚密。
马里兰	托马斯·斯通[1]（1743~1787）	其祖先曾在克伦威尔政权时任马里兰总督。自幼好学，15岁时自主选择学校学习希腊文和拉丁文，完成这部分学业后又举债学习法律，成为查尔斯县的一名律师。后因婚姻得到一笔嫁妆，成为农场主，生活清贫而富有爱国热情。
马里兰	查尔斯·卡罗尔[1]（1737~1832）	爱尔兰贵族后裔，幼年先后在法国和英国留学，1764年回到北美。
马里兰	约翰·汉斯[2]（1715—1783）	不详。
马里兰	丹尼尔·卡罗尔[2]（1730~1796）	生于马里兰，爱尔兰裔天主教徒，1742~1748年在耶稣会创办的圣·奥默学院（位于法国）学习。作为大种植园主，丹尼尔冒失去财产之危险站在革命阵营一边，立宪时坚持联邦政府应当直接代表民众（而非各州）的利益。
马里兰	詹姆斯·麦考亨利[3]（1753~1816）	生于西班牙，幼年在都柏林学习，17岁时因病前往北美休养，在费城跟随本杰明·拉什学医，后来做过商人，在革命期间做军医。
马里兰	丹尼尔·圣·托马斯·詹尼弗[3]（1723~1790）	不详。
弗吉尼亚	乔治·韦思[1]（1726~1806）	出身种植园主家庭，在学校接受有限的英语教育后，在家从母亲那里学习了希腊文和拉丁文。不幸在成年前父母双亡，之后过了一段放诞的生活，30岁后浪子回头，在弗吉尼亚法庭跟随约翰·路易斯学习法律，很快凭借其学识、勤勉与雄辩的口才成为首席法官。

续表

殖民地	姓名及生卒年	简介(出身及教育)
弗吉尼亚	理查德·亨利·李[1,2]（1732~1794）	出自望族，少年时曾留学英国，回北美后继续自学。独立革命的核心人物之一。1784~1785年任邦联国会议长。1787年被选为制宪会议代表，但他以自己仍在议会任职为由拒绝。
弗吉尼亚	托马斯·杰斐逊[1]（1743~1826）	出自望族，威廉与玛丽学院毕业，古典、修辞、科学、法律皆通。州议员、大陆会议代表。《独立宣言》《弗吉尼亚宗教自由法案》的主要起草人。曾任美国国务卿、副总统、总统，弗吉尼亚大学的创始人。
弗吉尼亚	本杰明·哈里森[1]（1726？~1791）	出自望族、政治世家，曾求学于威廉与玛丽学院，少年从政。
弗吉尼亚	小托马斯·纳尔逊[1]（1738~1789）	出自富商家庭，少年留学英国，剑桥大学毕业。
弗吉尼亚	弗朗西斯·莱特福特·李[1,2]（1734~1797）	理查德·亨利·李的弟弟，在一位优秀家庭教师的教导下学习文学和科学。
弗吉尼亚	卡特·布拉克斯顿[1]（1736~1797）	出自富有的种植园主家庭，曾求学于威廉与玛丽学院，曾游学英国。
弗吉尼亚	约翰·本尼斯特[2]	不详。
弗吉尼亚	托马斯·亚当斯[2]	不详。
弗吉尼亚	约翰·哈维[2]	不详。
弗吉尼亚	约翰·布莱尔[3]（1731~1800）	威廉与玛丽学院毕业，后在英国坦普学院学习法律。
弗吉尼亚	小詹姆斯·麦迪逊[3]（1751~1836）	出身大种植园主家庭，新泽西学院（今普林斯顿大学）毕业。当过奥伦治县安全委员会委员、州议员、州政务会委员、大陆会议代表、美国众议院议员、国务卿，民主共和党（后来的民主党）的创始人之一，美国第四任总统。杰斐逊创立弗吉尼亚大学的助手，曾任弗吉尼亚大学校长。
弗吉尼亚	乔治·华盛顿[3]（1732~1799）	只接受过很少的学校教育，自学成才。参加过法兰西与印第安战争，当过弗吉尼亚伯吉斯议会议员、美国大陆军总司令、美国第一任总统。
弗吉尼亚	帕特里克·亨利（1736~1799）	生于弗吉尼亚汉诺威，接受过古典文法教育，很早就从商，也办过种植园，未成功。1760年转做律师。曾两度担任弗吉尼亚州州长。
弗吉尼亚	爱德蒙·伦道夫（1753~1813）	佩顿·伦道夫的侄子。1776年起担任弗吉尼亚检察总长，1786~1788年任弗吉尼亚州长。率代表团出席制宪会议，并代表弗吉尼亚提交了《弗吉尼亚方案》。但最后对若干条文持保留意见，没有在宪法上签名。联邦成立后曾任美国联邦检察总长、国务卿。

续表

殖民地	姓名及生卒年	简介（出身及教育）
弗吉尼亚	乔治·韦思 (1726~1806)	制宪会议代表。幼年丧父，做过律师、法律教授、弗吉尼亚高等法院法官。因妻子生病在会议初期即辞去制宪会议代表职务。
北卡罗来纳	威廉·胡珀[1] (1742~1790)	苏格兰裔，生于波士顿，其父为牧师。15岁前在波士顿一家免费语法学校学习，之后进入哈佛大学，获得艺术学位。再后经父亲同意在詹姆斯·奥提斯的律师事务所学习法律，获得律师资格后前往北卡罗来纳执业。
北卡罗来纳	约瑟夫·休斯[1] (1730~1779)	出生于新泽西平民家庭，普林斯顿学院毕业，后成为商人，18世纪60年代迁居北卡，很快以正直诚实获得当地居民信任，进入北卡立法机构。
北卡罗来纳	约翰·潘恩[1,2] (1741~1788)	出生于弗吉尼亚的一个小镇，只接受过两三年的公立小学教育。18岁时父亲去世，继承遗产后的潘恩克己自律，在近邻埃德蒙·彭德尔顿的图书馆中自学成才。
北卡罗来纳	科尼利厄斯·哈恩[2] (1723~1781)	生于英格兰，早年移民北美。在革命前富有而受人尊敬。是南方最早的爱国党人之一。
北卡罗来纳	约翰·威廉斯[2]	不详
北卡罗来纳	威廉·布朗特[3] (1744~1800)	其父是北卡议员。当过北卡议员、邦联议员。
北卡罗来纳	理查德·多布斯·斯佩特[3] (1758~1802)	出身政治世家，其父是殖民时期的皇室官员，其外祖父曾任北卡总督。斯佩特8岁时父母双亡，被送往英国接受教育，格拉斯哥大学毕业。1778年回到北美，参加大陆军，做过北卡议员、邦联议员，批准宪法时为热烈的宪法支持者，后加入杰斐逊的民主共和党阵营。
北卡罗来纳	休·威廉森[3] (1735~1819)	生于宾夕法尼亚，获费城学院文学士学位后跟从塞缪尔·芬利学习神学，1759年获讲道资格，1760年获文学硕士学位，并被任命为该校数学教授。1764年辞去教职，前往欧洲爱丁堡大学学医，转学多次后在荷兰乌得勒支获得医学学位，遂回费城悬壶。威廉森同时还是天文学家、气象学家、法学家。
南卡罗来纳	爱德华·拉特里奇[1] (1749~1800)	爱尔兰裔，约翰·拉特里奇之弟，父亲是医生，母亲出身大家。少年时从其兄学习法律。1769年留学英国，经常在英格兰法院和大不列颠议会旁听。1773年回国，旋即以才干和品德获得认可，被选为大陆会议代表。
南卡罗来纳	托马斯·海沃德[1,2] (1746~1809)	出身大种植园主家庭，曾留学英国学习法律，之后游历欧洲。1775年受约翰·拉特里奇举荐成为大陆会议代表。

续表

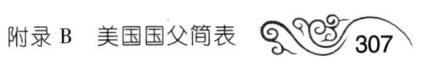

殖民地	姓名及生卒年	简介（出身及教育）
南卡罗来纳	托马斯·林奇[1] （1749~1779）	出身大种植园主家庭，曾留学英国，剑桥大学毕业。1772年才回到北美。
南卡罗来纳	阿瑟·米德尔顿[1] （1742~1787）	12岁留学英国，22岁获剑桥大学艺术学位，曾游历欧洲。1773年回到北美。
南卡罗来纳	亨利·劳伦斯[2] （1724~1792）	法国裔加尔文教徒，生于查尔斯顿，家境富裕。在当地接受教育后进入会计所，曾在英国担任相同职位以为从事国际贸易之准备，后开设进出口公司，主要收入来自奴隶贸易。曾任第四届大陆会议主席。
南卡罗来纳	威廉·亨利·德雷顿[2] （1742~1779）	生于南卡罗来纳，成年前在英国接受教育，成年后返回南卡罗来纳。
南卡罗来纳	约翰·马修斯[2] （1744~1802）	生于查尔斯顿，参加过切罗基远征，1764年在英国取得律师资格，返回北美。
南卡罗来纳	理查德·赫特森[2] （1748~1795）	生于南卡罗来纳，1765年普林斯顿学院法律毕业，在查尔斯顿执业。
南卡罗来纳	约翰·拉特里奇 （1739~1800）[3]	生于查尔斯顿，父亲是刚来北美不久的爱尔兰医生，母亲非常富有。英国坦普法律毕业，1761年回南卡，律师，参加过1765年纽约反印花税大会，号召各殖民地团结反英。立宪前做过南卡罗来纳议员、大陆会议代表、南卡罗来纳立宪委员会主席、南卡罗来纳新政府主席、军总司令、州长。在制宪会议中主张联邦政府承认所有国家债务，威胁如果宪法禁止奴隶贸易，南卡罗来纳将退出联邦。
南卡罗来纳	查尔斯·科茨沃斯·平克尼[3] （1746~1825）	生于查尔斯顿，其父为南卡罗来纳首席大法官。7岁前往英国留学，先后毕业于威斯敏斯特公学、牛津和坦普，并在法国卡昂军事学院待了九个月。1769年返回北美，成为查尔斯顿高级律师、南卡首席检察官，1775年进入南卡议会，同年被任命为南卡罗来纳步军上尉，年底升少校，1776年以战功升上校，后离开南卡罗来纳参加大陆军，任华盛顿的副官。因布兰迪维因战役回到南卡罗来纳，1780年查尔斯顿陷落，为英军所俘，1782年释放后提为准将。1783年革命结束，重操律师旧业。
南卡罗来纳	查尔斯·平克尼[3] （1758~1824）	生于查尔斯顿政治世家，少时接受法律教育，很早进入州立法会议，查尔斯顿陷落时被俘，独立战争结束后获释，1785年选入州议会，很快投入筹划建立联邦政府的工作，并向1787年制宪会议提交了一份宪法草案。
南卡罗来纳	皮尔斯·巴特勒[3] （1744~1822）	生于爱尔兰，奥蒙德公爵后裔。原驻波士顿英军军官，革命前退役，移居查尔斯顿，1787年议会和制宪会议代表，"弗吉尼亚方案"的热情支持者。

续表

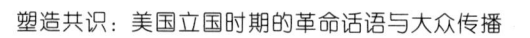

殖民地	姓名及生卒年	简介（出身及教育）
佐治亚	巴顿·格威内特[1] （1732~1777）	出生于英格兰本土一个普通家庭，其父母尽力为他提供了良好的教育，商人，婚后迁居查尔斯顿，两年后改行做种植园主。
佐治亚	莱曼·豪[1] （1721~1784）	出生于康涅狄格，从医学院毕业后迁往南卡罗来纳。
佐治亚	乔治·沃尔顿[1] （1740~1804）	出生于弗吉尼亚，木工学徒出身，工余自学成才，学徒期满后迁往佐治亚，进入一律师事务所。
佐治亚	约翰·沃尔顿[2]	不详。
佐治亚	爱德华·泰尔菲亚[2] （1735~1807）	生于苏格兰，毕业于苏格兰一家教会语法学校，随后接受商业教育，1758年受公司委派前往弗吉尼亚从事商业，后迁往新泽西，1766年在萨凡纳开设了一家代办行。最早的爱国党人之一。
佐治亚	爱德华·兰沃斯[2] （1738~1802）	生于萨凡纳，贝塞斯达孤儿院的孤儿，在一个与该孤儿院有联系的学校接受教育，后来成为这家孤儿院的教师。乔治亚安全委员会的组织者之一，后担任该委员会秘书长，1785年迁往马里兰。
佐治亚	威廉·费尤[3] （1748~1828）	生于马里兰巴尔的摩，少时在北卡奥兰治县接受过良好教育，学习法律后往佐治亚奥古斯塔执业。1776年开始担任公职，做过里奇蒙德县的测绘局长和首席法官，1780年后多次任大陆会议代表。
佐治亚	亚伯拉罕·鲍德温[3] （1754~1807）	生于康涅狄格吉尔福德，1772年耶鲁大学毕业，担任过家庭教师，革命期间担任军队牧师，1784年迁往萨凡纳做律师，同年进入佐治亚立法机构。佐治亚大学的创立者，首任校长。1785~1788年的大陆会议代表。曾助学许多贫家子弟。

注：上角注1表示《独立宣言》签署人，注2表示《邦联条例》签署人，注3表示《联邦宪法》签署人。

资料来源：http://colonialhall.com/index_t1.php; http://virtualology.com/virtualmuseumofhistory.com/。

附录 C 美国 1763~1789 年的主要报纸

(总期数 100 以下的未列入)

报纸	出版起始时间	出版终止时间	总期数	出版地	州
康涅狄格公报	1763-11-18	1844-12-29	4288	新伦敦	康涅狄格
康涅狄格之刊	1767-10-23	1820-12-26	2758	纽黑文	康涅狄格
诺威奇邮报	1773-11-11	1802-02-09	1402	诺威奇	康涅狄格
纽黑文公报与康涅狄格杂志	1786-02-15	1789-06-18	170	纽黑文	康涅狄格
美国商报	1784-07-12	1829-12-29	2586	哈特福德	康涅狄格
康涅狄格报	1764-10-29	1841-12-25	4214	哈特福德	康涅狄格
里奇费尔德监察	1784-12-21	1807-07-01	1033	里奇费尔德	康涅狄格
米德塞克斯公报	1785-11-08	1828-12-13	2371	米德镇	康涅狄格
新伦敦简报	1758-09-29	1763-09-23	132	新伦敦	康涅狄格
坎伯兰德公报	1786-07-20	1791-12-26	347	波特兰德	缅因
马里兰之刊	1785-01-04	1787-12-28	383	巴尔的摩	马里兰
马里兰编年及广告	1786-01-18	1788-05-28	114	弗雷德里克镇	马里兰
佐治亚公报	1763-04-07	1770-05-23	346	萨凡纳	佐治亚
佐治亚公报	1788-10-23	1802-11-25	600	萨凡纳	佐治亚
波士顿公报	1719-12-21	1798-09-17	3718	波士顿	马萨诸塞
波士顿晚报	1735-04 1781-10-20	1775-04-24 1784-01-10	2066 117	波士顿	马萨诸塞
波士顿通讯	1704-04-17	1776-02-29	3500	波士顿	马萨诸塞
波士顿邮差	1735-04-21	1775-04-10	1650	波士顿	马萨诸塞
波士顿编年	1767-10-22	1770-06-21	204	波士顿	马萨诸塞
马萨诸塞谍报	1770-07-17 1775-05-03	1775-04-06 1820-12-27	283 2371	波士顿 伍斯特	马萨诸塞

续表

报纸	出版起始时间	出版终止时间	总期数	出版地	州
大陆之刊	1776-05-30	1787-06-21	567	波士顿	马萨诸塞
独立编年	1776-09-19	1817-05-29	2951	波士顿	马萨诸塞
独立纪事	1778-06-15	1786-10-16	435	波士顿	马萨诸塞
美国先知报	1784-01-19	1788-06-30	250	波士顿	马萨诸塞
马萨诸塞探微	1784-03-24	1790-06-12	654	波士顿	马萨诸塞
马萨诸塞公报	1785-11-28	1788-11-11	271	波士顿	马萨诸塞
自由先知	1788-09-15	1791-07-19	298	波士顿	马萨诸塞
美国纪录	1785-12-09	1787-05-25	110	查尔斯顿	马萨诸塞
埃塞克斯之刊	1773-12-04 1784-07-09	1777-02-06 1794-04-02	162 502	纽伯里港	马萨诸塞
波克夏编年	1788-05-08	1790-09-30	128	皮特费尔德	马萨诸塞
埃塞克斯公报	1768-07-05	1775-04-25	354	塞伦	马萨诸塞
塞伦公报	1781-10-18	1785-11-22	212	塞伦	马萨诸塞
塞伦商报	1786-10-14	1789-12-29	168	塞伦	马萨诸塞
西方星报	1789-12-01	1806-11-08	692	斯托克布里奇	马萨诸塞
新罕布什尔公报	1756-10-07	1844-10-29	4555	普次茅斯	新罕布什尔
新罕布什尔纪录	1781-08-21	1791-02-24	165	金尼	新罕布什尔
新罕布什尔商报	1784-12-24	1788-03-12	158	朴茨茅斯	新罕布什尔
新罕布什尔谍报	1786-10-24	1793-03-02	632	朴茨茅斯	新罕布什尔
新泽西公报	1777-12-05	1786-11-27	452	伯灵顿	新泽西
新泽西之刊	1786-05-10	1818-12-29	2136	伊丽莎白镇	新泽西
纽约周刊	1733-01-07	1793-01-28	674	纽约	纽约
纽约公报或每周邮差	1747-01-19	1770-12-31	866	纽约	纽约
纽约商报	1752-08-31	1768-01-25	800	纽约	纽约
纽约公报	1759-02-16	1767-12-14	446	纽约	纽约
纽约之刊	1766-10-16	1776-08-29	543	纽约	纽约
纽约公报及商业周报	1768-02-01	1783-11-10	831	纽约	纽约
利文顿纽约观察家 （利文顿纽约观察） （利文顿忠诚观察） （忠诚公报）	1773-04-22 1777-10-04 1783-11-22 1777-10-18 1777-12-13	1775-11-23 1777-10-11 1783-12-31 1777-12-26 1783-11-19	136 2 12 8 596	纽约	纽约

续表

报纸	出版起始时间	出版终止时间	总期数	出版地	州
大陆公报	1775-08-09	1776-08-28	105	纽约	纽约
纽约邮报	1783-11-13	1792-01-26	1050	纽约	纽约
独立之刊	1783-11-17	1788-12-24	531	纽约	纽约
纽约之刊	1784-03-18	1791-12-31	770	纽约	纽约
每日广告	1785-03-16	1809-06-01	6630	纽约	纽约
阿尔巴尼公报	1788-01-03	1820-11-15	2063	阿尔巴尼	纽约
每周博览	1788-09-20	1817-04-26	1549	纽约	纽约
纽约日报	1788-12-29	1795-04-25	1832	纽约	纽约
阿尔巴尼纪事	1789-04-06	1822-11-25	1947	阿尔巴尼	纽约
美利坚合众国公报	1789-04-15	1790-10-13	155	纽约	纽约
宾夕法尼亚公报	1736-12-16	1775-12-27	2260	费城	宾夕法尼亚
WochentlichePhiladelphische Staatsbote（德文）	1762-01-18	1779-05-26	899	费城	宾夕法尼亚
宾夕法尼亚编年	1767-02-09	1774-02-08	317	费城	宾夕法尼亚
宾夕法尼亚邮报	1771-10-28	1790-12-31	3222	费城	宾夕法尼亚
宾夕法尼亚晚间邮报	1775-01-24	1784-10-26	1027	费城	宾夕法尼亚
宾夕法尼亚纪事	1775-01-28	1778-05-23	158	费城	宾夕法尼亚
自由人之刊	1781-04-25	1792-05-02	581	费城	宾夕法尼亚
独立观察家	1782-04-13	1796-09-10	1753	费城	宾夕法尼亚
宾夕法尼亚商报	1784-08-20	1792-03-01	787	费城	宾夕法尼亚
宾夕法尼亚晚间先知报	1785-01-25	1788-02-14	374	费城	宾夕法尼亚
卡莱尔公报	1785-08-10	1817-10-23	1646	卡莱尔	宾夕法尼亚
NeueUnpartheyische Lancaster Zeitung（德文）	1787-08-08	1789-12-30	126	兰开斯特	宾夕法尼亚
联邦公报	1788-10-01	1793-12-31	1629	费城	宾夕法尼亚
纽波特商报	1758-06-19	1866-12-29	4734	纽波特	罗德岛
普罗维登斯公报	1762-08-31	1825-10-08	3527	普罗维登斯	罗德岛
美国之刊	1779-03-18	1781-08-29	174	普罗维登斯	罗德岛
美利坚合众国编年	1784-01-01	1804-05-17	1062	普罗维登斯	罗德岛
纽波特先知报	1787-03-01	1791-09-17	237	纽波特	罗德岛
南卡罗来纳每周公报	1783-02-15	1786-01-14	267	查尔斯顿	南卡罗来纳

续表

报纸	出版起始时间	出版终止时间	总期数	出版地	州
南卡罗来纳观察与广告	1783-03-15	1785-07-26	425	查尔斯顿	南卡罗来纳
哥伦比亚先知报	1784-11-23	1796-12-17	1075	查尔斯顿	南卡罗来纳
南卡罗来纳州报	1785-03-28	1793-12-31	765	查尔斯顿	南卡罗来纳
查尔斯顿晚报	1785-07-11	1786-10-18	355	查尔斯顿	南卡罗来纳
查尔斯顿晨间邮报	1786-01-18	1787-10-17	456	查尔斯顿	南卡罗来纳
城市公报	1787-11-06	1826-12-30	13317	查尔斯顿	南卡罗来纳
佛蒙特公报	1783-06-05	1832-12-25	2199	本宁顿	佛蒙特
斯本内佛蒙特之刊	1783-08-07	1819-12-27	2925	温莎	佛蒙特

资料来源:"ThomasIsaish 1810," *The History of Printing in America*, Vol.2, New York:Johnson Reprint Corporation, 1971; 数据库 America's Historical Newpapers。

附录 D 1764~1776年的分年度小册子数量地理统计

("/"前为初版小册子数,"/"后为再版数)

年份	MA	RI	CT	NY	PA	DE	MD	VA	NC	SC	GA	Total		占比(%)
1764	5/0	—	1/0	—	—	—	—	1/0	—	—	—	7/0	7	1.8
1765	3/1	4/0	1/0	0/1	1/0	—	1/2	—	1/0	—	1/1	12/5	17	4.4
1766	6/5	3/0	4/1	1/2	4/1	—	1/0	1/1		0/1	—	20/11	31	8.1
1767	1/1	1/0	—	1/1	—	—	—	1/0	—	—	—	4/2	6	1.6
1768	0/3	1/0	—	1/3	4/2	—	—	—	—	—	—	6/8	14	3.6
1769	7/8	—	—	—	0/2	—	0/1	—	—	2/2	—	9/13	22	5.7
1770	5/7	—	1/0	—	1/0	—	—	—	—	—	—	7/7	14	3.6
1771	2/1	—	0/1	—	—	—	—	—	—	—	—	2/2	4	1.0
1772	2/1	—	—	—	—	—	—	—	—	1/0	—	3/1	4	1.0
1773	9/11	0/1	1/2	1/2	0/1	—	—	—	—	—	—	11/17	28	7.3
1774	12/14	0/2	2/5	12/7	8/11	0/1	—	3/1		3/0	—	40/41	81	21.1
1775	20/7	1/4	3/1	15/10	9/8	0/2	0/1	1/0	0/1	—	—	49/34	83	21.6
1776	6/9	0/7	4/5	3/6	11/19	0/1	—	1/0	—	0/2	—	25/49	74	19.2
总计	78/68	10/14	17/15	34/32	38/44	0/4	2/3	7/3	1/1	6/5	2/1	195/190	385	
	146	24	32	66	82	4	5	10	2	11	3	385		
占比	37.9	6.2	8.3	17.2	21.3	1	1.3	2.6	0.5	2.9	0.8			100

资料来源：Tanselle G. T., "Some Statistics on American Printing, 1764-1783," Bailyn, Hench, *The Press & the American Revolution*, MA: Northeastern University Press, 1980, p.351。

附录 E　译名对照表（人名）

美国

阿瑟·米德尔顿　Arthur Middleton
爱德华·巴纳德　Edward Barnard
爱德华·拉特里奇　Edward Rutledge
爱德华·兰沃斯　Edward Langworthy
爱德华·马勒　Edward Muller
爱德华·泰尔菲亚　Edward Telfair
埃里亚泽·奥斯瓦德　Eleazer Oswald
艾尔布里奇·格里　Elbridge Gerry
安德鲁·艾略特　Andrew Eliot
安德鲁·亚当斯　Andrew Adams
奥克森布里奇·撒切尔　Oxenbridge Thacher
奥立弗·沃尔科特　Oliver Wolcott
巴顿·格威内特　Button Gwinnett
保罗·利维尔　Paul Revere
贝奇·富兰克林　Bache Franklin
本杰明·富兰克林　Benjamin Franklin
本杰明·哈里森　Bejamin Harrison
本杰明·拉什　Benjamin Rush
本杰明·汤　Benjamin Towne
本杰明·伊迪斯　Benjamin Edes
彼得·惠特尼　Peter Whitney

布赖恩·贝里　Brian Berry

查尔斯·昌西　Charles Chauncy

查尔斯·卡罗尔　Charles Carrol

查尔斯·科茨沃斯·平克尼　Charles Cotesworth Pinckney

查尔斯·平克尼　Charles Pinckney

查尔斯·特纳　Charles Turner

大卫·贝瑞阿　David Brearley

大卫·哈里　David D Hall

丹尼尔·杜拉尼　Daniel Dulany

丹尼尔·罗伯迪欧　Daniel Roberdeau

丹尼尔·卡罗尔　Daniel Carroll

丹尼尔·圣·托马斯·詹尼弗　Dan of St. Thomas Jenifer

蒂莫西·格林　Timothy Green

蒂莫西·沃克　Timothy Walker

菲利浦·巴格比　Philip Bagby

菲利浦·戴维森　Philip Davidson

菲利浦·利文斯顿　Philip Livingston

菲利浦·施密特　Phillipe Schmitter

弗朗西斯·巴纳德　Francis Bernard

弗朗西斯·戴纳　Francis Dana

弗朗西斯·霍普金森　Francis Hopkinson

弗朗西斯·莱特福特·李　Francis Lightfoot Lee

弗朗西斯·路易斯　Francis Lewis

甘宁·贝德福德　Gunning Bedford

古弗尼尔·莫里斯　Gouverneur Morris

亨利·卡明斯　Henry Cumings

亨利·劳伦斯　Henry Laurens

亨利·马奇　Henry Marchant

亨利·文恩　Harry Vane

亨特　Hunter

加弗尼尔·莫里斯　Governeur Morris

杰德·英格索尔　Jared Ingersoll

赖特·伊斯蒙德　Wright Esmond

理查德·巴西特　Richard Bassett

理查德·布兰德　Richard Bland

理查德·布朗　Richard D. Brown

罗伯特·莫里斯　Robert Morris

罗伯特·柴尔德　Robert Child

罗伯特·怀特黑尔　Robert Whitehill

罗伯特·佩因　Robert Paine

罗伯特·普特南　Robert Putnam

罗伯特·耶茨　Robert Yates

罗纳德·英格尔哈特　Ronald Inglehart

贾斯特斯·法克斯　Justus Fox

卡拉·马尔福德　Carla Mulford

卡特·布拉克斯顿　Carter Braxton

凯撒·罗德尼　Caesar Rodney

科顿·马瑟　Cotton Mather

科尼利厄斯·哈恩　Cornelius Harnett

科斯比　Cosby

克劳斯·里滕豪斯　Claus Rittenhouse

克里斯托弗·首尔　Christopher Sower

莱曼·豪　Lyman Hall

兰登　Langdon

拉斯蒂克斯　Rusticus

理查德·多布斯·斯佩特　Richard Dobbs Spaight

理查德·赫特森　Richard Huston

理查德·亨利·李　Richard Henry Lee

理查德·斯托克顿　Richard Stockton

卢瑟·马丁　Luther Martin

鲁弗斯·金　Rufus King

路易斯·莫里斯　Lewis Morris

罗杰·谢尔曼　Roger Sherman

罗兰·斯特龙伯格　Roland N. Stromberg

马修·桑顿　Mattew Thornton

米切尔·塞利格森　Mitchell Seligson

摩西·马瑟　Moses Mather

莫里斯·摩尔　Maurice Moore

纳撒尼尔·戈勒姆　Nathaniel Gorham

纳撒尼尔·契普曼　Nathaniel Chipman

纳撒尼尔·斯卡德　Nathaniel Scudder

内森·霍奇　Nathan Hatch

尼古拉斯　Nicholas

尼古拉斯·凡·戴克　Nicholas Van Dyke

尼古拉斯·吉尔曼　Nicholas Gilman

皮尔斯·巴特勒　Pierce Butler

皮特·蒂莫西　Peter Timothy

乔纳森·爱德华兹　Jonathan Edwards

乔纳森·贝亚德·史密斯　Jonathan Bayard Smith

乔纳森·戴顿　Jonathan Dayton

乔纳森·谢普利　Jonathan Shipley

乔纳思·克拉克　Jonas Clark

乔塞亚·巴特莱特　Josiah Bartlett

乔治·彼得　Judge Peter

乔治·布赖恩　George Bryan

乔治·华盛顿　George Washington

乔治·克莱默　George Clymer

乔治·里德　George Read

乔治·罗斯　George Ross

乔治·泰勒　George Taylor

乔治·韦思　George Wythe

乔治·沃尔顿　George Walton

所罗门·绍斯威克　Solomon Southwick

塞缪尔·布赖恩　Samuel Bryan

塞缪尔·蔡斯　Samuel Chase

塞缪尔·亨廷顿　Samuel Huntington

塞缪尔·霍尔顿　Samuel Holten

塞缪尔·威廉斯　Samuel Williams

塞缪尔·亚当斯　Samuel Adams

塞缪尔·约翰逊　Samuel Johnson

史蒂芬·詹森　Stephen Johnson

斯蒂芬·霍普金斯　Stephen Hopkins

泰特斯·霍斯默　Titus Hosmer

特里·莱恩·卡尔　Terry Lynn Karl

托马斯·布拉德伯里·钱德勒　Thomas Bradbury Chandler

托马斯·达德利　Thomas Dudley

托马斯·菲茨西蒙斯　Thomas FitzSimons

托马斯·海沃德　Thomas Heyward

托马斯·胡克　Thomas Hooker

托马斯·基恩　Thomas M' Kean

托马斯·杰斐逊　Thomas Jefferson

托马斯·林奇　Thomas Linch

托马斯·米弗林　Thomas Mifflin

托马斯·斯通　Thomas Stone

托马斯·纳尔逊　Thomas Nelson

托马斯·潘恩　Thomas Paine

托马斯·亚当斯　Thomas Adams

威廉·艾勒里　Willian Ellery

威廉·布拉德福德　William Bradford

威廉·布朗特　William Blount

威廉·费尤　William Few

威廉·弗洛伊德　William Floyd

威廉·戈达德　William Goddard

威廉·亨利·德雷顿　William Henry Drayton

威廉·惠普尔　William Whipple

威廉·胡珀　William Hooper

威廉·克林格　William Clingan

威廉·里德　William Rind

威廉·利文斯顿　William Livingston

威廉·帕克　William Paca

威廉·帕特森　William Paterson

威廉·塞缪尔·约翰逊　William Samuel Johnson

威廉·威廉斯　William Williams

威廉·希克斯　Willian Hicks

温特沃斯　Wentworth

休·盖恩　Hugh Gaine

休·威廉森　Hugh Williamson

亚伯拉罕·鲍德温　Abraham Baldwin

亚伯拉罕·克拉克　Abraham Clark

雅各布·布鲁姆　Jacob Broom

雅各布·贝伊　Jacob Bay

亚历克斯·英克里斯　Alex Inkeles

亚历山大·汉密尔顿　Alexander Hamilton

亚历山大·马丁　Alexander Martin

以利沙·费雪　Elish Fish

以萨克·瓦茨　Isaac Watts

伊丽莎白·艾森斯坦　Elizabeth Eisenstein

伊丽莎白·卡尔·雷利　Elizabeth Carroll Reilly

犹大·劝平　Judah Champion

约翰·艾伦　John Allen

约翰·班扬　John Bunyan
约翰·本尼斯特　John Banister
约翰·布莱尔　John Blair
约翰·邓勒普　John Dunlap
约翰·迪金森　John Dickinson
约翰·迪克森　John Dixon
约翰·哈特　John Hart
约翰·哈维　John Harvie
约翰·汉考克　John Hancock
约翰·汉斯　John Hanson
约翰·霍特　John Holt
约翰·吉尔　John Gill
约翰·坎贝尔　John Campbell
约翰·科林斯　John Collins
约翰·克里夫兰　John Cleaveland
约翰·拉斯罗普　John Lathrop
约翰·拉特里奇　John Rutledge
约翰·兰登　John Langdon
约翰·兰辛　John Lansing
约翰·里柯克　John Leacock
约翰·麦因　John Mein
约翰·莫顿　John Morton
约翰·马修斯　John Mathews
约翰·潘恩　John Penn
约翰·乔基姆·祖布里　John Joachim Zubly
约翰·斯迈利　John Smilie
约翰·威廉斯　John Williams
约翰·威瑟斯彭　John Witherspoon
约翰·温斯罗普　John Winthrop
约翰·温特沃斯　John Wentworth

约翰·沃尔顿　John Walton
约翰·亚当斯　John Adams
约瑟夫·爱默生　Joseph Emerson
约瑟夫·里德　Joseph Reed
约瑟夫·帕默　Joseph Palmer
约瑟夫·休斯　Joseph Hewes
约耳书·巴洛　Joel Barlow
詹姆斯·奥蒂斯　James Otis
詹姆斯·查默斯　James Chalmers
詹姆斯·哈钦森　James Hutchinson
詹姆斯·利文顿　James Rivington
詹姆斯·洛弗尔　James Lovell
詹姆斯·麦迪逊　James Madison
詹姆斯·麦考亨利　James McHenry
詹姆斯·史密斯　James Smith
詹姆斯·威尔逊　James Wilson

英国

阿克顿　Lord Acton
阿尔杰农·西德尼　Algeron Sidney
爱德华·柯克　Edward Coke
艾伯特·维恩·戴西　Albert Venn Dicey
保罗·德·拉宾-索赖拉思　Paul de Rapin-Thoyras
本杰明·霍得利　Benjamin Hoadly
比特伯爵　3rd Earl of Bute
博林布鲁克　Viscount Bolingbroke
大卫·休谟　David Hume
菲利浦·多德里奇　Philip Doddridge
菲利浦·约克　Philip Yorke
弗朗西斯·哈奇逊　Francis Hutcheson

弗朗西斯·培根　Francis Bacon
亨利·尼维尔　Henry Neville
霍德利　Hoadly
凯瑟琳·麦考利　Catharine Macaulay
克莱因　R. Klein
理查德·培根　Richard Bacon
理查德·布林斯利·谢里丹　Richard Brinsley Sheridan
罗伯特·莫尔斯沃思　Robert Molesworth
罗克比　Rokeby
马修·黑尔　Matthew Hale
尼德汉姆　Needham
皮特　Pitt
桑普森·佩里　Sampson Perry
斯切威瑟　K. Schweizer
托马斯·戈登　Thomas Gordon
威廉·亨利·德雷顿　William Henry Drayton
威廉·卡克斯顿　Willian Caxton
沃尔特·白哲特　Walter Bagehot
约翰·奥蒙木　John Almon
约翰·洛克　John Locke
约翰·弥尔顿　John Milton
约翰·萨默斯　John, Lord Somers
约翰·特兰查德　John Tranchard
约瑟夫·普里斯特利　Joseph Priestley
詹姆斯·哈林顿　James Harrington
詹姆斯·伯格　James Burgh
詹姆士·蒙哥马利　James Montgomery
朱尼厄斯　Junius

法国

查尔斯·约瑟夫·庞库克　Charles-Joseph Panckoucke

德·特雷西　Destutt de Tracy

加布里埃尔·塔尔德　Gabriel Tarde

威吉尼斯伯爵　Count de Vergennes

朱尔斯·费里　Jules Ferry

其他

安东尼奥·葛兰西　Antonio Gramsci

卡托　Cato

迪伦·赖利　Dylan Riley

福斯特　Fust

古滕伯格　Gutenberg

马克斯·韦伯　Max Weber

马歇尔·麦克卢汉　Marshall McLuhan

坎特·哈斯兰　Count Haslang

罗波安王　King Rehoboam

附录F 译名对照表（出版物）

美国

报纸

阿尔巴尼公报　Albany Gazette
阿尔巴尼纪事　Albany Register
埃塞克斯公报　Essex Gazette
埃塞克斯之刊　Essex Journal
宾夕法尼亚编年　Pennsylvania Chronicle
宾夕法尼亚公报　Pennsylvania Gazette
宾夕法尼亚纪事　Pennsylvania Ledger
宾夕法尼亚商报　Pennsylvania Mercury
宾夕法尼亚晚间先知报　Pennsylvania Evening Herald
宾夕法尼亚晚间邮报　Pennsylvania Evening Post
宾夕法尼亚先知报　Pennsylvania Herald
宾夕法尼亚邮报　Pennsylvania Packet
宾夕法尼亚之刊　Pennsylvania Journal
波克夏编年　Berkshire Chronicle
波士顿编年　Boston Chronicle
波士顿公报　Boston Gazette
波士顿每周通讯　Boston Weekly News-Letter
波士顿通讯　Boston News-Letter
波士顿晚报　Boston Evening-Post

波士顿邮差　Boston Post-Boy
波士顿杂志　Boston Magazine
查尔斯顿晨间邮报　Charleston Morning Post
查尔斯顿晚报　Charleston Evening Gazette
城市公报　City Gazette
大陆之刊　Continental Journal
独立传播者　Independent Advertiser
独立编年　Independent Chronicle
独立纪事　Independent Ledger
独立之刊　Independent Journal
费城公报　The Philadelphia Gazette
弗吉尼亚公报　Virginia Gazette
佛蒙特公报　Vermont Gazette
哥伦比亚先知报　Columbian Herald
卡莱尔公报　Carlisle Gazette
坎伯兰德公报　Cumberland Gazette
康涅狄格报　Connecticut Courant
康涅狄格公报　Connecticut Gazette
康涅狄格之刊　Connecticut Journal
里奇费尔德监察　Litchfield Connecticut
利文顿纽约观察家　Rivington's New York Gazetteer
利文顿纽约观察　Rivington's New York Gazette
利文顿纽约忠诚观察　Rivington's New York Loyal Gazette
联邦公报　Federal Gazette
马里兰编年及广告　Maryland Chronicle, or Universal Advertiser
马里兰之刊　Maryland Journal
马萨诸塞谍报　Massachusetts Spy
马萨诸塞公报　Massachuseets Gazette
马萨诸塞探微　Massachusetts Centinel
美国纪录　American Recorder

美国先知报　American Herald

美国之刊　American Journal

美利坚合众国编年　United States Chronicle

美利坚合众国公报　Gazette of the United States

美洲博览　American Museum

每周博览　Weekly Museum

米德塞克斯公报　Middlesex Gazette

南卡罗来纳观察与广告　South-Carolina Gazette and General Advertiser

南卡罗来纳每周公报　South-Carolina Weekly Gazette

南卡罗来纳州报　State Gazette of South-Carolina

纽黑文公报与康涅狄格杂志　New-Haven Gazette, and Connecticut Magazine

纽波特商报　Newport Mercury

纽波特先知报　Newport Herald

纽约晨报　New York Morning Post

纽约公报　New-York Gazette

纽约公报或每周邮差　New-York Gazette, or Weekly Post-Boy

纽约公报及商业周报　New-York Gazette, and Weekly Mercury

纽约日报　New-York Daily Gazette

纽约之刊　New York Journal

纽约商报　New-York Mercury

纽约邮报　New-York Packet

纽约周刊　New-York Weekly Journal

诺威奇邮报　Norwich Packet

普罗维登斯公报　Providence Gazette, and Country Journal

斯本内佛蒙特之刊　Spooner's Vermont Journal

塞伦公报　Salem Gazette

塞伦商报　Salem Mercury

时事之刊　Jounral of Occurrences

西方星报　Western Star

新罕布什尔公报　New-Hampshire Gazette

新罕布什尔纪录　New-Hampshire Recorder
新罕布什尔商报　New Hampshire Mercury
新伦敦简报　New-London Summary
新英格兰报　The New-England Courant
自由人之刊　Freeman's Journal
自由先知　Herald of Freedom
忠诚公报　Royal Gazette
佐治亚公报　Georgia Gazette

小册子或政论文

北美英国殖民地不应被征收内部税的理由　Reasons Why the British Colonies in America should not be Charged with Internal Taxes

宾夕法尼亚农夫的来信　Letters from a farmer in Pennsylvania

布鲁克林战争　The Battle of Brooklyn, A Farce in Two Acts

布鲁图斯文丛　Essays of Brutus

不同意的理由　Reasons of Dissent

常识　Common Sense

当前纪事　Jounral of Occurrences

对海外福音书宣教团的布道　Sermon Preached before the Incorporated Society for the Propagation of the Gospel in Foreign Parts

对美利坚革命的观察　Observations on the American Revolution

对议会法案的一些思考　Considerations upon The Act of Paliament

对总督、总督委员会和议院的布道　A Sermon Preached before His Excellency Francis Bernard, Esq: governor, the honorable His Majesy's Council, and the honorable House of Representatives, of the province of the Massachusetts-Bay in New-England

给宾夕法尼亚人民的信：基于议会通过的法官无过错则长期任职的重要法令　A Letter, to the People of Pennsylvania; Occasioned by the Assembly's Passing the Important Act, For Constituting the JADGES of the Suprem Courts and Common-Pleas, During Good BEHAVIOUR.

给州长埃蒙德·伦道夫的信　To Edmund Randolph

哈利法克斯一位绅士的来信　A Letter From a Gentleman at Halifax

教义问答：地方长官、俸禄领取者应知应会：献给托＊＊·哈＊＊　A Ministerial catechise: suitable to be learned by all modern provincial governors, pensioners, placemen, & c.: Dedicated to T----- H---------, Esq.

拒绝签署宪法　Objections to Signing the National Constitution

另立门户的殖民地　The Colonel Dismounted: or the Rector Vindicated. In a Letter Addressed to His Reverence: Containing a Dissertation upon the Constitution of the Colony

论北美各殖民地对大不列颠议会的独立性　An Humble Enquiry into the Nature of the Dependency of the American Colonies upon the Parliament of Great-Britain, and the Right of Parliament to lay Taxes on the said Colonies

论大不列颠对北美殖民地的宪政权力　Essay on the Constitutional Power of Great-Britain over the Colonies in American

论大不列颠议会立法权的内涵和外延　Considerations on the Nature and Extent of the Legislative Authority of the British Parliament

论对更高权威的无限服从与绝不抵抗：兼谈对反抗查理一世事件的一些思考　A Discourse Concerning Unlimited Submission and Non-Resistance to the Higher Powers: With some Reflections on the Resistance made to King Charles Ⅰ

论对我们祖国的爱　A Discourse on the Love of Our Country

论海外福音书宣教团的章程与后果　Observations on the Charter and Conduct of the Society for the Propagation of the Gospel in Foreign Parts

论权利法案：为马萨诸塞宪章修订而辩　A speech intended to have been spoken on the bill in the House of Lords, for altering the charters of the colony of Massachusetts Bay

论宪政基础上大不列颠对北美各殖民地的权力　An Essay on the Constitutional Power of Great-Britain over the Colonies in America

论王权的消极意义　Calm and Respectful Thoughts on the Negative of the Crown

论在英属殖民地征税的适当性问题　Considerations on the Propriety of

　　　　　　　　　　　　Imposing Taxes in the British Colonies

　　论政府　*Thoughts on Government*

　　论殖民者的权利与大不列颠臣民的权益　*Considerations upon the Rights of the Colonists to the Privileges of British Subjects: Introduc'd by a Brief Review of the Rise and Progress of English Liberty and Concluded with Some Remarks Upon Our Present Alarming Situation.*

　　论自由的美好　*An Oration Upon the Beauties of Liberty, Or the Essential Rights of the American Delivered At the Second Baptist-Church in Boston. Upon the Last Annual Thanksgiving. Humbly dedicated to the Right-Honourable the Earl of Dartmouth. Published by the Request of Many*

　　美国编年史（第一卷）　*The First Book of the American Chronicles of the Times*

　　美国人民向正义世界的呼求　*America's Appeal to the Impartial World:: Wherein the Rights of the Americans, as Men, British Subjects, and as Colonists, the Equity of the Demand, and of the Manner in which it is Made Upon Them by Great-Britain, are Stated and Considered: And, the Opposition Made by the Colonies to Acts of Parliament, Their Resorting to Arms in Their Necessary Defence, Against the Military Armaments, Employed to Enforce Them, Vindicated*

　　美国之歌；自由之歌　*America, A Poem; Liberty, A Poem*

　　美利坚警钟，或曰波士顿抗辩　*The American Alarm, Or the Bostonian Plea, for the Right, andLiberties, of the People. Humbly Addressed to the King and Council; And To the Constitutional Sons of Liberty in American*

　　美利坚质询者　*The American querist: or, Some questions proposed relative to the present disputes between Great Britain, and her American colonies. By a North-American*

　　平实的真理　*Plain truth: addressed to the inhabitants of America, containing, remarks on a late pamphlet, entitled Common sense*

　　破碎的罗网：论《印花税法》的撤销　*The Snare Broken. a Thanksgiving Discourse, Preached at the Desire of the West Church, in Boston, N E Friday, May 23, 1766 Occasioned by the Repeal*

权利宣言　Declaration of Rights

圣提尼尔书信集　Letters of Centinel

为梅修博士的论著所作之诗　VERSES on Doctor Mayhew's Book of Observations on the Charter and Conduct of the SOCIETY for the Propagation of the Gospel in Foreign Parts: With notes, critical and explanatory.

为自由和财产权辩　Liberty and Property Vindicated

向美利坚殖民地征税的正当性和策略　The Justice and Policy of Taxing the American Colonies

信任上帝　Trust in God

一个英属北美居民的情感　The Sentiments of A British American

一片多难土地的罪过　The Transgression of a Land Punished by a Multitude of Rulers. Considered in Two Discourses, Delivered July 14, 1774, Being Voluntarily Observed in Most of the Religious Assemblies Throughout the Province of Massachusetts-Bay

一位老辉格的观点　Essays of An Old Whig

辛辛那图斯　Cincinnatus

英国议会权力的本质和范围　The Nature and Extent of Parliamentary Power Considered, in Some Remarks Upon Mr. Pitt's Speech in the House of Commons

英属美利坚权利概观　A Summary View of the Rights of British America

英属殖民地的权利　A Vindication of the British Colonies

英属殖民地权利申论　The Rights of the British Colonies Asserted and Proved

英属殖民地权利探析　An Inquiry into the Rights of the British Colonies

在宾夕法尼亚宪法批准会议上的讲话　Speech in Pennsylvania Ratifying Convention

在炮兵连的布道　A Sermon to Preached to the Ancient and Honorable Artillery-Company

殖民地权利考辨　The Rights of the Colonies Examined

真相　Genuine Information

制宪会议少数派的意见　Dissent of the Minority of the Pennsylvania Convention

最近对英属各殖民地所做的规定　The Late Regulations Respecting the British Colonies

其他出版物

穷理查历书　Poor Richard's Almanack

艾塞克斯历书　Essex Almanac

自由之歌　The Liberty Song

感觉之人　The Man of Feeling

知识就是力量：美国早期的信息传播，1700~1865　Knowledge Is Power: The Diffusion of Information in Early America, 1700–1865

英国

阿耳戈斯　Argus

晨报　Morning Post

晨间编年　Morning Chronicle

晨间先知　Morning Herald

大众传媒　Public Advertiser

独立编年史　Independent Chronicle

独立辉格　The Independent Whig

观察者　Gazetteer

卡托书信集　Cato's letters

莱斯特之刊　Leicester Chronicle

领袖　Moderator

伦敦博物志　London Museum

伦敦晚报　London Evening Post

伦敦杂志　London Journal

论争　The Argus

曼彻斯特先知报　Manchester Herald

旁观者　*Spectator*

圣·詹姆斯编年史　*St. James's Chronicle*

通讯　*Courier*

闲谈者　*Tatler*

谢菲尔德纪　*Sheffield Register*

谢菲尔德鸢尾花　*Sheffield Iris*

星报　*Star*

约克报　*York Courant*

真实不列颠　*True Briton*

法国

法兰西公报　*Gazette de France*

日内瓦报　*Journal de Genève*

英美事务　*Affaires de l'Angleterre et de l'Amerique*

法兰西商报　*Mercure de France*

附录 G 译名对照表（地名）

美国

安多佛　Andover

巴尔的摩　Baltimore

彼得斯堡　Petersburg

波士顿　Boston

波特兰德　Portland

坎伯兰德　Cumberland

查尔斯顿　Charleston

费城　Philadelphia

弗雷德里克镇　Fredericktown

康科德　Concord

科汉瑟　Cohansey

黎巴嫩　Lebanon

列克星顿　Lexington

马布海德　Marblehead

泰德沃特　Tidewater

纽波特　New Port

纽伯里港　Newburyport

纽布朗斯威克　New Brunswick

纽约　New York

朴茨茅斯　Portsmouth

普林斯顿　Princeton

萨凡纳　Savannah
特伦顿　Trenton
威廉斯堡　Williamsburg
伍斯特　Worcester
锡楚埃特　Scituate

英国

巴斯　Bath
贝德福德郡　Bedfordshire
都柏林　Dublin
兰开夏　Lancashire
利物浦　Liverpool
纽卡斯尔　Newcastle

附录 H 本书时段内的一些相关数据

表 H.1 1760~1790 年美国人口数

年代	1760	1770	1780	1790
人口数	1593625	2148076	2780369	3929000

资料来源：United States Bureau of the Census, The Statistical History of the United States, New York: Basic Books, Inc. Publishers, 1976, pp. 8, 1168。

表 H.2 1774 年殖民地自由人人均财富水平

单位：镑

地区	总体	新英格兰	中部	南部
人均财富净值	74.1	32.7	51.3	131.9
自由民人均年收入		10.8	13.1	26.5

资料来源：United States Bureau of the Census, The Statistical History of the United States, New York: Basic Books, Inc. Publishers, 1976, p. 1175; Perkins E. J., The Economy of Colonial America, New York: Columbia University Press, 1980: 154。

表 H.3 本书时段内一些地区工人的日均工资数据（各殖民地间不具可比性）

地域及年度	木匠	泥瓦匠	丁匠	桶匠	裁缝	劳动力
罗德岛 1776	5 先令	6 先令 6 便士	5 先令	5 先令		3 先令
普罗维登斯 1779	72 先令	73 先令	72 先令		17 先令	48 先令
弗吉尼亚 1781	5 先令	5 先令		5 先令	5 先令	2 先令

资料来源：United States Bureau of the Census, The Statistical History of the United States, New York: Basic Books, Inc. Publishers, 1976, p. 1196。

参考文献

中文文献

陈思贤：《西洋政治思想史（近代英国篇）》，吉林出版集团有限责任公司，2008。

常冬为：《美国档案（上）》，中国城市出版社，2000。

董爱国：《清教主义与美国民主》，《世界历史》2000年第1期。

邓伟志、郭强、廖建华等：《社会学辞典》，上海辞书出版社，2009。

高全喜：《启蒙镜像与现代中国》，《第四届启蒙运动思想研讨会论文集》，2012。

何顺果：《美利坚文明的历史起源》，《世界历史》2002年第5期。

何顺果：《略论美国的"立国精神"》，《历史研究》1993年第2期。

黄平、罗红光、许宝强：《当代西方社会学·人类学新词典》，吉林人民出版社，2003。

黄绍湘：《美国早期发展史（1492~1823）》，人民出版社，1957。

柯平、高洁：《信息管理概论》，科学出版社，2007。

孔庆山：《美国早期土地制度研究》，中山大学出版社，2002。

李剑鸣：《美国独立战争爆发前的政治辩论及其意义》，《历史研究》2000年第4期。

李剑鸣：《中国的美国早期史研究：回顾与前瞻》，《美国研究》2007年第2期。

李剑鸣：《美国革命时期民主概念的演变》，《历史研究》2007年第1期。

李剑鸣：《美国的奠基时代1585-1775》（美国通史·第一卷），人民出版社，2008。

李剑鸣：《在雅典和罗马之间——古典传统和美利坚共和国的创建》，《史学月刊》2011年第9期。

刘红军：《信息管理概论》，科学出版社，2008。

李行健、吕叔湘、李荣等：《现代汉语规范词典》，外语教学与研究出版社、语文出版社，2004。

季苹：《美国公立学校的发展研究》，高等教育出版社，2002。

潘一禾：《观念与体制——政治文化的比较研究》，学林出版社，2002。

钱乘旦、许洁明：《大国通史·英国通史》，上海社会科学院出版社，2007。

任东来等：《美国宪政历程：影响美国的25个司法大案》，中国法制出版社，2013。

隋肖左编著《约翰·亚当斯传》，吉林出版集团有限责任公司，2011。

唐士其：《美国文化的二元政治结构及其影响》，《美国研究》2008年第2期。

王丽萍：《政治发展进程中的中国政治文化构建——兼论改革开放三十年中国政治文化》，《北京大学学报》（哲学社会科学版）2009年第1期。

王养冲、王令愉：《法国大革命史（1789~1794）》，东方出版中心，2007。

杨惠滨：《公民文化自觉的法治之思——评刘雪松著〈公民文化与法治秩序〉》，《湖南社会科学》2010年第2期。

叶凡美：《"内部改进"与美国早期国家构建（1801—1833）》，南开大学博士学位论文，2010。

张和声：《评乔治·班克罗夫特的历史观及其代表作〈美国史〉》，《史林》1988年第2期。

张金鉴：《美国政治思想史》，商务印书馆，民国22年。

张骏：《美国的自治传统：从殖民时期到进步时代》，中央编译出版社，2016。

张执中：《从哲学方法到历史方法——约翰·波科克谈如何研究政治思想史》，《世界历史》1990年第6期。

赵虎吉：《比较政治学：后发展国家视角》，中山大学出版社，2002。

中国社会科学院语言研究所词典编辑室：《现代汉语词典》6版，商务印书馆，2012。

郑崧：《国家、教会与学校教育：法国教育制度世俗化研究（从旧制度到1905年）》，学林出版社，2008。

译　著

L. 迪安·韦布：《美国教育史：一场伟大的美国实验》，陈露茜等译，安徽教育出版社，2010。

阿尔蒙德、维巴：《公民文化：五个国家的政治态度和民主制》，徐湘林等译，东方出版社，2008。

艾捷尔：《美国赖以立国的文本》，赵一凡等译，海南出版社，2000。

安德森：《想象的共同体：民族主义的起源与散布》，吴叡人译，上海世纪出版集团，2003。

巴比耶：《书籍的历史》，刘阳等译，广西师范大学出版社，2005。

巴兰、戴维斯：《大众传播理论》，曹书乐译，清华大学出版社，2004。

巴伦：《大众传播概论》，刘鸿英译，中国人民大学出版社，2005。

柏克：《法国革命论》，何兆武等译，商务印书馆，2010。

柏林：《浪漫主义的根源》，吕梁等译，译林出版社，2008。

柏林：《自由论》，胡传胜译，译林出版社，2011。

贝克尔：《论〈独立宣言〉：政治思想史研究》，彭刚译，江苏教育出版社，2005。

贝拉：《心灵的习性：美国人生活中的个人主义和公共责任》，周穗明等译，中国社会科学出版社，2011。

贝林：《美国革命的思想意识渊源》，涂永前译，中国政法大学出版社，2007。

波科克：《从佛罗伦萨到费城——一部共和国与其替代方案之间的辩证史》，任军锋：《共和主义：古典与现代》，上海人民出版社，2006。

波兹曼：《娱乐至死·童年的消逝》，章艳译，广西师范大学出版社，2009。

布尔斯廷：《美国人：殖民地历程》，时殷弘等译，上海世纪出版集团，2009。

布莱克斯托克：《共济会的秘密》，王宇皎译，人民文学出版社，2011。

达恩顿：《答玛丽娅·露西娅·帕拉蕾丝》，载玛丽娅·露西娅·帕拉蕾丝-伯克编《新史学：自白与对话》，彭刚译，北京大学出版社，2006。

达恩顿：《启蒙运动的生意：〈百科全书〉出版史（1775-1800）》，叶桐等译，生活·读书·新知三联书店，2005。

达恩顿：《屠猫记：法国文化史钩沉》，吕健中译，新星出版社，2006。

德罗伊森：《历史方法论》，金寿福译，载刘北成、陈新编《史学理论读本》，北京大学出版社，2006。

邓恩：《姊妹革命：美国革命与法国革命启示录》，杨小刚译，上海文艺出版社，2003。

厄本、瓦格纳：《美国教育：一部历史档案》，周晟等译，中国人民大学出版社，2007。

恩格尔曼、高尔曼：《剑桥美国经济史》；巫云仙等译，中国人民大学出版社，2008。

方纳：《美国自由的故事》，王希译，商务印书馆，2003。

费夫贺、马尔坦：《印刷书的诞生》，李鸿志译，广西师范大学出版社，2006。

福柯：《什么是启蒙？》，李康译，http://wenku.baidu.com/view/c2c4c33183c4bb4cf7ecd169.html。

富兰克林：《富兰克林自传·正传》，唐长孺译，国际文化出版公司，2010。

富兰克林：《富兰克林自传·正传续篇》，唐长孺译，国际文化出版公司，2010。

高柏：《经济意识形态与日本的产业政策：1931～1965年的发展主义》，安佳译，上海人民出版社，2008。

哈贝马斯：《公共领域的结构转型》，曹卫东等译，学林出版社，1999。

哈茨：《美国的自由主义传统》，张敏谦译，中国社会科学出版社，2003。

汉密尔顿、麦迪逊、杰伊：《联邦党人文集》，程逢如等译，商务印书馆，1980。

赫拉利：《人类简史：从动物到上帝》，林俊宏译，中信出版社，2014。

亨利：《不自由，毋宁死》，常冬为：《美国档案》（上），中国城市出版社，2000。

亨廷顿：《变化社会中的政治秩序》，王冠华等译，上海世纪出版集团，2008。

亨廷顿：《失衡的承诺》，周瑞译，东方出版社，2005。

亨廷顿：《我们是谁？美国国家特性面临的挑战》，程克雄译，新华出版社，2005。

亨廷顿：《我们是谁？美国国家特性面临的挑战》，新华出版社，2005，第57~59页。

华盛顿：《告别演说》，《华盛顿选集》，聂崇信等译，商务印书馆，1983。

华盛顿：《向华盛顿夫人告别》，《华盛顿选集》，聂崇信等译，商务印书馆，1983。

惠普尔：《华盛顿人生故事》，陈军译，浙江文艺出版社，2011。

霍布斯：《利维坦》，黎思复等译，商务印书馆，2008。

霍夫斯塔特：《美国政治传统及其缔造者》，崔永禄等译，商务印书馆，1994。

杰斐逊：《第一任就职演说》，载拉维奇编《美国读本》，陈凯译，国际文化出版公司，2005。

杰斐逊：《对于英国报纸有关美国事务的描述的反应》，载杰斐逊《杰斐逊集》，刘祚昌等译，生活·读书·新知三联书店，1993。

杰斐逊：《杰斐逊集》，刘祚昌等译，生活·读书·新知三联书店，1993。

杰斐逊：《英属美利坚权利概观》，杰斐逊：《杰斐逊集》，刘祚昌等译，生活·读书·新知三联书店，1993。

卡恩斯、加勒迪等：《美国通史》（第12版），吴金平等译，山东画报出版社，2008。

康德：《答复这个问题："什么是启蒙运动？"》，载康德《历史理性批判文集》，何兆武译，商务印书馆，2009。

赖尔、威尔逊：《启蒙运动百科全书》，刘北成等译，上海人民出版社，2004。

勒纳尔、乌勒西：《近代欧洲的生活与劳作》，杨军译，上海三联书店，2008。

勒庞：《乌合之众：大众心理研究》，冯克利译，广西师范大学出版社，2007。

李普曼：《公众舆论》，阎克文等译，上海世纪出版集团，2009。

里帕：《自由社会中的教育：美国历程》，於荣译，安徽教育出版社，2010。

卢梭：《论人类不平等的起源和基础》，李常山译，商务印书馆，1997。

卢梭：《社会契约论》，何兆武译，商务印书馆，2003。

罗什：《启蒙运动中的法国》，杨亚平译，华东师范大学出版社，2011。

洛克：《政府论》（下），瞿菊农等译，商务印书馆，1982。

马迪厄：《法国革命史》，杨人楩等译，商务印书馆，2011。

马克思：《德意志意识形态》，《马克思恩格斯选集》（第1卷），人民出版社，1966。

麦迪逊：《辩论：美国制宪会议记录》，尹宣译，辽宁教育出版社，2003。

麦克里兰：《西方政治思想史》，彭淮栋译，海南出版社，2003。

曼：《国际社会学百科全书》，袁亚愚等译，四川人民出版社，1989。

梅瑞安：《美国政治思想史》，胡道维译，商务印书馆，1937。

孟德斯鸠：《论法的精神》，张雁深译，商务印书馆，1959。

米勒：《布莱克维尔政治学百科全书》，邓正来等译，中国政法大学出版社，2002。

米勒：《管理困境：科层的政治经济学》，韦森译，上海人民出版社，2002。

米切尔：《新社会学词典》，蔡振扬等译，上海译文出版社，1987。

摩尔：《民主和专制的社会起源》，拓夫等译，华夏出版社，1987。

纳什：《美国人民：创建一个国家和一种社会》，刘德斌等译，北京大学出版社，2008。

欧文：《华盛顿》，张今等译，国际文化出版公司，2009。

帕尔默、科尔顿、克莱默：《现代世界史》，何兆武等译，世界图书出版公司，2009。

帕灵顿：《美国思想史》，陈永国等译，吉林人民出版社，2002。

潘恩：《常识》，何实译，华夏出版社，2004。

普鸣：《哈佛中国哲学课》，胡洋译，中信出版集团，2017。

普沃斯基：《民主与市场——东欧与拉丁美洲的政治经济改革》，包雅钧等译，北京大学出版社，2003。

桑巴特：《为什么美国没有社会主义》，赖海榕译，社会科学文献出版社，2003。

施特劳斯、克罗波西：《政治哲学史》，李天然等译，河北人民出版社，1993。

斯金纳：《自由主义之前的自由》，李宏图译，上海三联书店，2003。

斯考切波：《国家与社会革命：对法国、俄国和中国的比较分析》，何俊志等译，上海世纪出版集团，2007。

斯密：《道德情操论》，王秀莉译，上海三联书店，2008。

斯特龙伯格：《西方现代思想史》（第6版），刘北成等译，中央编译出版社，2005。

斯托林：《反联邦党人赞成什么——宪法反对者的政治思想》，汪庆华译，北京大学出版社，2006。

索雷：《18世纪美洲和欧洲的革命》，黄艳红译，吉林出版集团有限公司，2008。

索罗斯：《索罗斯带你走出金融危机》，刘丽娜等译，机械工业出版社，2009。

塔尔德：《公众与群众》，载塔尔德、克拉克《传播与社会影响》，何道宽译，中国人民大学出版社，2005。

塔尔德：《逻辑模仿律》，载塔尔德、克拉克《传播与社会影响》，何道宽译，中国人民大学出版社，2005。

塔尔蒙：《极权主义民主的起源》，孙传钊译，吉林人民出版社，2004。

托克维尔：《旧制度与大革命》，冯棠译，商务印书馆，1992。

托克维尔：《论美国的民主》（上卷），董果良译，商务印书馆，1991。

托克维尔：《论美国的民主》（下卷），董果良译，商务印书馆，1991。

韦伯：《支配社会学》，康乐等译，广西师范大学出版社，2010。

维纳：《人有人的用处——控制论和社会》，陈步译，商务印书馆，1989。

维纳：《维纳著作选》，钟韧译，上海译文出版社，1978。

沃尔金：《十八世纪法国社会思想的发展》，杨穆等译，商务印书馆，1783。

伍德：《美国革命的激进主义》，傅国英译，北京大学出版社，1997。

休谟：《人性论》，关之运译，商务印书馆，2006。

亚当斯：1816，《何谓美国革命?》，常冬为：《美国档案》（上），中国城市出版社，2000，第65~79页。

亚里士多德：《公元前4世纪》，《政治学》，颜一等译，中国人民大学出版社，2003。

英文著作

Adams J., "A Dissertation on the Canon and the Feudal Law," Robert J. Taylor ed., *Papers of John Adams*, Cambridge, Mass.: Harvard University Press, 1977.

Adams J., "Defence of the Constitution of the United States (1787 – 1788)," Adams C. F., *Works of John Adams*, Vol. 4., Boston: Little, Brown and Co., 1856.

Adams T. R., *American Independence, The Growth of an Idea: A Bibliographical Study of the American Political Pamphlets Printed Between 1764 and 1776 Dealing with the Dispute Between Great Britain and Her Colonies*, Providence: Reese & Jenkins, 1965.

Alex I., "The Modernization of Man," Weiner M., *Modernization: The Dynamics of Growth*, New York: Basic Books, 1966.

Appleby J., *Liberalism and Republicanism in the Historical Imagination*, Cambridge, Massachusetts: Harvard University Press, 1992.

Bailyn B., *Education in the Forming of American Society: Need and Opportunities for Study*, Chapel Hill: The University of North Carolina Press, 1960.

Bailyn B., *Pamphlets of the American Revolution 1750 – 1776*, Vol. 1, Cambridge, Massachusetts: The Belknap Press of Harvard University Press, 1965.

Bailyn B., *The Debate on the Constitution: Federalist and Antifederalist Speeches, Articles, and Letters During the Struggle over Ratification*, New York: Library of America, 1993.

Bailyn B. , *The Ideological Origins of the American Revolution*, Cambridge, Massachusetts: The Belknap Press of Harvard University Press, 1967.

Baker K. M. , *The French Revolution and the Creation of Modern Political Culture*, Vol. 1, *The Political Culture of the Old Regime*, Oxford, 1987.

Baker, K. M. , "Public Opinion as Political Invention," in *Inventing the French Revolution: Essays on French Political Culture in the Eighteenth Century*, Cambridge, UK: Cambridge University Press, 1990.

Baldwin A. M. , The New England Clergy and the American Revolution, New York, 1965.

Barker H. , Burrows S. , *Press, Politics and the Public Sphere in Europe and North America, 1760-1820*, New York: Cambridge University Press, 2002.

Barker H. , *Newspapers, Politics and English Society 1659-1855*, Harlow, England: Longman, 2000.

Barker H. , *Newspapers, Politics, and Public Opinion in Late Eighteenth-Century England*, New York: Oxford University Press, 1998.

Barry B. , *Sociologists, Economists, and Democracy*, Chicago: University of Chicago Press, 1978.

Beakes R. W. , Green J, N. , "Libraries and Their Users," Amory H. , Hall D. D. , *The Colonial Book in the Atlantic World*, Cambridge, UK: Cambridge University Press, 2000.

Beales R. W. , Monaghan E. J. , "Literacy and Schoolbooks," Amory H. , Hall D. D. , *The Colonial Book in the Atlantic World*, Cambridge, UK: Cambridge University Press, 2000.

Beard C. A. , Beard M. R. , *The Rise of American Civilization*, New York: The Macmillan Company, 1934.

Becker C. , *Freedom and Responsibility in the American Way of Life*, Westport, CT: Greenwood Press, 1945.

Beeman R. R. , *The Varieties of Political Experience in Eighteenth-century America*, Philadelphia: University of Pennsylvania Press, 2004.

Beyers C. Race, "Power, and Sociability in Alexander Hamilton's Records of the Tuesday Club," *The Southern Literary Journal*, 2005, 38 (1).

Black J., *The English Press in the Eighteenth Century*, Philadelphia: University of Pennsylvania Press, 1987.

Block F., *Postindustrial Possibilities*, Berkeley: University of California Press, 1990.

Boorstin D. J., *The Americans: The Colonial Experience*, NY: Random House, 1958.

Bowman, Anderson, *Education and Economic Development*, Chicago: Aldine Pub. Co., 1965.

Brewer J., *Party Ideology and Popular Politics at the Accession of George III*, Cambridge: University of Cambridge, 1976.

Bridenbaugh C., *Cities in Revolt*, New York: Alfred A. Knopf, 1955.

Brown G., *The Consent of the Governed: The Lockean Legacy in Early American Culture*, Massachusetts: Harvard University Press, 2001.

Brown R. D., *Knowledge Is Power: The Diffusion of Information in Early America, 1700-1865*, Oxford: Oxford University Press, 1989.

Brown R. D., *Revolutionary Politics in Massachusetts, The Boston Committee of Correspondence and the Towns, 1772-1774*, Cambridge: Harvard University Press, 1970.

Burgess A., "The Dictionary Makers," *The Wilson Quarterly*, 1993, 17 (3): 104-110, http://www.jstor.org/stable/40258746. 02/02/2013.

Burrows S., *The Cosmopolitan Press, 1759-1815*, Barker H., Burrows S., *Press, Politics and the Public Sphere in Europe and North America, 1760-1820*, New York: Cambridge University Press, 2002.

Calhoun C., *Habermas and the Public Sphere*, Cambridge, Mass.: MIT Press, 1992.

Censer J. R., *The French Press in the Age of Enlightenment*, London: Routledge, 1994.

Chupp J., "Calvinist protestant Theology in American Political Thought, Conference Papers," American Political Science Association [serial online],

August 27, 2003: 1-27, Available from: Academic Source Premier, Ipswich, MA. Accessed November 14, 2009.

Clanchy, Michael. "Does Writing Construct the State?" *Journal of Historical Sociology*, 15, No. 1, March 2002, Academic Search Premier, EBSCO host, accessed May 22, 2018.

Coben S., Ratner L., *The Development of an American Culture*, 2nd edit, New York: St. Martin's Press, 1983.

Colley L., *Britons: Forging the Nation, 1707-1837*, New Haven, Conn., 1992.

Cooper S. "Letters of Samuel Cooper to Thomas Pownall," Nov. 14, 1771, *The American Historical Review*, Vol. 8, No. 2, Jan., 1903, http://www.jstor.org/stable/1832929, Accessed: 22/03/2011 16: 19.

Copeland D., "America, 1750-1820," Barker H., Burrows S., *Press, Politics and the Public Sphere in Europe and North America, 1760-1820*, New York: Cambridge University Press, 2002.

Cremin L. A., *American Education: The Colonial Experience 1607-1783*, New York: Harper & Row, 1970.

Cremin L. A., *Traditions of American Education*, New York: Basic Books, 1976.

Dahl R. A., *Polyarchy: Participation and Opposition*, New Haven: Yale University Press, 1971.

Dale R., *Schooling and Capitalism*, London: Routledge & Kegan Paul, 1976.

Darnton R., *Intellectual and Cultural History*, Michael Kammen: *The Past Before Us: Contemporary Historical Writing in the United States*, Ithaca: Cornell University Press, 1980.

Darnton R., Roche Daniel, *Revolution in Print: the Press in France 1775-1800*, Berkeley and Los Angeles, California: University of California Press, 1989.

Darnton R., *The Literary Underground of the Old Regime*, Cambridge, MA: Harvard University Press, 1982.

Davidson P., *Propaganda and the American Revolution 1763-1783*, Chapel Hill: University of North Carolina Press, 1941.

Dewey J., *The Public and Its Problems*, New York: Holt, Rinehart & Winston, 1927.

Dickinson, *The Liberty Song*, 1768, http://usinfo.org/PUBS/Am Reader_gb/p34.htm 2012-3-23.

Dufour R. P., *Modernization in Colonial Massachusetts, 1630-1763*, New York: Garland Publishing, Inc., 1987.

Dunn S., *Sister Revolution: French Lighting, American Light*, New York: Faber and Faber, INC., 1999.

Easton D., Dennis J., *Children in the Political System: Origins of Political Legitimacy*, New York: McGraw-Hill, 1969.

Edmund S. M., *Inventing the People: The Rise of Popular Sovereignty In England and America*, New York, 1988.

Elizabeth L. E., *The Printing Press as An Agent of Change: Communications and Cultural Transformations in Early Modern Europe*, Volumes I and II, Cambridge [England], New York: Cambridge University Press, 1980.

Emery M. C., Emery E., *The Press and American: An Interpretive History of the Mass Media*, 3rd edit., Boston etc.: Allyn and Bacon, 1972.

Emery M. C., Emery E., *The Press and American: An Interpretive History of the Mass Media*, 8th edit, Boston etc.: Allyn and Bacon, 1996.

Fea J., *The Way of Improvement Leads Home: Philip Vickers Fithian and the Rural Enlightenment in Early America*, Philadelphia: University of Pennsylvania Press, 2008.

Friedman M., *Capitalism and Freedom*, Chicago: The University of Chicago, 1962.

Frykman J., Lofgren O., *Culture Builders: A Historical Anthropology of Middle-Class Life*, Translated by Alan Crozier, New Brunswick and London: Rutgers University Press, 1987.

Furet F., Ozouf J., "Three Centuries of Culture Cross-Fertilization: France," Graff Harvey J. edt., *Literacy and Social Development in the West: a Reader*, Combridge: Cambridge University Press, 1981.

Garnham N. , "The Media and the Public Sphere," Golding Peter, Murdock Graham & Schlesinger Philip, eds, *Communication Politics: Mass Communications and the Political Process*, Holmes & Meier, New York: Leicester University Press, 1986.

Gough H. , *The French Revolutionary Press*, Barker H. , Burrows S. , *Press, Politics and the Public Sphere in Europe and North America, 1760-1820*, New York: Cambridge University Press, 2002.

Graff H. J. , *Literacy and Social Development in the West: a Reader*, Combridge: Cambridge University Press, 1981.

Green J. N. , "English Books And Printing in the Age of Franklin," Amory H. , Hall D. D. , *The Colonial Book in the Atlantic World*, Cambridge, UK: Cambridge University Press, 2000.

Gudeman S. , *Economics as Culture: Models and Metaphors of Livelihood*, London: Routledge & Kegan Paul, 1986.

Habermas J. , *The Structural Transformation of the Public Sphere: An Inquiry into a Category of Bourgeois Society*, T. Burger, Trans. , Cambridge, MA: MIT Press, 1989.

Hall D. D. , Reilly E. C. , "Introduction of Practices of Reading," Amory H. , Hall D. D. , *The Colonial Book in the Atlantic World*, Cambridge, UK: Cambridge University Press, 2000.

Hall P. A. , *The Political Power of Economic Ideas: Keynesianism Across Nations*, Princeton: Princeton University Press, 1989.

Hamilton A. , *The History of the Ancient and Venerable Tuesday Club (1745-1756)*, [2012-06-06], http://nationalhumanitiescenter.org/pds.

Hannah B, Simon B. , *Press, Politics and the Public Sphere in Europe and North America, 1760-1820*, New York: Cambridge University Press, 2002.

Harris T. , " 'Lives, Liberities and Estates': Rhetorics of Liberty in the Reign of Charles II ," Harris T, Seaward P. , *Goldie M. The Politics of Religion in Restoration England*, Oxford, 1990.

Haskell, Thomas L. , "Capitalism and the Origins of the Humanitarian

Sensibility," Part 1, *The American Historical Review*, Vol. 90, No. 2, 1985.

Haskins G. L. , *Reception of the Common Law in Seventeenth-Century Massachusetts: A Case Study*, Billias G. A. , *Law and Authority in Colonial America*, Barre, MA: Barre Publishers, 1965.

Himmelfarb G. , *The Roads to Modernity: The British, French, and American Enlightenments*, New York: Alfred A. Knopf, 2004.

Howe M. D. , *the Sources and Nature of Law in Colonial Massachusetts*, Billias G. A. , *Law and Authority in Colonial America*, Barre, MA: Barre Publishers, 1965.

Hunt L. , *Politics, Culture and Class in the French Revolution*, Berkeley: University of California Press, 1984.

Huss W. A. , *The Master Builders: A History of the Grand Lodge of Free and Accepted Masons of Pennsylvania*, Vol. I, Philadelphia: Grand Lodge F. & A. M. of Pennsylvania, 1986.

Hyman H. , *Political Socialization: A Study in the Psychology of Political Behavior*, New York: Free Press, 1959.

Inglehart R. , Baker W. E. , "Modernization, Cultural Change, and The Persistence of Traditional Values," *American Sociological Review*, 2000, 65 (1): 19-51.

Inglehart R. , *Culture Shift in Advanced Industrial Society*, Princeton, NJ: Princeton University Press, 1990.

Inglehart R. , "The Renaissance of Political Culture," *The American Political Science Review*, 1988, 82 (4): 1203 – 1230 [2012 – 06 – 14], http: //www. jstor. org/stable/1961756 .

Inglehart R. , "The Silent Revolution in Europe: Intergenerational Change in Post-Industrial Societies," *The American Political Science Review*, 1971, 65 (4): 991-1017 [2012-06-18], http: //www. jstor. org/stable/1953494 .

Inkeles A. , "The Modernization of Man," Weiner M. , *Modernization: The Dynamics of Growth*, New York: Basic Books, 1966.

Isaak R. , *American Political Thinking: Readings from the Origins to the*

21st *Century Photocopy*, Beijing: Peking University Press, 2004.

Jacob M. C., *The Enlightenment: A Brief History with Documents*, Boston: Bedford/St. Martin's, 2001.

Jacob M. C., *The Enlightenment: A Brief History with Documents*, Boston: Bedford/St. Martin's, 2001.

John Adair, *Puritans: Religion and Political in Seventeenth-Century England and America*, Sutton Publishing, 1982.

Joyce M., William A. S., *A New Civic Life, to Empower People*, 2d ed., Michael Novak, Washington, D. C.: AEI Press, 1996.

Kalberg S., "Max Weber's Analysis of the Unique American Civic Sphere: Its Origins, Expansion and Oscillations," *Journal of Classical Sociology*, 2009, 9 (1): 117-141.

Kaminski J. P., Leffler R., *Federalists and Antifederalists: The Debate Over the Ratification of the Constitution*, 2nd ed., Madison, Misconsin: Madsion House Publishers, Inc., 1998.

Katharine Y., "The Notion of Context," *Western Folklore*, 1985, 44 (2): 115-122 [2009-11-22], http://www.jstor.org/stable/1499556.

Labaree L. W., *Royal Instructions to British Colonial Governors 1670-1776*, Vol II, New York: D. Appleton-Century Company, 1935.

Lane R. E., Sears D. O., *Public Opinion*, Englewood Cliffs, N. J.: Prentice-Hall, 1964.

Lazarsfeld P, Berelson B, Gaudet H., *The Peoples Choice*, New York: Columbia University Press, 1948.

Lewis W. D., "The Reformer as Conservative: Protestant Counter-Subversion in the Early Republic," Coben Stanley, Ratner Lorman, *The Development of an American Culture*, 2nd edit., New York: St. Martin's Press. 1983.

Liddle, William D., " 'A Patriot King, or None': Lord Bolingbroke and the American Renunciation of George III," *The Journal of American History*, 1979, 65 (4): 951-970, http://www.jstor.org/stable/1894555.

Lippmann W., *Public Opinion*, New York: Harcourt Brace Jovanovich, 1922.

Lippmann W. , *The Phantom Public*, New York: Harcourt Brace Jovanovich, 1925.

Lipset S. M. , "Some Social Requisites of Democracy: Economic Development and Political Legitimacy," *American Political Science Review*, 1959, 53 (1): 69-105 [2012-06-13], http://www.jstor.org/stable/1951731.

Loader C. , "Alexander J C. Max Weber on Churches and Sects in North America: An Alternative Path toward Rationalization," 1985, 3 (1): 1-6 [2011-01-25], http://www.jstor.org/stable/202165.

Lockridge K. A. , "Literacy in Early America 1650-1800," Graff Harvey J. edt. , *Literacy and Social Development in the West: a Reader*, Combridge: Cambridge University Press, 1981.

Lutnick S. , *The American Revolution and the British Press 1775-1783*, Columbia & Missouri: University of Missouri Press, 1967.

Maier P. , *From Resistance to Revolution: Colonial Radicals and the Development of American Opposition to Britain, 1765-1776*, New York, 1972.

Main J T. , *The Social Structure of Revolutionary America*, New Jersey: Princeton University Press, 1965.

Mary H. , "Context," *Journal of American Folklore*, 1995, 108 (430): 528-549 [2009-11-22], http://www.jstor.org/stable/541659.

Mason, Madison, "The Constitution of Virginia (1776-6-29) " [2012-12-6], http://www.nhinet.org/ccs/docs/va-1776.htm.

Merrill J. C. , Gade P. J. , *Blevens F R. Twilight of Press Freedom: The Rise of People's Journalism*, Mahwah, NJ: Lawrence Erlbaum Associates, 2001.

Michels R. , Lipset S. M. , ed. , *Political Parties*, New York: Crowell-Collier, 1962.

Monaghan E. J. , *Learning to Read and Write in Colonial America*, Amherst & Boston: University of Massachusetts Press, 2005.

Morgan E. S. , *Inventing the People: The Rise of Popular Sovereignty in England and America*, New York, London: W. W. Norton & Company, 1988.

Muller E. N. , Seligson M. A. Civic Culture and Democracy: The Question of Causal Relationships [J], *The American Political Science Review*, 1994, 88 (3): 635-652 [2012-06-19], http://www.jstor.org/stable/2944800.

Ozouf M., "'Public Opinion' at the End of the Old Regime," *Journal of Modern History*, 1988, 60: S1-S21, [2011-1-10], http://www.jstor.org/stable/1880368.

Palmer R. R., *The Age of the Democratic Revolutions: A Political History of Europe and American*, 1760-1800, 2 Vols, Princeton, N. J., 1959, 1964.

Pangle T. L., *The Spirit of Modern Republicanism: The Moral Vision of the American Founders and the Philosophy of Locke*, Chicago and London: The University of Chicago Press, 1988.

Palmer P. A., "Public Opinion in Political Theory," C. Wittke Ed., *Essays in History and Political Theory: In Honor of Charles Howard Mcilwain*, Cambridge, MA: Harvard University Press.

Park R. E., *The Crowd and the Public and Other Essays*, H. Elsner, Jr., Edl., C. Elsner, Trans., Chicago: University of Chicago Press, 1972.

Perkins E. J., *The Economy of Colonial America*, New York: Columbia University Press, 1980.

Perry R. B., *Puritanism and Democracy*, New York: The Vanguard Press, 1944.

Peterson M. D., *Adams and Jefferson: a Revolutionary Dialogue*, Oxford: Oxford University Press, 1976.

Pocock J. G. A., *The Machiavelli Moment: Florentine Political Thought and the Atlantic Republican Tradition*, Princeton: Princeton University Press, 1975.

Pole J. R., *The American Constitution For and Against: The Federalist and Anti-Federalist Papers*, NY: Hill and Wang, 1987.

Polgar J. P., "'To Raise Them to an Equal Participation': Early National Abolitionism, Gradual Emancipation, and the Promise of African American Citizenship," *Journal of the Early Republic*, 2011, 31 (2): 229-258 [2012-5-31], http://muse.jhu.edu/results.

Popkin J., "The Prerevolutionary Origins of Political Journalism," Baker

Keith Michael, *The Political Culture of the Old Regime*, Oxford: Pergamon Press, 1989.

Price V., *Public Opinion*, Newbury Park: SAGE Publications, 1992.

Przeworski A., *Democracy and the Market: Political and Economic Reforms in Eastern Europe and Latin America*, Cambridge: Cambridge University Press, 1991.

Przeworski A., Limongi F., "Modernization: Theories and Facts," *World Politics*, 1997, 49 (2): 155-183 [2012-06-14], http://www.jstor.org/stable/25053996.

Putnam R. D., *Making Democracy Work: Civic Traditions in Modern Italy*, Princeton, N. J.: Princeton University Press, 1993.

Ravens, "The Importation of Books in the Eighteenth Century," Amory H., Hall D. D., *The Colonial Book in the Atlantic World*, Cambridge, UK: Cambridge University Press, 2000.

Reid, John P., *The Concept of Liberty in the Age of the American Revolution*, Chicago and London: The University of Chicago Press, 1988.

Reilly E. C., Hall D. D., "Customers and the Market for Books," Amory H., Hall D. D., *The Colonial Book in the Atlantic World*, Cambridge, UK: Cambridge University Press, 2000.

Rice T. W., Sumberg A. F., *Civic Culture and Government Performance in the American States*, Publius: Oxford University Press, 1997, 27 (1): 99-114 [29/05/2012], http://www.jstor.org/stable/3330787.

Richter D. K., *Before the Revolution*, Cambridge, MA: The Belknap Press of Harvard University Press, 2011.

Riley D., *The Civic Foundations of Fascism in Europe: Italy, Spain, and Romanis, 1870-1945*, Baltimore: The Johns Hopkins University Press, 2010.

Rippa S. Alexander, *Education in a Free Society: An American History*, New York: Longman, 1984.

Roche D., "Censorship and the Publishing Industry," Darnton Robert, Roche Daniel, *Revolution in Print: the Press in France 1775-1800*, Berkeley and Los Angeles, California: University of California Press, 1989.

Rockman D D, Rothschild N. A. , " City Tavern, Country Tavern: An Analysis of Four Colonial Sites," *Historical Archaeology*, Vol. 18, No. 2 (1984), pp. 112-121 URL: http://www.jstor.org/stable/25615502, Accessed: 04/02/2012 03: 51.

Rossiter C. , *The First American Revolution*, New York: 1956.

Sachse J. F. , "Roster of the Lodge of Free and Accepted Masons Which Met at the Tun Tavern, Philadelphia," *The Pennsylvania Magazine of History and Biography*, 1896, 20 (1): 116-121 [2010-06-06], http://www.jstor.org/stable/20085679 .

Samuel K. , James Madison: *The Theory and Practice of Republican Government*, Stanford, Calif. : Stanford University Press, 2003.

Schmitter P. C. , Karl T. L. , "What Democracy Is... and Is Not," *Journal of Democracy*, 1991, 2 (3): 75-88 [2012-06-19], http://muse.jhu.edu/journals/jod/summary/v002/2.3schmitter.html.

Schofield R. S. , "Dimensions of Illiteracy In England 1750 – 1850," Graff Harvey J. edt. , *Literacy and Social Development in the West: a Reader*, Combridge: Cambridge University Press, 1981.

Shaffer J. , *Performing Patriotism: National Identity in the Colonial and Revolutionary American Theater*, Philadelphia: University of Pennsylvania Press, 2007.

Shalev E. , *Rome Reborn on Western Shores: Historical Imagination and the Creation of the American Republic*, Charlottesville: University of Virginia Press, 2009.

Shannon C. E. , "A Mathematical Theory of Communication," *The Bell System Technical Journal*, 1948, (27): 379-423, 623-656, http://cm.bell-labs.com/cm/ms/what/.../shannon1948.pdf.

Shipton C. K. , "The Locus of Authority in Colonial Massachusetts," Billias G. A. , *Law and Authority in Colonial America*, Barre, MA: Barre Publishers, 1965.

Skinner, Q. "Meaning and Understanding in the History of Ideas," *History and Theory*, Vol. 8, No. 1, 1969, JSTOR, http://www.jstor.org/stable/ 2504188.

Skocpol T., Ganz M., Munson Z., "A Nation of Organizers: the Institution Origins of Civic Voluntarism in the United States," *American Political Science Review*, 2000, 94 (3): 527 - 546 [2010 - 4 - 2], http://www.jstor.org/stable/2585829.

Skocpol T., *How Americans Become Civic* Skocpol T., *Civic Engagement in American Democracy*, Washington: Brookings Institution Press, 1999.

Slauter E., "Reading and Radicalization: Print, Politics, and the American Revolution," *Early American Studies: An Interdisciplinary Journal*, 2010, 1 (8).

Smith J. H., "The Foundations of Law in Maryland: 1634-1715," Billias G. A., *Law and Authority in Colonial America*, Barre, MA: Barre Publishers, 1965.

Speier H., *The Historical Development of Public Opinion*, American Journal of Sociology, 1950.

Spencer M. G., *David Hume and Eighteenth-century America*, Rochester, NY: University of Rochester Press, 2005.

Stone L., *The Family, Sex and Marriage in England, 1500-1800*, New York: Harper and Row, 1977.

Stone L. S., "Literacy and Education in England 1640-1900," *Past and Present*, 42 (1969).

Stout H. S., *The New England Soul: Preaching and Religious Culture in Colonial New England*, New York & Oxford: Oxford University Press, 1986.

Swidler A., "Culture in Actions: Symbols and Strategies," *American Sociological Review*, 1986, 51 (4).

Tanselle G. T., "Some Statistics on American Printing, 1764 - 1783," Bailyn, Hench, *The Press & the American Revolution*, MA: Northeastern University Press, 1980.

Thomas I., *The History of Printing in America*, Vol. 2, New York: Johnson Reprint Corporation, 1971.

Tilly C., *Grudging Consent*, American Interest, 2007, September-October. [2012 - 06 - 18], http://www.google.com.hk/url? sa = t & rct = j & q = Grudging+consent & source = web & cd = 3 & ved = 0CGYQFjAC & url = http%3A%

2F%2Fessays. ssrc. org%2Ftilly%2Fwp‐content%2Fuploads%2F2009%2F05%2Ftilly-grudging-consent. pdf & ei = KdXeT8KvBcKoiAfMosWJCg & usg = AFQjCNE-dG36njn3oxVcpygl_ mNL9W_ kKg.

Urofsky M. I. , Finkelman P. , *Documents of American Constitutional and Legal History*, 2ed, Oxford, NY: Oxford University Press, 2002.

Vicent W. J. R. , *The Book of Great American Documents*, Silver Spring, ML: American History Research Associates, 1967.

Volgyes I. , *Political Socialization in Eastern Europe*, London: Praeger, 1975.

Waldstreicher D. , *In the Midst of Perpetual Fetes: The Making of American Nationalism, 1776 – 1820*, Chapel Hill and London: the University of North Carolina Press, 1997.

Wall H. M. , *Fierce Communion: Family and Community in Early America*, Cambridge: Harvard University Press, 1990.

Warner M. , *The Letters of the Republic: Publication and the Public Sphere in Eighteenth-Century America*, Cambridge Massachusetts & London England: Harvard University Press, 1990.

Washburn W. E. , "Law and Authority in Colonial Virginia," Billias G. A. , *Law and Authority in Colonial America*, Barre, MA: Barre Publishers, 1965.

Weber M, Loader C. , " 'Churches' and 'Sects' in North America: An Ecclesiastical Socio-Political Sketch," *Sociological Theory*, 1985, 3 (1): 7 – 13 [2012-6-14], http: //www. jstor. org/stable/202166.

Weber M. , *Economy and Society*, Roth G. , Wittich C. , eds. , Berkeley: University of California Press, 1968.

Weber M. , *The Protestant Ethic and the Spirit of Capitalism with Other Writings on the Rise of the West*, Kalberg S. , trans. , New York: Oxford University Press, 2009.

Wilson V. , *The Book of Great American Documents*, Washington D. C. : Judd & Detweiler Inc, 1967.

Wood G. S. , *Revolutionary Characters: What Made the Founders Different*, East Rutherford, NJ, USA: Penguin Group (USA) Incorporated, 2006, http: //

site. ebrary. com/lib/tsinghua/Doc? id = 10126234 & ppg = 14; 2006. Penguin Group (USA) Incorporated. 2009-11-8.

Wood G. S., *The Creation of The American Republic 1776-1787*, Williamsburg: the University of North Carolina Press, 1969.

Wootton D., "Leveller Democracy and Puritan Revolution," *The Cambridge History of Political Thought*, Cambridge University Press, 1991.

Wright E., "The Significance and Problems of the Revolution," *Causes and Consequences of the American Revolution*, Chicago: Quadrangle Books, 1966.

常用参考网站

http://oll. libertyfund. org/index. php? option = com_ frontpage & Itemid = 149

http://colonialhall. com/index_ t1. php

http://virtualology. com/virtualmuseumofhistory. com/

后　记

　　从着手研究这一课题至今，时光不觉已过去十年。通常，人们用"十年磨一剑"来形容人的坚韧和剑的锋芒，我如今捧着这柄剑，却感到惶恐和不安。

　　我常常希望自己是错的。我在本书中说，知识精英要分散地居住在民众中间，这样不同的阶层才能够看到对方的世界，政治或具体的政策才不致脱离现实，但现实是门禁系统越来越发达。我说，高社会流动性对于一个社会的健康、和谐的发展起着奠基性的作用，而现实却是我们阶层的城墙与门禁系统一样，一日日加高、加厚。

　　阶层固化和隔离，也是当下美国所面临的严重社会问题，这一点在罗伯特·帕特南的新作《我们的孩子》中得到了相当深刻的描绘。进一步说，阶层固化与隔离其实是一个全球性的问题，更是一个历史性的问题。至少是在中国历史上，它常常不得不以起义和改朝换代的方式来加以解决，其间的动荡和失序令人叹息。我曾经试图追问，18世纪末，美国的高社会流动性从何而来？疆土的广袤是一个人们常常提及的因素。但土地本身只是一种客观存在的生产资源，如果资源的丰富足以生成一个高流动性的社会，"资源诅咒"又从何而来？所以，问题的关键恐怕并不在资源，而在对资源的公正分配。18世纪末的美国政府是典型的"小政府"，但它掌握了土地的分配权，后者使它得以保障人民"追求幸福的权利"。同理，在工业资本主义时代，资本是最重要的生产资源，要保持社会的流动性，就要保证政府调配资本的权力。自由资本主义时代的政府没有意识到这一点，自由资本主义便走向垄断，最终引发深重的经济和社会危机。资本主义国家因此不得不听从马克思的教导，在资本主义权力结构的既定框架下掌握了向穷人分配基本生活资料的权力和反垄断的权力，从"守夜人"转型为福利国家和干预国家。公共教育、累进收入税、物业税、高额遗产税等制度被投入运作，以打破社会分化的累积趋势，保持社会流动性。但是，这些手段正在慢慢失去昔日的光彩。在我们已经面临的信息化时代，创新已经成为最关键的竞争工具，信息，或者说数据将成为最重要的生产资源，而它们掌握在极少数受到良好教育的幸运天才和巨头企业手里。全球愈演愈烈的贫富分化，正是这样的资源占有格局的必然结果。历史发展的大趋势给政府的权责转变和运作机制转型提出了大问题，也有很多具有远见的学者、政治家试图回答这一问题，但至今人们尚未找到清晰的头绪。无论如何，保持高社会流动性将是政府职能转型中一个恒定的目标。政府对新的生产资源的权力形式、限度和使用方式的规制，都有必要盯住这个目标。因为高流动性，不仅在增强社会成员的公平感，防止社会阶层间的分化和对立，促进社会成员的个人努力方面有重要的意义，对于社会共识的形成和社会凝聚力的维护也具有不可或缺的价值。

本书强调了均等的信息接触机会对于平等、高社会流动性的意义。但互联网的发展已经使均等的接触机会显得苍白无力。尽管我国网民规模已经超过8亿，互联网普及率已经接近60%，但网民资讯使用能力的鸿沟正在日益加大。"长辈的朋友圈"是对这种鸿沟的一个形象的描述，但农村孩子朋友圈与城市孩子朋友圈之间的鸿沟更应该获得关注。行走在乡村或城市基层社区，落满灰尘的电子阅读室常常令我感到痛心。我们应当认识到的是，在公共基础设施上做到"村村通"已经不够了。互联网资讯筛选和利用能力的培育，很有必要列入基础教育的内容。而引导孩子健康使用互联网，应当列入政府职责，教育部门和中小学校需要做的，远远不止发布一纸"共建健康网络倡议书"。

令人忧心的群体分化也呈现在现实世界中，并且好像更加难以找到出路。早些年，人们开始关注快速城镇化带来的农村"空心化"问题。在一些乡村，基层政府开始主动开展"乡贤振兴"计划，借助原籍本地的杰出人才扶助本土发展，繁荣本土文化，也为本土优秀的下一代提供机会，意在令他们在乡贤指导下快速驶入人生上升通道。一些劳务输出大省也开始启动回乡人员创业计划，以创造新的经济增长点并拉动本地就业。这些努力值得赞赏。但就像帕特南说的那样，除非我们把下一代看作"我们的孩子"，运用社区的力量来抚养他们，阶层的大门一定会越关越紧。从这个意义上说，恩格斯说孩子应该由社会来集体抚养是对的。儿童心理学发展到今天，我们固然不会再去设想让孩子离开父母集体成长，但我们同时应当认识到，抚养孩子绝不仅仅是家庭独立的责任。

在可以运用血缘和亲缘关系构建阶层沟通渠道的农村面前，城市显得尤其无力。在城市中，土地价值差异和门禁系统把城市划分为不同区块，人们蜷缩其中，看不到另外的世界，更谈不上去爱另外世界中的人。略为安慰的是，社会学研究成果的网络化开始在不同世界的沟通之间起作用。通过社会学家的篇幅不长的群体研究，我们得以了解留守儿童、外卖小哥、货车司机、城市保洁等规模庞大却在共同体生活中几近失声的人群的生活。但使这些群体融入政治的进程仍然任重道远。

最后谈一谈言论自由。言论自由因其在近代史上反抗教权和君权过程中所起的重要工具性价值而受到现代国家的广泛认可。言论自由是人民的智慧能够得到充分运用的制度条件，也是社会冲突得以及时呈现的必要工具，同时应该看到自由的另一面是责任。公众对于言论自由权的谨慎运用，及其对所接触言论的理性分辨能力，是言论自由能够持续存在的文化基础。在互联网改变了言说的形式和影响路径的今天，倡导诚实、理性、谨慎的言论态度尤为重要。

本来只是想写一个简短的后记，自说自话竟然又两千余言才想起后记的正题——感谢！

本书最终得以付梓，要感谢许多人。首先要衷心感谢我的博士导师楚树龙教授！本书从选题、材料收集、写作到最终成稿，无不凝聚着他的心血。他结合我的兴趣和知识基础帮我确定选题，帮我联系出国访学事宜，教导我为人为学要严谨、谦虚。本书成稿，他又欣然提笔为我作序。我常常想，我唯有像他那样一腔热情地对待教学，教导学生，才能不负他一番栽培！

感谢国家留学基金委提供的联合培养机会，本书的许多重要资料的收集凭借这个机会才得以完成。在美国宾夕法尼亚大学一年的合作研究期间，承蒙合作导师Jacques deLisle教授和美国早期史研究中心访问学者马万利教授的热心指导与帮助，不胜感激！

后 记

感谢刘北成、施祖麟、梅赐琪、贾西津、沈群红、王庆新、崔之元、张严冰、罗祎楠、李剑鸣、张健、田明孝等师长在本书成稿过程中给过我的指导、鼓励和帮助。或许我只是他们教学生涯中的一颗沙砾，但他们无私地给过我的光明和温暖，我愿用一生去传递！感谢与徐海娜、成福蕊两位师姐深厚的缘分，共同读书的过往常常令我感到双份收获的快乐，至今回味！感谢赵怀英老师的督促和宽容，最终促成了本书的面世！

应　琛

2019年10月于杭州闲林

图书在版编目(CIP)数据

塑造共识：美国立国时期的革命话语与大众传播／应琛著．--北京：社会科学文献出版社，2020.6(2021.6重印)
ISBN 978-7-5201-6108-4

Ⅰ.①塑… Ⅱ.①应… Ⅲ.①政治思想史-研究-美国-近代 Ⅳ.①D097.124

中国版本图书馆CIP数据核字（2020）第026296号

塑造共识：美国立国时期的革命话语与大众传播

著　　者／应　琛

出 版 人／王利民
责任编辑／赵怀英

出　　版／社会科学文献出版社·联合出版中心（010）59366446
　　　　　地址：北京市北三环中路甲29号院华龙大厦　邮编：100029
　　　　　网址：www.ssap.com.cn

发　　行／市场营销中心（010）59367081　59367083
印　　装／北京玺诚印务有限公司

规　　格／开　本：787mm×1092mm　1/16
　　　　　印　张：23.25　字　数：367千字
版　　次／2020年6月第1版　2021年6月第2次印刷
书　　号／ISBN 978-7-5201-6108-4
定　　价／139.00元

本书如有印装质量问题，请与读者服务中心（010-59367028）联系

△ 版权所有 翻印必究